Education Psychology

by

H. L. Hollingworth

本局編輯部譯

教育心理學

中華書局印行

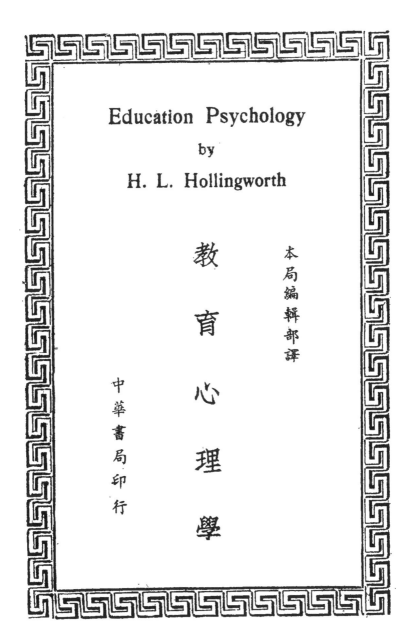

教育心理學目次

序

第一編　心理學的基礎

第五章　教育上的人類動機……七七

第二編　教學技術

第三編　學科心理

第四編　一般的教育問題

圖次

序

教育心理學的教本，可以分爲幾類。第一類本來是爲着學教育的人而寫的普通心理學，所討論的是一般人類心理學的題目，不過用教育的例來說明。第二類本來是初級或高級的學科心理，大部分爲特殊教學方面的教育實驗報告，或討論特殊的方法。至於第三類則與教育課題緊相啣接，而對於人類心理的知識也有大概敘述。其着重點爲將心理學的原理應用到教育的問題，且須使學生先有心理的原理和心理學術語的知識。

於這幾種方法中須選擇那種，顯然應該以教本是作如何的用途而定。本書除第一編與平常不同，略將與教學及學習有關的心理原則說明外，其餘則都是與教育密切有關的題目。如果教育心理學不是一種「牛溲馬勃敗鼓之皮」都搜集的書籍，即算是它的優點，因爲前進的教師至少可以從其中看出一個合於事實的一致的體系。本書的寫作頗具有人類心理實際是一致的信念，且相信教學與學習的原理實際很簡單，可根據觀察的事實得到明晰的概括作用。

作者相信第一編所說的刺激簡約化，擴大性或控制，動機及個別差異，是教師所必須知道的基本原理，如果將這些原理應用到教育的各方面，可提綱挈領的幫助教學及學習工作以使之藝術化和科學化。

書中所用材料的出處都見頁末的附註，另外在每章的後面列有參考書，主要都是名著和易於了解的書籍。各章都附有問題，用以作班上討論，表演和思索的補充材料。此外具有同樣的教育課題的有用書目，以及一些問題個案和討論題目，可參考 Watson and Spence, Problems in Education for Psychological Study, The MacMillan Co. 1930。如以本書作基本教材而以 Watson and Spence 的書或Whipples problems in Educational Psychology (Public School Publishing Co). 作補充教材則是再好沒有。

如果這課程是一星期三小時，依照作者的計畫：可以一小時討論一章的內容及章後的問題；以一小時將這個題目加以發揮或加入補充材料，或討論其他一章；其餘一小時則(a)仿照『討論會』的辦法，分成小組，討論實際問題，與(b)表演簡單試驗，或作測驗和練習。對這兩種事體可每星期輪流的做。此外於這一小時內還可組織委員會研究、或指定專人報告一些新發生的特殊性質的題目。另外還有一個方法是將這小時改為二小時的實驗，利用實驗心理學的方法作關於學習遷移、記憶、心理測量、個別差異和動機的試驗。

何林華 (H. L. Hollingworth)

教育心理學

第一編　心理學的基礎

第一章　導言

教育的目的　教育是人生經驗的一部，也是人生中一種最重要的現象。它是有組織的社會活動，爲人類中一種最須慘澹經營的事業。在某種意義上，生物都須受教育，就是一個野獸，對於其所生的世界也有許多學習和獲得經驗。若是家畜，則所受的教育更多，須受訓練以應付他人的願望、需要和他人不時的衝動。人類乃是受過高等訓練的，即最文明的，大部分是由於人類在幼小時受了教育的陶冶。

教育的最終目的有二，一方面是自救，因爲人類假如不受教育即會有困難發生；另一方面是救人，因爲社會中一些沒有受教育的人也會發生困難，惟教育可以解救這些人們。簡言之，教育的目的，乃是改善人類的生活，爲人生謀幸福。農業、實業、航海、礦業都可減少人類的痛苦，教育也是這樣。自社會的觀點言之，教育是減少人類痛苦的一種最有組織的方法。

經驗是唯一的教師　經驗是唯一的教師乃是一句古話，常常有人更鄭重的說：「經驗是最優良的教師』(experience is the best teacher)。不過這種說法，也如許多常識的名言一樣，若仔細研究起來，則頗難成立，因爲它的眞理成分太空泛，致使所說不足爲訓。自然經驗是最優良的教師，但說事實上是唯一的教師，則這句名言，便成爲無意義的。其實眞正的問題，乃是『什麼經驗才是最可引以爲訓的？』『誰的經驗才是最有效果的？』『什麼時候的經驗才算是最有教育的價值？』以及『如何才可充分供給最有教育價值的經驗』等詳細的問題。

我破冰而沈溺，是一種經驗；然而從這種經驗並沒有學習。惟有見着他人將冰弄破以致沈溺，其所得教訓較大，而這也是一種經驗。再不然，看見電影中一人在破冰中掙扎，希圖得一駐足地；或由父母、師長、朋友告訴我們，履薄冰很危險；或從報紙中見着這樣一種事件，這些也都是經驗。而這些經驗的教育價值各有不同。

換句話說，聽他人說出經驗，也是一種經驗。必須這樣，而後人才可以經驗一些沒有親身遭遇的事體，這稱爲代替的或間接的經驗。用代替經驗的方法有許多種。眞正的教育問題，不一定要討論到經驗與其他事體相比較的價值若何，而祇以經驗爲有用的教育工具。唯一要問的問題，便是各種經驗的優點如何。

教育是實驗的事業　根據經驗是唯一的教師之事實，可以得到兩種結論：第一『教育』與『生活』不能截然分開。人們在世間生活着，工作着、遊戲着、留意着和記憶着，所接受的這些活動對於人們都有教育的價值。第二，似乎可以合理的去設想，假若人們所受的『教訓』與生活的活動密切相聯，則其教育的價值也愈大。

第二種結論所表示的，便是須將教育放在實驗的基礎上。除非人們有一種超凡的能力能預先見到各種經驗的相對價值，否則教育的作用如何必須用種種教育方法自身去實驗才可。所以一個教育方法，除使學習者去身受一種特別的經驗外沒有旁的。教育也和其他的實驗事業一樣，必定經過種種實驗而後可以下最後的結論。

教育的範圍　雖然設計教育企圖教育必須是整個的或一致的，而教育學者爲便利起見，常用幾種不同的觀點去考察，卽將這題目分爲幾個較小的範圍。例如教育哲學（The philosophy of education），是討論教育的一般目的的；教育史（The history of education）是記錄過去的設施和成功，以作新教育者的南針；教育行政（Educational administration）則是討論教育工具的執行以及教育機構和教育人員等。

此外教育心理學（Educational psychology）的興趣，便是注意於教育的全部事實。學習，無論所下的定義是怎樣，總之是一種心理活動，因爲心理學是研究心理活動的，故與學習或教法有關的事，都有其心理現象。要將每個關於教育題材的心理現象都能運用自如，是一個很鉅大的工作，或許比一位教育者所能舉生從事的工作還要鉅大些。所以我們的討論，祇能限於幾個代表的題材，藉以幫助學者對於這個範圍的全體有一大體的概念；祇能介紹一些可以應用於各處的比較基本的原則，也祇能對於一些沒有明白說出的問題指示解決或研究的方法。

本書內容的一瞥　對於本書以後幾章的大概設計先作一簡單考察也頗有用處。書中將分爲四編，雖然每編都是討論關於人性本質的問題，而每一討論的事體都與其他事件有關。

第一編名『心理學的基礎』（Psychological Foundation），討論四個主要題目。起首探討學習的一般性質，因爲學習歷程是所有教育經驗的基礎。其次，討論心理控制或平衡，倘若心理因素能控制得宜，可使學習動作在適當環境中出現，而與行爲發生關聯。再其次，討論動機的性質與各種活動的動力以及它們對於學習和教法的影響。最後則討論學習者的特性，說明彼此間有何重要的不同。

第二編討論『教學的技術』（Techinques of Instructions），起首對於教學歷程作心理的分析：次以學習工程的實驗結果作根據去討論教學的方法，例如特殊的教室教學法及其他教學法；其次便討論決定學習能力、進步速度與教學的成功程度的測量方法；末後則討論特殊兒童的教育方法，以及如何使教學方法適應學習者的個別差異。

第三編中所討論乃是幾種代表的學科，及教授這些學科的心理。例如打字（Typing）屬於感動技能(sensory motor skill)，即對它加以分析，並與一種符號性質的學習，如讀法，相比較。又如知識與思想的改變，也是學科中一種主要現象，此處以科學的教學為例；對於欣賞過程的改變，此處以表現藝術如語言、習字、圖畫、音樂等教學為例。另外特別一章討論心理衛生，則是研究如何可以獲得安定和完全的人格。

最後一編是討論關於學校工作一些特殊的問題，例如形式訓練 (formal dicipline)，課程編制，學校兒童的行為，教師心理以及較為重要的教育的改變問題等。末後討論心理學在教育中的位置，是以過去的成功和將來的問題為基準。

每章後面有許多的問題和練習，有些直接與那章的題目有關，有些則在題外設問。每章末並列舉許多參考書，乃是為一班對於這章所講的內容有興趣的人而設。這些參考書，可使有興趣的讀者對於教育心理學能更為深入和廣博的理解，比較僅讀一本隨着己意組織的教科書強得多。

問題

1. 用具體的例詳細說明野獸也能受教育。
2. 說明用何種特殊的方法，教育可以：(1)解除自己所遇到的困難，(2)解救社會人羣中沒有受過教育的人的痛苦。
3. 試回想並敍述所見聞關於野蠻或原始民族如何發展他們的教育方法的事例。
4. 敍述你在學校中用『代替經驗』的幾種方法。

5. 試讀塔金頓（Booth Tarkington）所著 Penrol Jashber 內所述兒童特別訓練犬的方法，注意他們若有教育心理學的知識，於某幾點必可獲得成功。

6. 一般對於『由經驗而學習』與用其他方式學習的區別，是以什麼作基礎？

7. 試說出你的一生中，學校教育已有那幾種顯著的變化。

8. 試對下面一語加以批判：『教育的主要目標是本性的改變。』

9. 為什麼研究教育常從心理學研究起，而不從哲學、教育史或教育行政起始？

10. 除本章所說教育的四個主要範圍以外，還能舉出其他否？

參考書

Bagley, W. C., Educational Psychology (MacMillan Co., 1911).

Chapman, J. C. and Counts, G. S., Principles of Education (Houghton Mifflin Co., 1924).

Cubberley, E. P., Public Education, in the United States (Houghton Mifflin Co., 1919).

Dewey, John, Democracy and Education (MacMillan Co., 1916).

Gates, A. I., Psychology for Students of Education (MacMillan Co., 1930).

Irwin E. A. and Marxs ,L. A., Fitting the School to the Child (MacMillan Co., 1924).

Kandel, I., Twenty-five Years of American Education (MacMillan Co., 1924).

Kilpatrick, W. H., Education for a Changing Civilization (MacMillan, Co., 1926).

Meiklejohn, A., The Experimental College (Harper & Bros., 1932).

Monroe, Paul., History of Education (MacMillan Co., 1907).

Ogden, R. M., Psychology and Education (Harcourt, Brace & Co., 1926).

Reisner, E. H., Historical Foundations of Modern Education (MacMillan Co., 1927).

Sandiford, Peter, Educational Psychology (Longmans, Green & Co., 1928).

Starch, Daniel, Educational Psychology (MacMillan Co., 1927).

Thorndike, E. L., Educational Psychology, 3 vols. (Teachers colleges, 1913—14).

Trow, W. C., Educational Psychology (Houghton Mifflin Co., 1930).

第二章　學習心理

教育心理學家的第一問題是發現學習作用究爲如何的情形。因爲學生所有的事是學習，教師的主要工作是指導學習，則施教育的地方，自可稱爲『學習的中心』。

過去對於學習曾懷着許多神祕，假若現在對於這些神祕說法不去過問，則不難將學習歷程敘述出來。從前那些相信靈魂和不可見的『心靈』的人，對於學習自難理解。那些想去模倣生理學而走入岐路的人，幻想人在學習時身體的體素有些什麽變化，也難明瞭學習。幸而現在的教育者不等候生理學能够敍述腺體、肌肉、神經和感官的變化，因爲事實上行爲或經驗的生理變化幾乎是等於不知道的。平常所畫出的圖解，如神經原、神經接觸處、神經通路、腦中樞以及彼此的聯絡很少能代表已知的生理事實，因爲這僅是觀察行爲或經驗的事實的圖解而已，現在我們是需要一些關於學習的實際事實，並且要從這些觀察到的事實得到一個結論。

以下將依次敍述幾種學習，例如低等動物的學習，嬰兒的學習，兒童的學習和成人的學習。我們祇敍述容易觀察和能證實的事實。如是，我們對於學習是什麽方能有一清楚的見地，方能得到確定的學習的定律，方能獲得一些有用的原理以指導教學。

低等動物的學習　起首我們將敘述對於鷄的一個簡單試驗，這個試驗是一個對於人類和動物學習很有研究的學者做的。〔註一〕

在一個對於魚肉沒有任何經驗的小鷄之前擺着一列煮好的小魚片，這些魚片的形狀，顏色和味都是一樣。小鷄見着這些魚片便去探索，並且吃了一片。

以後又放一片在它的前面，它也仍然探索（或許探索動作比較少一點）而後才吃，當它還在飢餓時，總是這樣繼續動作，隨着是探索動作減少，和完全是吃的動作。

在同一小鷄的前面又放一列有肉汁的丸子，不過裏面含包弱酸，小鷄也會去探索，或者也會吃一個到口中去。

但它不再重複做這種動作，隨即避免吃肉丸子。

這是一個很簡單而極完全的有效學習的例。小鷄學習了吃魚片而拒絕肉丸。我們現在須分析這種情形，以見每種學習中有何事情發生。在小鷄的行爲方面並沒有什麼變化，它第一次對於魚片的結果是吃下去，以後也仍然吃下。它一次對於肉丸的結果是厭惡或避免，以後也仍然保持這種態度。假若我們稱小鷄對於每個物件的最後動作叫做『反應』(response)，則在反應方面毫沒有什麼變化。

我們可以稱反應之前的一些事情爲『前因』或『刺激』(antecedent or stimulus)則見以前

〔註一〕 E. L. Thorndike, Human Learning (The Century Co., 1932).

所說的，在反應方面，雖然繼續若干日沒有變，而刺激則有顯著的變化。第一次在『吃』之前有長時間的探索，卽小鷄必須去看，去嗅與去嘗其味而後才吞下去。時間經過久了以後，探索的動作便縮短，在一見一嗅之後卽吞下去；最後僅一見卽可作爲刺激，看見魚片馬上便吞下去。所以學習祇是將探索的動作縮短，換句話說，學習乃是使發生一個什麼動作的刺激簡約化（a reduction of the stimulus）。以前一個動作需要許多的刺激才能發生，漸次祇要略有刺激便能發生了。

當肉丸放在小鷄之前，其學習歷程也是一樣。在小鷄拒絕肉丸以前，小鷄也必須去看，去嗅與去嘗其味。漸次祇要見着肉丸，便可使小鷄發生拒絕的反應。小鷄所學習的雖然是另一回事，而學習的型式則完全一樣，學習就是使發生一定的反應之刺激漸次簡約化。

讀者或許對於通常動物由學習迷津（maze）而得到食物，或由開門閂或拉繩而到一食物箱的實驗已經知道了，觀察動物在這種情境中的動作，所見活動的型式也完全一樣。起首，動物在獲得食物之前，必須有許多的預備動作。它要在迷津的盲路（blind alleys）中徘徊，又重復走回原路；或則在它能够開箱之前，必須於箱中作種種動作，如抓箱壁或推門閂等。

以後這種預備的動作漸漸減少，經過多次的嘗試，無用的動作漸被剔除。『亂動』(random movements) 既不常見，達到有效動作的時間便縮短起來。所有這些常被稱爲亂動或錯誤的反應(random or false response）的，其實並不能稱作反應。一個反應，必須是動物所學習的最後動作（the terminal act）。這些預備動作都祇能稱是探索，動物在學習時即是漸次減少探索。經過多次練習後，這些動作便不必要。即以後動物在達到有效的最後動作之前，便無這些探索。動物一見到原來的刺激，如看見迷津，嗅到食物，或有其他任意的信號，即迅速跑到食物的地方或正確開那關着的門。

嬰兒的學習 其次，我們可以舉出嬰兒學習的例證。觀察嬰兒最早的學習，可從嬰兒食的反應去看。下面的敍述，便是一個兒童心理學家對於嬰兒活動的觀察記載〔註二〕

> 兒童最早確實爲積極的反應而很少例外的，便是攝取食物。嬰兒當有物與其嘴唇接觸時，即有吮乳動作。一個月嬰兒在各種機會中常有這種表示，甚至刺激不夠時，也有向着食物的積極反應。
>
> 一個月的嬰兒對於人的觀察正如對於物體一樣是很少的，但是嬰兒對於人摩的刺激常有吮乳動作，好像隨着這個刺激，就會有食物。假有母親將一個月的嬰兒抱在膝上，他的頭隨即向着母親懷裏。
>
> 五月的嬰兒如已用調匙餵食物，則調匙將近嘴邊時，他即張開口。

學習歷程在這裏是很明白的敍述出來了，嬰兒的吮乳或食物反應最初是向着一羣的刺激或情境反應——例如見着撫養他的人，覺着他人的撫摩，聽到他人的聲音，嗅到食物或嘴唇與臉頰上有觸覺。此

〔註二〕 Charlotte Bühler, The First Year of Life (John Day Co., 1930) pp. 44, 104.

時嬰兒的反應是向着全體情境。但自此以後這種情境的些微刺激，或單獨或在其他情形中出現，則不必需要全體情境也能發生有效反應。這仍然是刺激簡約化（cue reduction）一部分的原來刺激可產生適當反應。

同樣的刺激簡約化也可於嬰兒的防禦反應（defensive reactions）中見到，例如嬰兒有逃避不愉快的刺激的動作。關於這種反應，我們可用布勒（Bühler）的另一觀察說明之。

> 嬰兒到四個月時即表示有防禦和逃避的動作，他開始增加新的反應。到了六個月，他的脚有向旁踢的動作。在最早時期，他的這些動作必須物體直接與身體接觸時才動，而六七個月的嬰兒則不同，刺激將臨時，即有防禦動作。例如，他見着人拿着可怕的綿花條要洗鼻子，這種綿花條還在半路而沒有近鼻時，他即堅決拒絕。八個月的嬰兒常由懼怕而發生防禦反應——例如踢足，伸張兩手，和向着危險方向舉手——此時物體還沒有任何危害，即有這些反應發生。

於此可見極有目的的行爲也是一種學習。起首防禦反應是向着整個情境發生，其中包含視覺，聽覺，觸覺和痛覺的成分。以後這些成分的需要便漸漸減少，至最後，祇要見着最早的那種刺激，例如綿花條，即可使以前對整個情境發生的那種反應出現。所以嬰兒於事物出現之前即可有反應，不過這些事物必須是以前發生過的以前情境中些微的刺激，可成為現在反應的有效符號。這種有效刺激可簡約到恐怖情境的其餘部分雖不出現而亦能發生效果的程度。以後嬰兒的所謂目的，領悟（insight）和學習遷移都是這樣而來。

對於這種學習的觀察，可用另外一個兒童心理學家的話來說明，這位心理學家所說的也是關於食的情境，對於嬰兒的早期教育很要緊。〔註三〕

當兒童進食時，他便有一羣感覺——例如他覺得處於某一位置和發生某種觸覺。同時由於自己的張口與吸吮的動作，又有另外一羣感覺。經過這些經驗後，當兒童覺得自己處於一種很熟悉的位置時，於是即自動張口和用頭與嘴作探試動作。

現在，嬰兒可對於食時全體情境的特殊項目即有吸吮和探試動作。他不僅能對哺食的位置反應，並且能對哺乳之前所常發生的一些事體反應。……例如霍爾夫人的嬰兒在第八星期時，即知道將圍巾。繫在他的頸下，馬上會有食物，因為這時他閉着眼和張口待着。霍爾夫人的嬰兒，在第十二星期時見着母親即與食物發生聯絡，因為當他飢餓時看見母親便啼哭。

更長大一點，嬰兒對於能發生食的反應的刺激便漸漸加多，並且愈加不需要直接刺激，例如聽到廚房裏的碗碟聲，看見某人鋪桌布或斟茶壺，或其他微小的符號，即知道食物會來。

范敦（Fenton）的嬰兒在十五星期時發生的行為可以令每人發笑，因為當拜訪鄰家時，鄰家正用茶點，他見着茶點盤後，便歡欣鼓舞

〔註三〕 J. O. Fenton, A Practical Psychology of Babyhood (Houghton Mifflin Co., 1925) pp. 152 ff.

地發生咀嚼動作。

若將這些觀察的現象綜合起來，我們可不必假定兒童的「心靈」(mind)或兒童的「神經通路」(nerve tracts)，祇說兒童的學習如動物實驗中的小雞一樣便可。逐漸地，他可以將探索動作縮短起來，不需要全部刺激情境也能發生適當的反應。卽部分或原來情境的些微刺激，可同樣有效。這就是所謂學習歷程。

生前的學習 依照這種刺激簡約化的簡單型式，甚至可以假定人類在出生以前卽有學習。因爲有許多所謂初生嬰兒的反射(reflexes)，或許也是由學習而來。譬如將兒童的頰部輕觸之，他的頭卽轉向那一邊。稱爲簡單的『哺乳反射』(nursing reflex)。其原因可以假定嬰兒在胎內時有一種『不定的神經衝動』使嬰兒的頭偏向一邊，因此那邊的壓力較大而影響到頰部。若這種偏向動作繼續持久，頰部的壓力也繼續發生，因此便成爲部分刺激而發生那種轉向動作。

因爲這個緣故，我們隨卽也以想像原來因爲頭部偏向一邊致影響頰部而發生轉向動作，故出生時，若真的壓着頰部，自然會反射地發生那種動作。我們也就可以看到，許多所謂反射都是這樣一種特別性質，卽發生這種反射的刺激最初是可以使這動作發生的因素，因此這種刺激來時反射卽發生。譬如刺激嬰兒的手掌時，嬰兒有『握拳反射』(grasping reflex)，是因爲握拳時手指可壓着手掌，因此手掌一有刺激，便發生握拳動作。假若學習是一種刺激簡約化，則許多所謂遺傳的反射也都是生前學習的結果。

較高等的學習（語言） 較高等的學習與適才所說的小鷄和嬰兒的學習同屬於這種學習型式，故學習語言，文字和樂器都是同樣適用。現在對於這些學習依次加以敍述，藉以明白刺激簡約化是何等一種基本原理。

以前所敍述嬰兒在食的情境中的各種反應也可以說是語言的起點。因為我們已經說過：『一個月的嬰兒能對於人聲的刺激發生吮乳反應，好像隨着這個刺激就會有食物。』那末人聲（或無論何種聲音）開始成為語言的因素，嬰兒卽以此當作刺激符號而反應，卽是以前人聲常為食物的全體情境中的部分刺激，現在這種部分刺激出現時，故有效地發生那種動作。

聲音可以作為符號，乃是語言的基礎。時日漸進，學習這種符號漸次趨於精細，與趨於牢固。例如某種聲音為哺乳符號，某種聲音為穿衣符號，某種聲音為至戶外遊戲的符號，另外一種聲音為睡眠的符號等。這種種『辨別』能力的所以能够發生，因為嬰兒能對於各種不同聲音使成為相異情境中的部分刺激。嬰兒於能自己有效的發聲與能用此控制他人的動作之前，已漸次能充分理解他人的聲音。同樣犬、馬和小鷄也能以聲音當作情境中的因素而反應。經驗與辨別愈久後，雖極小區別的聲音也能分辨。譬如嬰兒對於母親聲音的反應與對於他人便不同，犬對於主人的聲音比其他聲音的辨別能力卽較大。經過同樣方式，人或動物的理解字彙中的各字便有各個不同的『意義。』

別種語言（如文字）能夠發生效率也是同樣情形。最初，它們必屬於普通情境的一部分，兒童對於這些情境是整個反應。這個情境的每一現象都與全部反應有關，故每個反應都與全體內容有聯絡。漸漸文字自身成爲有效符號，以後它或單獨出現或在其他情境中出現，其反應都是以前所經驗過的。這樣，文字便成爲『部分刺激』而成爲符號了。文字所發生的效果如何，須視以前所經過的情形而定。它的『意義，』它的『符號價值。』都是這樣發生。

故語言也是『簡約的刺激。』由學習歷程，人類與低等動物可受一種不必完全眞實或全部出現的情境的領導。卽物體的『名稱』也能具物體本身同等的效力。然則原始人與兒童，甚至沒有受敎育的成人，對於物體的『名稱』能夠了解便不足驚奇。物體的『名稱』所以能夠發生效力，因爲它能夠影響人如實物一般。例如牧童連聲呼『狼呀狼呀！』能夠使其同伴發生驚訝，是因爲他們眞的以爲狼來。假若狼沒有來，則牧童就要受嚴重的責罰。

柏克（Edmund Burke）在許多年前，於其名作『論高雅與美』中很淸楚地說明語言的性質和語言發展的學習歷程。茲將柏克的話引用如下：

字實在也僅是一種聲音，不過這種聲音用在接觸美惡事體，或看見他人接觸美惡事體的特殊情境，或我們由習慣聞其聲而知其屬於何類，知其將發生什麽效果以後這些聲音再發出來所能發生的效果也與以前一樣。

文字的學習（替代測驗） 兒童已經獲得語言後便容易知道他如何以語言作根據而去學習現在來討論一個已經發達到能使用鉛筆，寫數字，和了解語言的程度的兒童，要他學習新文字，看是怎樣一種情形。茲以實驗室中所用的替代測驗（Substitution test）的例來說明替代測驗的內容如下圖：

第一圖 替代測驗用紙

替代測驗的主要部分爲各種幾何圖形，例如星形、三角形、方形等，這些圖形的排列次序沒有一定。圖的上端有一列『引例』（Key），下面各種圖形在引例中都有，且引例的每個圖形內都有一個數字。在測驗時，要兒童從下面圖形的第一行起始，從左至右橫做，見着每一圖形必寫一個數字在內，其所寫數字須依照上面『引例』所示。這種測驗便等於學習一種新文字，因爲兒童以前從沒有知道某一數字是與某一圖形發生關係的。在做測驗時，兒童可以儘量看上面的『引例，』事實上兒童最初也必須儘量利用『引例，』藉以發現其次一個幾何圖形應塡入什麼數目。測驗時並須用錶計算兒童每做完一行所需的時間，由此便可比較測驗的前一半與後一半的速度。或可比較此次與下次做完此紙時所須的總時間並且還可比較不同的學習者對於學習同一事件的速度如何。因爲我們是看着兒童做，兒童如有錯誤，卽說『不對，』必須令他改正，所以唯一有變動的便是完成此測驗所須的時間。

不過現在我們可不必注意到做畢此事的時間問題，我們所需要的是敍述這種學習過程。這種過程一部分可由觀察兒童的動作而知道，一部分可問兒童在學習時自己見到有何種行爲而知道。下面所敍述便是其過程的眞實情形。

最初，兒童不知道如何去做，他必須看上面的『引例，』才知道每一圖形應塡入什麼數目。他起首看第一行的第一圖形，第一圖形是一個圓，於是自己說『圓。』隨卽看着『引例，』仍想至圓；並找『引例』中的圓之所在地方，及發見圓中的數目字爲2。於是說『2』及『圓——2，』又回頭看那第一圖形，將『2』字寫在圓內。

以後各圖形，最初須同樣的依次去做。在第二次見圓時（仍在第一行，）他也必須去看『引例，』不過以後一行一行過去，他這種探試動作可漸縮短。嗣後見到一圓時，他可不必說『圓——2』很快地即看到引例，與寫出適當數目，這時他能夠省去以前所必須的一些刺激。

漸次，他見着測驗紙中的圓，即說出或想到『2』，將這個數目寫在圓內，或者有時須很快地看引例而後才能夠決定。但一行一行過去，便發見這種藉助於引例的時候便少。以後甚至見到一圖形，可不必說出或想到一個數目，而能逕將適當數目寫在圖形中。至末一行時，這種預備動作可減少許多，以至連對於圖形可不必仔細去看，見到方形的一角，十字形的一條線，或星形的一尖端，即可將適當數目寫出來。

若兒童做這種測驗的次數很多，他可不必看紙上圖形的任何部分，僅用記憶即可將第一行圖形的適當數目寫出來，或甚至可以寫出其次各行的數目，此時寫出一數便可引起次一數所需要的刺激特別減少，視野中可無須要什麼刺激。所有的刺激就是兒童以前做過的手寫的動作。

經過這番刺激簡約化或學習的歷程，作者所需要的時間，一行一行便減少許多。即最初所需要的時間雖然很長，幾經練習後，兒童能儘着手指運用的速度將適當數目寫出來。以前對於各次練習的經過的敘述，是使我們知道學習的性質。現在可研究學習歷程各部分所須的時間，則給我們以量的分析的材料。由這兩種方法，我們即可研究加入各種變化於學習情境中所發生的影響。

彈鋼琴的學習　若我們研究一個兒童的彈鋼琴，則見其學習形態也沒有改變。一個兒童在能學習鋼琴以前，已有許多學習。又因成熟的結果，他的肌肉能力也非較幼的兒童所可及。故他能將鋼琴的鍵按下，能坐在鋼琴櫈上，能注意於樂譜，能說出音符所代表的字和數目，不過他還不能『演奏』。他要演奏，必須再經過一番學習。現在我們來研究進一步學習所包含的是些什麼。

他起首看樂譜時，見某一條線上有一黑點，他已經知道了這個黑點的名稱，在這一條特別線上叫做『c』。或許在樂譜起首處旁邊已有一『c』字。此外還有一數目，是代表手指的順序。他看見黑點、字母、和數目後，於是離開樂譜而注意鋼琴上的鍵盤，他發見黑鍵和白鍵的所在，並且知道每一鍵的字母的名稱。或許在起首學習時每一樂鍵屬於何音已有字母標在上面。故當他看到『c』和『1』時，即能找到樂鍵上的『c』鍵，而用第一手指（前指）按下。他於是初步學習成功，知道如何按音。

隨後又去看樂譜，找尋其次一音符，用同樣方法去按鋼琴。但最初按一音是很慢而費事的，每一音須有許多探試。有時兩音相隔很遠，則其刺激非常複雜。如果有這種音時，便不能成調。故初學者雖能按音，還不能彈成音調。

若學者能忍耐，所有預先探試動作可減省許多。隨即他可不必注意音符的名稱，祇注意手指的順序，便可看着鍵盤，用適當手指發出適當的音。以後甚至手指的順序也可不必注意，僅看五線譜上的音符，你可用適當手指將適當樂鍵按下，不過這時還須從樂譜前後顧盼着鍵盤。再加以練習，連鍵盤也不要看了，僅用眼睛注視在樂譜上，即可按適當的音。他這時所按的音，聽者已能識其音調，這時便算已能夠演奏了。

此時，他仍然要看樂譜，假若房間是漆黑的，他便不能演奏，因為這時他還不能不用視覺。倘若再加練習，他便可以達到在漆黑中或閉着眼睛而能不看樂譜或鍵盤完成演奏了，這時便可以說他已學習『暗記演奏。』

這時刺激的簡約化已至僅感覺到前一音之動（即在鋼琴所發之音）便能發出其次一音的程度，無須外界的刺激。所有刺激都是自學習者本身而發，即由本身發生一些微小與精細的經驗，至絕頂處僅感覺自己的動。這些刺激除自己經驗可以獲得外，任何處都沒有，這便到了學習者已能暗記演奏的程度。

此處所要注意的，兒童學習彈鋼琴的動作與低等動物經過迷津而獲得食物的活動，有很大的類似之點。自然前者的情境較為複雜，尋出一個簡單音符或者即可比擬動物的尋食物箱了。

但這兩方面的學習者，最初都需要多量的刺激。他們所發生的許多動作，自無知的旁觀者看來，似乎僅是遊戲或『亂動，』而其實不是。在每種情形中，當最後動作發生之前，都須有許多刺激，即於第一次最後動作發生之前有許多『探索，』在探索時不是學習，僅是發現。在這兩種情形中，漸次減少必須的刺激，至最後僅有一小部刺激，也如最初全部出現時同樣有效，才可叫做學習。

開汽車的學習　最後我們舉一例，便是成人的學習，以見發展到這種程度的人去習是否有新的事實發現。許多成人都學習開汽車，其學習歷程需要多量的教授才能學會。但這種學習歷程也很普通，無論何人或去記憶自己的學習，或觀察旁人作這種學習，便可證實我們的分析。

自然，在學習開汽車時，學習了許多不同的事物，因為我們現在不能討論其全部學習，也不能馬上將全部學會，故僅擇其學習歷程之一部，以見學習進行如何作為一個典型的例。現在來討論一個簡單的部分如怎樣運用制動機罷。

在運用制動機之前，學習者必須經過一些預先的歷程。最初他必須看踏板，將其右足放在稱為制動機的上面。他必須自己想到起首須轉動「手拐」(the clutch)和揿着喇叭。於是他尋着手拐的踏板，仔細察看，將脚正放在上面，向下壓。他發見他的脚在制動機踏板上沒有踏穩，於是又要去尋踏板，將脚正確的放在上面，用適當速率踏下，並踏至適當的程度。在要使汽車恢復行動時，又要去尋揿動齒輪的橫桿，記憶至何種地位適中，便揿動到那樣的程度。於是他才可以向後坐着，抹着前額的汗和鬆一口氣。

這樣他才算學好，以運用制動機的這種簡單的最後動作，起首所須要的刺激如斯複雜。不過以後若繼續練習，其經過便如下。隨後學習者可以全不要想，也不必向着自己說什麼，這類的事可完全不必要。以後甚至可以不用眼睛去尋適當的踏板，而脚即已在踏板上，並非在加速機上。從四肢所得到的感覺（觸覺和動覺的刺激）便可作為刺激。漸次，他可不必等待捻着喇叭才去拿手拐，和手拐放好才去壓踏板，或恢復到適中的位置。

反之原來情境的些微刺激，如指導者的一句話，紅光的出現，步行者或車輛的橫過路上，或甚至向自己說：「我要停止，」便可發動這些動作，且前一動作的微細刺激可以產生次一動作。這時的最後動作便不僅是壓下制動機了，而是在一種特別情境之下發生複雜動作適應的型式。但就是這種複雜的動作適應，最後也能省去原來複雜的刺激而有效的達到刺激簡約化的程度。這就是從以前各例中都可看到的。

精細動作的學習思想（感情和態度）　以前所舉各例，我們都是揀着最後動作容易和明白從學習者方面觀察得到的。其所以這樣，是爲着容易考驗和證實其學習歷程。其實，這種學習原理，也可以在意像（mental images），思想，感情，態度，決定，判斷等行爲或經驗方面去應用，不過其歷程有時沒有那樣顯明與需要仔細觀察而已。常常這種觀察須由學習者自己行之，將個人的經驗或動作報告出來。這種方法以前曾誤被稱爲「內省」(introspection)。

茲以視像爲例，在一個複雜情境中，包含物體對於我們的眼簾的作用和各種附帶發生的事體，如物體的名稱的聲音等，我們卽得到一種所謂視覺，這是一種很顯著的經驗。並且生理學家詳細告訴我們產生這種經驗的情境是如何複雜。起首光波要落到感覺器官，於是發生化學變化，沿着視神經而發生神經流，當神經流經過曲折路線而達到腦中樞時，才發生『看見物體』的顯著經驗。不過現在我們可不必去討論這種歷程，因爲在這種歷程中並沒有明白的學習，而且卽令生理學家已經明白告知其原委仍然有許多疑問不能使我們釋然。

比較近於心理方面的事實，乃是得着這種經驗後，雖然沒有複雜的刺激，也可由刺激的簡約化而使我們有淸楚的視像。譬如幾次見月以後，祇要有人提到『月』字，我們卽有很淸楚的關於月的視像的經驗，卽是月的意像 (an image of the moon)。這種意像自然沒有眞正見月的原來經驗那樣淸楚，對於這種事以後還要去討論現在所要注意的，就是這種意像也是由於刺激的簡約化，卽受着『月』字的刺激而來。我們稱它爲意像，就因它是這樣產生。

感情和情緒也可由些微的刺激得到。譬如一次或數次在近隣被惡犬所咬致受驚嚇，以後不必被咬也有懼怕的情緒。或到了那個地方生出懼怕，或任何犬可使我們發生畏縮，對其他像犬的動物也可發生厭惡情緒。此外聽到『犬』字，卽覺得是不快的聲音，犬字遂成爲一個可怕的字。這種事體也是學習的簡單的例。僅是部分刺激，卽原來情境的簡約刺激，也如全部情境一樣能有效地引起情緒。這樣甚至對於許多不存在的事體也會發生懼怕，祇要那個事體的原來情境的一小部的刺激便可。

同樣，我們學習了聞號聲而激昂，見墳墓而不快，希望愛人的聲調，就憂氣候的變化；十字旗出現使人嚴肅；國旗飛揚令人鼓舞；嗅到朱古力糖香而生飢餓；特別有興趣於某些題目；以及對於組織，職業及種族間的某些人員發生懷疑等。

同樣、文雅，誠實忠信的態度和習慣也是這樣養成。請注意一個簡單的禮儀習慣是如何去教給一個兒童的。譬如一個兒童和我同在街上行走，我說：『那邊來了一個女人哦！她是J夫人，預備脫帽子，你看我是怎樣脫帽行禮的。現在她來了，預備罷。』於是兒童即脫帽。但這回事僅是發現，還不能算是學習。

不過，這個兒童的刺激簡約化很迅速進行，以後他不須怎樣的諄諄教誨，聽到『來了一個女人』或見那女人來時，伶俐的他即刻將帽子脫去。他省去那些探索動作，一見到原來情境的些微刺激即刻發生最後動作。到了這步，我們便可以說他是已經有了禮貌的習慣了。這不是指他已有一種特殊的和永久的姿態，而是指有一種簡約刺激可以使他發生所希望的反應。

發現與學習　在學習(進步)發生之前，必須有許多材料是要改進的。即有許多預先動作而後才有最後動作。發現乃是第一經驗，有了發現 (discovery) 才有學習 (learning)。如果不明白這種區別，必會發生混淆。通常誤用學習一名詞，以指一次發現某種永不能改善的事體，以致學習與發現容易相混。譬如說：『當學生學習一功課時，必須首先學習那個功課的內容，』這就是一名兩用。其實第二個『學習』名詞的正確意義，即是發現，考核和獲得材料的意思。

一個農夫發現他的地底下是否有油，考查今日的麥價，或第一次經驗密爾敦的 Areopagitica，在英文都是用動詞 learn ，其實並不是眞正學習的意義。這樣、兒童在學習文字的替代測量和打字以前，也必須先有發現才可。所以發現是最初的經驗，常在學習之前。要建築房子必須先有材料。要熟悉一件事或對於一件事有學習或進步，必須先有第一次的經驗。

有時所謂第一次經驗，也就是一時興之所至。一個農夫發現了沒有油地，一個步行家發現了天將下雨，發現的作用便終止了。而這種發現可以增加知識學問，可以擴大經驗，故爲教育中的一個重要部分。不過第一次過着的事實或第一次做的動作，和將來完成他的技能的作用不同，這要極力謹愼分別。

發現也是一種重要的技術。從心理方面去看，教育之前必須先有經驗。譬如刺嬰兒一針，是增加他的經驗，這或者可以作爲教育的第一步。但在另一方面說來，針刺之後，却不一定要去學習。因爲發現是刺激與反應的最初的程序，沒有發現，所謂刺激簡約化的學習便不會發生，但這二者却不是一樣的。

譬如事前不給學生以必須的材料和指導，僅希望學生畫一帖中國地圖，而這希望又不明示給學生，至多祇告訴他有一件事在心中，如果他畫了和畫得對，則其分數高，並可升到高年級。這樣做法，便好似一個動物實驗者坐在旁邊候動物碰機會將繩拉下出來一樣，以食物放在旁邊，徒然使動物不安，也與鼓勵學生畫圖，使他們碰機會畫出一幅中國地圖來相同。

動物必須有了初次的發現而後才有學習。所以假若學生偶然發現了我們願意要他做什麼，從心理學上看，也僅是發現，而不是學習。如果他要在這種歷程中學點什麼，他只是學會如何猜得好，而不是學習如何畫得好。換句話說，學習是指對於某種東西有進步。在對某種東西有進步之前，一定先要有某種東西。同樣，在學習發生之前，一定先有一種在本性的基礎——遺傳上，和從前的學習或與環境相互作用而生的一種可以產生最後動作的複雜經驗。至於最初的探索動作，祇是發現或原始經驗，而不是學習。我們可以知道，敎師是對於這兩方面都要負責。敎學時，首先須使學生的經驗豐富，使其初步探索容易或至少須使這種探索動作發生過。而後經過刺激簡約化使這種學習行爲容易和經濟。

在傳統的一些學習原則中，有些可特別應用於這種方式的獲得經驗，卽是產生發現和引起研究。例如所謂試錯法，亂動，多方反應，注意與與趣，心態，行爲的變動等原則都是。總括一句，是『要繼續去活動。』

在動物實驗或人類的許多實驗中，都是要被試一方面發現材料，另一方面則是完成學習。不過通常在學校中，原始經驗主要的都是由敎師供給，如設定課程，籌劃學校設備及一般準備等。由敎師『決定內容』後，俾其結果可在短期內獲得，且能完成其學習。有時或先告以研究的方法和發現的原理也可，但這種原理却不是學習的原理。

所以學習可指爲原始經驗後的一些有進步的變化。優良學習固可使發現的技術進步，優良的發現技術和研究也可便利學習。這兩者可以彼此相助，而二者的區別顯然，不容相混。

學習歷程圖解　除上面的簡單觀察之外，關於學習還有許多事實，且有許多隨着時間機會，所學習的材料，學習者本身，學習經驗的次數和深刻程度，學習的方式及測量學習的方法而異的特殊學習定律，此外還有許多其他因素都是教育心理學所要研究的。

關於這些詳細情形以後再討論，現在祇從心理方面說明什麼叫做學習。依照我們的結論，學習就是刺激的簡約化，即以前須全部情境方能產生動作的，現在全部情境中的些微刺激即能發生。換言之，學習就是使符號有意義的一種歷程。

最主要的是要明白習學實際就是這種歷程。一個情境的些微刺激，以前雖爲情境的部分，現在却可引起相當於全部情境的反應，它們直接發生如此的結果，直接引起動作、意像、感情等，正如原來情境產生的結果一樣。

我們是心理學家，所以我們不必作玄學上或生理學上的討論。我們不必假定刺激首先引起靈魂，靈魂使發生最後動作，也不必假定刺激引起『心靈』中的『本能，』本能使身體發生適當的反應。同時也不必等待生理學化學和神經學能告訴我們身體的某部可起什麼變化，因爲他們所告訴我們的，是學習的另一方面。他們不是討論整個人的學習，祇是說明肌肉，神經和腦中樞的學習，即對於部分刺激的反應。

生理學家和玄學家告訴我們的事，自然很有趣味，但仍然沒有改變我們對於學習性質的概念。因爲我們所見的學習就是這樣——一種心理歷程，一種在街頭教室或世界上任何處立刻可觀察的心理歷程。學習定律卽是從觀察與實驗這種歷程而來。學習事實的把握乃是第一步，至於生理解釋，如果眞需要時也僅是第二步，它們是對於同一歷程更詳細地去說明。

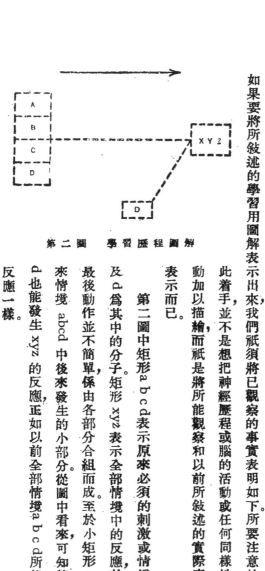

如果要將所敍述的學習用圖解表示出來，我們祇須將已觀察的事實表明如下。所要注意的，我們如此着手，並不是想把神經歷程或腦的活動或任何同樣性質的活動加以描繪，而祇是將所能觀察和以前所敍述的實際事實用圖表示而已。

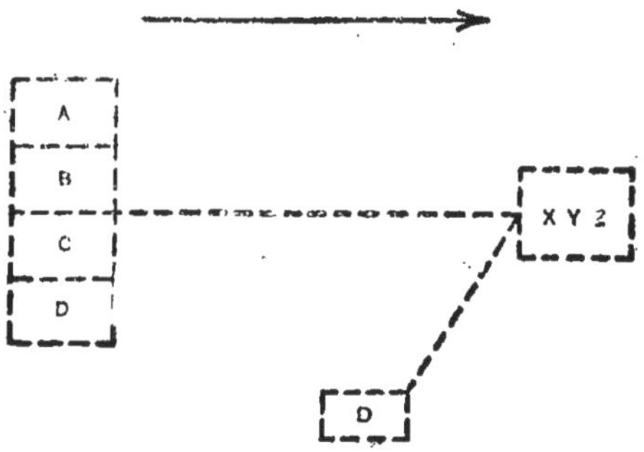

第二圖　學習歷程圖解

第二圖中矩形a b c d表示原來必須的刺激或情境，a, b, c及d爲其中的分子。矩形 xyz 表示全部情境中的反應，於此可見最後動作並不簡單，係由各部分合組而成。至於小矩形 d 則爲原來情境 abcd 中後來發生的小部分。從圖中看來，可知簡約刺激 d 也能發生 xyz 的反應，正如以前全部情境a b c d所能發生的反應一樣。

然則在學習中有三件事是常有的，卽(1)某種一定的動作或反應，(2)某種能發生這種反應的有效刺激；與(3)在學習者歷史中曾一次或數次發生這種反應的較爲複雜的整個情境。

將這種分析記在心中，我們便可進而研究較爲複雜的反應，因爲通常的學習者不是受一種單獨刺激的影響，而是受許多刺激的影響，這些刺激的合作或干涉是有很複雜的關係的。

問題

1. 爲什麼我們對於與學習的心理活動有關的生理或神經活動知道得很少？

1. 試將那些假設爲解釋心理現象的神經活動圖解，加以申說。

3. 爲什麼最好要先用幾個極簡單的例來說明學習？

4. 就你所觀察的兒童或低等動物的學習歷程加以敘述，注意是否與此處所說的相適合。

5. 分析你在學習外國語或反覆解決機械迷盒時自己的經驗，是否在這種學習歷程中也有刺激的簡約化。

6. 做前面說過的那種替代測驗，將時間用秒數記出來，並注意你在做此測驗時的學習過程是否與本書所敘述的相適合。

7. 觀察你在開汽車時的錯誤，並討論是否這種錯誤不常由於非適當的刺激簡約化所致。

8. 敘述自己的經驗中一種發生強烈情緒的新的情境，乃因其中部分刺激是以前的情緒情境中的一部分。

9 將學習歷程圖解中的抽象字母代以某種特別學習的實在事項。

10. 舉例表明你對於最初的發現動作和以後的學習歷程的區別已經完全明瞭。

參考書

Bode, B. H., Conflicting Psychologies of Learning (D. C. Heath & Co., 1929).

Celvin, S. S., The Learning Process (MacMillan Co., 1914).

Filter, R. O. and Held, O. C., The Growth of Ability (Warwick & York, 1930).

Freeman, F. N., How Children Learn (Houghton Mifflin Co., 1917).

Hollingworth, H. L., Psychology, it's facts and principles (D. Appleton & Co., 1928).

Holt, E. B., Animal Drive and the Learning Proccess (Henry Holt & Co., 1931).

Koffka, Kurt, The Growth of the Mind (Harcourt, Brace & Co., 1924)

Meumann, Ernst, The Psychology of Learning (D. Appleton & Co., 1913)

Pyle, W. H., The Psychology of Learning (Warwick & York 1928).

Robinson, E. S., Association Theory To-day (Century Co., 1932).

Thorndike, E. L., Educational Psychology, Vol. II (Teachers College, 1914).

Thornaike, E. L., Fundamentals of Learning (Teachers College, Bureau of Publications, 1932).

Thornaike, E. L., Human Learning (MacMillan Co., 1928).

第三章　控制與心理平衡

反射的控制　我們在討論學習時故意用極簡單的名詞說明其歷程。其實我們經驗中的每件事體和行為中的每一動作都極為複雜。不過，它本身是可以分析的，且是一個由各個有關係部分或項目所組成的相當精密的行為型式，它具有一定的組織。產生這種行為型式的刺激也同樣複雜，因為一個動作或經驗是受着許多有助長和干涉作用的刺激的影響。

一種最簡單的動作是所謂膝跳（Knee jerk）。例如一隻腿放在另一隻腿的膝上或懸在桌邊上，恰在此腿的膝蓋下輕輕一擊，則腿的下肢便會跳動。我們常說產生這個動作的刺激是一種單獨的事體，即在膝上一擊。但其實產生膝跳的敏捷和膝跳的大小不僅因擊動的輕重而異，且因當時其他許多事體而有差別，例如當時所聽聲音的大小，被試者的其他動作（如握拳和咬緊牙關），甚至當時發生某種觀念對膝跳也有影響。故膝跳實在是許多刺激在有機體中發生的結果，其中有些刺激彼此合作助長，有些彼此干涉中和。

瞳孔反射（the pupillary reflex），最初看來也似乎很簡單且可單獨產生。例如光線增加，則眼睛的瞳孔收縮；光線減小或陰影投在眼上，則瞳孔擴大。不過以為瞳孔大小僅受光線影響而改變這是一種錯誤。其實它可以受物體遠近的影響，視近物則瞳孔收縮，視遠物時則瞳孔擴大。且在實驗上，瞳孔還可受其他種影響，例如當時所發的聲音，被試者當時的感情，以及類似的刺激等。簡言之，瞳孔的大小乃是當時對於全體情境發生的一種反應。

光線雖是使瞳孔改變的一種刺激，而瞳孔的實際改變，須視光線改變時瞳孔的全部情況而異。因為光線以外的因素也可對瞳孔有影響，有些使瞳孔收縮，有些使瞳孔擴大，其實際大小，則為瞳孔當時受這些影響的綜合的結果。

通常活動的控制 比較簡單的動作既如彼，較為複雜的動作或經驗也是一樣。假若我被一惡犬所咬而受驚，則在視野中見到其他犬也會同樣發生懼怕。但懼怕的喚起和強度却可受許多其他事物的影響。例如犬露着齒和狂叫，我的懼怕即增加；假若見着它是鎖得很牢的，則懼怕立刻減低下來；再不然，我的手中有一木棒，也可減少懼怕；或我看見它露着齒而是向着旁的犬攻擊，則也無懼怕；或甚至發生不同種類的抗奮和興趣。故通常感情的發生，也決定於前一刻的全部生活情境。

現在可來討論一個住在五層洋房須由電梯上下的人的行為，他的出電梯也決定於他的經驗中幾種聯合的刺激。例如他須候電梯停止，須候看守電梯的人開門，須看電梯所到的層數的數目是否正確，須讓同時上電梯的那位攜帶兒車的婦人先走出去，並須將放在電梯一角的洋傘拿起來而後走出電梯。

不過，常時乘電梯的人，往往見到許多乘客的可笑的錯誤，甚至自己也不能免。例如電梯門一開時即想出去，至於與那拉兒車的婦人相撞。或者電梯門開後很快樂地出來，幸而沒有碰撞，不過通過迴廊走向自己的居室，拿鑰匙向門上去套時，老是不能開。經過一個時期的摸索，自己却爲門裏面的犬吠聲所驚。過細看這門時，才懊惱地發現不是他的居室。他是正在第三樓與他同位置的房間開門，而他自己却是住在第五層。

其所以有這種情形，我們很容易知道是什麼理由。他在出電梯時應該決定於幾種聯合的刺激，而他對於有些眼前的刺激却沒有注意。譬如當電梯門開時，上面的『3』字他即沒有去看，如果他看了這個數目，斷不會出電梯。因爲當電梯開門時，他即刻跑出來，故他僅對於實際現在情形的一部分反應，而忘記了開電梯門時全部的情境；因爲他忘記全部眼前的刺激，致使他出來而發生了困惱。幸而他還沒有過着那房子的主人，不然會要將他捉住當作非法入室的罪人了。不過知道這回事實的，却不會加以這種罪名而僅笑他沒有頭腦。

這種觀察，可使我們明白一種心理的控制或平衡的概念，所謂控制，乃指當作用發生時，動作和經驗常態地受着個人許多刺激或決定素的聯合影響的結果。各種刺激都可彼此作爲控制，俾發生行爲適合於全部情境；由此而產生的動作，我們便叫做關聯的適當的或靈敏的動作。

現在情境的每一刺激依照學習定律都可發生作用，換句話說，其所以能發生效果，因爲它是過去情境的部分因素。電梯門開的聲音雖是一種噪音，而這種噪音曾爲過去情境的一部分，此音一發生時門卽開，並可由此而出電梯，故它是複雜情境中的一個符號。

每一層樓上的數目字，雖在汚濁的牆壁上僅爲一曲折的油跡點，而它有一定形狀，且過去這種形狀是代表數目『五』字，平時它可代表五個辨士的貨幣，人手的五指，現在則是代表客人所住的五層樓。因此它在客人出電梯而至自己居室時，變爲情境之一部，依照學習定律，這在情境中是可成爲有效刺激的。

可敎性與敏銳性　沒有學習，則沒有有效的刺激，這是一定道理。但一種常態行爲的發生雖可受多數刺激聯合的控制，然而如我們以前所舉的例及許多同樣的觀察，這種控制也不必常有。第一，因爲這種事體決定於臨時的情況，一個人雖然從電梯出來的層數不錯，而有時也會走錯房間。第二，個人之間亦復有很大的差異，有些人對全部情境雖有洞察的能力，而有些人則不能這樣信託，因爲他們容易受情境中個別分子的影響，對其他事好像不見似的。

我們已經知道學習是包含刺激簡約化，使情境中的部分符號成爲有效的。假若不同的人對於這種學習的特性的反應有參差，則我們應有一名詞以表示其差異。卽指學習能力或刺激簡約化的能力的差異。假若要用一個簡單名詞，則叫做可敎性 (docility) 好了。因爲 docility 原爲不馴而能敎之意。那

末可敎性便是學習能力的一種便利名稱，其可敎性的各種程度，則指學習能力的種種差別

人類行爲和經驗的第二重要原理便是幾種刺激來時如何聯合去動作，或者這決定於對當時情境刺激的接受程度。因爲個人間對此有參差，且一人在各時期內的這種能方也有差別，故需要一名詞特指此事。以前已有過許多名詞，譬如『領悟』便很好。不過略嫌有神祕性，故不用。『敏捷』(alertness)這個名詞也不錯，但它僅指速度的快慢，不能與我們的意義完全適合。我們曾用『敏銳性』(sagacity)來指這類行爲，但這個名詞也有其他用法，譬如對事物的精明，也可說是 sagacity，故其字的本身不必表示這種特性。或者更好一點還是『擴大性』(scope)一名詞罷。

『擴大性』是一專門名詞指對於刺激的接受程度，即接受的寬廣程度。此外還可指決定現在情境中一個人的行爲或經驗的有效刺激的寬廣程度。故可敎性與擴大性是敎育心理學中所討論的兩個重要的心理事實，它們對於學校內及人生各方面所有的敎育問題有極重要的關係。

可敎性與擴大性的變動 一個人的學習能力或可敎性常受許多因素的決定，譬如其他事情一樣，同一人的學習能力每因年齡而改變。例如兒童的學習能力隨年齡增加，直至成熟，以後將有一章詳細討論生長與學習的關係。成熟以後，學習能力仍然改變，平均說來年齡愈增，學習能力的喪失很大。此外學習能力還可受藥物的影響，及依疲勞程度而變動，憂愁、懼怕與分心對於學習能力的影響也大，另外還有許

多其他狀況也可影響學習能力，這都屬於實驗心理學去研究。

其中有一重要的事實便是假定某年齡的其他因素保持一樣，學習能力與遺傳有密切的關係。即某人的組織上有某種缺點，其近親在這方面也有同樣缺陷。通常我們對於學習能力低下的人，或刺激簡約化的能力很低的人，稱爲低能。

低能的人不容易有符號的學習，必須要原來的情境全部表現出來，方能有適當的反應。極簡單而明白的符號，如物體圖畫、姿態及面部表情固可作爲有效的刺激，但精密的符號，如字母（或印刷的或口說的）則學習極爲遲鈍。法國的低能研究專門家皮奈（Binet）發現許多低能受着人家的針刺而似乎覺着快樂，一再伸出手臂要人刺，且刺時發出微笑。皮奈解釋這種行爲，因爲普通人受針刺而不快樂，不是由於針刺有些微的痛覺而是因爲針刺時表示一種痛苦或危險的情境將至，痛的感覺是這種情境的一部分。低能的人對於這種特別的符號則沒有覺察到，他們對於針刺毫不發生意義，也不成爲一種簡約的刺激認爲是危險將至的經驗。所以他僅是稍許興奮，不獨不避免，且表示些微的欣悅。以後討論到對於可教性缺乏的人如何施教的一章時，關於低能者沒有符號學習的能力將會更知道一些。

擴大性或敏銳性也因各種情形而變動，例如同一人的敏銳性在睡眠時即減少，人到了昏睡或半睡狀態，擴大性也變爲薄弱，故發出夢的奇異狀態。敏銳性還可受情緒激動的影響，例如受驚後，對於環境中的許多符號即不見，什麼事都『看不進去』當極怒時，對於可影響我們的情緒或行爲的言論現在都不顧。故在發生情緒時，關於情境的理解能力較平靜時相差遠甚。因此情緒是敏銳性或擴大性的一大阻礙。

敏銳性如何因年齡而變動還沒有詳細的研究，不過其改變與學習能力的改變大概相同，則不無理由。假若不是這樣，也便成爲一件怪事。因爲情境中的刺激之有效，必須已經知道其重要，故學習能力缺乏，敏銳性也必定缺乏，因此我們可以推測敏銳性的程度一部分與可教性有關係。但前者與後者又不完全相關，因爲用標準測驗(Standard test)測量學習能力相同的人而其心理平衡的能力則大異。

敏銳性又似乎與先天的稟賦或遺傳有很大關係，因爲有些人長期是一種『沒頭腦』的狀態。自然假若一個人以前有重要事占據，以致對於事物的敏銳性減低而忘却其他事的也有，但還有許多人長期專門注意小事，以致忽略環境中的重大事件，發生奇異和不平衡的行動。這種人我們即叫做神經病。低能的人由於先天缺乏學習能力，神經病則是先天缺乏敏銳性。茲舉幾個對於情境中的刺激沒有適當的理解以致缺乏心理平衡的例子如下。

錯誤的心理平衡之例　如欲表示這種特性在教育和生活上的重要，特舉一個完全理想的例，茲以前面所說教以見女人脫帽的兩個兒童來說明。假定這個兒童對於刺激簡約化的能力雖相當具有可教性，而其擴大性則很貧弱。因此他僅能對於情境中的一個分子反應，對於其他分子則不顧及，以致其他分子不能很有效地控制他的行爲。

例如這個兒童一度學了有禮貌後，却到了一種可憐復可笑的境界，他看見一個女人即脫帽，假若這個女人不即刻過去而在他的旁邊稍許停留，他仍然繼續脫帽，頻頻施禮。假若這種簡約的刺激非常奏效，則他看見圖畫上的女人也會脫帽。那末，他若是到了美術展覽室便會成爲癡子，見着廣告板上的廣告和雜誌上的封面也要脫帽了，這樣祇能說他是神經病，患了『強迫性神經病』(compulsion neurosis)

這個兒童的困難在於缺乏擴大性或敏銳性，假如他對於全部情境的刺激能夠體察，則他不會成爲這樣的神經狀態。因此他一次脫帽以後，自動地不會有第二次的脫帽。見着圖畫上的輪廓或看到廣告板的木的背景，即令僅看到這種刺激，也會能夠控制和知道是看見了一個女人的像。

以上所舉的例自然是一種笑話，對於眞實情形或許稍微誇大一點。但其中所包含的眞理因素，却是不錯。這種因素就是在沒有這樣利害的情形中，亦復可以組成似神經病的行爲。其所以有這種行爲，因爲過去的某種刺激對於一個人的行爲太有勢力，以致與現在情境中的其他刺激毫不能合作，其結果遂使行爲僅適合於發生以前刺激的那種情境，而對現在的情境則不適合。因爲這樣的不相關聯，故行爲上成爲那種神經病的性質。

錯覺是由於缺乏控制　以上是一個關於神經病的笑話，現在來討論一種實在情形。起首所要說的

第三圖 有名的繆勒萊茵錯覺比較兩條水平線之長

是一種通常知覺的錯覺，這是普通一般人都具有的判斷上的錯誤。這種錯誤也由於缺乏控制，其極端情形則為缺乏心理平衡。試比較上面繆勒、萊茵錯覺圖（Müller Lyer Illusion）的兩條水平線。

用尺來量這兩條線實際是相等，而看去却不是一樣。兩翼向外的一線看來較長，向內的看來較短。或將這兩條線與另一純粹直線相比較，則見有兩翼的線，一則較長，一則較短，視翼之方向而定。然則為什麼一個人判斷水平線的長度有這樣的錯誤呢？

雖然解釋這種錯覺有各種的不同，而其原理都是一樣。因為這個圖形的一種現像射入我們的眼簾，引起我們的注意，決定我們對於線的長短的判斷，以致其他現象雖然存在，而不能影響到判斷。例如這兩條的兩翼中間所含白的面積有長短大小的不同，這種簡單事實遂使我們對於線的判斷有倚輕倚重的區別，雖然仔細研究這線的本身會使我們發現其錯誤的。或則向外的兩翼使我們的視線也隨之向外而超出平行線的兩端，根據這種眼動大小的感覺遂使我們對於線的判斷也發生差異。因為這個原故，以致仔細考察這個圖形所得的其他結果也就隨之忘記。

神經病的缺乏控制 有一故事談到一個老於戰事的軍人退伍回來，一天挾着包袱在街上行走一個滑稽家看見了他，於是忽然叫聲『注意』。這個軍人聽了這聲音後，隨即做出作戰的姿勢，遂使包袱掉在溝裏，包袱內面的東西也四散在地下。這種行爲通常頗常見。『注意』的命令本係在其他情境中獲得，現在也變爲有效的。因爲這個軍人或有其他事占據，或失眠，或情緒緊張，或先天缺乏擴大性，以致對於刺激僅依着以前的經驗反應，而沒有與現在情境中的其他刺激共同行動。

在很利害的神經病中，我們也可以發現這類行爲。例如一個軍人在戰線上工作，爲砲彈所傷，或爲猛烈的轟炸所驚嚇，以致成爲恐懼病。他的膝端是戰慄的，想要叫也叫不出聲，他的心臟如跑馬一般，或即由此昏倒。這種行爲在當時很可能，因爲各方面複雜而強力的刺激都是向着他的。

這個軍人後來離開戰線到國內的療養院調養，仍然繼續發生所謂心理神經病（psychoneurosis）。突然的聲音使他恐懼，瞧着軍火使他戰慄，見了軍官使他格外口吃。假若這些刺激一齊發生，則他的反應又會至顛狂而要昏倒的境界。

可見原來情境的每一刺激，或使他發生不適合行爲的每一原因，都可以使他發生顛狂。即現在每一刺激（或單獨或在其他現象中）都可以引起他們的反應，如在原來戰線上所發生的反應一般。而其實現在的事情與以前已大不相同，他已不是在戰場上，而是在家中或在看護婦和醫生之前，甚至他已解甲歸田，從事耕農。

經驗告訴我們，這個軍人的神經病，是由於他對現在的事實內容沒有清楚的理解。他的困難是擴大性或敏銳性缺乏，以致對現在環境不能明白認識。對於這種的人重施教育，主要須使現在刺激成爲新的與平和的內容，於是帶有情緒和深刻的戰場經驗所得的脅迫觀念才有新的趨向的可能。這樣，對於每件新發生的事體須使病者不僅適合於過去經驗，尤須特別注意於現在內容使他的行爲與現在關聯起來。他是被過去經驗所蹂躪，以至對現在無擴大性，這是這個缺乏心理平衡的人的根本原因。

學習遷移現象、這樣於新的情況中發生對於過去刺激的同樣反應，便叫做遷移現象(transfer)。即以前一種情境所引起的經驗現在於從來沒有遇見過的其他情境中亦能夠發生出來。遷移現像的產生，乃由於一新情環境中，至少有一分子是屬於原來的情境。

是否學習有遷移及遷移至何種程度是教育上一個長久辯論的問題。關於這個問題以後再去討論。但現在很清楚的。不獨遷移的事實確實常有，且有特殊環境或個人對遷移事實最容易發生，故訓練的遷移(transfer of training)乃是學習心理中一件很明顯事實，這種遷移必須常加以控制和用現在情境中其他因素加以抑制的改正，乃是心理衛生的重要事實和有效教學的一個基本原則。

可教性敏銳性與智力 我們所說心理中的兩個要重現象，——可教性和擴大性，早已爲人所知，不過這種現象常被轉灣曲折的敍述出來。有時有人想從生理方面去說明，於是即用神經原(neurones)

和神經原的『聯絡』的名詞。有時則用『本能』和它的相互作用的名詞。更有些人則用『觀念』和『聯想』(associations)的名詞，我們則是僅從觀察的事實——即前因與後果或刺激與反應來說明。但無論所用的名詞是怎樣，主要的事實則為這兩種現象乃是基本的心理歷程，所有一切較複雜現象都由此而生。

這兩種現象早已為人所知，茲用最近一個對於『智力的性質』作詳細分析的文章來說明〔註一〕。在教育心理學的研究上很著名的桑戴克（Thorndike）便首先指明：

我們的學說的要點是這樣：生來有很高的理解力和適應力的人和低能不同的地方在於他有較多的剛才所說的神經原的聯絡……這個人的智力比那個人為高，最後分析起來……也僅由於其通常神經原聯絡的數目較多。

桑戴克在還沒有作完分析之前，又告訴我們：

或許還有一種能量是神經原相互間的作用，便是統一作用。其最低或消極一端是特殊的分離現象如在歇思底里亞(Bysteria)中的是。其最高或積極一端則是感覺敏銳或善於利用個人經驗，這種能量與『神經原聯絡的數目』沒有關係。

這兩種特性對於所謂有效動作或所謂『智力』(intelligence)都相當需要。不過智力一名詞通常用得太廣泛而含混，有時僅指學習能力，有時則指一般心理能力。如果我們用這字時，則以指由相當的

〔註一〕 E. L. Thorndike, The Measurement of Intelligence (Bureau of Publications, Teachers College, 1926) pp. 415 ff..

可教性和擴大性（或敏銳性）合作而發生的心理的有效動作爲宜。二者都是智力的因素。缺乏學習能力的低能原來就是缺乏刺激簡約化的能力。學習能力缺乏的，其擴大性或敏銳性也低下。神經病所表現的行爲上的阻礙即是智力缺乏，因爲他缺乏常態的心理控制或平衡。

從心理衞生或有效生活的觀點，這兩種特性的無論那一個極端都是不好。學習或刺激簡約化的能力太優秀的缺點，雖然難於說明，而不是不能覺察的。因爲一個人對於每個引起行爲的經驗的詳細不能全部記憶，或許反爲健康，有許多事情似乎應該忘記，或甚至應該不學。假若一個人對於符號學習的能力或獲得有效刺激的能力太大，則其人格雖從社會的觀點不如低能那樣有害，而對於自己很多痛苦。因爲對於每件小事都認爲有深的意義，則徒發生煩惱，至少對於人事的適應是很愚笨的。

同樣關於擴大性或敏銳性方面，對於情境的每一現象太敏銳了，結果會不能發生動作。我們常見一些人在有效動作發生之前有許多考慮而莫衷一是。或某人對於聽者的每一簡單表示都注意，結果也不能有動作，僅是猶疑不決和被遏制。故對於一件事的進行完全理解雖有較大的擴大性，而設若太敏銳，則不能作有效的公共事業熱忱的領導，甚至不能作日常的工作。哈孟雷特（Hamlet）就是因爲所知道的方面太多，以致動作不能趨於任何特殊有效的方向。

換句話說，心理方面的稟賦以適中爲最好的原則，相當程度的可敎性伴隨着相當程度的擴大性是健康心理和社會上有效心理的特徵。

學校活動中的心理控制　現在將這兩個概念——可教性和擴大性，用與學校有關的材料或活動來說明。我們可於學校的任何科目中發現這種例，不過其中有些科目須到以後幾章去詳細分析。暫時我們祇提出一個最早和極普通的活動，即對於語言的應用和理解是。

前面已經說過，印刷的或說出的字，乃是簡約刺激的很好的例，因爲這些都是符號，其刺激力是從以前的情境而得。由這符號，以後或單獨或在其他情景中，可以發生精細的反應或複雜的經驗。即這種字的些微縮影，例如省略的字，或一個字的起首部分，短時期內所見一個字的大概形狀，都能引起適當的反應。有時我們不眞正見到或聽到這些字，也能很快地不俟其餘部分出來而對於它們作有效的反應。因此其餘部分有遺落、錯誤、或另外的添加也不容易發現。故從這點去看，校對是一件難事，因爲字的一小部分變成符號的刺激與字的全部是同樣有效，它是依着過去經驗中大的情境去反應。

一個符號的某部分常比其他部分有效，正如神經病的兵士對於戰爭經驗的某部分特別有效一樣。因此一個字的前一半常比其餘部分特別顯得有意義。其實無論那種情境，某個刺激被用作某種特別符號後，即可比其他刺激有用。因此教學時的重要工作，須知道一個經驗的那幾部分可用作有效刺激，以及看這些現象是否在原來情境中存在。

現在就要說到控制了。一個字可影響到人，須看這字出現時現在及過去的情形如何。例如英文中的post，這字的意義受着過去的許多情境的決定，它是一個較複雜經驗的名詞。雖然如此，這字仍是採用為許多不相同情境中的名稱。

這字依着過去歷史的用法，可指郵政、木柱、差缺或兵站。若用作動詞，則指通知、揭貼或付郵。此外還有一些不同的意義，所指的情境甚為特別。

我們用這字或聽到人用這字，或對於這字下一定義，或說出對待的字，倘若我們沒有其他的輔助符號，將會躊躇不決。所謂輔助符號便是其他的字，由此組成上下文，例如："post office"，"hitching post" "army post" 和 "post a letter" 等。假如上下文不是語言文字，則須觀察當時的環境、物體和關係。

又如說出一個『火』字所發生的效果，受現在情形許多項目的影響，且是一種很複雜的狀態，例如說出的音調，說者的姿勢，手的動作，注視的方面，面部的表示，與這有關的以前說出的字，所見的其他情狀，及『火』字的過去情境等。換句話說，要理解『火』字或對於這字作反應，除符號的簡單事實外，還有許多重要的控制因素。符號的意義是從過去用這字時的情況而來，而控制因素則是從現在用這字時的情況而得。

一個人不顧到現在情況中的控制因素，僅依着過去情境而反應，雖然也能使這字發生作用，而或許會生出錯誤，即其所發生的事實完全不適合於現在情境。這種理解上的錯誤與神經病軍人的不安定行爲差不多一樣。

學校中的任何學科都可證明學習時控制的重要，而拼法 spelling 尤最顯明，茲略說明如次。譬如一個兒童學習讀 duk 音爲 duck，TR 音爲 (ter)，則要他拼 conductor 音時，假若他僅是根據於發音的知識，他將會寫成 Conduckter。自然他的學習是不錯，不過他缺乏控制；這種控制由當時情境中的其他刺激（發音或其他種類的刺激）決定。

例如前面是 CON，後面是 TR，這時 duk 音須爲 duc，又在這種情形之下，TR 音須拼爲 tor 而不是 ter。故這兒童單獨用發音符號去反應，便容易使他的學習有錯誤，如果他想拼法不錯，必須用其他的符號控制。又如兒童聽到 OR 音爲 U'er，這音究竟是 or oar ore 或 our，不能單獨的用發音知識反應，必須利用現在情境中的其他刺激。沒有這種控制的，就是我們的所謂擴大性的狹窄。

助長與干涉 最後我們將舉幾個簡單的例，表示幾種不同的刺激同時出現時，可依照過去學習或相合作（助長），或相反對（干涉或禁制）。例如一隻久經訓練的犬已經學習當主人說「坐」或舉手指時，即作『懇求』的姿勢坐着；當說『睡下』或在地面上輕拍時，即作睡下的反應。我們很容易觀察這種種學習彼此可以相助長或相干涉。

當主人說『坐』並且舉起手指時，卽是兩種相配合的刺激引起同一反應（無寧說是兩種引起相配合反應的刺激）故很快的發生效力照例兩種刺激應較任何單獨一種刺激的效力更大些。但假若主人說『坐』並輕拍地板時，則犬的反應更覺奇怪。有時他開始作一種坐的姿勢，隨又很笨的仆在地上，或則他起首是蹲伏着，隨又很笨的豎起成坐的姿勢或則他竟停在那裏，好像困惱而不能決定，搖尾注視着主人的面孔，或跳起來吮着主人的手指。

所以兩個刺激或相合作，或相反對，或成爲一種粗笨的調和；再或則彼此相消而讓其他刺激發生效力，這樣便決定犬的行爲。

心理控制分析圖　前章末後，用一簡單圖解表示學習歷程分析起來可以成爲幾個不同的部分——卽過去情形和反應，現在的刺激，與將來發生同樣反應的趨勢。我們將這個簡單圖解稍許弄複雜一點，便可代表控制的事實。其方法是將幾個代表學習歷程的簡單圖解複合起來便成這種圖形自然過於簡單以致會有人誤會這種分析很容易，不過這樣清楚的分析對於研究心理問題是很有用的。

假定由 ABCD 情境所引起的反應爲 1-2-3，經過訓練後，這情境中的分子（例如 D）單獨呈現可引起 1-2-3 的反應，同樣，在 EFGH 情境中的 H 分子也能作有效的刺激而發生 4-2-5 的反應。

以後學習者所遇到的一個情境是DHX，D是以前ABCD情境中的一個項目，H是以前EEGH情境中的一個項目，惟X與以前的任何情況沒有關係。現在的問題就是：依照學習和控制的定律，DHX的刺激將發生怎樣的效果？

現在的情境自然較爲複雜，它所包含的刺激爲DHX。若單獨考察，D可引起1-2-3形式的反應，H可引起4-2-5形式的反應。X爲新的項目，假定其所能引起的行爲可用一數目7字來代表。

心理控制的分析圖

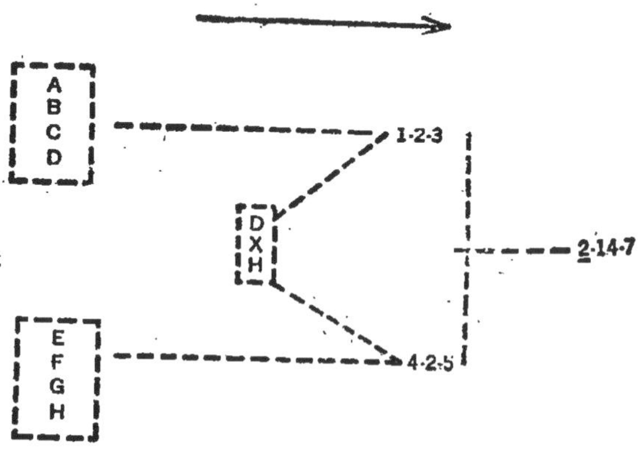

第四圖

DHX 情境究能發生何種反應，須視各種反應型式相互融合的程度，以及其相助、相反或組織情狀的關係而定。假定2的動作與反應型式的其他分子不相衝突，因爲它能被D和H聯合引起，故它在全部反應中是最迅速出現和極堪注意的。又假定1和4的分子，都是由以前的反應而來，並可同時發生，且彼此與其他反應型式的分子不相衝突，則1和4也會出現，因爲1會由D引起，4會由H引起。不過這兩項的出現沒有2那樣顯明，因爲2是D與H聯合引起的。

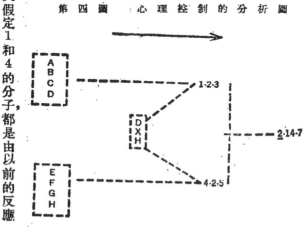

又假定3與5彼此不相融合，例如3是頭向右，5是頭向左，則在同一時候頭不能偏向兩個方向，故最簡單的方式是二者都不出現因爲它們彼此相反。

更假定X一分子與反應型式的任何分子都不衝突，它所產生的特殊反應是數目7。則假若學習是同樣有效，且學習者的擴大性於現在情境中能將所有分子（D，H，X）自由運用，其結果便可將其反應型式用數目2-14-7表現出來。雖然DHX情境以前沒有發現過，但在這種情境中，上面的反應型式最爲適當。

在DHX情境中，特別有2的反應，此外有1，4，和7的反應，3與5因爲相反對，在這種衝突情境之下，初次必然不會發生。

但我們不要過於崇拜這種圖解，也不要以爲人生的經驗或行爲可實際用字母和數字分成很清楚的部分。圖解僅是一個指針，無論那種地圖，例如中國圖，對於其龐大疆域中的複雜事實都是簡而又簡表示的。如大的城市僅用點代表，許多鎮鄉在圖上則沒有。河流用很規則的線——同樣寬度和同樣顏色代表，其實眞正的河流不是這樣的。小的畫痕代表山，幾個小塊地方代表湖，這對於原來物體的尊嚴也相去很遠。不過地圖在指導上仍極有用，假若它是對於原來土地的一幅攝影固然更好，在龐大疆域中祇能用這樣一小部分去表示。

我們現在主要須知道的，便是不要設想這種圖解是表示我們所猜度的腦或神經系統或神經原在社會中活動的情形。實在，不是的。這種工作須讓生理學家去做，讓他們去畫他們的圖解。我們是研究敎育心理學，所以我們的圖解是表示從成人、兒童以及具有學習能力的動物，觀察將來的經驗和行爲的關係。

創作的基礎　人不是註定了僅重復過去的動作，他還有創作，有發明。這種事也不是由於他的特殊和神奇的能力，而是由於他的學習能力和敏銳性（卽刺激的簡約化和擴大性）所成。譬如適才所分析的例2-14-7的反應是創作，以前沒有發生過，因爲DHX乃新的情境，2-14-7是新的行爲。但這新行爲的發生，是由於(1)D，H及X以前雖沒有共同在一處發生過，却都是過去情境的一部，經過學習後成爲適當的刺激。(2)學習者的擴大性能夠將D，H，及X合併理解，才能聯合的發生效力。有了這種聯合動作的結果，於是才產生2-14-7的創作或新奇的反應。

故新鮮觀念與創作行爲，必須有豐富經驗及對現在情境的所有刺激能夠明瞭才行，這不獨可以解釋創作，也就是創作行爲唯一發生的道路及能相關聯的處所。一個天才就是能夠辨明我們所忽略的情境或問題的癥結的人，這些刺激的所以對於他特別有意義，也就因爲是在他的過去經驗中發生過。他有特別的擴大性與特殊學習能力，故能有驚人的成功。通常創作卽是靠着這兩種質素容易學習與廣濶精細的擴大性是常相並行的，雖其相關不十分完全。

問題

1. 舉例表明其他簡單反射，如脈搏、呼吸和消化也受幾種刺激的聯合影響。
2. 說明通常的自主動作，如交通上經過一個街道而至對方，也受許多刺激的控制。
3. 試舉一個你所觀察的『沒有頭腦』的人的例，並分析當時的情境以見刺激的性質，且發見對於何種刺激沒有適當的控制。
4. 你能舉一例說明低等動物因爲缺乏刺激的控制，致發生可笑行爲嗎？
5. 說明缺乏擴大性與敏銳性的人與盲者及聾者的行爲甚相類似。
6. 表明常態的敏銳性或對聯合刺激的控制，有時可受疲勞、興奮或睡眠的影響。你知道有什麼藥物也可發生同樣效果嗎？
7. 舉出其他一個熟識的『錯覺』，並分析是否有某種部分的刺激具特殊勢力，
8. 討論各種心理學或教育學書中關於智力的定義，並發見他們對於（a）學習能力和（b）擴大性的重要之認識至何種程度。
9. 考查兒童於算術中所有的錯誤，辨別各問題中何者是由於缺乏學習能力，何者是由於缺乏擴大性。
10. 根據前面心理控制的圖解，分析某種實際的情境，並用實際事項代替抽象的文字。

參考書

Hollingworth, H. L., Psychology, it's facts and principles (D. Appleton & Co., 1928) chs. xxi xxii.

Hollingworth, H. L., Abnormal Psychology (Ronald Press, 1930) chs. ix–xi.

James, Wm., Psychology (Henry Holt & Co. 1890) ch. XXVI.

Pillsbury, W. B , Attention (MacMillan Co. 1908).

Robinson, E. S., Readings in General Psychology (University of Chicago Press, 1925) ch. xix.

Washburn, M. F., The Animal Mind (MacMillan Co., 1908) ch, xii.

Wells, F. L., Mental Adiustments (D. Appleton & Co., 1917).

Wyatt, H. G., Psychology of Intelligence and Will (Harcourt, Brace & Co., 1930).

第四章　動機——教育的動力

刺激的動機觀　人生是活動的，精神生活自不能例外。經驗必有所自出，反應也是受着刺激才有反應。故事物的發生常相聯貫，科學所見的事物也就認爲前事常與後事有關，則精神生活之爲動的現象，毫無疑義——即常規變化，由一事引起他事，前事常爲後事的刺激或原因。

從廣義去看，動機就是這樣一種性質。一事可以爲其他事的動機，一定由此可以引起其他的事。就是物理學中的事實也有動機。一輪可以轉動，因爲是受着其他輪的推動，故這輪轉動的動機即是由於那個輪的一推，否則便不會動。臺球A在進行時擊動靜止的球B，球A即很快的失去動的能力，而球B却急速跑到臺子那邊。故B的活動是被引起，其動的動機乃是由於球A在球B上一擊。沒有這一擊或其他有效的刺激，B是永遠不會動的。

可見，動機並不是藏在球中或翱翔球外的神祕能力，它僅是觀察得到的某事發生之後的一種特別事實。自然，我們有時也說『球A的能力傳達到球B』，不過這僅是將觀察的事實簡短的敘述。假若詳細的將其情形敘述，則將說：『球A是用某種速度向某個方向移動，與靜止而無障礙的球B相接觸，於是球A損失一部或全部的動，而球B開始動作，其動作的速率與方向由實驗可以證明與球A的速率和方向有關。』有時我們可用一種便利和專門的縮語來替代這種說法，例如用能力，物質，動量等名詞，又寫出抽象的公式，用t代表時間，m代表動量，d代表密度，a代表加速率等。假若我們要理解這些專門縮語的意義，便須發見物體的動和其結果事實。

在生物中也是這樣。網膜的光線不增加，瞳孔也不會收縮。假若瞳孔收縮，則知其他刺激也可發生這種變化。故刺激的本身即是一種動機。現在我們所要注意的，假若有這種動作，須留意刺激究竟是什麼，因爲由刺激所引起的那個反應即可消滅刺激的。例如球A擊着球B，B即動，而A隨即停止，A使B動的效果愈大，A的停止也愈快。在眼的反射中也可見到同樣事實：增加光線到網膜時，可使瞳孔收縮，而瞳孔收縮，即可減少光線，故由刺激產生的反應，同時即可消滅那個刺激。

動機常爲激動物　假若我們歡喜用物理名詞或半物理名詞，我們可以說：如兒童那樣的有機體是一種具有張力或能力的複合體，平常處於一種相對平衡的狀態，假若遇着內外有變化時，它即發生變化這種變化，從生理學看來，叫做刺激。故刺激原來即是一種擾亂，它衝進平衡的有機體內而破壞平衡。

刺激的效果是重新分配身體的張力，使發生變化並消滅擾亂而重回到相對平衡的狀態。換句話說，刺激本身就是一種整頓工作，一種動機能夠滿足，須本身能够被消滅，不復成爲一種刺激或擾亂。

故動機就是一種激動物，所有動機都有激動性。這種激動的結果便是發生暫時或永久將激動性消減的動作，覺得有激動的經驗而想要整飭的，我們稱之為不適意或不快樂。有效的消滅了某種激動，我們即稱之為適意或快樂。換句話說，快樂與解除激動僅是異詞而已。

有時滿足或解除一個動機似乎是反射地構成的。例如瞳孔隨着光線的强度而伸縮便無須學習，自然構成了會那樣。至於身體構造中那些部分或現象是與這事有關，這是生理或解剖學家的事體。不過任何事實的解釋，都是如事實本身一樣充滿了許多疑問。譬如臺球是構成為觸着即轉動的，這就够奇怪了，而它也很容易燒着與爆裂起來，假若真是這樣，那末也應不難指出這種事實的物理性質了。

但在其他情形中，要解除的方法有效，就必須經過學習。例如一個痛的牙齒可引起許多活動。自然，這些活動是擾亂的一種『出路，』但它們仍沒有消滅這種激動，動機仍然是存在的。動機存在多久，活動也會繼續多久。有些亂動的動作，如小兒似的啼哭，便是學習兒童的成人因為要解除痛苦，也不由得取了兒童的行動。而這種解除方法乃是間接方法，並且是對他人的學習。

教育中的重要事體是個人經過學習可對於每種激動有一種適當的解除方法。事實上，大部分的教育便是幫助學習者做這種工作。本書起首已經說過，教育乃是減少人類痛苦的一種最有組織的技術。

口渴也是一種激動。根據經驗每人都學習了要消滅這種激動，可用飲水的方法。故飲水的動機是口渴。同樣我們也學習了最好減少牙痛的方法是將牙拔去或請牙醫診治。又我們還學習了解除皮膚上某一癢點可用摩擦或抓搔的方法，我們所說的解除乃是指部分或全體的消滅。

所以人類的動機即是他們本身的激動或刺激。假若教育覺得討論動機是有益處，必須很清楚地明白動機的性質，及動機是如何發生作用。的確，沒有動機，什麼事都沒有，教育也成爲多餘的。故我們可以說：教育者的第一件事是決定現在有些什麼激動，困惱，痛苦，渴望和不安等與目下所教育的人有以上情形的那幾種。

動機或動力與誘因或刺激　截至現在爲止，我們所說的動機都是廣義的，即指精神活動的所有動的方面。但一般用這名詞却爲狹義，大概的說，動機與刺激有別，動力（drives）與誘因（incentives）也有區分。

這種區別，是根據於某種激動在性質上是短期暫時或容易消除的，而有些激動則比較持久，需要某種有效的刺激才能夠解消。通常的習慣將短期的激動稱爲刺激或誘因，而比較持久的激動則稱爲動機或動力。這是一種很便利的區別，若被採用則對於討論教育中的動機甚爲方便。故現在即用這種區別，並用數例說明以便更加明瞭。

例如響雷是一件暫時的事體，來去甚速，可以使聽者發生擾亂，並有似震動的經驗和動作，以作擾亂的出路；此外則沒有別的，因爲激動的消滅不靠着反應而是憑着雷的性質的。

自客觀的記錄觀察普通光線的改變雖然不是極暫時的，但我們的眼睛却有一種適應機構——瞳孔反射，能有效地消滅此種激動。瞳孔一有收縮時，强烈的光線卽減弱。

以上二例前者從它的本質上考察，後者從它的準備着的適應機構上考察，時間都是短期的，故祇能說它們是刺激，而不是動機。但我們也不難將這兩種激動改變爲狹義的動機，譬如我們用一機器在屋旁發動使成爲人工的雷用以代替自然的雷。或產生一種强光以代替普通光線的改變，使瞳孔縮至最大限度致眼內光線不能再減。這樣的激動便成爲持久的，於是卽爲狹義的動機了。因爲它們是持久的刺激，故卽繼續發生擾亂和努力去適應，以至刺激完全消滅爲止。

由個人發生的動機　教育上的重要事體，便是須知道有許多刺激是從有機體的內部發生而不是由其他人或外界物體的作用。例如牙痛是由內部發出，而它能成爲激動正如雷響或光線刺激一樣。故刺激的所在並不是重要事體，所要緊的是發生刺激後能引起身體活動的改變的有效程度。

事實上許多人類的特殊動機，卽持久刺激，都屬於這類。例如飢、渴、癢、痛、疲勞、食慾、惡心、動力、態度、憂愁、痛苦記憶，希望與懼怕，願望與渴念，恐怖、不平的感覺及野心等——此外如憂念將來對一件暴戾的行爲感痛苦，恐怖年老或貧窮，感覺無保證，羞恥或困惱等，不勝枚舉。

對於這些事情的主觀性，不要覺其神祕，它們雖是主觀的，而是同樣有效。自然，虹霓有它的客觀性或公共性而爲牙痛所無，通常我們卽說每人都可見虹霓，而牙痛則祇有個人能夠感覺。但一件事體爲多數人所知並沒有什麼大重要，牙痛的眞實性不決定於所知道的人的數目。有牙痛的人，才能成爲有效的刺激，對於沒有牙痛的人，則不能直接成爲激動。虹霓或客觀世界的其他任何事實也都是這樣。

無論如何，教育心理學不要爲現實性的問題或社會的成果問題所煩擾。我們並不是教育『社會心理』而是教育個人，因此我們對於個人的經驗和行爲討論最多。並且重要的事實是這樣，學習者的最強烈的動機乃是所謂感情和情緒的經驗以及能引起這些經驗的外界的物體或符號。以後我們將詳細討論如何將人類的情緒作爲行動的動機，現在則討論各種動機的關係及辨明與暫時刺激的區別，卽是討論動機具如何的作用。

動力與誘因的合作　暫時刺激大率能引起短時的反應，和巧妙的消滅刺激。而持續刺激，或狹義的動機，則繼續持久的活動。這種活動常不能卽刻將激動解除，反之，特別因爲以前學習的結果它常成爲一種普通類型而向着某一定方向。

例如牙痛引起的大部分活動是向面部和頭部的動作。長久憤怒引起的活動是強烈和侵略性的動作並向着所憤怒的物體的那個方向。其與悔恨有關的活動，則爲向着自己或相屬的事體。

換句話說，由動機所發生的活動常爲某種定向的反應，卽是某一種類和向着某一方向。且這類反應或許在過去是有效地解除這種激動的所以要說明一個動機必須說明活動的所在，與一般的特性和持久性。因為動作的隨時發生常受其他刺激的隨時影響。

故由動機可發生準備（readiness）或試驗的活動，或產生某類動作與朝着某方向，具有姿勢或態度。在這個準備範圍內要比發生其他動作便利。有時也有暫時的刺激而生出特別適應，不過與動機沒有直接關係。

獵犬追捕其他動物可以作為一簡單的例。當所追捕物見到聽到或嗅到而尚未捕獲時，則成為一種持久的刺激，使獵犬發生各種活動與變化，這些變化有一般的特性。例如它是一種興奮和鼓舞的狀態，不是睡眠和安逸狀態。它的前肢、眼睛、耳朵和上下顎都特別興奮，尾却不動；它的行動朝着追捕物的方向。即是追捕物成為一種持久的激動，使它發生一種進攻態度的活動。

但獵犬的動作隨時又受着進行中的暫時刺激的決定。例如臨近一個圍籬，它爬過去；追近一個壕溝，它跳過去。碰着一個過路的人它要舐着伸張出來的手；遇着其他的犬，它叫起來等。故犬對於現在情境的擴大性是很狹窄的。假若它的足受傷，它毫不注意；它的主人叫它也似乎不聽到這種刺激。在這種興奮時候，它的敏銳性也非常缺乏。

學習中的動機和刺激　在說明犬的活動時至少要說明兩種影響。一種是持久刺激，去尋覓追捕物或關於追捕物的部分刺激——如聲音、嗅味，或甚至當追捕物失去蹤跡時，從犬的本身好像有一種有效的刺激而發生尋追捕物的動作。確實高等動物能夠有效地忽然這樣的『想到』了什麼，犬對於符號的反應已經達到相當高級的程度。

除持久刺激之外，我們還須注意隨時決定特別動作的暫時刺激。因為動機是直接刺激，可以決定以後事體的一般特性和方向。而暫時刺激則不能稱為直接的，祇是興奮的，其所發生的反應都是由動機發生的反應的範圍之內。

故動機與刺激，動力與誘因彼此合作而決定一件事體的進程。這些或為實際的物體，如團雞或犬的腿受傷；或為以過去學習作根據的簡約刺激或符號，如主人的哨聲或過客的伸手；或為犬的本身的精細刺激，即我們所認為追捕物失去蹤跡和不見、不聞、不能夠嗅到時犬的本身所發見的意義。無論那種，總之都是彼此合作。

這時便可回頭考察學習心理一章所舉的例。我們從那章中所說的，可以發見動機與刺激的區別嗎？同時有何證明以見學習必須受這兩種的影響呢？

桑克戴在討論小鷄的學習和適當的處理魚片和含酸的肉丸時，曾這樣說：『以後又放一片在它的前面，它也仍然探索或許探索動作比較少一點而後才吃。當他還在飢餓時，總是繼續這種動作，隨着是探索動作減少和完全是吃的動作。

爲着現在的了解目的，我們特將這段重要的字旁邊加些圈。僅是見魚片並不能有效的發生吃的反應。惟有『當還在飢餓時』而後暫時的刺激才發生效果。換句話說，飢餓乃是持久的動機，係從小鷄的體內發生，並且這確實是一種苦惱，一種激動，因此引起動作來解除它。見魚片是一種暫時或興奮的刺激，決定它吃什麼和何時被吃。已經吃過以後，那個動作便會消滅激動，即將飢餓解除。於是動機與興奮的刺激彼此協同得到滿足，自此以後，看見魚會引起其他活動，不是吃的動作。

現在來說明嬰兒哺乳和餵食反應的學習，請注意一個十二星期的嬰兒的行爲：『當摩爾夫人的小孩在十二星期時見着母親即與食物發生聯絡，因爲當他飢餓時看見母親便啼哭。』

自然，這不是說他不飢餓時，便對於母親不注意。反之，假若他不飢餓，會有其他動機和持久刺激來決定見着母親時他有什麼反應。因爲一個反應的發生，是受着持久與興奮刺激聯合的影響。

在用替代測驗說明文字的學習中，我們也可見到同一的原則。僅用測驗紙放在兒童之前和坐在背後看他怎樣做是不夠的，兒童所做的成績，須看他有什麼動機，和我們給他以什麼動機而定。我所供給的動機或持久的刺激通常即在測驗的『說明』中。例如說：『在每個圖形中填入適當的數目。』這種說明，或用口頭重述，或用視覺或聽覺的意像，或用某種姿勢或其他符號刺激都可，總之，須在做此測驗時始終發生效率。假若不是這樣，兒童將會不將數目填在圖形中和作出奇怪與徒勞的事體。所以我們可以說，這種動機乃是被試者願意與測驗者合作和聽從他的說明而照着做的一種激動。

動機的敘述與改變　對於動機的確認與敘述常常極難，有時我們僅能說：『有做這事的動機而沒有做那事的動機，』即我們不能確實將動機敘述出來，僅能表明動機是怎樣一個方向。正猶如說明牛是『佔據牛欄的』一樣。這種敘述雖不很適當，而對於熟知牛與牛欄的，也頗可用。

又如以前所敘述的兒童學習彈鋼琴的動機便很難正確表明。確實，人類的許多行爲常是多數動機集合和由助長與干涉的複雜關係交錯而成，正與非持久刺激在膝跳反射中所生的影響一樣。所以鋼琴學習者的動機我們可以設想幾種如下：例如『他想將鋼琴彈得比他的姊妹好一點，俾可減少他的自卑的情緒。』或『假若他不彈鋼琴，母親將責罰他，故他彈鋼琴是想避免這種責罰。』或『他覺得上次對於他的先生太不客氣，今天彈鋼琴是對她表示好感』等等無論是那一種情形，總之，兒童的彈鋼琴是想解除激動或苦惱。

那個患彈震病的軍人對於一些暫時刺激，爲聲音，背上一擊，見刺刀等，就覺得是衝突的表徵，我們也必須尋覓他的動機。尋覓動機時可有兩途。第一，患者在戰爭的背景中，病徵愈顯得利害。若移入到民間醫院，病即進步，若回家與所有戰事生活脫離，病更進步。故我們可以說，常時在他前面的軍事背景的刺激，如軍營中的所見所聞以及醫院，常使他與以前經驗過的戰爭衝突的反應相聯絡而發生準備或試行動作，致其他暫時刺激也可以發生這類性質的明顯反應。

或則，我們可以說：患者的態度常時懷着恐怖，不能逃避，以致成爲一種長期的狀態，常時向這方面注意和想像。這種持久的苦痛便常準備着防禦和逃跑的反應，因此隨時發生的暫時刺激容易將這類反應引出，故其結果也就是這類反應居多。

對於這種人的治療問題，即重施教育問題也就變爲很複雜。固然，影響病人的特別刺激，因爲過去戰爭情境的關係致發生特殊效力，所以現在對於他的狀況能夠改善以前，應當使這種刺激爲不同的意義。同時，這種病人常有一種持久動機在心中，以致使他對於任何刺激的反應都是一種預懷成見的戰爭反應。故重施教育不獨須使他對於暫時刺激重新學習，且必須使病者將已構成的持久動機加以改變才可。

但這種情境與其他教育情境並沒有兩樣，教育上若是忽略動機，而僅注意於枝葉與特殊刺激固是走入迷途，假若特別注意於動機的改變，而對現在刺激不加特別說明也是踏上岐路。當我們將這些普通原理應用到教學時，便格外顯明。

目的的心理　現在我們要離開動機的題目而討論一個與動機容易相混的題目了，即是關於『目的』(purpose)或『計畫』(plan)的概念。有時我們常說：那個飢餓小鷄的動機是覓食或那個恐怖軍人的動機是想離開戰役。這就是將實際動機與解除動機的手段相混。假若一種活動是有效的活動，即能夠消滅激動，則祇能稱為手段，即是應付動機的適當動作。而動作與動機乃是不同的事體，切不要相混或認為同一。

譬如某個時候一個兒童活動的動機是覺得皮膚的某處發燒由這種激動而發生活動。假若兒童的經驗很豐富，則根據以前學習可有許多不同的適應。即是一種特殊的苦惱，可有若干不同的手段解除。例如他可用些許時候將身體浸在澡盆內，或開窗戶，開電扇，游泳，熟睡或飲冷品。無論這個兒童採取那種動作（決定於當時情境認為可以實行的其他刺激）而都不能說是他的動機。反之，僅是一種解除的方法；消滅的手段，或消除動機的一種反應。其動機則是持久的覺得發燒。

不過一個運用『思想』的人，常在動作發生之前有一番考慮。考慮一個動作，便有一個計畫，或一種象徵的表示。有訓練和有思想的人，對於動機的第一反應或即是作這類的象徵計畫。例如那個兒童的心目中，或有溪澗與自己立在溪旁的視像，或自己不覺常說出所喜愛的蘇打水名詞，於是一一過去，最後才決定一個所心愛的動作。

所有這種關於動作的印象或象徵的表示，可稱為對於一個動作的計畫或『思想，』這種計畫與動機相聯，便成為一個目的。所以目的是消滅動機的一種象徵的表示，是解除動機的手段，是救濟的計畫，即是在實行以前特別的規畫和考慮。因爲目的對於人生很重要，故必須將其性質弄清楚。沒有動機的計畫是死沈沈的，但沒有計畫的動機，也常徒勞而無效果。故一個目的需要動機與計畫的相互合作。

著名的效果律 在學習心理學中最困難的便是對於刺激與反應常弄不清楚。這種混淆乃是從早期實驗的學習心理學家對於低等動物如鷄，貓和豚鼠，作爲實驗起始。他們將實驗動物放在籠中，使它做某種動作，並將食物放在近隣，這稱爲『刺激』。以後對於刺激發生的動作，則稱爲『反應』。因爲動物最初的許多動作在幾次以後即不再做，故稱爲亂動的反應或『試誤反應』(trial and error responses)其要解釋的問題，便是如何亂動漸次消滅，僅遺留着『刺激發生之後的成功』反應。

最通常的答案是成功動作（或神經的聯絡）產生快樂的效果，故能使其動作『印入』(stamp in)；非成功的動作產生不快的結果，故即使其動作『脫出』(stamp out)。這就是所謂『效果律』(the law of effect) 但如何快和不快的動作被印入和脫出，什麼被印入和什麼被脫出？以及爲什麼情緒能向情緒發生以前的動作生出作用？這些都沒有明白說明。此外這個定律還有許多其他的困難。

事實上這種早期的學習分析的目的起始即已錯誤。我們敎兒童時，不是羅列許多問題要他們猜答案，或要他們無頭無腦的摸索至發現答案爲止。反之，起首常是將兒童安放在某種情境，有一清楚觀念的動作要兒童去做。這種動作兒童能夠勝任。不過起首需要許多預先動作和多量的刺激。

極幼的兒童在學習寫字之前常能寫出自己的名字而不錯。不過在獲得這種能力之前，他必定經過了長期的學習歷程。例如練習用筆，模倣其他的字，鈔寫所見的字，默寫字以及與學習寫字有關的其他事體。這些都不是亂動反應，而是他寫名字不錯以前的起首必須經過的步驟。這些必須的預先步驟須占一年或更多的時間。

教育則是要使兒童寫出名字不錯無須每次都要經過這些預先的步驟，它是要將所需的刺激減少而能產生所希望的結果。如這點能做到，便算是教育的成功。現在成功的日期果然到來，因爲靠着刺激簡約化的歷程祇要聽到所信任的人的些微刺激，例如說『你歡喜簽這個支票嗎?』於是兒童即學習起來。

在學習中並不是亂動的反應脫出，而是以前所需要的刺激現在可不必要，以致所需要的原來探索可漸漸減少而產生所希望的動作。故動物在學習迷津時，有時第一刺激即可適當的引起正確反應，在兒童學習中，僅有母親的聲音即可引起哺食反應的吮乳和似咀嚼的動作。

刺激的所以被剔除，或因爲沒有時間出現，或因爲無須出現。例如其他刺激還沒有出現以前，那個第一刺激即出現而發生最後動作，於是全部學習歷程便完畢。又如一個學習開汽車的人已能見着紅光而有效的運用制動機，那些繼續去看踏板和向着自己說『先將手拐掀開』還有什麼必要呢?

最初被剔除的刺激是那些在全部歷程中最後出現的，即是恰在最後動作之前的其起首那些步驟或許還是需要。以後漸漸起首的步驟也被剔除，直至最後『一有表示』時，有效動作即發生。此時不安定狀態消滅，平衡恢復。

部分刺激中何者有效須視可以發生最後動作的全體情境的分子而定，即是分子間的彼此『相屬關係』(belongingness) 發生效果，而不是以後的快樂與否有何效果。

動機與效果律　所謂『效果律』似乎已走入了迷途，一部分由於英文 (effect) 與 (affect) 兩字發生了不必要的含混。普通常將效果律當作感情律 (a law of affect)，即是以快樂與不快樂的感情 (affection) 與動作的型式有關。假若將這種含混點除去，『效果律』才可眞正的成爲效果或結果律 (a law of effect or result)。這種說法的確包含重要的眞理在裏面，因爲在學習進程中一個步驟或一個動作的被保留與否須視有何效果或結果而定。若這樣說，將效果律與動機的題目確定聯繫起來。

前面已經說過，刺激或動機就是一種激動、一種不安，適應就是將激動除去。所謂滿足與困惱即密切的與這事實相關聯。通常引起人類行爲的動機便是使人困惱者(annoyers)，動作即是由不適意、激動和不安而生。引起生物活動的刺激，主要爲痛、癢、拘束、苦惱和其他不幸的事體，由這些經驗遂本能的或學習的計畫如何去動作，藉以解除或減少原來的激動。當激動解除時，我們才說是適意 (agreeableness) 或是快樂。

通常說明人類的行爲時將困惱與滿足（或痛苦與快樂）幷列爲有效的動機，這好像將天空中的雲與清天並列爲基本的一樣。一個攝影師不注意於動的性質，僅盡心於『描繪』，固然於雲與清天是同樣的重要，但對遊歷者、農夫、航海者與航空家卻不是這樣，大衆都知道，從作用的觀點言之，所謂清天僅是空無所有，由雲才可發出許多的結果，生出雷電、冰雹和雨點。

將這些事實比譬動機，困惱好像是雲，是積極的刺激和動作的源泉。快樂則是困惱與激動的解除。由激動才可隨時集合和凝結成爲學習的動作。

動作的效果完成是減輕激動，從這種結果，我們才可說是快樂或滿足，故快樂是一件消極的事實，它的積極的效果，則爲破壞動機，消滅激動。

茲以蒼蠅在嬰兒的頰上爲例。起首嬰兒不知如何適應，故這種刺激成爲一種模糊的激動，當時又有其他刺激以致嬰兒極不安定，時而向此，時而向彼。這成爲一種持久激動，這種動機由此發生長久的活動。當嬰兒知道用一動作驅逐蒼蠅時，於是激動解消，而活動亦停止。以後蒼蠅又來時，我們見有效動作或消除激動的動作便漸漸快起來，那些事先張皇的動作逐漸消滅。至最後刺激一出現時便有效地發生最後動作，於是嬰兒適當的學習了這種適應。

所謂成功的動作便是使從刺激而發生的動作羣得到一個結果，並可消滅刺激。但我們必須探究成功動作前的一些背景和原來的刺激。成功動作過了以後，這個特別的動作羣便過去，其次的事情是什麼，須看以後刺激的性質而定。

故一個激動由刺激簡約化的原則將與最後的解除動作密切相聯繫。激動發生，這個動作便隨即發生，中間的步驟雖有必要而結果是被剔除。設或有這種中間步驟出現，也會成爲原來情境的部分現象，很強烈的引起最後動作。這樣，如果很早期的步驟出現時，便有很強烈的趨勢引起這樣動作。因爲最後動作是完結全部活動，故中間步驟的向後一些動作也就很少出現的機會。

這樣，效果律所說不清楚的事實，動機的心理便完全將這種事實說明清楚。自某種意義言之，學習是由於一個動作有了結果，或具效果。刺激雖能發生活動，而最後動作則可消滅原始的刺激（或動機）並將全部活動結束。所有以前一些詳細活動也都是向着這個最後動作。這就是刺激簡約化的定律，是一條似乎可以將生物行爲的重要事實完全敍述的基本原理。

與這種歷程的最後動作相當的便是快樂，而原始的激動則相當於不快樂。所謂快樂與不快樂乃是這個歷程的主觀方面，而我們則是儘量在客觀方向敍述。不快樂是表示進行中的動作羣繼續不已，直至最後動作出現，而快樂（天空中雲的消滅）則是最後解除的動作已經發生着。但學習却不是由於這二者中的任何一種的表示。

刺激簡約化的一般定律才算是學習，起首是一個原始激動發生動作羣，最後是解除激動的動作將全部結束。

學習是經濟動作和預期將來　假若將學習中剔除動作視作對於刺激的亂動的反應，則這些動作爲什麼被剔除，以前人都不能解釋。但假若我們視這些動作爲以後動作的刺激，則其被剔除的原因便極顯明。學習自另一方面看來乃是生物的保全能力，卽用最經濟方法得到結果。

刺激簡約化——卽學習，乃是使有效適應早期出現和減少消耗的一種簡單方法。學習愈有效果，則發生有用動作所需要的刺激愈小；所需要的刺激愈小，則有用的刺激的數目愈多（因爲其中任何的刺激都可應用，）對於生物行爲的時間和能力愈節省，且問題中的有效適應的出現也就愈早。

這種結果卽在第二章嬰兒學習的簡單例中也可見到。試回憶生僅八個月的嬰兒的防禦反應，他因刺激簡約化的結果，卽對於還沒有發生危害的物體也有防禦動作。

這樣，他對於可怖的災害便可避免。學習固是根據於過去經驗，但學習的結果使是保證將來有較好的經驗。因爲有機體在學習時不僅是記憶過去，且須能夠預期將來，決定將來可到若何程度。學習愈有效，則學習者的行爲之預期將來愈加遠大。

分析到最後，使學習負起目的和預期的任務的，也是自然的齊一性（the uniformity of nature）。

因爲自然世界中常有諧和一致的趨勢，故將來情境中的事體與過去有相似之點。這樣，學習者根據過去經驗而對將來情境反應，便可以適應與預期和能作有目的的行爲。

總結 在這幾章中我們明白了對於任何心理研究都是基本的幾個原則，這些原則對於以後教育心理的分析很有用，故將它們歸納成爲簡要的形式。

1. 刺激簡約化的一般定律 這是生物行爲的基本現象，此外還有從實驗心理學研究出來的多次律，最近律和刺激的聯合等特別定律。

2. 暫時刺激（因果刺激）與持久刺激（動機）的區別 前者於有機體的行爲上的來往是短期的，後者則較爲持久，常至有機體本身發生某種適應後將它解消爲止。

3. 各種程度的敏銳性或擴大性 即是對於情境中的幾種刺激的瞭解或聯絡程度。

4. 動作羣的概念 即從原始激動起始，經過中間步驟（探試和發現）而至消滅激動的最後動作爲止。

問題

1. 從普通談話及閱讀中將動機這個名詞的應用方法記下，並研究這個名詞應用一致的程度。

2. 舉一例表示一個動機在起首不見有何『激動』，並考察你能否說出其實際的痛苦是什麼。

3. 你能舉例反駁動機常是痛苦的說法嗎？

4. 舉出其他一些普通經驗以證明一個刺激引起活動後可消滅刺激。

5. 分析你自己通常的動作，藉以表明持久刺激與暫時刺激的合作

6. 觀察兒童某種忙碌的活動，注意什麼是持久的動機，什麼是暫時的刺激，並表明這兩者如何聯絡而引起他的行動。

7. 分析你自己在大學中的每日進程，以見動機與暫時刺激的聯合行動。

8. 使你繼續受大學教育的動機的性質是怎樣的？

9. 舉例說明暫時刺激的作用須視持久刺激（動機）的有無及其性質而定。

10. 從以上分析的例中表明你是否已完全了解動機與目的的區別。

參考書

Cannon, W. B., Bodily Changes in Fear, Hunger, Pain and Rage; 2nd Edition (D. Appleton & Co. 1929).

Dewey, John, How We Think (D. C. Heath & Co., 1910).

Hollingworth, H. L., Psychology, it's facts and principles (D. Appleton & Co., 1928) chs. xvi—xix.

Holt, E. B., The Frendian Wish (Henry Holt & Co., 1915).

Hurlock, E. B., "The Psychology of Incentives," Journal of Social Psychology. Vol. 2, No.2 August, 1931.

Kempf, E. J., Autonomic Functions and the Personality (Nervous and Mental Disease Publishing Co., 1921).

Lenba, C., "The Measurement of Incentives and their Effect", Journal of Social Psychology, Vol. 3, No. 1 Feb., 1932.

Meyer, M. F., Psychology of the Other One (Missouri Book Co., 1921).

Monroe, Devoss and Reagan, Educational Psychology (Doubleday Doran & Co., 1930), ch. iv.

Raup. R. B., Complacency (MacMillan Co., 1926).

Washburn, M. F., Movement and Mental Imagery (Houghton Mifflin Co., 1916) chs. viii, ix.

Wilson, H. B. and Wilson G. M., The Motivation of School Work (Houghton Mifflin Co., 1916).

Woodworth, R. S., Dynamic Psychology (Columbia University Press, 1918).

第五章　教育上的人類動機

人類工程　如果知道有些什麼動機可以引起人類的活動，則可以應用到各種技術方面——教育乃是其中的一種。因爲人類許多活動的特性，大都與動物相類似，故先討論各種動物的共同動機，而後進一層討論人類特有的動機以及在教育上的應用，這樣比較好些。

根本問題乃是：所有生物有些什麼典型的行爲？這些行爲的原因如何？假若能將這些原因歸納爲幾個簡單動機，則聰明的指導卽可以這種知識爲起點。

不過對於人類，其問題有時爲下列形式——『卽什麼是人類的本性？』這個問題不獨包含動機，且包含先天禀賦和能力，這點將於『學習者的品質』一章去討論，現在祇討論動機。爲着教育的目的，茲對於所有先天和後天帶有基本與共同性質的動機俱加檢討。

生機的活動　生物（動物或植物）許多行爲的過程都是生理的或生長的。例如骨骼可以增長，創痕可以痊愈，食物可以消化和融化，腺體可以製造重要物質以輸送至各體素，此外有呼吸和血液循環。簡單一句話，這些生物歷程都是屬於自體的。不過這些都要簡單機械的生物活動，這些活動都是對環境的適應。

這些生機活動必須刺激，就是物理或化學變化也可以說是刺激，外界的刺激，如光線和壓力也屬於這類。此外有機體的吸入或通過食物和毒質，也是刺激內部的刺激亦復重要，例如肌肉的收縮，附近部分發生壓力養化使溫度改變，及工作產生疲勞物質。特別重要的，便是精妙的遺傳作用，當生殖細胞最初結合而發動個體的生長時，遺傳機構卽蘊藏在微小的細胞核中。

若用物理學名詞，這些影響可總稱爲『能力的變化』（energy changes）於此我們可得一個極大數訓，卽這些變化都是平衡的擾亂，所有活動都趨向於將平衡恢復。

有些構造上的型式（structural patterns）也很重要，且有許多生活上奇特之點對於這些過去曾有許多不同的名稱，古代的人有時稱爲觀念（ideas）或本質，近代則稱爲完形，是從德文 gestalten 而來，英文則譯成 configuration。

茲以一個受傷的手指爲例。假若一個手指被截斷，隨卽有恢復現象，卽由隣近部分生長，使受傷的體素復原。其中最奇怪的則爲復原後仍成爲手指的形狀。一般的說，那個受傷部分復原仍成爲原形——卽原來手指是一個完形。

這好像原來手指有一定的平衡，成一整個系統。當部分沒有受傷時，它們毫無活動，假若一旦將其系統破壞或擾亂平衡，於是活動發生。這種活動繼續，直至平衡再恢復爲止。故活動乃是對於刺激的反應，而刺激則是『自然的』組織型式或平衡的一種擾亂。

動物的行爲——反射　除生機活動外，簡單動物都有比較進一步的活動，即是許多『反射。』例如吞嚥、咳嗽、排泄、欠伸、伸張及爪掘（scratching）等人類的反射更多，啼哭與笑也屬這類簡單動作，不過至少到高等動物才有。

我們已經詳細敍述握拳反射、膝跳反射、瞳孔反射及原始的哺乳反射，並表示這些反射實在都是學習的活動。但即承認這點，人類還有許多的適應似乎帶有反射性質。

神經學家解釋反射爲神經系統的前定通路（preestablished path of conduction）或低阻力的通路，有了這種通路，於是在有機體的某點施以刺激，在他處便有明顯的反應。

例如壓擠頰部，此處即發生『能力的變化，』不過我們則說是平衡的擾亂。沒有這種擾亂，活動不會發生。有了神經系統的通路後，於是擾亂才可從通路傳達由一點激動次一點，在一種尚未完全了解的情形之下，這種化學波、電波或神經能力或擾亂傳達到特別的肌肉——反應器官（effectors），這種器官也發生擾亂而收縮，於是將擾亂傳達到環境，由此又可繼續發生擾亂，以至無窮。

這就是反射的物理學。固然對於其實際的物理性質還不十分清楚，而有一點則已明白，即反射動作是身體受着稱爲刺激的能力變化而起的恢復相當的平衡的方法。

間接適應的反射　不過我們曾見許多反射還有間接適應的性質。例如瞳孔反射不僅是受着強光擾亂的一種動作，且此種動作可使眼睛作減少光線的適應。反射的咳嗽不僅是受着能力變化影響的一種動作，還可實際除去喉中的障礙物。故反射除即時消滅擾亂外還有永久性質的適應。神經學仍然是用通路來解釋，但這顯然有間接適應的分子存在，與僅是擾亂動作的性質不同，故應視爲一種新現象。它的效果可以使環境發生改變，例如瞳孔收縮可使網膜的光線減低。

這種適應如何發生的生物問題，雖極饒趣味，然非心理學所宜直接過問。我們的着重點則在活動由於擾亂，與活動效果是恢復平衡和保證將來的事實。

這種適應反射，可恰當的說是『保護』的性質，因爲它是保持一個器官的統一。在我們所說的例中，眼睛便是這種器官。

爲整個有機體利益而起的適應　有許多比較複雜的活動則爲整個有機體的利益而生，不是爲着個別器官。例如許多低等動物的一生，消耗於以下一些活動——如尋覓食物、戰爭的自衛、掘巢、逃避敵人及貯糧等。此外有保種與防衛個體的活動，如築巢、交配、產卵、孵卵，哺餵及敎養幼小動物。許多這樣的活動都是極爲複雜。

說到此地，動機的心理不是帶着神祕性質，便是在字面上用工夫。因爲不直接了當承認自己的無知，而僅造出許多有神祕能力的名詞來，最通用的一些名詞便是『本能』和『目的。』這些名詞的濫用，已成為心理學上有名的恥辱，若要洗刷這種恥辱，必須從分析複雜情狀和對於困難有明瞭的意識開始。

本能的概念　在英文中，常將本能 (instinct) 一個名詞的起首字母寫成大楷，用以表示動物動作的某種能力。有時寫作 the instincts，則用複數而不用大楷『I』。還有些人用這名詞（例如爭鬭本能，交配本能，築巢本能）以表示動物的定型和聯續的一羣動作。這種用法的失敗，可從動物的動作須決定於許多事實可以表明。茲以爭鬭本能為例，鳥的爭鬭是一種型式，魚的爭鬭為另一型式，野蜂的爭鬭更是另一型式。且任何動物的爭鬭動作，可因敵人，地點，年齡與經驗等而異。其他所認為定型動作的本能也都是這樣。

這種假定失敗後，於是有人認為本能是某種『腦的活動型式，』即腦內因某種情境或刺激而起的能力向低阻力遺傳的型式。因為他們認為情境不僅是外部的刺激，還須包含動物內部的情狀（如飢餓）。但腦的活動型式的概念，也是一種假科學的面具，實際本能行為在腦內如何變動的，此種假設也難解釋。

另外一種假設，便是以本能為『靈魂的本質。』因為依照這種說法，靈魂為一種不可直接觀察的體系，僅能間接知道。本能則為靈魂的本質，是精神能力產生的源泉。靈魂的本質受着有機體經驗的吸引後，於是占據有機體的身體而向着有效和目的的方向移動。因此本質有時也可稱為『目的。』

依照這種說法，蘊藏於精神世界的本能和目的，乃是萬有動作的原動力。不過它們既不能直接觀察和僅可間接知道，則似乎與古人的神祕「鬼神」相似，故它們對於教育家的工作並沒有若何幫助。

以有機體的苦惱代替本能　假若我們不用本能的假設，而將動機的概念擴大，則似乎對於教育更有用些。所有動作都認爲是不安、緊張或平衡擾亂的結果，故所謂本能動作也是精神或身體苦惱的一種反應，發生活動至苦惱解除爲止。所有特別活動也就是動物由成熟和學習的方法而將苦惱或動機解消。

至於低等動物的激動是什麼，我們很不知道。與其用些言辭來遮蓋這些無知，不如直接承認的好些。但有少數，我們也能加以或然的解釋，譬如白鼠的築巢似乎與身體溫度的變動有關，還有許多活動（如孵卵）也是受着類似的簡單情況的影響。不過現在我們對於這些僅是猜想的性質和假定其活動可以解除原始的擾亂。

爲什麼這些活動採取這種形式；如何這些活動將原始的刺激解除；有多少有用的活動是非學習的；這些非學習的活動的基礎是什麼；以及如何這些活動可以應付物種的需要（如交配）——所有這些都是問題。除非我們已詳細知道受傷的手指如何復原，一個胚胎如何發展成爲那樣的形狀，所謂遺傳機構是什麼已完全明白，及身體的細胞如何可將無生物質轉化爲活的體素，否則對於複雜的適應歷程是不容易理解的。

不過一個動物對於任何刺激反應須視動物的身體構造如何。魚受刺激後，僅能游泳，蟲類僅能爬，鳥則可飛可歇，犬則跑吠與爭鬪每樣都能。人類所具備的能力更大，能爬，能跑，能叫，能宣誓，能呼警察，能在次期選舉時改投他票。

我們須將所分析的一個結果，即動機常是苦惱，用到比較容易觀察的人類活動方面，因爲這方面最與教育者的動機問題相關聯。

人類心理學上的本能　前面已經說過，本能概念在人類行爲中有各種的用法，而沒有一種能夠滿意。故要回答『人類本能地做些什麼』的問題，答案可隨人隨時而異。其中一個原因便是人類的學習能力異常偉大。人類自最初起始所謂學習的適應與『先天』的動作便相重合而不能辨別。

假若一種簡單行爲如哺乳與握拳可以證明爲學習的動作，則通常用以區別本能的『不學而能』(unlearned) 的標準，便無所用。至於普遍性 (universality) 的標準，或可指學習初發生時的一致情況，這點對於低等動物固容易觀察，而人類的活動大部分決定於遺傳，當時組織與人爲的習慣，很難說他們的行爲不受這些影響，則決定較難。且有時僅對嬰兒觀察很難決定一種行爲是否『先天的』例如鬍鬚與智齒在嬰兒時便不發生，而這些特性顯然與環境及訓練無關。

因爲人類的活動常由擾亂苦惱或激動而生，故最好問：『人類的基本擾亂是些什麼？』即人類有些什麼必須由活動解除的苦惱？因不論唯心論者是怎樣說法，而人類必須經過苦惱才有學習的。且先覺已經告訴我們：人類的生活乃是長期向着自救而奮鬬的。

假若我們能正確的表列一些基本的人類困惱，則將給教育者以必須從學習者方面知道的及如何去『發動』學習歷程的『動作的根源』了。

故我們必須仔細辨明人類的所想要解除的苦惱以及解除苦惱的手段的區別。例如我們不說『覓食本能，而以『飢餓』爲此種動作發生的根源，即是注重於苦惱方面。以前心理學因爲預先注重於反應，故沒有發現刺激簡約化的重要事實爲學習機構的中心，同樣、若預先注重於動作和動作的型式而沒有注意到激動，也足以混淆動機的心理學。

主要的人類動力 動機也可以稱爲動力 (drive) 因爲其顯明事體是衝動的性質和引起活動。什麼是人類的基本動力或原始動機呢？

起首我們可舉出一些因身體的需要而起的動機，其中最顯明的，如缺乏身體的生長、復原和健康的物質，以及足以阻止這些過程的情況。例如：

飢餓	身體的痛苦	消化不良
渴	緊張	嘔吐

疲勞	血瘀	發熱
窒息	便閉	極度寒熱
欲眠	排泄遲緩	肌肉載重過度

與此相關聯而或屬於同一類的便是各種的刺激，例如：

單獨刺激

過分刺激

刺激不足

刺激突然改變

某種特別性質的刺激如苦酸痛癢及不堪入鼻的臭味

所有這些都是想要解除的動機。其中有的爲可由他人觀察而得的客觀情況（例如載重過度及過分刺激，）有的僅可由被試的經驗表示而知道（例如痛及苦味。）還有一些則從客觀情況與主觀經驗都可得知。例如飢餓從客觀上表示爲體素的缺乏營養，從飢餓者的經驗表示則是一種特別的『餓覺。』

心理學必須包括這兩方面的現象：那客觀的（行爲的）和主觀的（內省的。）二者對於教育都很重要，因爲一個動機可不待動作者的知道而發生效力，這就是受所謂『無意識』的動機的影響。或動作者僅知道主觀方面（如身體的痛苦）而對於經驗的客觀基礎不能敍述，這種動機便是『半意識』的。

人類遇着這些苦惱，卽變爲不安和努力奮鬭，至激動解除爲止。其動作如何須視種種情形，如年齡，訓練，資財及環境而異。往往在這時對於動作雖不能決定，而對動機的性質則是很清楚的，動機心理學便是以這種事實作基礎。

教育便是利用其中一些原始的激動到學習方面，常常學生想免除父母與師長所給予的激動如飢餓、痛苦及其他過分刺激才努力功課。在低等動物的學習試驗中，也是利用這些動機去引起動物的活動與學習。

眞的，人類許多勤勞工作，卽是要免除飢、渴、冷、痛和汚穢的苦惱。職業的動機一部分卽是由於工作乃人類解除將來飢餓苦惱的一種手段。

對於現代文明社會中的青年學生，不能直接利用這些動機。有時我們且用便利方法免除兒童許多這樣的苦惱，並以不見他們遭遇這些苦惱爲滿足。在特殊情形下，教師可用的方法，主要是用這些動機以啓發兒童想到將來生活的痛苦，因爲這樣想到身體的需要，對於原來情境有充分經驗的人是可以成爲有效動機的。

這種身體的苦惱常可阻礙學習的活動，因爲由此可以發生不安和活動到其他的方向。教師一部分的工作須使所給予的動機不致發生這種阻礙。

假若身體的需要伴隨着可以解除它們對於一個物體的意像、記憶和思想，這種經驗就可稱爲欲望(craving)。若伴隨着尙未實行的動作計畫則成爲一種目的。

侵害自我的苦惱　以上所說的動機都有關於身體。除此以外，人類還有對自我侵害的苦惱。在通常身體能夠自存的狀態之下，人總是將自己看作一個人，而不當作是有機體，故侵害個人的人格，可以引起大部分的行爲。因爲每個人對於自己都看作是某一種類的人，且有某些性質、權利和義務，這些觀念很早卽已發生，以後隨着智力的發展變爲極複雜，且極容易受擾亂。

以下爲幾個典型的例：

1. 一些足以降低自己地位的屈服和羞恥的情境，被比自己地位低的人所見是苦惱的。
2. 將一個人處置在顯然比其他人不便的情境是苦惱的。
3. 足以妨礙或破壞一個人的習慣或自發的活動的情境則生怨恨。
4. 凡侵害個人權益的動作或情況亦生怨恨。
5. 見他人享受較大的權益或自由則不快樂。
6. 甚至在合理的情況之下，反對他人對自己作公然的命令。

7. 他人的行動和表示對於自己人格相違背時則生忿恨。

8. 認爲屬於自己的資源和權益等有損失時則生苦惱。

9. 懼怕自己的自由或自在受威脅。

10. 他人對於自己縱令沒有侵略行爲，而自我如被他人忽視時亦覺不快樂。

11. 自己意識中的猶疑或衝突亦可發生痛苦。

12. 他人將自我抬得太高也是苦惱。

所有這些情境可以使人類行爲發生極强的激動，這是很容易明白的。對於各條可以於成人和兒童的活動中舉出許多例，此外，還可舉出自我的其他一些苦惱。

這樣性質的苦惱對於自我觀念正在發展的兒童特別顯著。因爲年幼兒童還沒有學習得聊以自解的間接方法，在成人和有組織的社會團體之前，如果自己無能，常覺得是自己的羞辱。教育的方法，必須幫助兒童對於自我批判有强固的基礎，自衞的技術，以及接近事實的自信的態度。

從社會發生的苦惱　許多激動與自我相關聯的，同時亦與他人的行爲相關聯。因爲個人地位大部分決定於社會的地位，是一種相對的由他人的眼光而比較的。

被人忽視自然是一種很深的苦惱，但有許多方法可將這種苦惱解除；例如發脾氣，歇思底里亞式的病，消極態度，獲得獎品和榮譽，羣衆喝彩，新聞政策，書報批評。若用間接方法，則爲祕密或當衆輕視他人動作，與主觀誇大自己作品的優美。

缺乏同伴也是一種苦惱，寂寞便是這種事實的名稱，由此而發生的動作便是『羣居』。此外訪友也是減輕這種苦惱的手段，年幼而聰明的兒童則以主觀的『理想伴侶』爲減輕苦惱的方法。

感情的被排擠，以及在同伴中信仰失去也是一種苦惱。例如家庭中第一個兒子在其他弟妹出世以後便有這種激動，此外失去信仰的首領，無希望的候補者，已廢止學說的辯護人及過時的選手都屬這類。

由思想與同情而生的苦惱　因爲人類有偉大的學習能力，故由苦惱的符號也可引起苦惱。例如預先見到失敗、飢餓、屈辱、危險，即可決定以後的動作，或要除去這些苦惱，或則事先防範。

理想的欲望、預先的恐怖、和痛楚的觀念都是最有勢力的人類痛苦。在第二章中，我們曾敍述兒童僅見以前使他曾發生痛楚的棉花條到臨，即有強烈的防禦動作，我們即說兒童能夠對於尚未發生的苦惱反應。其實這種說法還是不對的，因爲一種可以由符號發生的苦惱乃是眞正的苦惱，（按即不是尚未發生的苦惱，）假若忽略這點，便不能理解許多人類行爲的動機。因爲苦惱的符號或痛苦情境的部分現象可以成爲可怕的，所以能被言語和文字的痛苦所引起。同樣，我們的記憶、想像和預料也可變爲強烈動機而決定行爲。

由同情發生的苦惱也是如此。我們見着人家受激動便苦惱，想有以解救他們。此卽所謂『見人之憂而憂、見人之樂而樂。』其所以有這種行爲，乃由於我們的代替經驗能將他人的行爲作爲一種符號而接受，例如一個動物的哀號卽可作爲危險情境的符號，而使我們也發生驚恐。惟其這樣，所以他人的苦惱也可使我們發生痛苦，這就是仁愛和慈善活動的基礎。

兩種解除苦惱的方法　在這些例中，我們已發見兩種解除苦惱的方法。在這一種是活動向外擴張，卽向着環境，向着激動發生的地方，或向着苦惱的情境。另一種便是主觀的適應，僅用幻想解決問題，或認爲情境變換，對於事物重作一番解釋，藉以保持自己當時所覺的地位，而得到慰藉。

例如遇着對方有攻擊行爲而屈服，在某個時候則企圖報仇，或用某種積極的方法使社會態度改變過來。所有這些都是客觀和外向的適應。所謂『外向性』(extroversion) 是指這種解除方法。反之，也有用主觀適應方法而表示屈服的，例如含怒不言和不合作。再主觀一點，便是由退縮而孤僻，和與『理想的伴侶』爲伍。更主觀一點，便是跑到晝夢 (daydreams) 或迷妄症 (delusions) 方面，完全是幻想占勢力。所謂『內向性』(introversion) 便是指這種適應。

從簡單的身體苦惱看來，這兩種適應的利弊甚爲顯然。僅用幻想的飲食去解除飢渴，結果必是痛苦。反之，略有思索、計畫和事先預備以及考慮種種方法倒爲有用。若飢不擇食和渴不擇飲的匆忙動作則徒見其無效而等於幻想。很顯明的，若這兩種適應方法得其平衡，即內向性與外向性適中，則是最好不過的。

由自我、社會和同情而生的苦惱的有效適應也是如此。具有相當的刺激簡約化的能力和豐富而不是無限制的擴大性或敏銳性在智力上很為適宜。同樣、內向性和外向性得到相當的平衡，則對於適應人類的苦惱也是很好的。

人類適應中的情緒與本能　詹姆士(W. James)曾謂：由擾亂而生的活動有效地向外擴張因以改變刺激的，叫做本能。反之，若適應僅限於有機體的內部以使體內發生騷擾的，則稱情緒 (emotion)。

我們既已不能採用本能的學說，然則對於情緒是怎樣的態度呢？一般對於人類情緒的敍述和分類的失當，也是與本能的分類相同。其實、情緒即是各種緊張狀態，正與我們所描寫的基本動機相同。故任何擾亂或身心失去平衡都可說是情緒的。吳偉士(Woodworth)曾用 commotional 一字，意即激動很可表示這種擾亂的事實。假若擾亂的動作沒有一定路線，則成持久激動或動機，這時即可稱為 emotion。

但要將人類所經驗的種種苦惱加以名稱，正如要將人類所有的動作加以分類，所發的聲音加以混合一樣，是不可能的。其全部型式也很複雜，它可包含侵入體內的特別刺激；包含內部所有的變化和意識上一切的擾亂，也可包含適應的顯明和空想的手段及情境，有機狀態和主觀經驗的接續變化。其中任何一種都不能單獨作為情緒的標準，也不能用一個固定的名稱。

原始的苦惱	由苦惱而生的典型行爲
身體的需要，欲求和感覺的被剝奪	用適當的方法滿足感覺至苦惱已解除爲止
身體的不適，不安，緊張和疲勞	用逃避，消除刺激，和已學習的解除方法避免
與我們密切相關的一些恐怖	考慮可以避免這種危險的保護動作
單調，消沈和厭倦	用遊戲或調侃以消失多餘能力至痛苦解除爲止
性欲的需要	向異性或特殊的人反應由此而得到解除
危險，懼怕，惶恐	用退縮反應避免或改變這種情境
無所獲，想到某種需要，或缺乏需要物	搜藏物品，或收集可得到這些物品的工具；儉約；購買；孜孜不倦
寂寞，思家，缺乏幫助	訪友，羣居動作，成立家庭，加入社會團體
嫉妒有幸福位置的人	競爭，努力支配，誹謗或推翻
無知，好奇	考察，探試，研究科學與求知識
慚愧，含羞，困惱	避免當時的情境，或作內向活動
赤身露體，羞恥，覺無價值	對於人或物體加以修飾與表現
憎恨，憤怒，使性	攻擊所叱責的人和情境
有污濁或討厭的物體或情況	清潔動作（實行的或文字的）
敬畏，向着可畏的人或神	敬仰服從和禮拜的動作
無秩序與不規則	建造的活動，創造和整理
見人遭遇自己所經驗過的苦惱	解除他人和自己苦惱的活動
懷疑，怕發見，守祕密	用計，欺哄和瞞過事實
地位不安定，或要得到自我的保障和社會的敬重	偏袒自己的工作和能力，誇耀和表現主義，貶抑他人的說法及動作
靠着他人的幫助而得到幸福	向着施與者表示感謝和傾心的動作
氣悶，胸中閉塞	大笑，狂喜和其他表現動作
醜陋，不調和或周圍缺乏和諧	裝飾和處置材料，發生美觀
認爲某種苦惱將到	視苦惱情形而變的適當動作

人類原始活動或基本適應舉例　爲比較上便利及於分析上有用起見，特將人類苦惱的習見表，及其活動的一般形式列舉如上。教師須好好從兩方面去應用，即一方面須將這些苦惱作爲引起學習的動機，另一方面須利用這些動機以指導學生馴良和頑劣的行爲。

這樣簡單的表，自不免有不周到的地方，實際的事實較表上所列要複雜得多，實際的動機也是許多種苦惱的綜合，故表中列爲兩行是十分不相宜的。但這個表又比習見的情緒和本能的表有用些，因爲由此可以指示分析和研究的方法，用以研究教育其他方面人類動機的實際問題。

動機的相對強度　各種人類動機的相對強度的實際問題，現在還沒有得到詳細的解決，因爲每個問題必須在特殊情境中經過實驗研究方可。一個動機的有效，須視個人、環境、時間的長短，學習的影響以及是否有其他動機存在等而不同。茲因幾個代表的研究以表示這個問題須在所要得答案的環境中解決才行。

麻勒(Maller)曾比較兒童做簡單加法時互助(cooperation)與『自我興趣』(self interest)動機的相對強度〔註一〕。試驗時用一控制組，僅有練習而無其他特別動機。此外有兩組則有競爭，但一組

〔註一〕 J. B. Maller, Cooperation and Competition, Contribution to Education, No. 384 (Teachers College, Columbia University, 1929).

獎品僅給速度極快的個人，使個人知道成功的程度如何。另一組爲團體競爭，獎品給予團體，個人的成功則不得而知。

結果個人競爭一組的工作速度幾爲團體競爭一組的二倍，且其速度能够持久。在試驗完畢時有四分之三的人數贊成個人競爭。

更有趣味的便是兒童間的個別差異。此處用團體動機和個人動機的成績上的差別作爲互助的程度，則發現年齡別性別對於互助並沒有若何差異，而智力則大有關係。最高等與最低等智力兒童的互助性都較平均智力兒童爲小，一組中能力較爲均勻的，互助性最大；反之，如能力差異相隔很遠，互助的差異也大。有能力的兒童——如工作迅速，身體健康，品行優良的兒童，個人的競爭最爲強烈。劣等的兒童則贊成彼此合作，因爲個人的成績可在團體成功掩護之工作而不爲人所見。

麻勒的意思，以爲此處所發現的強烈的個人競爭或由於現在的學校制度特別着重個人的成功。反之，這種特性與年齡沒有關係，則由於這種特性與兒童所受學校影響的時間的長短沒有相關，這或由於兒童早已認識現世界的優點缺乏和依賴他人的不可靠也未可知。

有許多測量動機的研究，就是『誘因』(incentives)的研究，所謂『誘因』是實驗者所施的刺激，其動機不是從學習者本身而發生，在此後一章我們將敍述一個贊許與不贊許對於學習影響的比較研究，結果贊許的誘因較不贊許為佳。但在這兩種情形中，其確實動機究係從實驗者的言辭，或係從學習者的動作發生，還不十分明白。

賞（reward）與罰（punishment）的相對價值的研究已有人報告過。假若將它們僅當作是兩種誘因的研究（卽實驗者的言辭與其他方法），則它們都有經驗上的價值，但它們並不能告訴我們以動機的相對強度。因為如果我們所說明的動機是正確的，則所謂賞祇是解除某種苦惱，而對於賞的敍述並不能夠知道所解除苦惱的性質。

以前的本能心理學認為本能是依次的發展，有很活動的成熟時期，和不練習則衰退等。這種說法也確有眞實性，因為個人的苦惱往往隨年齡、環境經驗及其他許多因素而異。但這種變動因素太多，以致要將動機的強度作成一個總表便不可能。教師惟有熟悉發展心理學的事實，而後能了解這些變動因素和其關係，所以從前訓練教師對兒童研究作為一個很重要的部門。

實際的應用　當解釋和理解一種行為時，起首不要問有什麼本能或什麼玄妙目的使個人如此行動。祇發見引起活動的苦惱的性質便可。若苦惱的性質已經發見，則對於行為重施教育和改變動機都容易從事。

假若希冀某種特別行為發生，起首須決定有什麼激動或苦惱與用什麼刺激和如何聯合而後可有效地發生動作。已經選擇一個或數個適宜的動機應用後，於是訓練刺激簡約化和對於精細與預先的苦惱符號發生反應。

最後我們可以簡單回答於討論中足以困惱讀者的一個問題：即人類是否有積極尋快樂的趨勢？果眞人類沒有眞正快樂的動作而都是解除苦惱才有快樂嗎？其對於前者的答案的確是一個『否』字。因爲欣喜是由解除可怕的苦痛而生，歡悅是從敗退後的勝利而得，有了氣悶才有以後的鼓舞解除激動而後才覺得快樂。所謂愛，早已有人下定義爲『除去恐怖』

人類自然都是有衝動的，不過衝動不是憑空而生，都有原因或刺激。其刺激即是擾亂、苦惱和激動我們可以不明瞭激動而有動作，例如我們動作時，生出快樂，但引起動作的激動，因太精細和複雜，則不容易發現。所謂『唯美的快樂』(esthetic pleasace) 動作便屬於這類。因爲對於美的物體所生的感覺或知覺上的苦惱性質頗不容易表示，僅覺對於一個完好物體無活動即生苦惱，必須有活動方可。

有時我們一個動作也能明白將其性質和結果表示出來，且能將其所生的變化表出，同時還明白最後發生的是快樂。但這種事實切不要與動機相混，因爲一個人說他有一種未曾有的快樂，即是表示他有一種缺乏和需要，故也是一種苦惱。由這種苦惱方能引起動作，不是憑空的快樂或自己的計畫可以引起動作。

問題

1. 參考標準的普通心理學書籍，看它們對於本能或一個本能動作下如何的定義。
2. 討論這些書中所列關於『人類本能』的表，你們對於這些表的印象如何？
3. 舉幾個物理學上的例，表示物體被擾亂後有恢復平衡狀態的趨勢。
4. 所謂『對於反射的實際物理性質還不十分清楚』是何意義？
5. 從普通讀本或會話中尋出通常濫用『本能』和『本能的』一些名詞或形容詞的例。
6. 假若人類生在一個各種物品都很豐富且可隨人意而得的世界，則所謂『貪、嫉妒、搜藏與爭鬭的本能』還有不？那末、你對於本能的概念有何意見？
7. 舉出本書所未經列舉的一些須由動作而解除的『身體的苦惱』。
8. 經濟學教師須利用什麼苦惱鼓動習那門科學的學生？歷史學教師呢？心理學教師呢？
9. 從你自己的經驗中，舉出有些行為的動機是由於侵害自我而起的例，舉出有些動機可以說是『無意識』的。
10. 從文學中尋出對於內向行為和外向行為的描寫不同之點。觀察兒童的行為時，如何便容易發現這種差異？要對於你的朋友分為內向性或外向性時如何才可比較容易？

參考書

Allport. F. H, Social Psychology(Houghton Mifflin Co., 1924) chs. x-xiv.

Bernard, L. L., Instincts (Henry Holt & Co., 1924).

Cason, Hulsey, Common Annoyances, A Psychological Study of Everyday Aversions and Irritations Psychological Monograph No. 128 (1930).

McDougall, William, Introduction to Social Psychology, 4 Edition, (John W. Luce & Co., 1911).

Poffenberger, Q. T., Psychology in Advertising (McGraw Hill Book Co., 1931) chs. iv-vi.

Thomson, M. K., The Springs of Human Action (D. Appleton & Co., 1927).

Thordike, E. L., Educational Psychology (Teachers college, 1913).

第六章　學習者的品質

人類特性的分析　我們已經討論過幾個基本題目，如學習的性質，動機的特性和運用，以及擴大性和控制的重要，教育中還有同樣基本的事實，便是個別差異（individual difference）。學習者的特性很可以決定教育的方法和方向，這些特性又常可受年齡、成熟、以前的學習，及遺傳的差異（constitutional or hereditary differences），等因素的影響，故教學計畫必須儘先注意到個人的特性材能與學習者在情境中的興趣和心向才可。

要正確的估量學習者，必須對於他的特性有測量。一個人的特性並不是僅由於幾種不同的性質組合攏來，我們說人類是由養素，炭素等物質組成或人類有眼、手、足及其他器官，固然沒有大錯，而這種說法不免要引起人的誤解。因為我們對於一個極重要的因素，——人類所以為人的整個組織或型式却沒有說出。實在的，人類沒有這種整個組織，也就不成其為人。

心理特性的困難更大。許多特性必須認為是整個人的一些現象，正如有機體的生理特性，如形狀，活力（vitality）和年齡一樣。這些特性不是一個人的部分，而是整個的功用，特別須認作是活動着的整個功用個人彼此間的差異的確方面很多，我們雖能對於這些差異常給以名稱、且能將它們分類和測量而對於這些特性差異的實際性質若何和依什麼決定則渺乎不知人類量電、量時間、甚至審美也是這樣知其然而不知其所以然的。不過我們想要敍述和測量一個特性，這樣去做，却便利得多。

以我們現在的知識，我們祇說：什麼是我們所測量的和如何去測量，以便他人對於這種觀察可以重試，這樣最爲穩妥。此時所測量的卽可視作一個『特性』(trait)。例如一人直立於地上，我們卽從地上測量起到他的頭頂爲止，這個距離卽當作是他的『高度』、(stature)。這樣他人也可參證和去重試，雖然一人所占空間的確實性質是怎樣，可以難倒許多的哲學家。

爲便利起見，常用握力(grip)肺活量 (lung capacity)，叩擊速率 (tapping rate) 等個別名詞以簡單表示所測量的性質。心理學中常有各種『測驗』(tests) 的名稱也是同樣用法，如要完全了解這些測驗，必須熟悉『心理測量』的方法和用具。

例如一個人做替代測驗的速率可稱爲一個特性——替代能力的特性。自然，所用的替代測驗是那一種和測驗時的情況如何，我們也必須知道。這在各種測驗中都是如此。

一個人靜聽他人用某種速率說出許多數字(如4-7-2-6-3)，隨卽將這些數字重述出來也是一種特性——數字廣度 (digit span)。將一張印紙上的A字劃去的速率或確度也是一種特性——劃字能力。(cancellation ability) 或正確點說劃去A字的能力 (ability to cancel A's)

所有同樣性質的作業，例如各種的劃字各種的替代工作，或許多種的廣度試驗，可以用一類名來統括，如總稱爲感動反應(sensorimotor reaction)，或稱文字的學習，或稱爲記憶廣度 (memory span)。至於那種作業屬於那一種類名，問題很爲複雜，這是個別心理學一支的主要工作，其中常包含精密的統計方法。

於此可知任何動作都可以測量，或用速率，或用確度，或注重於品質，至於以什麼作單位，須視各種情境而異。故所測量的結果也就很複雜，有些用秒數，有些用錯誤數，有些用英寸，有些用磅，有些則用積點(Points of merit)等等。

各種測量結果的比較 人類任何一方面的差別都可稱爲『特性，』通常雖想對彼此的特性有一個比較，或對個人各種特性的能力有一番研究。而因各種特性的『初步測量』(raw measures) 的單位不同(如高度用英寸，替代的學習用秒等，)故必須先對於各種測量有一個比較的基礎之後，才能互相比較。

將各種特性作成比較單位的方法有許多種，其最正確的便是於量每種特性時需要同年齡或同年級的多量人數。於是可以依照能力的大小將這些人數依次排列。這樣每人在各種特性中所在的等級卽可知道。比較各人的等級上的位置，於是甲的某特性的等級是否較乙爲高，便可明白。

統計方法可將等級的差別表示得更爲精密，例如以一組的中數或平均數作標準，於是某人在此標準的上下多遠便可淸楚。

敎育心理學所用的，多爲稍次一點的方法，略近似於精密儀器沒有發明以前的量距離和雨點的方法。因爲每人都是走的同一路程，故其速率卽以自己身體的能力表示。因此量距離卽以『行走幾日』或『行走幾分鐘』表示。至於雨量則以連下幾日夜的雨表示。

這種測量或表示是假定某種歷程（如走路和下雨）在一致的速率下進行。關於人類特性方面，也是假定各種特性的『生長速率』（rate of growth）是一樣的，這點雖對於比較各人不同的特性不是一個很精密的方法，而至少在發展期中是很有用的。

例如關於某種特性，對於各年齡的兒童已量了許多人數，且發現這種特性年齡增加有一定的長，假若其他特性也具同樣性質，則我們可以比較兩種或兩種以上特性的個人的等級，雖兩種特性的性質甚相懸隔也可：——例如身體的高度與學習能力。

以下的表便是這一類例子的實際結果。自八歲至十八歲兒童的平均高度用（cm）表示，同年齡兒童在一定期間所做替代測驗的分類則表示於下面，每一年齡的結果是從許多兒童得的平均數。

年齡	8	9	10	11	12	13	14	15	16	17	18
高度	121	126	131	135	140	146	152	158	164	168	171
替代測驗	12	15	17	18	21	23	24	25	26	27	28

以這種成績作基礎，可將不同的特性比較如下。假定一個兒童約翰（John）的高度爲158 cm，所做替代測驗的分數爲18，則他的高度相當於十五歲兒童，而替代分數則相當於十一歲兒童。從發展上去看，他的高度較替代測驗發展爲速，故他在這兩方面可以說有十五歲和十一歲的發展年齡。

所有我們已說過的方法，都須對於大多數人有了測量，然後能比較其特性。最後的一個方法則叫做發展年齡單位法 (the method of developmental age unit)，用此方法時，須先測量許多正在發展的兒童，且斷測量年齡的等級也須很多。

這個方法是很好的。因爲它可對在學各年齡的兒童作仔細的研究，它可使我們對於心理發展的一般定律有豐富知識。一種特性可視爲是生長（成熟）與訓練（學習）的結果，故用這方法之前須對於心理發展的定律略知道一些。現在我們先考察一些發展的事實和定律而後再來討論學習者的品質。

發展期中的變化　人類在發展期中自始至終有許多的變化。這些變化受遺傳與經驗兩方面的影響。所謂遺傳是存在於產生個人的男女生殖細胞中，經驗則是由於個人與環境互相作用的結果（成個人的某部分與環境作用的結果。）有些變化起於遺傳與加上無數環境因素的作用，而其性質還不知道的，叫做成熟（maturation）；此外還有些變化起於遺傳與環境因素的互相合作，而其性質容易爲我們知道和測量的則叫做訓練或學習。

發展期中變化的主要種類有如下列：〔註一〕

1. 大小的變化（changes in magnitude）器官的增大和各種功用的能力增加以及相反方面的變化——器官與功用的縮小。例如個人體重增加至某點爲止，超過最大限度則漸漸減輕。這兩種變化都屬於發展的一部分。

2. 型式和比例的變化（changes in pattern and proportion）以前甚爲顯著的器官，能力和興趣現在變爲不顯明；反之，有些方面則變爲甚重要。成人的照片，並不卽是兒童照片的擴大，也屬於型式和比例的變化。心理方面的變化與身體的變化相同。

3. 構造與功用的消失（loss of structures and functions）時光漸過，有些現象以前爲有用的，現可成爲無用。例如兒童的乳齒，以後變爲恆齒（permanent teeth），至老年則恆齒也消滅。兒童的

〔註一〕詳細說明人類的發展的有 H. L. Hollingworth, Mental growth and decline (D. Appleton & Co., 1927).

『童話』完結以後，稍大則須學習外國語。

4. 新現象的獲得 (acquistion of new features) 生理特性中的鬍鬚與智齒是這類的例。此外對於圖畫、科學和職業的興趣也屬這類。

5. 統一或組合 (intigation or organization) 各種能力興趣和活動漸漸聯合成為一個密切的單體，由此組成一個自我或人格 (personality)。

6. 崩解和衰敗 (disintegration and decay) 人到老年，所有各方面都趨於衰頹，這也屬於發展的一部分。

發展定律

1. 訓練的效果視成熟的程度而異　兒童的走路、攀梯、寫字等動作的能力必須至一定的年齡方始成熟。這種年齡隨兒童而異，但一切成熟須視有機體內部的變化、臨時活動及不用特別練習的許多複雜因素而定假若兒童在未成熟之前，致以走路、攀援或寫字固可進步，而在稍遲成熟時去訓練，於很短時期內即可同樣有效。故在未成熟以前施以訓練，結果徒然費力，有時甚至完全無用。

2. 發展是漸進的不是突然的　在第七章中，我們將披露幾條學習能力與年齡相關的曲線，這些曲線中沒有一條有突然的變化，其進步都是聯續而平穩的，他種能力及生活特性為高度、體重和力量的生長曲線也是平勻進步至個人生長的些微不規則的事實也有之，因爲所有生物的活動都有變異性。但在生活進程的某點上發展是突然的，則不能在測量中見到。縱令有時也有似突然的發展，而只是忽然的表現，其實際生長則是聯續的。例如兒童雖忽然想穿嶄新和較大的鞋子，而他的脚則不能突然增長。

3. 各種特性發展的速率不同，達到最高限度的時期也不同　這點在生理特性中有不少習見的例，於心理能力方面也是一樣。例如頭部的生長最初很快，當兒童七歲時，頭部已達到最大限度 95%. 的程度。假若以十八歲表示成熟，則一個十歲兒童的各種特性的成熟程度，平均約如以下的百分數：

特性	以十八歲爲標準的百分數
握力	三十七
體重	四十八
痛的敏度	六十五
高度	七十八
叩擊速率	八十二
頭部大小	九十六

故兒童在某種年齡，對某幾個特性雖成熟較早，而對其他特性也有成熟較遲的。因爲訓練效果一部

分須視成熟的程度如何，故熟習發展心理學的事實對於教師或教育行政者有很大的用處。

4. 發展的優劣起首卽已表現出來　各種器官與其功用都如此，個人整個的發展速率也如此，心理與生理特性莫不如此。一個人的優秀與低劣，從測量幼年的特性便可知道，因其整個的繼續發展在幼年生活時卽已開始。

不僅優秀兒童在幼年時卽已表示優秀，且其全部繼續發展的時間也比較長久。經過以後繼續發展的結果，故自最初與平常兒童的相差，到以後差異便更加大了。以下是從高度與智力表示這類事實的幾組曲線。其第一組曲線爲在發展各時期

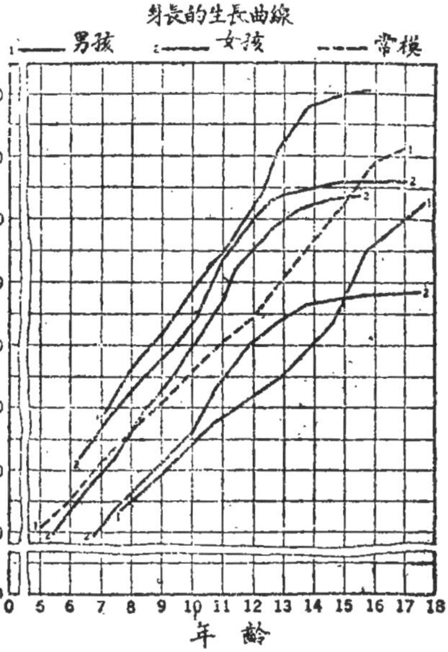

第五圖　生長曲線

曲線表示生長常模或平均數。兒童六七歲時的高度較平均數高度低的，以後繼續較低；反之，此時較平均高的，在全部生長過程中也繼續較高。從 (Baldwin and Stecher, University of Iowa Studies in Child Welfare, II, No. 1. 1922)

中測量男女兒童高度變化的結果〔註二〕。第二組曲線為連續測量從白癡(idiots)以至愚蠢(borderline degree)人的智力的結果〔註三〕。第三組曲線則為對各種智力的兒童所施測量的一般結果。

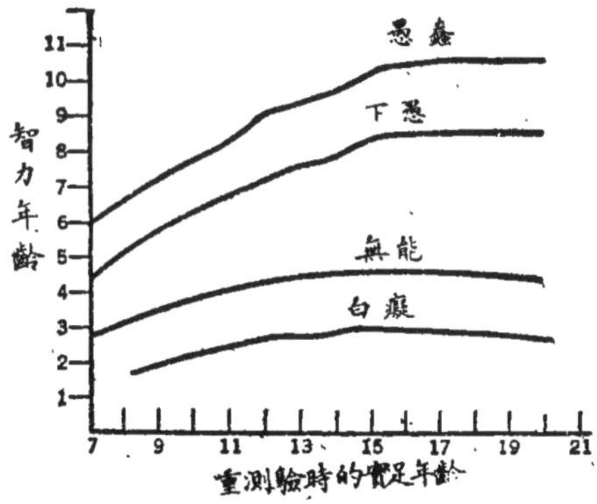

第六圖 各種智力兒童的智齡的發展，此曲線是十年中在各時期重測的結果(採自 Kuhlmann)

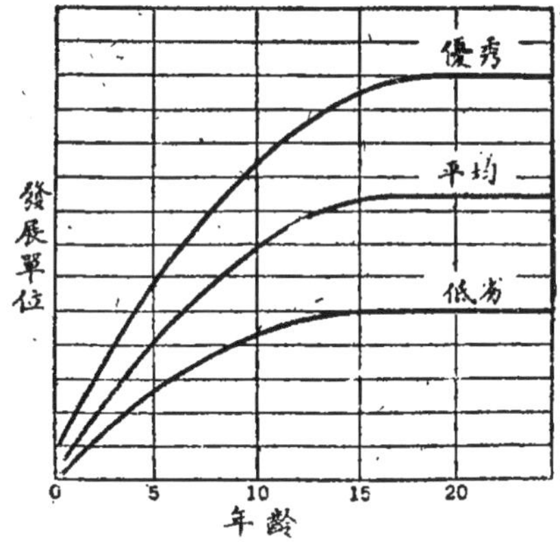

第七圖 智力發展曲線

表示智力優秀、平均和低劣兒童的顯然義區差異。(1) 最初的情形，(2)發展的狀況，(3)發展時期，(4)發展最後的限度。

〔註二〕從 Baldwin and Stecher, "The mental growth curve of normal and superior children", University of Iowa Studies in Child Welfare, II, No. 1.

〔註三〕採 F. Kuhlmann, "The Results of Repeated Mental Examination of 639 Feebieminded Over a Period of Ten Years", Journal of Applied Psychology, Sep. 1921.

5. 發展常是相關而不是相補　從測量人類能力得來一個最顯明的結果，便是適合一句俗語——『有者愈有。』自全部看來，一個人在某方面有優良的天賦，則他方面也是優良的。故從兒童的全體去看，聰明的兒童也常是較同年齡的平均兒童較高或較重。甚至從不相識的人憑外貌判斷爲優良的兒童，以後用測量或考查學業成績也果然是優等的智力。

一班中最聰明的兒童常是高度較小的，這是因爲其年齡較他人爲幼。固然也有許多例外，相關不甚完全，這是一個特性決定於許多的因素。茲用一個粗淺譬喻，假定一個兒童的高度得自於父，其智力得自於母，則其特性便成爲很複雜了。但假若人類很多時則這種定律仍然顯明。

關於這條定律的詳細情形及其應有的限制，此處不能詳說。讀者如有興趣，須去參考豐富的差別心理學中的材料，因爲這方面的研究是對於教育心理學作進一步探討之用的。

三個兒童的心理圖解　已經大略知道心理特性的如何測量，及比較與討論心理發展的幾條重要定律之後，現在來研究幾個個別兒童。對於這些兒童曾測量了幾種能力，其名稱已揭示於此處心理圖解（psychographs）的底端。茲對每個特性或測驗不加敘述，僅說明它們在圖解上是如何排列的。

圖解下面的起首處，是一些生理和動作的活動，例如手的握力，叩擊速率及標的測驗（target hitting）即調整動作。其次便是各種處理形像的活動（如席金形像板）及對形像的辨別（劃字測驗），這些可總稱為感動的活動。再其次便是簡單的學習測驗及對已學習事實的運用（如替代測驗、造字測驗與填字測驗）。最後則為完全新的學習，須用極抽象的材料，例如文字、論理關係及印刷的與複雜的指導。

圖解的直軸上是測量的單位，現以發展年齡表示。在每一特性的上端，都有一條短的重線，這是表示兒童對於那一特性的能力——即他的發展年齡。教育心理

第八圖 兒童甲的心理圖解（十五歲）

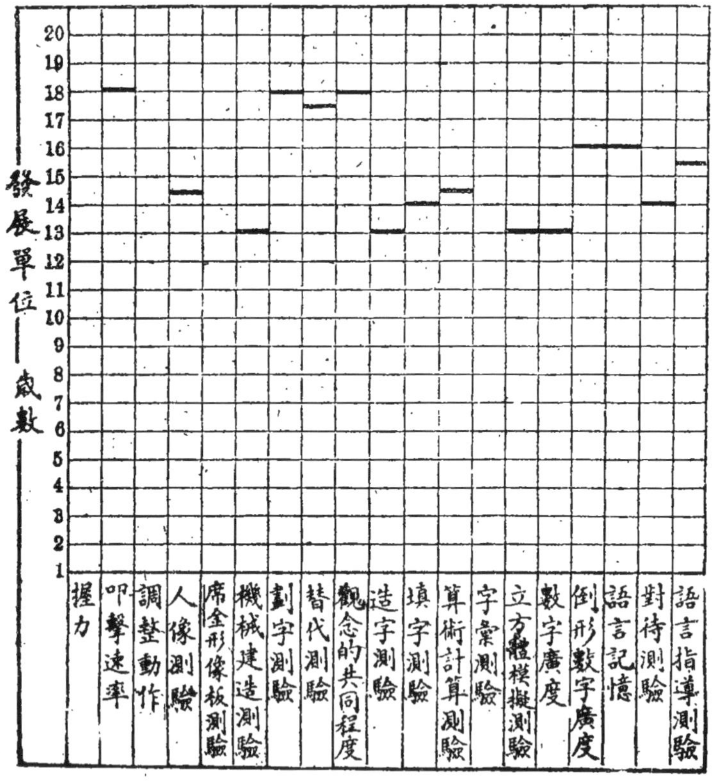

學研究這三個圖解是很有用的。

起首察看兒童甲的圖解。他是一個『常態』或平均兒童，實際年齡為十五歲。但在被測量的特性中沒有一個特性恰是這個歲數，有些是在十五歲以上，有些則在其下。其中有些變動或許為測驗的不正確，而有些則可以代表一個常態兒童的事實。一個常態兒童常是有些特性優良，有些特性低劣，而其整個成績則在某種階

第九圖　兒童乙的心理圖解（十八歲）

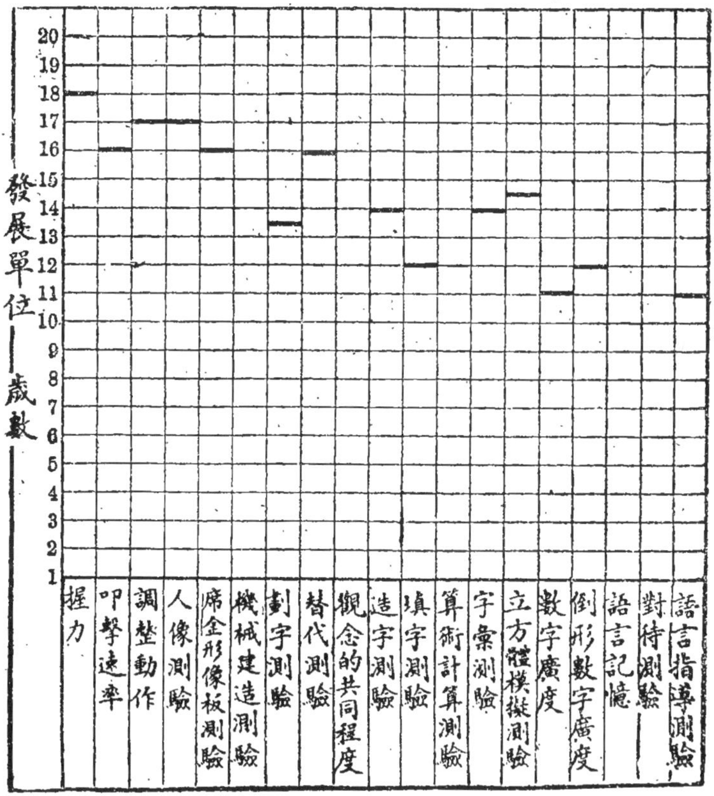

層（即平均數）上下變動。這個兒童的能力年齡平均恰爲十五歲，與其實際年齡相符，故可稱爲常態兒童。其用以表示各種能力的重線在圖解上是成水平的形式進行。

用這圖解與兒童乙相比較，對照甚爲顯然。兒童乙的實際年齡爲十八歲，而一觀察其所表示的能力，在圖解左方諸特性，略近於常態兒童，而實際是在十八歲能力年齡以下。由此漸漸向右，

第十圖　兒童丙的心理圖解(八歲)

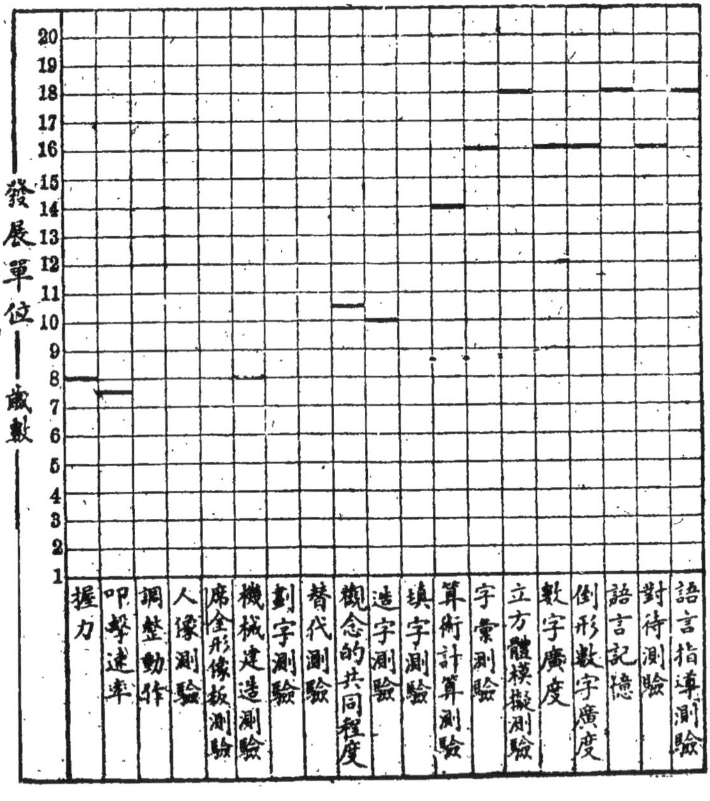

漸漸是一些複雜和抽象的活動，他的能力也漸漸低落下來。一般的說，測量成績在圖解中有下趨之勢。但這些測量的平均數也恰爲十五歲，與兒童甲相同。這兩個兒童的發展年齡都是一樣，不過一個是在十五歲時獲得，一個是在十八歲時才達到。

兒童丙的平均能力也爲十五歲，但他所表示的是另一種事實，他的心理現象是何等的不同！他實際祇有八歲，從圖解中看來，左方一些特性的能力最與他的年齡相近；圖解漸漸向右的一些複雜和抽象的活動，他所得的分數便漸漸高，其中有些且已達到十八歲兒童的能力。

這些兒童都具同樣的平均能力，同樣的能力年齡或作業年齡 (performance age)，而一是八歲，一是十五歲，一是十八歲。若將作業年齡用實際年齡去除，則得商數爲 1.72，1.00，0.83，以 100 乘之，則爲172，100，83，這些稱爲作業或能力商數 (performance or ability quotients)。如果這些商數是從對於符號或心智活動的作業而得，則稱爲智力商數 (intelligence quoteints)。智力商數可從對於一些如現在所用的簡單測驗得來，也可從各種包含有複雜作業的量表 (scales) 得來。

假若讀者參考人類特性分配圖（即第一六九頁第二十六圖）便可發見全體人數中具各種能力的人的分配次數，那個圖的基底上的單位，可用以代表能力商數。

其能力商數爲 100 的兒童恰占全體的中間位置，約有全體一半人數的能力與這個兒童的能力相似。其能力商數爲 83 的兒童，在圖中占甚低的位置僅有百分之十的兒童不如他的能力。其能力商數爲 172 的兒童，甚爲優秀，在圖中幾無地位可以表示。他將占圖中極上端的位置，此端的頂點可以達到 200，這種最高商數已有人發現過。大約具這類能力的兒童爲千分之一或甚至較此爲少。

心理能力的型式　這三個兒童代表三種聰明甚不相同的兒童。但我們要知道，所謂聰明與愚笨不是僅對於一件事說的；大概愚笨兒童很難對於符號反應，很難學習，與難於有刺激簡約化。而聰明兒童則特別容易作這些事。

但愚笨兒童在其他方面也常不是常態的。換言之，聰明與愚笨於有機體的品質方面也有差異，這種品質可以在一個人的許多特性方面表示。不過對於各種不同的特性有各種程度，三個兒童的圖解便示這類的差異。

在生理、構造、和動作方面，聰明與愚笨兒童都與常態兒童相似，不過聰明兒童常略爲優秀，愚笨的稍較常態低下。感覺和簡單知覺方面的差別也很大。一種活動愈近於功用的，愈複雜和愈需要符號反應與刺激簡約化，則兩者的差別也愈大。

這樣的一個結果，便表示兒童對於某些方面雖彼此的能力相近似，而在其他方面則相逕庭。例如他們的高度相似較體重和握力的相似程度爲多。直接應用物體和以手作簡單的技術動作的相似程度便較少打字的感動動作的相似程度更少；到需要高級的技術以應用和理解抽象符號時（如代數和讀書的理解）則彼此的差別更大，這點在普通觀察中即可見到。所有這些事實，甚至在同一性別、年齡和種族中的兒童仍是眞的。

這些事實對於教學和教育行政便有許多實際的困難。因爲某個年齡的兒童雖對於勞作、圖畫、寫字、和體操的能力彼此相近，而對於使用符號的活動，例如文字、數目和算法則差別很大。故有許多兒童對於教師的指定工作覺得甚爲困難，而有許多兒童則覺得極爲容易。因此學校中對於一些科目，如作文、地理、文法等不僅須記憶符號且須了解符號的，必須用新的適應或分組方法。學生對於學校工作相差愈遠，對這種適應與變更指定工作的方法也就愈宜注意，這樣，教學問題便成爲很迫切的了。

因爲這些關係，一方面便引起許多種的『特殊教育』(special education)，他方面遂不得不認教育和職業指導與教學及教育行政是同樣重要的學校工作。

心理能力的型式與能力所達到的程度　心理能力的型式從比較常態、愚笨和聰明兒童對某些特性所能達到的程度也可見到。這種結果頗證實了我們對於個人型式的分析。例如諾斯威西(Norsworthy)，想要決定心智缺乏組(mentally deficient group)的兒童能達到控制或常態組 (control or normal group) 兒童的中等能力的所有百分數〔註四〕。假若心智缺乏組兒童有些特性與常態組兒童的能力相等，則其百分數的必爲50，而實際數字常是在69之下，這就可見此組兒童對一般特性都很低劣。且所測量數字的變動性也很大，其變動也有一定的型式。茲特列如下：

所測量的特性	心智缺乏兒童對於一個特性達到常態中數的百分數
與常態相等所需的百分數	五十
脈搏速率	四十九
高度	四十五
體重	四十四
重量辨別	十八
類與種關係的聯想測驗	九
對A字測驗	九
部分與全體關係的聯想測驗	九
對於無關係字的記憶	六
對於關係字的記憶	五
名稱對待測驗	○

〔註四〕 N. Norsworthy, "Psychology of Mental Deficient Children", Archives of Psychology, No 1. 並參看 Hollingworth, op. cit. ch. VI.

一般的說，心智缺乏的兒童是低劣的，但其低劣程度不一樣，有的缺陷特別利害，有的則否，在構造和感覺測量方面這些兒童與常態者幾乎相等。

同樣，我們對於聰明及平均智力的兒童也可比較〔註五〕，其差別可以優秀百分比表示。所謂優秀比是將兩組的實際單位之差，用常態兒童的平均數除之。

所測量的特性	優秀兒童高出常態兒童的百分數
兩組相等的百分數	○・○
對於音樂的感覺能力	○・○
頭部周圍的大小	一・七
高度	四・○
握力	六・八
跳躍(用尺磅計)	六・八
體重	一五・六
讀法，各段文字的瞭解	四三・四

〔註五〕 L. S. Hollingworth, Gifted Children (MacMillan Co., 1926).

智力商數	五〇・〇
算術計算	七六・〇
默寫生字	一七六・〇
算術理解	一八四・〇
字彙，字義	二一三・〇

聰明兒童的優秀程度可從相等（如音樂測驗）以至其分數三倍於常態兒童（如字彙測驗，）其智力商數的優秀則爲百分之五十。從表中可見各種特性都有一般優秀的趨勢，不過其程度有特殊型式，有些格外優良，有些則否。

用這種方法也可比較兩組都比常態兒童的能力爲優的兒童。例如在一個研究中〔註六〕，有二十個同年齡、性別、種族的兒童，同在一個學校求學，其中一組兒童的智商從 139至156，平均爲146，其他一組從152至 183，平均爲 165。兩組都是極優秀的兒童，不過一組較他組更優。

〔註六〕 L. S. Hollingworth and M. Y. Cobb, "Children Clustering at 165 I.Q. and Children Clustering at I. Q. Compared for Three Years in Achievement" National Society for the Study of Education, Twenty seventh Yearbook, 1928 Part, II.

對於他們的觀察和測驗經過了三年，從學業成績的標準測驗看來，兩組對於各門功課都有進步，且都比常態組的進步為快，但更優秀組的進步最快。且彼等於某些功課的差別雖很大，而也有些功課無甚差別的。然則有什麼方法可以辨別更聰明和聰明兒童的區別呢？

下面的表是表示更聰明兒童達到聰明兒童的最高成績所節省的月數，時間如愈節省，則此兩組的

I. Q. 165 組與 I.Q. 146 組對於達到某種目標的成績所節省時間的比較

所測量的各方面*	智力較高組節省的月數
字的意義(StanfordachievementNo3)	16.0
成假文字的意義 (Stan. Ach. 1)	15.0
句子的意義 (Stan. Ach. 2)	14.5
自然研究與科學 (Stan. Ach. 6)	14.5
成假文字的瞭解 (Thorndike McCall	13.5
分數加法(Monroe Diagnostic test. 9)	13.5
多位數除法(Mon. Diag. 6)	13.0
整數乘法 (Mon Diag. 8)	13.0
默寫生字(Stan. Ach. 9)	12.5
語言的使用 (Stan. Ach. 8)	11.0
歷史與文學(Stan. ach. 7)	9.0
多位數除法 (mon. Diag. 11)	9.0
整數減法 (Mon Diag 2)	9.0
分數除法 (Mon. Diag. 16)	9.0
默讀的速率 (Ayres Burges.)	8.5
算術計算 (Stan Ach. 4)	7.5
整數乘法 (Mon. Diag. 10)	7.0
算術推理 (Stan. Ach. 5)	7.0
整數乘法 (Mon. Diag. 3)	7.5
分數加法(Mon. Didg. 12)	6.5
整數減法 (Mon. Diwg. 9)	6.5
小數除法 (Mon. diag. 19)	6.0
單位數除法 (Mon. Diag. 4)	6.0
小數乘法(Mon. Diag. 18)	5.0
分數乘法 (Mon Diag. 14)	5.0
小數除法 (Mon. Diag. 17)	4.0
小數除法 (Mon. Diag. 20)	4.0
小數乘法 (Mon. Diag. 20)	3.5
整數加法 (Mon. Diag. 7)	3.0
整數加法 (Mon. Diag. 1)	0.5
整數加法 (Mon. Diag. 5)	0.0

*括弧內所記，表示用的是什麼測驗，其中一種是斯丹福學業測驗，另一種是孟祿的診斷測驗。對於這些測驗性質的詳細解釋將見第十四章，但僅為瞭解本表的意義，對於測驗的性質可無須詳細知道。

能力差別愈大。

不獨愚笨與常態和常態與聰明的能力的型式有區別，就是更聰明與聰明兒童間的能力的型式也有區別。更聰明兒童對其中一些學校活動較聰明兒童有的可節省時間將近半年，如對於整數和小數的計算方法。有的甚至可節省一年或以上，如對於語言符號的應用和瞭解。節省時間在這兩種中間的，有分數的計算，算術推理及包含聯想與複雜習慣的計算。

即是從有些活動很可區別聰明和更聰明的兒童，如果智力上較聰明些，對這些活動便可表現不同。但關於不能有效地分別這兩組兒童的智力的活動，則智力達到某點後，就是更聰明兒童的作業也沒有顯著的差異。

但智力在某一階層時，其能力是有特殊的型式。就是如此，每人自己也仍有差異，不過近於他們所屬階層的型式而已。這也就表示對學習者須加以個別研究的重要。

職業與教育指導　職業指導，嚴格的說，還沒有達到十分完成的地步。因為一個事業的選擇，須靠着許多現在所不能測量和預言的因素。例如興趣，道德特性（moral traits），社會特性（social traits）以及熱心，持久，野心和領袖的能量是。此外外界的工作改變，各種工作者的供給變遷，和兒童的家庭環境與資源的變化也有影響。但學校方面所能做的祇是：

(1)供給關於外界的工作的各種知識，與這些工作的成功情況和結果從經驗和訓練以明白其需要，並知道每種工作人事上的限制。

(2)供給兒童關於天賦、能力和材能的知識，以及用最好方法將教育適應他們的特性。

然則所謂職業指導問題便大部分變為教育指導問題了，即應鼓勵兒童研究一些什麼功課？對於兒童最適當的是一些什麼課程？對其畢生學習應該如何計畫才可解除他和社會人羣的莫大苦惱？

以前討論過的三個能力型式不同的兒童便可表示這類問題。若要對這三個兒童加以指導，必須有比現在圖解更多的知識，因為還有些不能測量和不甚可靠的知識必須知道。至少對下列一些事實須得注意，如兒童的興趣工作習慣情緒和品性的特性，現在的經濟狀況自己的計畫和野心，以及身體健康和精神。現在對於他們的一切問題略加討論，以見教育指導的可能性。

兒童甲

兒童甲是壯健、謙遜，和合作。他的父母頗不歡喜他因為父母希望他預備大學的功課，進美國東方某個著名大學。學習他的叔父已成功的文科方面的某種職業，而他却有很大的困難。

他曾經對於父母所理想的方面奮鬭過，但常常是失敗，他特別有興趣於自動的機械，及作具體實物的工作。他做這類事體很成功並且得到滿意。

經過試驗他是一個平均智力的兒童智商爲100，其對於符號工作的能力較勞作和感動活動的能力爲差。通常受大學訓練那種職業所須的平均智商約爲130，故他做這種事情頗有困難。因爲他的興趣和能力都在一個相異方向，故他的父母處理他似乎最好根據於所分析的事實。

以後改令這兒童進一個中等職業預備學校，使他得以繼續進行所喜愛的使用工具的工作。在這個學校內他有優良的進步，並很歡喜和熱忱於機械建造的事業。

兒童乙

兒童乙曾有犯過失和不服從的歷史，他的主要興趣爲使用機輪的工作，他曾離開學校，加入輸送機輪的工作很成功，且有相當的技能，至考試時期爲止，他沒有嚴重的過失。

他曾被送到一個私立預備學校和一些特別教師那裏去學，但他對學校的工作從沒有興趣，也從沒有成功，因爲他的家庭的社會位置頗高，以爲他的行爲是受了不良同伴的影響，希望那個特別教師能夠教育他將來進大學。

根據試驗結果，知道這兒童的智力的低下，約近於十一、二歲兒童的能力。但在動作和身體特性方面則幾達到了他的實際年齡的程度——十八歲。

一個『智力』爲十二歲與『體力』爲十八歲的人正是許多『過失者』(delinquents) 所有的

特點。這種人常可做出一些惡作劇，連自己也會莫明其妙。

對於這個兒童最需要是訓練工作習慣、節制、自重和社會約束，以及一些特殊有用的有報酬的和無須智力與對於他有興趣的工藝技能。

兒童丙

兒童丙是由一個敏銳的幼稚園教師發見，說他非常聰明。他很早已被用智力量表測量過，發見他有驚人的『智商』於是很快的將他從低年級升遷，幷供給豐富的課程，使他能有創造的活動。以後對他不時測量各種能力，由教師報告其結果。並允許他在級中不依固定的步驟學習，故不久他超過所在年級的標準三年，並個人研究幾何、天文與拉丁、希臘、法德四種文字。他的身材較同年齡的標準為高，且較重。他不作兒童的遊戲，其身體四肢的活動則不比平均兒童為優。

在十二歲時他已讀畢中學，通過了大學入學的繁重試驗，他對於『大學材能測驗』在 483 人中名列第二，與他競爭者的平均年齡則為18歲。他在十三歲時，對於軍隊智力測驗A所得分數為 194，他的同年齡兒童的平均得點僅為 47，最優良大學新生的平均得點也僅為 150。

十五歲時他已讀畢大學，從事於班中成績的競爭及課外活動——包括班內活動，同樣迅速地獲得了某種艱深科目的哲學博士（Ph. D)過着學者生活和從事於某種教學與研究。

預言以發展知識爲基礎　教育指導和預言是可能的，因爲能力的生長乃依照本章所簡單說明的發展定律，發展的過程是一致的；個人的發展在最初卽已表示出來；各種特性成熟的年齡也已知道；個人的發展依一定型式而彼此互異；人類的生理需要和基本要求比滿足這些需要的能力較爲相近些；和人類的能力常彼此相關而不是相補的形式。

因爲這個緣故，不必如兒童甲和乙一樣，俟不良適應已經表示出來而後着想他的將來；反之，有效的敎育指導，最好須如兒童丙所示，在幼稚園年齡時卽已有測量和診斷，以後卽依照其特性而用有效的適應方法支配其功課。

第十一圖　表示同時出生的一個常態和一個低能兒童的學習曲線(從 Strong)

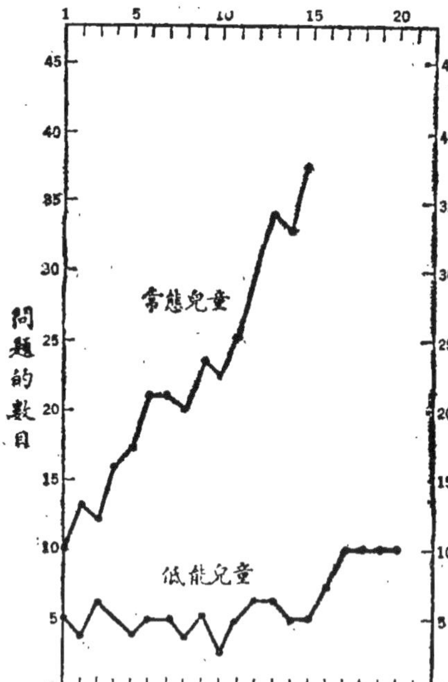

以發展知識爲基礎的預言及一個人的發展『步度』(pace of development) 與學習能力的關

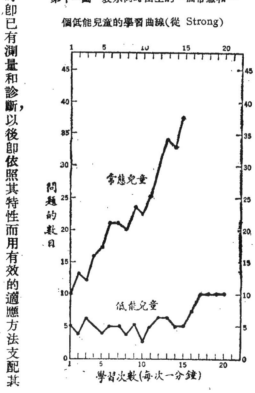

係，可從兩個實驗而得知。茲將其結果用圖表示，第十一圖是兩個兒童反覆做一個動作的學習曲線〔註七〕，這兩個兒童係同時出生，故為眞正的同年齡。不過一個兒童的發展或能力年齡在試驗時很低，至可稱為低能，因為他的一般能力極低，其發展步度也極慢。而其他兒童則在各種能力測驗所得的分數都近於那個年齡的常態兒童。

這兩條學習曲線顯然有不同。低能兒童的進步極慢，在學習完結時，僅有些許進步。常態兒童的曲線則上升極快，於學習末期，仍表示技能沒有達到最大限度。

於此可以得一條普通的定律，卽學習能力與學習者的一般能力密切相關，與其所生的年齡無關。

右圖也是兩條學習曲線〔註八〕，是從對於兩組兒童

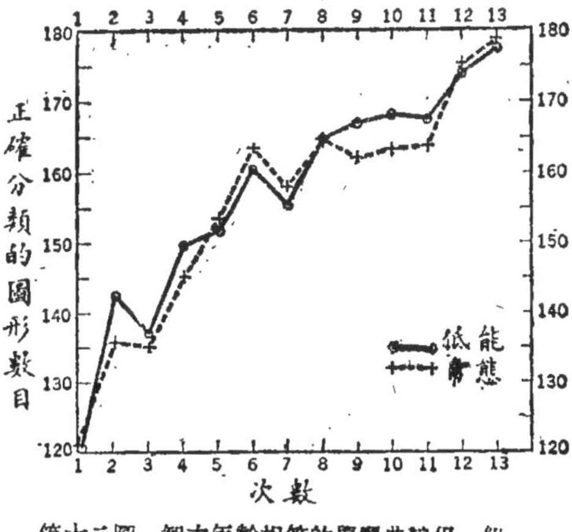

第十二圖　智力年齡相等的學習曲線但一組為常態兒童(從 Woodrow)

〔註七〕 E. K. Strong, "The Learning Curve as a Diagnostic of Intelligence", Psychologies Bulletin, vol, 14 1917.

〔註八〕 H. H. Woodrow, "Practice and Transference in Normal And Feebleminded Children" Journal of Educational Psychology, Feb., 1916 and March, 1917.

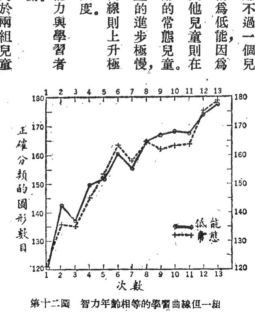

的試驗得來在這試驗中學習者的實際年齡很不相同，而發展或能力年齡，由專門測驗所表示兩組相等。

這兩條曲線，無論自進步的速率和受同等訓練後所達到的程度去看，都是相似的。這就是所謂『能力年齡』，或以通常用以表學習速率的名詞表示，這就是所謂『智力年齡』(mental age) 由於這些事實，故心理學家的工作漸次為教師和教育行政者樂於採用。

教育對於個別差異的影響　兒童當初學習一件事時，起始能力即有差異。然則訓練對於這些差異的效果如何？教育是使人的差異愈少呢還是愈多？假若將不同的訓練給予不同的學習者，則其效果自視訓練的多少而異。例如對有能力的不加訓練，對無能力的多施訓練，則二者的差別將愈小；反之，對無能者不加訓練，僅對有能力者訓練，則其差別將更增加。心理學上的問題卻是——若兒童的起始能力不同，給予同等訓練將如何？

訓練對於個別差異的影響已有過許多試驗，雖其結果隨所測量的歷程、所研究的人及其他情況而異，而對於這些研究加以考察，則見有很明顯的結果。假若個別差異最初很小時，則同等訓練或使他們沒有變化，或使差異減少；假若最初的差異很大時，則同等訓練可使他們的差異更大〔註九〕。

〔註九〕在下面一個報告中對於40個這類的研究有一個很好的撮要 J. Peterson and M. C. Barlow, "The Effects of Practice on Individual Differences," National Society for the Study of Education, Twenty seventh Yearbook, 1928, Part II.

我們已經知道，一些簡單的近於構造的及感動活動而不關於智力的特性，或在本質上或臨時活動上的個別差異都是很小。反之，愈近於智力的特性，因爲遺傳和成熟的關係，最初的差別即很大。在人類生活中後者的差別很重要，因爲有這種差別可以使同等的訓練發生不同的結果，即這種特性可以使人雖受同等的訓練而其差別仍是很大的。

我們可以將一羣人的個別差異當作一種羣的特性即差別性 (diversity)，則訓練的效果可以使這種差別性發生不同的結果。即假若差別很小時，經過訓練可以使之相同；假若差別很大時，則同等訓練可使其差別更大。

不知道有個別差異的教育家，唯心地這樣說『在我們的學校中沒有愚笨的學生；』『人類的所以有差別僅是因爲機會不同；』『教師在學生離開那班以前必須考察他的學生是否已成爲常態的。』這些教育家必須從速對於個別差異，發展的定律，學習能力與一般智力的關係及訓練對於人類差別性的效果等知識再加一番認識才可。

問題

1. 舉幾個屬於整個人的心理特性。
2. 舉幾個與二個或二個以上的人有關係的特性。

3. 對於智力年齡或發展年齡的概念有什麼批評?
4. 用心理特性作材料說明發展期中的各種變化。
5. 用實例說明五個基本的發展定律。
6. 尋出幾個用相關係數表示特性的相關的表，並從統計或心理與教育測量書籍看這些係數有何意義?
7. 假使有材料時，可用有標準常模 (standard norms) 的測驗作團體測驗，並令每個學生用圖將自己的測驗結果畫出來。若教師認為有必要時可計算相關。
8. 研究班中各人對於幾種特性，如高度、體重、智力、大學學分的相對變異性，也是一個很好的練習。並可利用皮爾生變異係數 (Pearson coefficient of variation) 或相類似的百分點。
9. 閱讀幾種關於職業指導的書籍，並在班上報告現行學校中採用些什麼方法。
10. 無論教育是使人成為相等的，或使差異愈大，其所生的實際差異是什麼?

參考書

Ellis, R. S., The Psychology of Individual Differences(D. Appleton & Co., 1928).

Hollingworth, H. L., Mental Growth and Decline(D. Appleton & Co., 1927).

Hollingwosth, H. L., Vocational Psychology and Charactor Analysis (D. appleton & Co., 1929).

Hull, Clark, Aptitude Testing (World Book Co., 1928).

Koos, L. V. and Kefauver, G. N., Guidance in Secondary Schools (MacMillan Co., 1932)

Pintner, Rudolph, Intelligence Testing(Henry Holt & Co., 1931).

Proctor, W. A., Educational and Vocational Guidance (Houghton Mifflin Co., 1924).

Spearman, C., The Abilities of Man (MacMillan Co., 1927).

Thorndike, E. L., Educational Psychology, Vol. III (Teachers College, 1914).

White House Conference Publications: Growth and Development of the Child, Part IV, "Appraisal of the Child" (Century Co., 1932).

第二編　教學技術

第七章　教學心理

學習指導　就是缺乏意識的指導或計劃，學習也可以進行，因爲日常經驗卽可形成刺激簡約化。那些能夠學習的人都是能利用過去經驗以應付將來的人。不過我們須辨別敎育與學習有不同，敎育一個名詞乃是指有計畫和有組織的學習指導，做這種指導的工程師卽是敎師。敎師敎學的基本原則雖極簡單——依照學習心理——而其本身也是一種精細的技術，故現在先來討論敎師的工作以及如何施行最有效的工作。

敎師唯一事體是作某種特定動作，故其行爲頗有限制。他必須做某種動作方能得到酬報，他的動作是決定於學生和社會的希望，當局和習俗的許可。因此敎師的工作起首須知道所許可的反應是些什麽，以及在敎學生時產生這類動作須比通常較爲迅速確定和有多次的出現。這些動作都不是偶然的從天空中發生或與以前沒有關係。反之，每個希望的動作都是對於普通情況的反應，故學習動作也是由情境中的某種現象或符號而起，照着以前現象而反應。

敎學的具體項目　爲具體和特殊容易明白起見，先擧幾個希望動作的例，以見每個特別刺激是希望產生一些什麼反應，例如：

希望動作	刺激情境
駕駛汽車者能迅速運用制動機	對交通指揮者或紅燈符號的反應
某年齡兒童能很清楚寫自己的名字	對於要他寫名字時的反應
成年須能拼字不錯	當有寫字的必要時
市民必須能依照指導而動作	當這些指導是用電信形式陳示時
書記必須知道兩數相乘的乘積	當不要用手指計算數目時
人類不是野蠻動物動作須文明	當在一種社會情境時
人類須作有效的適應不要啼哭欺騙或頹唐	當遇着困難誘惑或危險時

我們可以將這些事實用學習歷程圖解表之如第十三圖，即某種最後動作T，是由情境中的刺激符號或詳細情形D而引起，由此發生確定與迅速的反應。

豐富學生的經驗　根據定義，D並不是一個自然發生特別動作T的刺激符號，因此教師其次更注意的事件，便是發現什麼生活經驗什麼情境或背景，以及什麼動機可以產生這類動作。這些都是很複雜和費時間的一些經驗。例如最初白鼠能在迷津一端跑到他端，必須在飢餓時，將食物放在目的地，使它避

第一三圖　學習的結果

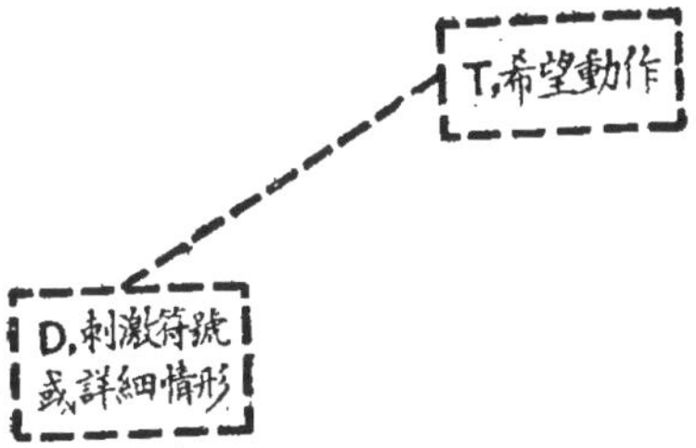

免其他吸引，而狂奔至那個地方，這是他初次成功的特性。白鼠根據這種經驗，便埋藏着某種所希望的刺激，以後這種刺激出現時，無須耗費時日去摸索，即直接迅速地產生所希冀的動作。

所以對於學生必須直接或間接經過語言、閱讀、圖畫或其他觀察以供給適當的背景。例如教歷史時，須將具體的人類組織使學生知道，須令學生參觀博物館，戰場紀念碑，使之攝影和畫圖，以及要他們親身參與社會事業和發明。

教地理也是一樣，必須用某些豐富經驗的方法，例如遊歷，採集，與外國人談話，畫學校地圖，研究隣地的地形，物產和實業。

至於教公民時則在學生自己的社會活動中給以背景，如遊戲場的相互關係，自治的組織，對於地方選舉和公民事務的考察，對於某事的預算計畫以及選舉學生會的領袖和代表等。

其主要問題，便是確定所有這些具體或生活經驗都可發生所希望的動作、經驗、判斷、感情或態度——即在以後的情境中，以前背景的些許刺激可以發生這些行爲。假若所經驗的結果是錯誤的，則不獨在教學上是失敗，且可使以後的改正和重施教育發生積極的困難。

現在對於上面的圖解可再增加一部分，即起始時生活經驗可以有效地發生所希望的最後動作，而現在則是其中一個特別符號D也可引起那個動作。其圖解成爲上列的形式。

第一四圖 教學的分析

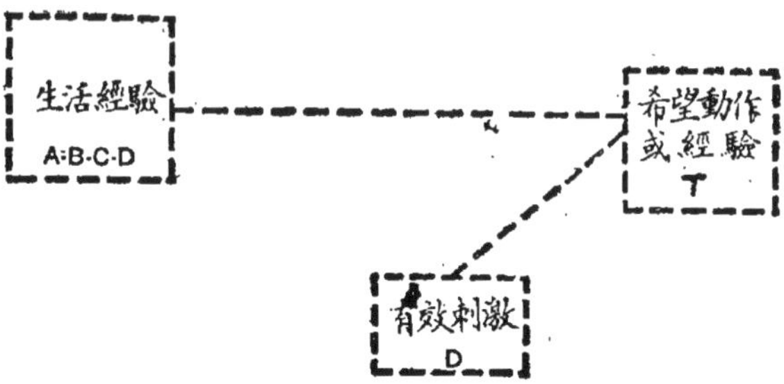

已經知道所希望的最後動作，已經選擇對將來隨即有效的刺激，已經由遺傳或訓練發見一種生活經驗可以產生這種最後動作，又已經看到將來的刺激（或類此的刺激）是在原始的經驗中，則惟一剩有的一回事，簡言之便是練習(drill)。

這句話的意義，是指無論用那種最有效的方法，其原來複雜的情境都必須簡約化，故於終結時不須全部刺激。換言之，刺激簡約化發生以後，一小部分刺激便可引起所希望的最後動作，甚至以後整個情境與原來情境完全不同也可。

不過還要加說一句話，教師所用的經驗不必一定爲原始的經驗。我們已經知道，當學生已經獲得閱讀和會話能力時，間接經驗常可替代原始的經驗。故對於事物的敍述常可和事物的本身同樣有效，且這種間接經驗也比較安全，對於時間、用費和能力方面都較為經濟。例如從活動電影見到亞爾卑斯（Alps）或華爾街（Wall Street）的旅行有許多的益處，而沒有實際旅行那些不便之點。不過在某種情形中，間接經驗可以代替原始經驗至若何程度，還須待實驗決定。

供給背景和指導練習　教師的通常工作，大致限於兩方面：(1)供給背景或生活經驗，使刺激成為有『意義』的，(2)預習和練習，即進行刺激簡約化的工作。這時所希望的最後動作已經被社會、教育專家或習俗所選定，所有有效刺激也是為現代需要，社會生活的活動，實業方法及現行風俗與藝術所決定。

這兩種過程常是並行，不過在進行時必須自己能夠意識正進行那一種。因為從豐富經驗或使經驗有活氣的第一過程常容易跑到第二過程方面，例如教地理時很容易變為注重記憶名詞，數目，物產表，河流和城市，或僅畫地圖與用語言很流利地答覆不重要的問題等。

同樣，假若練習之前對原來背景的刺激的真意義不明瞭，第二過程——預習和練習也容易變為徒勞無功。例如練習計算『部分付款』（partial payments）便會有這種結果，因為學生對於這種經驗的景背太缺乏，以致對記憶或使用符號不明瞭而成為無意義的。於是這些便成為空洞語言或數字符號，而不是根本從學生的生活經驗出發。

在班中活動時，背誦時，組織設計時，以及在所有各種的教學時，教師都需要應用學習的量的定律。對於這些原則的應用，事實上也就是教學的技術因爲刺激簡約化正需要技巧的工作，故許多重要的規律卽可幫助作爲有效的學習指導。

以下所說的一些規律乃是一般的規律，和代表的趨勢學者必須彼此關聯起來，情境與材料也要關聯起來。事實上我們所作的枯燥無味的分析僅可應用於一種對象、方法和動機沒有變動的世界，而現實的世界却往往不是這樣。例如什麼是希望的動作？答案恆不一致。什麼是有用的動機？事實上也多變遷，我們的知識極不完善。就是所謂有效技術的詳細情形，也還在實驗時期，所謂學習的定律仍亟待修正。

每個教育者——從哲學家以至育兒學校的護士，必須敏銳、明察和研究。敏銳是對於問題和其可能性的敏銳；明察是對於知識、方法或理論的任何新貢獻加以注意；所謂研究是指一個正從事於重要而饒興趣的學科的人的活動，仍不能超出實驗範圍之外。

從學科方面說明　現在我們可以將教學技術的分析應用到教師或學生所熟知的代表學科方面。因爲初小學科的材料比較確定，且教育應該達到什麼程度的意見也比較一致，故考察初小學科的技術較爲容易。但無論對那種教學——如技藝的訓練，職業科目的教學對於特別工藝技能的嫻熟，教導創造獨立的能力，或對品性、態度和道德的訓練——這些原則都是放之四海而皆準的。

我們將用拼法和地理兩門學科來說明，因爲這兩門學科爲一般人所熟知，而且它們是代表兩種極不相同的教學。因爲在敎拼法時練習或刺激簡約化的元素甚爲顯明，例如英文的拼法是隨意組織的，與口語聲音沒有多大關係，且字與所代表物體的意義的關係也絕少。故在敎拼法時所需要的生活經驗或背景與地理比較相去甚遠。但也不是絕對沒有，從研究中表示若兒童確知道字的意義，其拼法比較容易和正確些。故卽令是需要多量練習的學科，經驗的背景也還是重要。

反之，假若是正確的敎地理，則練習的因素和言語說明事實的重要性比較的少。其最重要的事體是給學生以正確的經驗背景，和對專門名詞、地圖、大綱、問題的意義及用具的使用能夠明瞭。但練習的因素也不是完全沒有，不過在劣等敎師及學校設備甚差的情境中敎地理，便成爲僅是作語言的答案了。其實這不是敎地理，僅是練習某種特別的語言習慣而已。

現在我們可對於敎拼法和地理舉幾個實例，以便根據學習的定性性質用圖解來分析這些歷程。因爲拼法比較簡單些，故先說拼法。

文字拼法　我們必須將拼法分爲文字的和口語的。有時我們雖不能用口語將一個字拼出來，假若握着一枝筆將這字寫出則甚覺容易。有時我們僅能寫出那個字，而對於那個字的發音不能正確。故文字拼法（graphic spelling）與口語拼法（oral spelling）雖彼此可以相助，而是獨立的過程。

在以前『拼法競爭』(spelling bees) 的時代特別着重於口語拼法。這是一個奇怪的着重，因爲事實上我們不需要口頭拼出一個字，也不常決定某人是否能高聲正確的拼出一字。我們實際的拼法幾乎全是寫的，打字機打的或印刷的。一個人早期的學校生活或以後實際生活也僅在寫作時須用拼法。自然間或在閱讀時，須看一個字是否拼得正確，而這是視覺，不是聽覺。或許以前着重口語拼法的一部分原因，是出於敎師的便利；另外一部分原因，以前文盲多的時代，進了學校的人，常有人問他對於某些字是如何拼的，因此即用口語拼出來。

在敎文字拼法時，敎師的進行如下：最初需要學生詳細寫出一個所見字的筆法，例如先使學生見一『桃』字，隨即將這字的物體或以圖示學生（符號經驗）並說出了這字的聲音。學生即鈔寫這字，也說出這字的聲音（說時或高聲或柔聲）茲將其歷程的各部分表明如下：

看見桃子
見桃字
聽字的聲音
敎字的寫法
} 發生合併的動作 {
寫這字
說這字

故在適宜和充分練習之後，僅聽到聲音或看到圖形，或自己想到一個字時，都可寫出這字。有時看到這字可以引起說的動作，因爲這屬於原來反應的一部分。即學生同時學習『讀』和『拼』兩件事體

（此時所謂讀是指對於字的發音。）或許學習者在原來經驗中獲得某種感情，則以後見到或聽到這字時，也可有效地發生同樣感情，這樣他便有某種『意義』的關係，和為某種『了解』的閱讀了。於是這字即成為原來情境的一部分，變成了符號。

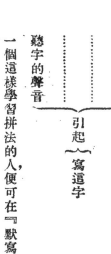

我們可以應用圖解將這種過程表示如下：

……
……
……
聽字的聲音 } 引起 { 寫這字

一個這樣學習拼法的人，便可在『默寫』對於寫出教師所說的字。他雖不知道筆法的名稱，或不能口頭拼出這字，而他確實能將這字寫出來。

口語拼法 預先須知道的是筆法的名稱，字的讀法，和所代表的意義。即最初須聽這字，看這字和想這字，經過這些步驟後學生才知道如何去讀與拼。

以後看這字的手續可以省略，考察動作縮短，簡約刺激成為有效的，僅聽了這字的聲音，便可將筆畫的順序依次說出他。於是能夠默誦了。以後對這字的所有些微刺激都可省略，甚至連聽也可不要，祇要想到或看到物體便能將這字的形式筆畫說出。

當教學完成以後，師學生能在一篇作文中拼法不錯，打字打得不錯時，則整個情境的精細思想也能有效地使那些字的拼法不錯，雖見到或聽到這些字而沒有放在心中也可；這時語言與會話能『自動』的進行，有效刺激已簡約到極點，就是極有訓練的心理現象的內省也難說明這些情形是什麼。於是我們卽說：我們能夠自由的說寫，但我們不知道何以如此。卽有效刺激的能直接引起適當動作，已到刺激本身和刺激與字的關係不能由我們觀察的程度。

一個學生的拼法『惡劣』，或是指他沒有學習過拼法；或雖已學習過，而因對於符號沒有很好的簡約化致不能自由運用（如起首須尋字典）或因『擴大性』有差錯，對現在情境的主要刺激不能發生作用；再不然，便是有許多特別現象使他發生差錯，如常態者看見繆勒萊茵錯覺圖而判斷線的長度有錯誤一樣。

換句話說，正確的拼法不獨需要刺激簡約化，且需要對於那個情況有關的擴大性或敏銳性。因為有些字常時音同而拼法不同，惟有當時情況中的刺激可以使學習者（縱令是有很好練習的）有效地應用他以前受過的教育。

在前一節中，我們曾說到『適宜和充分的練習』一點，對這點的意義還沒有詳細說明，至以後一章中當可明白。

學習者的動機　雖然我們已經說明大部分的拼法問題是一種練習過程，而在離開這個題目以前當稍稍談到動機問題。假若我們設想教師教一個野蠻少年的拼法，他是從沒有進過學校，沒有學習過功課，沒有將優良成績的報告帶到家庭過，也不知道同伴笑他拼法錯誤而覺羞愧，這樣，動機問題便成為一個很大的問題了。

在進行教法以前，教師必須首先發現這個少年的生活中有些什麼苦惱和憂慮，惟有寫字動作才可將此種苦惱除去。這或許不是一件容易的事，因為必須僅有寫字方可將苦惱除去才對。假若學生已知道寫字是解除痛苦的有效方法（或最後動作），教師即可進行教學使他發生進步，與使刺激簡約化從速進行。這在他人看來或許是一種很愚蠢的教學而依照動機定律確實如此。

現代的生活是很複雜的，故拼法教師很難決定班中（或其他處）學生的動機是些什麼。不過我們確定說動機是有的，否則第一次的寫字或學習便不會發生。因為寫字是那種情境中的最後動作，由寫字才可以解除原始的激動。

我們已經說明過通常學校兒童機動的來源，常是一種人為的性質，正如某個野蠻學生受着他人的威嚇而生的痛苦一樣。學習拼法則是可以解除學生入學校後孤獨的痛苦，可以與同伴來往，可以免除父母對他的苦臉，可以不受無知識的恥辱，可以寫信給 Santa Claus 而沒有什麼困難，並且可以解除服從學校和與教學合作的一些激動。

甚至這樣一種大部分靠練習的拼法教學的重要工作也要發現動機，並且須有較優、較強、較自然與健全的動機，將這些優良動機與學習過程相聯。至研究各種不同動機的相對利益，俟以後說明。

拼法的錯誤　拼字有許多種的錯誤，現在不能詳說。惟有一種很普通的錯誤現象，可以在此處說明。學習的一個基本定律稱爲『依次的減縮』（serial shortening）或『中間步驟的省略』（the omission of intermediate steps）的，甚至在拼字的動作羣中也表示出來，因爲從錯誤的發生，錯誤的地位和性質諸方面都符合這條定律。

有人研究學習者的拼法錯誤的位置〔註一〕，發見由六、七個字母組成的英文字的錯誤地位常常如下：即最初與最末字母的錯誤最少，較大的錯誤（省略

第一五圖　拼法的錯誤分配

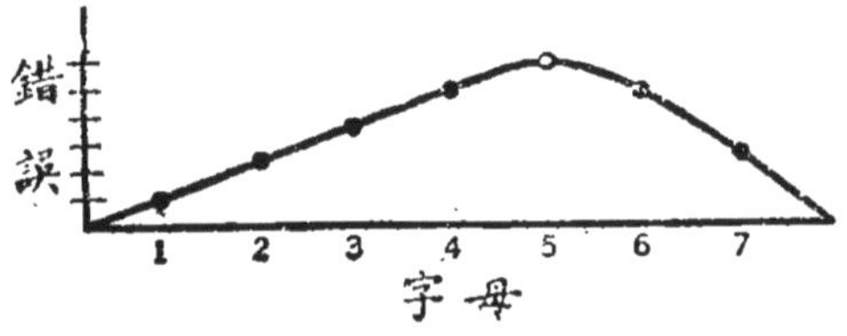

〔註一〕 L. S. Hollingworth and C. A. Winford, The Psychology of Special Disability in Spelling Contributions to Education No. 88 (Teachers College, Columbia University), 1918.

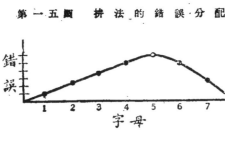

代替等）是在字的末端以前幾個字母。對於這種現象除以下一種解釋可適合結果外，其餘都不是適當的。

我們可以人爲的假定說，一個字的最初字母可視爲是原始的激動或刺激，必須俟這字寫完，而後激動才解除。在練習拼法時，由字母１２３以至７爲止，其順序是由字母１引起２，由２引起３，以至１２３４５６全體變爲７的前因或刺激。

那末，已經將字母１寫好後，其中每個字母都有引起最後動作或末一字母的趨勢，故最後一個字母漸漸產生較早，因此較前或中間字母會有脫落或錯誤的事發生由這樣錯誤拼出的字常較原來字母爲短，其錯誤的分配很與動物走迷津時消滅盲路（blind alleys）的形式相似（註二）。

地理的教學　從一些學科中，都可見對於活的和具體背景的初步經驗乃是技術發展的初基，這在教木工、織籃、汽車駕駛、遊泳、洗濯、烹飪和一些比較基本的學科都如是。此所以學徒法或一種『實習與見

〔註二〕　由研究拼鉛字者的錯誤，頗不能承認『中間步驟省略』的定律。但對於拼鉛字者的選擇是以很少這種錯誤爲標準，故他們已經不是學習拼字了。不過他們所有的錯誤雖不完全適合這定律，而也大致相似。縱令這是一種牽強附會的說法，但要他們確是學習拼法，而後他們的結果才可以明白表現出來。

學』的活動是學習的起始點。

至於教地理雖沒有如此極端，而恐怕沒有人反對率領學生周遊全世界和給以人類物質環境的初步經驗，是最有效的方法。這樣學生可以起始經驗地球的各處情形和所有人類的活動，以及與自然的動植物相接觸。他們對於這些事體『記憶』以後，將來見到文字或地圖時，便可很好的利用這些經驗情境中的極簡單符號，便可使他用過去經驗應付新問題。

但這種遊歷全球的方法頗有不便，教師必須用其他方法以供給背景使成爲有效刺激而發生動作，例如起始他可用文字和地圖代替這種情境，經過間接經驗，學生便可敍述地球的各部分，好像親見一樣。或他可以利用『小規模的世界』使兒童作學校庭園或隣居的地圖，用沙作山和半島的模型；這些小規模作品的本身卽爲大的事件的符號，故可使敍述的文字、圖解和眞的地圖發生意義。再則，學生可以參觀近地工廠田園和商埠，並考察博物館，這些臨近的物體也可對於將來學習時見着關於遠地物體，的敍述而發生意義。

故地理的敎學大部分須用代替的方法給學生以較大的經驗背景，學生必須在以前生活中有實際的經驗，而後文字、地圖、圖解、數字和圖畫才有確實的功用。卽是需要從已知去領略未知，從前在敎育心理學中常用的『統覺』(apperceiption)學說也卽是說明這點。

假若這些已經成功，且學生對於世界有廣大的認識能給一些符號以確定的「地理的意義，其餘的方法便是預習、練習和刺激簡約化。以後便可不必實際「出外」僅用符號幫助（如文字、地圖、圖解或想到世界地勢）可以判斷、作決定和計畫路程。

設若我們討論地理中的地勢和地位，以下步驟乃是作這種學習時刺激簡約化的程度漸次增加的情形。

a. 實際的考察和遊歷。
b. 至幾個著名地方作野外遊歷。
c. 用沙作地圖——小規模的地理。
d. 活動影片遊歷片。
e. 攝影和玻片。

第一六圖　地理教學的很早一個步驟——野外研究之後實際攝影

f. 立體地圖。
g. 陰影和有色地圖。
h. 綱要地圖。
i. 學生對於地圖的意象和他種記憶。
j. 對事實和關係細密的文字述要和用同等的符號表示。

最初教一個題目時常引用這個程序的

第一七圖　立體地圖——攝影之後一個刺激簡約化的步驟

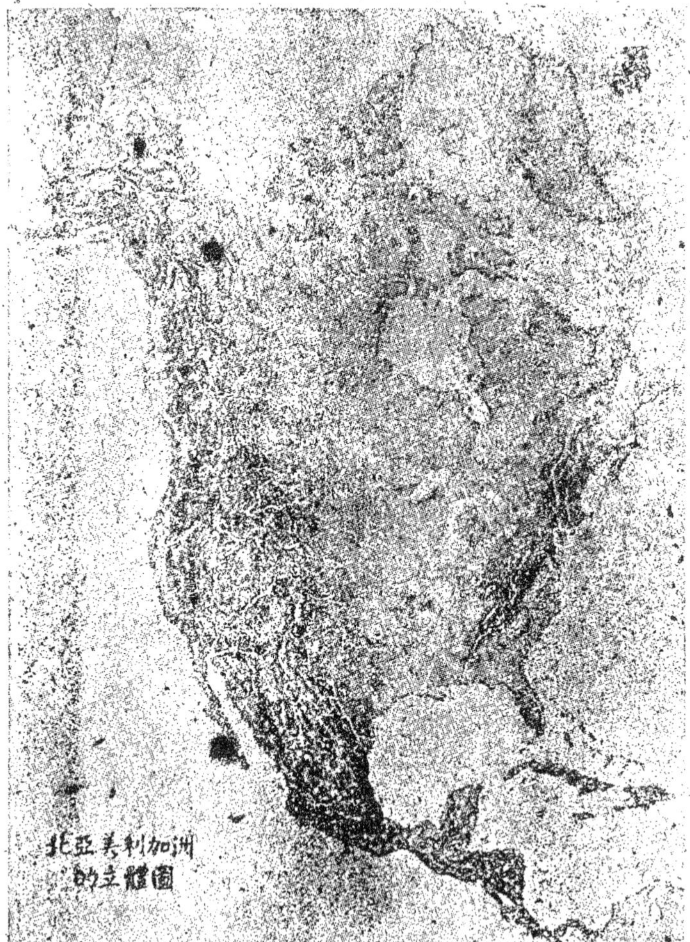

最早一個步驟，俾學生早期所發現的是一種具體和實質的材料。於是由最早的步驟漸漸下移，其刺激便漸漸簡約化，材料也漸漸變為抽象的，以至達到最後目標的程度。地理『測驗』也是利用簡約的刺激，藉以明白學生對於符號的反應能否如具體的情境一樣。

地理課程舉例　現在從一個地理教本中舉幾個『練習』和『設計』，藉以具體明白以上的分析〔註三〕。此處的例乃是一種指定的功課。

假若從 Montana 向東到 Lake Superior 須經過那幾州？若從 Wyoming 的東北向東至 Mississippi 河又要經過那幾州？……

……從以上地圖去看，你以為在些道旅行中可見很多的山，或是很少的山？

現在來討論這個指定功課的背後的事體。如果是第一流的探險家，則會實際旅行到這個區域，注意經過一些什麼地方以及看是否有山。而學生對這種初步經驗不能做到。

其能使學生去經驗的情境，則是從地圖中去看有山的是些什麼地方，以及看各種形式和顏色的區域註明有什麼州名。這些地圖便成為實際地形的簡約符號。再加以教本中的文字和教師的口語解釋，於是學生便得一種很有組織的經驗。

〔註三〕以下的說明是從 Barrows Parker, Geography: United States and Canada (Silver, Burdett & Co., 1925) pp. 88, 99, 120, 242 而來。

現在學生可以用口語說出旅行所經過的州名，就是沒有到過的國家，也能夠尋出來。甚至可以翻轉地圖，用記憶，意像，語言和動作的形式，將正確的答案說出來。他用『內心符號』(internal cues) 而做這種答問的工作，正如他起首無須旅行而可從地圖中學習一般。

地圖中都沒有畫山。各處僅用顏色表示，顏色的深度是表示高度的不同。且有文字註明某種深度是代表某種高度。故學生一見圖時便可判斷是否有山。但學生必須起首看文字，比較地圖顏色的深度與文字的解釋才行。這樣，文字的解釋又成為早期對於地形高低的經驗的符號。

其次再來討論一個『練習』的例。

將以下句子中的空白填入，並將這一段鈔在記錄簿中。

M……I,……, Southernmost M……, Southeastern S ……D……,eastern N……,Central and eastern K……and North central and Northeastern O……are in the Western part of

第一八圖 第一次地理練習的地圖之一部表示立體地圖後的一個學習步驟

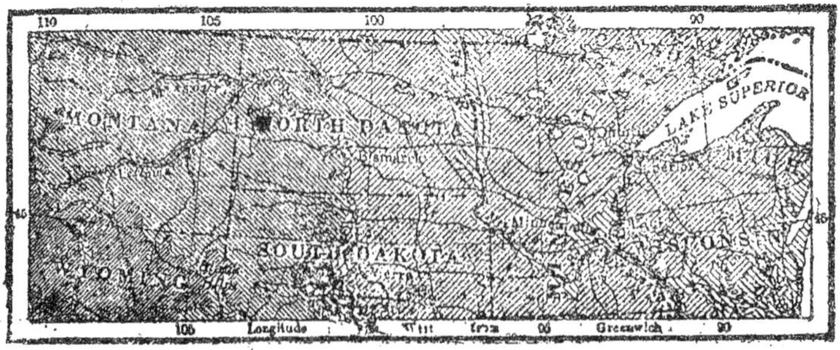

the central……f……region, Most of this area is gently rolling land with good soils and enough rain fall for many kinds of crops. Among the crops raised there are……,……,……,……,and…In addition men do much stock raising, stock feeding, and other kinds of farming.

這是一個很好的刺激簡約化的例。兒童已經看過這樣的地圖，看過田野和主要物產的圖畫，聽過教師說明這些物產的名稱，並且還帶有一些樣本到教室裏，貼在地圖的適當地方。

現在不用其他幫助要將這些物產說出來。他必須將考察動作縮短，正與以前所舉兒童學習彈鋼琴的例相同。在這練習的起首每個名詞的第一個字母已經寫出，這是一種持久的激動和引導的符號，將反應的範圍限定下來。以後這種

第一九圖　第三次地理練習所用的地圖代表刺激簡約化較後的時期

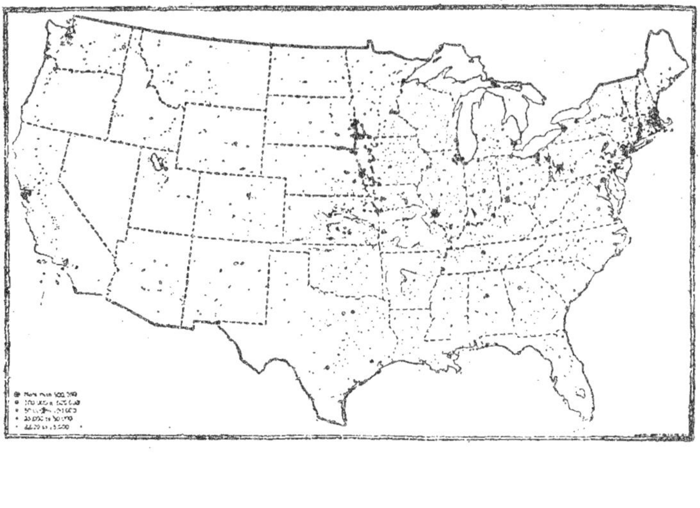

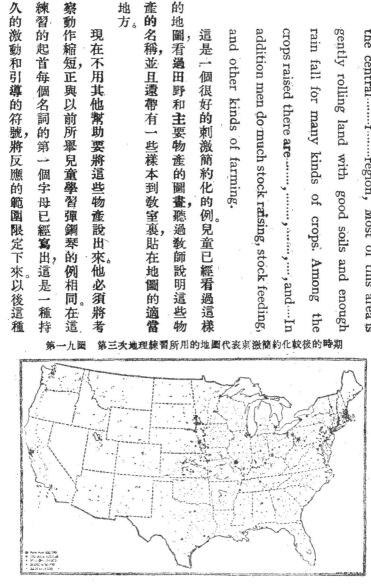

第一字母便不寫，即將引導的符號取消，要學生自己記憶已經說過的情況和名詞。故其反應或限制於目下情況的符號，或須從自己本身發出來——即地方名的視像州名的發聲，與對以前班中地圖上所貼材料的記憶。因此這個測驗，很確定的將刺激簡約化所達的程度測驗出來。

此處又有另外一個設計，叫做『應做的事體』。

從地圖中尋出美國落璣山 (Rocky Mountain) 與密士失必河 (Mississippi) 中間的一部地方。在這地方東部抑係西部的市鎮較多？你能從這一點解釋其原因嗎？

考察上面的圖便知僅是美國地圖的一個大綱，其點線是將各州表示出來。地圖上沒有名稱，沒有落璣山和密士失必河，也沒有表現出來任何河流。僅用大小不同的點將市鎮顯示出來。

學生必須從組成這個地圖的各線的空間關係認識那個方向是東方，那一部分是密士失必河，和那一部分是落璣山。不過這些反應的發生最初需要許多精細的刺激。到現在這種刺激已簡約到僅略見地圖的些微輪廓便可將有效反應發生。更後甚至這種輪廓也不必要（以後的練習即是向這方向）學生『記憶中的地圖』——如他的空間意像，他的姿態所表示的方向，他的眼動所表示的位置等——即可發生這種反應。事實上，他的刺激簡約化已經訓練到能從每一動作決定美國各地方的程度。

茲再隨便舉一個練習，這個練習是許多地理教本中都有的。

將地圖的名稱遮蓋着，放在大衆之前，使一列的學生都能看見那個地圖，每列的一個學生將這個地圖傳達其餘學生，俟經過時都看那個地圖，且想這個遮蓋地的名稱，將所決定的名稱寫下。這個遊戲的勝利者是屬於將正確地名寫得愈多的人。

這個練習是決定學生對於簡約刺激能有正確反應（卽寫正確地名）到何種程度。原來的情境是地圖加可見的地名和對於那地名的發聲，由此生出寫的反應，現在的測驗則是看此種學習已否成功——卽是否僅見地圖的輪廓的刺激而有正確反應。

於此可見地理的學習也與敎師所發出的基本動力和動機相聯。因為對於一種簡約刺激能用出許多正確名詞乃是使學生在遊戲中免除『失敗』恥辱的一種方法。

敎學的技術　最後我們可用幾句話對於地理的敎學作一總結。地理的敎學問題，須：

1. 發現或供給一種情況，使學習者可由全體情境而發生所希望的反應。
2. 將情境深刻的和多次的出現直至其中細微或特別分子可有效的發生同一反應。
3. 事先知道當需要這種反應時，有什麼特別分子在實際生活中存在，並且要看它們是否已成為有的刺激。
4. 尋出發動這種學習歷程的適當動機，俾刺激簡約化能最有效的發生。
5. 隨時測驗，以決定一些特別分子是否已發生所希望的效果。

因為我們僅用拼法和地理作為教學技術的例，幷已經說明對於其他教學或教育設計也可同樣適用，故讀者於此時可對其他熟悉的學科作同樣的分析。

問題

1. 舉出其他「希望的動作」，且將能發生這動作的有效刺激說出來。
2. 用本章所未說明的其他學科作例，表明教這門學科時如何在最早一時期須供給適當背景或活的經驗。
3. 對於第十四圖用實際項目代替那些A，B，C，D和T等抽象符號。
4. 說明教地質學、歷史或經濟學時如何可以利用代替的經驗。
5. 說明教算術時須(1)根據具體經驗背景，(2)用漸次刺激簡約化的方法以決定，(3)對特殊刺激或情境而發生，(4)希望動作。
6. 應用分析拼法和地理教學的方法對於書法教學加以分析。
7. 說明如何記憶通常歷史中的史實或地理中的國家和首都，才可以表示典型的刺激簡約化的歷程。
8. 為什麼遊歷外國有極高的教育價值？
9. 教授教育心理學時有什麼活的背景可資利用？
10. 教授（或學習）普通心理學時有什麼替代的經驗可資利用？變態心理學呢？兒童心理學呢？

參考書

Bagley, W. C. And Keith, J. A. H., An Introduction to Teaching (MacMillan Co., 1924).

Betts, G. H., The Recitation (Houghton Mifflin Co., 1910).

Charters, W. W., Methods of Teaching (Row, Peterson & Co., 1912).

Douglass, H. R., Modern Methods in High School Teaching (Houghton Mifflin Co., 1916).

Freeman, F. N., The Psychology of the Common Branches (Houghton Mifflin. Co., 1916).

Holley, C. E., The Teachers Technique (Century Co., 1922).

Judd., C. H., The Psychology of High School Subjects (Ginn & Co., 1915).

Kilpatick, W. H., Foundations of Method (MacMillan Co., 1925).

Monroe, W. S., Directing Learning in the High School (Doubleday, Page & Co., 1927).

Morrison, H. C., The Theory and Practice of Teaching in the Secondary Schools, revised edition (University of Chicago Press, 1930).

Parker, S. C., General Methods of Teaching in Elementary Schools (Ginn & Co., 1919).

Phelps, W. L., Teaching in School and College (MacMillan Co., 1912).

Reed, H. B., Psychology of the Elementary School Subjucts (Ginn & Co., 1927).

Stormzand, M. J., Progressive Method of Teaching (Houghton Mifflin Co., 1924).

Strayer, G. D., A Brief Course in the Teaching Process (MacMillan Co., 1922).

Strayer, G. D. and Englehardt, N. L., The Class Room Teacher (American Book Co., 1920).

Wilson, H. B., Kyte, G. C. And Lull, H. L., Modern Methods of Teaching (Silver, Burdett & Co., 1924).

第八章　學習的一般因素

定性與定量的研究　學習的實驗研究可以分爲兩類。一類是我們已經先後討論過的定性的研究(qualitative Studies)，其主要興趣爲(a)學習的型式，(b)前因與刺激的性質和(c)各種的反應及與刺激作用而起的變化。另外還有一類是學習的定量研究(quantitative studies)此類研究多討論時間關係，學習的速度和永久性以及因訓練多寡，強度，深度和順序不同而起的學習的變動。本章卽將注意於這些定量的和容易影響學習的一般因素。

以下一些定量問題與任何學習，如文字的學習，鋼琴的學習，語言或技藝動作的學習都相關聯。這問題僅是指用實驗方法研究出來的一些例，全部都與教育者的工作直接相關。

特殊定量的問題

1. 反應在刺激發生多久以後才有？
2. 這種時間如何因不同的環境而異？
3. 需要多少次的經驗方能發生某種程度的刺激簡約化？
4. 獲得這種程度的刺激簡約化如何可因練習的速率、分配和排列而改變？

5. 在各種練習或經驗之間插入其他活動將如何受影響？
6. 這些如何因材料的種類和教學的方法而變動？
7. 一個有效刺激的有效程度是否因時間而變化？
8. 在這些定量結果中個人差別和種屬的差異如何？
9. 這些定量結果如何因年齡，分心，疾病，藥物，競爭和身體的影響而改變？
10. 有什麼訓練的方法可使學習的速度和永久性最有效果？

這種問題的數目和種類幾乎無窮，因爲變動因素數目很多，程度也各不同，且與周遭環境有許多樣式的結合。此處不能將所有人類和動物學習的定量結果都加敘述，僅能表明其大概性質和說出幾個確定和有價值的結果，且所敘述的主要限於人類學習的研究。

能得結果的一些研究　學習的研究有許多種。有獲得簡單感動技能的研究，例如射箭，眼手調節，擲球(ball tossing)，幻術。有比較複雜的作業，例如打字，打電報，習外國語。也有解決問題的學習，例如解機械迷盒，猜謎和使用工具與機器。此外還有許多操縱語言的學習，例如學習散文和詩，字與數目的結合，以及數目、字，顏色等和其他物體的結合。

有許多實驗是做比較高等「抽象作用」的學習，例如學習閱讀，算術的基本過程，和一些特別的知識——如歷史、物理和代數。還有許多控制的研究，是一種『測驗』性質中的學習，例如已說過的文字的替代測驗。此外在實驗和教育心理學的文獻中，有許多書是專門敍述、分析和測量學習過程的。

現在根據我們起首所說的，來討論一些容易說明其過程和可以仔細控制與變動其情況的學習。為着這個目的，我們特選定文字的學習，即前面那種替代測驗。

學習的曲線　在作學習的定量研究時，我們不注意於其所發生的性質的變化。僅將一定的反應要學習者一遍一遍去做。我們知道，這種歷程的進步是靠着發生動作的刺激能漸次的簡約化。但我們並不注意這種歷程也不特別問到什麼刺激可發生這種動作，我們祇將情境保持一樣，而量動作的『效率』(efficiency)。例如在一固定時間內能做這種動作若干次，或每做一次動作需要若干時間。

將這種結果用一曲線表示出來，自很便利。此曲線畫法是以一橫軸與一直軸為標準。橫線上表示連續或觀察的次數，直線上表示所測量的結果，例如一次動作所須的時間。每次記錄時間時，可從底線所表示的每一次數起，始沿直線向上量。『假若用方格紙，則將結果記錄在那次的上頭。於是連接各點便可得一條表示各次時間變動的曲線。

典型的學習或練習曲線　這種曲線，普通稱為學習曲線 (learning curves) 或練習曲線 (practice curves)。為要表明這種曲線的性質和用法，特在一個圖中表示從成人（大學學生）得來的三種不同活動的學習曲線。每種活動都是總共做十五次，每一次有許多動作（數目則相等。）因為僅做一次簡單動作的時間，可受許多因素的影響而使變動甚大，故將許多簡單動作合成一次而計其總時間，便可減少這種變異性。這樣合計的方法，縱令有外界的影響（不過這時我們不注意這點，）也可彼此相消，故這種量數能代表一般的趨勢。下面再將所練習的活動簡單加以敘述，當可更加明瞭。

其中一個活動稱為顏色名稱測驗（color naming）。在測驗紙上印有一百個顏色小塊，排成列數。因全部實際僅有五個顏色，故每一顏色在紙上可出現二十次。它們的排列是很不規則和亂雜的，每一紙上都有變動。學習者在受測時須將顏色名稱高聲說出，如有錯誤時，實驗者即說『不是，』被試者須說出正確名稱後方進行其次一顏色。這種說出顏色的名稱似乎是一個極簡單的動作，實際或許不需要任何學習。但學習者每次須很快說出名稱，最初他雖知道這些名稱，而這種歷程的進行却很緩慢。雖然成人對這種動作不見有若何大的進步，兒童在這方面的進步則很可注意。我

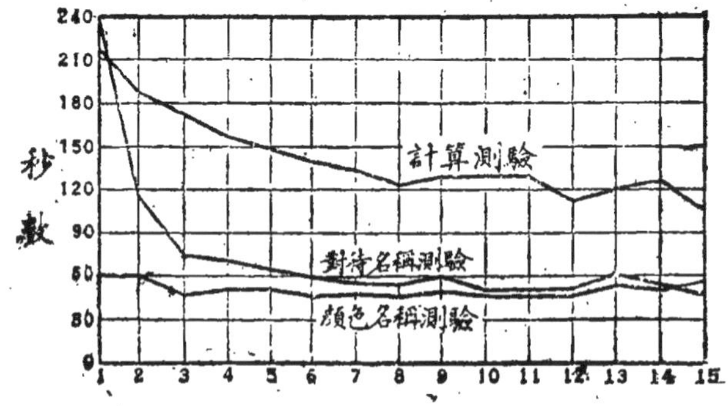

第二〇圖　三種不同活動的學習曲線

們現在特別的提出這種成人沒有多大進步的顏色名稱測驗，因爲可以將這種活動與其他進步很快的活動相比較。

在這個實驗中其次一個活動便是對待名稱測驗（naming opposites）。測驗紙中共有五十個熟悉的形容詞（如忠實、傲慢、保守、淺等），學習者看見每個字後，隨反應一個與此相反的字，例如見『淺』字，卽反應『深』字。每次測驗都是用同樣的字，不過次序不同。

第三種活動是心算加法(mental addition)。在測驗紙上共有五十個兩位數的數目（如37,68等）。每一次活動所用數目都相同，惟次序時常更動。學習者每次須對各數加上17，並說出其和數。每次的加法都是由腦計算。這種測驗也如對待和顏色名稱測驗一樣，每次須有正確的反應，每一組做完後的分數以所須的時間作根據。

爲進一步消滅機會因素的影響，將每次結果用十個人的成績平均。故此處所表示的曲線，乃是十個學習者做完一組而完全無誤的平均時間。個人曲線雖和平均曲線的趨勢一樣，而彼此略有差異和稍不規則。若要將這種結果在實際教育上應用，不獨須明白大概的趨勢，還須知道學習曲線的特性。

學習曲線的特性　這三種曲線可以說是無數已成立的曲線中的例，我們可從其中看出下列一般的特性。但此處所謂特性僅是各種學習曲線所共有的，茲用此以作說明，不是作最後的論證。

1.不同的學習歷程產生不同的曲線　這至少在某些情形之下是如此。顏色名稱測驗的曲線，幾乎不成爲一條曲線從第一試至第十五試近於一直線。但仍表示略有進步，第六試最慢，以後諸試時間稍快。心算測驗的曲線，也差不多是一直線，但其斜度甚大，第一試最慢，末後一試則極快。若把它看成曲線，不是一條略凹下的曲線；即最初的進步較後來爲快。對待名稱測驗的曲線則是眞正的凹下曲線，最初的進步特別快，以後便慢至第九試時，則又略爲向上，但以後仍是繼續有進步，最後一試成績爲全體之冠。

2.對一事的學習一般常依照報酬遞減的定律　即學習曲線常爲凹下的，而不是凸上的。最初幾試，從時間上看來有很快的進步，以後的進步便漸漸緩慢，終於到了最後的階段，稱爲已達『練習的限度』(practice level)。

3.不同的曲線形式主要由於學習歷程和以前學習的程度的差別　茲先說明後者。我們可以假定大學生過去顏色名稱有很豐富的練習，對心算加法則練習較少，於說出形容詞的對待名稱則練習更少。我們更可將這三條曲線看作一條長的曲線的各段，那末對待名稱的曲線是第一段，心算曲線可與這段相啣接，最後則爲斜度甚平的顏色名稱曲線。於是即成爲一條單獨的長曲線。此曲線起首傾斜很峻厲，以後斜度漸降，至最後則爲平坦的。這三段也就是代表一條長的學習曲線的各種不同時期。一條代表的學習曲線的形式，便可從這種曲線看出，因爲最初差不多是完全無練習，後來則達到練習的限度。

但除過去的練習以外，相異活動的複雜程度不同所包含的學習不同，及學習進行時利用過去心得的時期不同——也可產生不同的學習曲線。

例如，在顏色名稱測驗中唯一的事體是很快的說出一個顏色名。在對待測驗中，起首須發現那個對待字是什麼，到後來才變爲很快地說出一個已知的適當字。在心算測驗中，起首每次都要經過『心算』歷程，而後才能知道答案，且必須於各種刺激簡約化得到以後，才能將『預先的探試』縮短。

換句話說，對於顏色名稱測驗『起首說話的時間』占主要部分，對待測驗中所占較少，心算測驗則更少。經過若干次練習以後，這三種歷程漸漸彼此相似——即每種都是測驗對於一種精細刺激發生後說話反應的時間。但在這些歷程中所發生的差別，我們仍可視爲是以前訓練的不同。

4. 有時於學習曲線中發現高原(plateaus) 所謂高原是變動的曲線中比較平坦的地方，即到這個地方後，雖經過幾次練習而仍沒有什麼進步。以後若有進步發生，則曲線又從高原地方突然降落下來。在個人學習曲線中，常時可見高原，就是在平均或修勻曲線(smoothed curves)中也可發見高原，或至少有這一種趨勢。例如於心算測驗曲線中，至七、八次時曲線的降下漸緩。從八次至十一次，曲線保持一時的持平，無甚進步；自十二次起始則又突然進步。同樣，我們去考察對待測驗的曲線，則見從五次至九次略見高原，第十次起曲線下落，以後便沒有高原了。

學習曲線中高原的發生有許多原因。或由於學習者一時沒有努力，或由於所採用方法不當，不能使他學習進步，必須有新的方法後才有進步發生。再或則學習者一時喪氣，或動機消失，也可以有高原。或實際已有進步，不過計算成績方面不能表現出來，則也有高原。例如拍網球者實際技術已有進步，因計算分數不精密，致不能將進步發出，必俟以後有顯然的得點方能將成績表現出來。

教育心理學中常注意於高原，因為高原不一定是進步的最後限度。因此學習者與教師應該了解高原既不代表進步的生理限度，則雖至高原仍可有進步發生。這樣，學習者對於高原不要為之氣餒，不要以現在的進步程度為滿足。反之，應該更加努力，對現在手續加以分析，並重新鼓起動機與完成其技術。現在世界的人以高原為滿足的甚多，他們實際都沒有達到必須的最後限度。

5. 三種練習的限度　因為高原和練習限度的區別很重要，故現在來討論各種的練習限度。至少有三種練習的限度是重要的，(1)知識的限度 (the knowledge limit)，(2)動機的限度 (the motivation limit) 和(3)生理的限度 (the physiological limit)。

知識的限度是指一個人對於某種材料所用方法的最好成績，例如打字的速率，用「眼與手指法」(the eye and finger method) 有速率上的限度，假若我們不知道其他較好的方法（知識的限度），則其速率便不能再進步，如果採用指觸法 (touch system)，時間又可以進步些。

所謂動機的限度是指一個人的作業須靠他的熱心或努力而不是靠他的知識的數量。因爲學習的效果一方面極與發動這事的動機有關往往最良的成績卽靠這種動機。我們常常驚奇：在激動、懼怕、憤怒或競爭時的作業迥非普通興趣的作業所可及。甚至在學習曲線中有長時期似乎已達到最後限度，假若有適當的動機或新的熱心或改變解除激動的程度，則常留下一種更爲優美的成績。

除這些限度外，還有由於身體的構造生理和物理的情況以及活動的工具的限度。例如肌肉是有一定的收縮範圍，骨骼有一種不可改變的排列和槓桿作用。超過神經衝動的速率、潛伏時間和反應時間則手指、手、眼、語言器官、感覺活動都不能有更好的進行，此外或許還有『思想時間』的限度。在教育中重要的事，便是知道通常所謂作業的限度以知識和動機的限度爲多，生理的限度比較少。

教師對於學習曲線的利用　學習曲線通常是用以研究學習過程和推演一般的原理，但教師如有時間研究或欣然幫助學生記錄學習的進步，則學習曲線也有許多實用。自然這種曲線必須根據於對相等工作的測量或固定的作業才可。

例如教打字時，對於每天所定的標準有一種時間和錯誤記錄則很好。教體育也是一樣，通常體育的訓練進步很慢，且有時變化不容易看到，若有一記錄，如跑百碼的時間，懸垂的次數，握量力計（dynamometer）所得的磅數和每日胸部的張度，則在教學上也是有用的。此種曲線除可告知教師以進步速率外，且可表明高原的時期需要什麼特別的努力，以及與其他組的同樣曲線相比較，此外對於學習者也可同樣有用。因為它可以告訴學習者確定的進步速率，知道進步速率與方法改變及不良影響的關係。並且它可供給學習者以恆常健全的動機，即見着曲線以後常想將自己的工作成績弄得完善。

學習與年齡　定量的結果常以一羣學習者的平均作業為根據，這樣可以免除因個別差異而起的不規則性。現在我們須專門討論這些個別和團體的差異，起首先說明一個顯著的事實，即學習能力與學生年齡的關係。普通常識對於這種事實已有許多表示，但常識所表示的不是一種可測量和確定的標準，它沒有將年齡差異的確實大小及與學習的精密關係表出。

第二一圖　使寫字或其他可量工作的動機加強的練習曲線

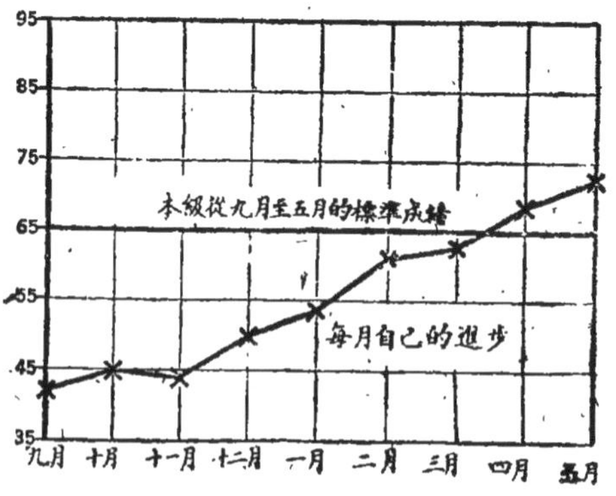

現在我們將用文字的學習（替代測驗）作說明的基礎。此處所述的結果，在其他學習中也是同樣的真實。替代學習的測驗用紙已在前面披露過，測驗方法也已說明過。第二二圖是表示作完此測驗的時間與從四歲至十六歲年齡變遷的關係。因為實際寫這些數目字的時間差不多各年齡都是一樣，故年齡差異主要是在學習替代文字的能力方面，即從測驗紙頂端的引例起，到後來因刺激簡約化不須依賴引

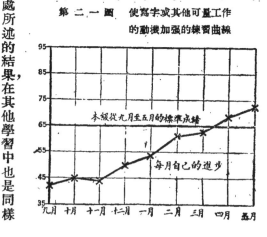

例而能寫出數字爲止。

圖中的重線表示各年齡的平均時間，因爲這個時間是每一年齡許多兒童的平均結果，故年齡以外的所有差異可以得一平衡。上面的點線表示下二十五分值（25 percentile），下面的點線則表示上二十五分值（75 percentile）。每個年齡的一半人數的成績是在這兩線之間，其餘四分之一的較好成績的人可用下面一線表示，另有四分之一成績較差的人則可用上面一線表示。

因爲沒有一個學習者起首學過這種替代的方法，故學習此事所需的時間與學習的速率顯然隨着年齡而變動。假若時間的減少是指學習能力的增加，則學習能力從四歲至十歲或十一歲時增加很快，以後便漸漸緩慢，至十六歲完全成爲平坦的。這種曲線的形式，雖然是從不同組數的學習者而來，且彼此的年齡相距一年，而很像前節所表示的同樣學習者在

第二二圖　文字作業隨年齡增加所起的變化　從Pintner and Paterson, A Scale of Performance Tests (D. Appleton & Co., 1917 P. 134)

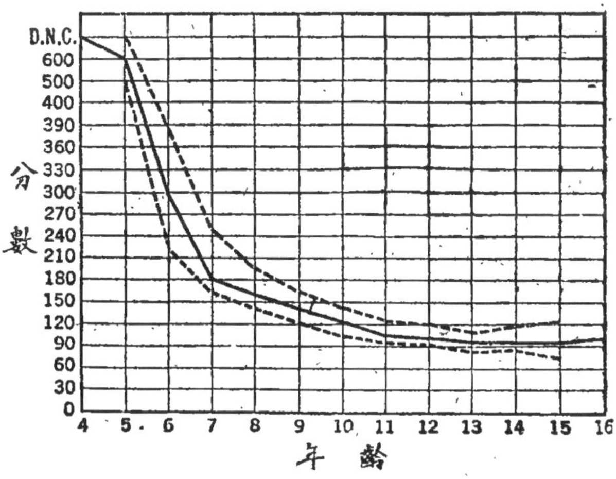

很短時期內的學習曲線從全部看來，我們可以說學習能力的增進成一條很有規則的曲線，其速率是漸漸減低，至十六歲以後達最大限度。

成年學習能力的降下 學習能力的達到最大限度平均似在二十歲時，有些人達此限度的時期較早，有些人則較遲。下圖乃表示從七歲至五十歲的人做替代測驗的分數〔註一〕，每一年齡的被試者都不同，至十六歲爲止都是學校的兒童，十六歲以上的人則已經過其他各種心理能力測驗，表示沒有年齡上的差異，故比較各年齡的人做這種學習的能力最爲安全。

在這圖中所要注意的，上升曲線是表示學習能力的增加，下

〔註一〕圖中關於二十歲以前的記錄是採自 Pintner and Paterson, A Scale of Performance Tests(D. Appleton & Co.,1917)以後各年齡的記錄則是從成人而來，第一次發表於 H. L. Hollingworth, The Psychology of Functional Neuroses (D. Appleton & Co., 1920)中，同時可參考 H. L. Hollingworth, Mental Growth and Decline (D. Appleton & Co., 1927).

第二三圖 文字學習的年齡曲線
(仿Pintner And Hollingworth)

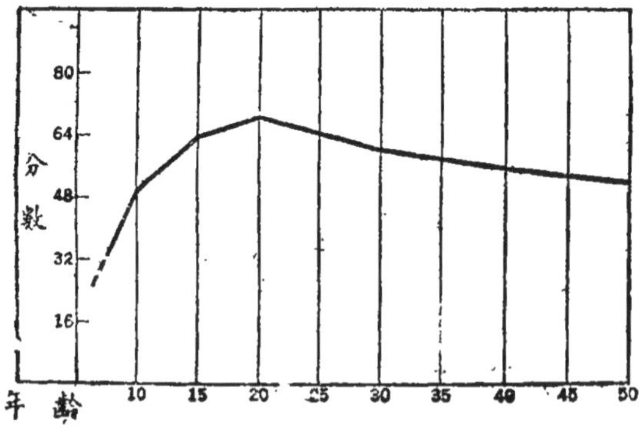

降曲線是表示學習能力的減低。因爲此處不是給以一個固定工作而量其所需要的時間，乃是給以一個固定時間測量在此時間內所作事體的數目。這兩個方法的無論那一方法都是合理的，不過用時間去測量較爲便利。因爲學習包含刺激簡約化，其本身即表示對於做一個動作的時間漸次減少，時間愈短的便是對於一個刺激簡約化愈好。

圖中表示二十歲以後的學習能力略降下，在五十歲時所降低的程度約等於十二歲兒童的能力。關於其他學習能力的研究，年齡已延長到七十或以上歲數的人。平均看來，這種降低曲線是一致繼續向下的。

近來因爲對於成人教育的興趣和人羣中享受高齡的人數增加，於是便有許多關於成人的知覺學習和記憶的研究。有幾個研究是桑戴克做的，他將結果歸納成爲以下的幾句話：

> 我們的實驗的一般趨勢，表示從二十至二十二歲的成績，約有百分之十五的降低。一些單純是『改變』的學習，而沒有過去學習的幫助的，比這個還要低下。普通成人必須學習的一些事體實際的成績更要低下許多。〔註二〕

第二四圖　文字學習的年齡曲線（從 Willoughby）

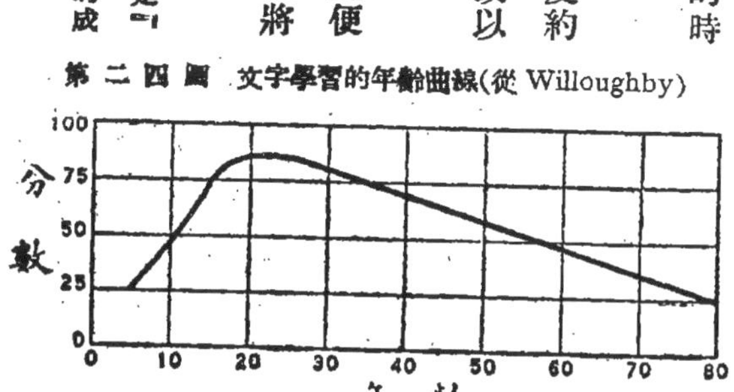

〔註二〕從 E. L. Thorndike, Adult Learning (1928)，參看 Hollingworth, Mental Growth and Decline.

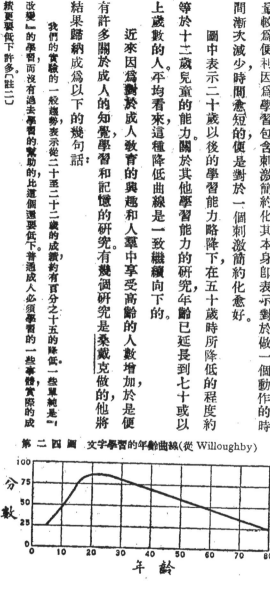

韋諾貝(Willoughby)用文字的學習測驗測量許多從十歲以下至七十歲以上的人，此處所表示的曲線很與替代學習測驗的曲線相似。『學習能力從幼年起似乎是有規則的激增至二十一歲時分數達到最高度，隨後漸漸減少，以至老年』(註三)。這曲線中七十歲老人的分數成績僅等於五歲兒童的。

第二五圖 大學生的學習能力（從P. E. Carothers, Psy. Exam. of Col. Stud., Arch. of Psy. No 46, 1921.)

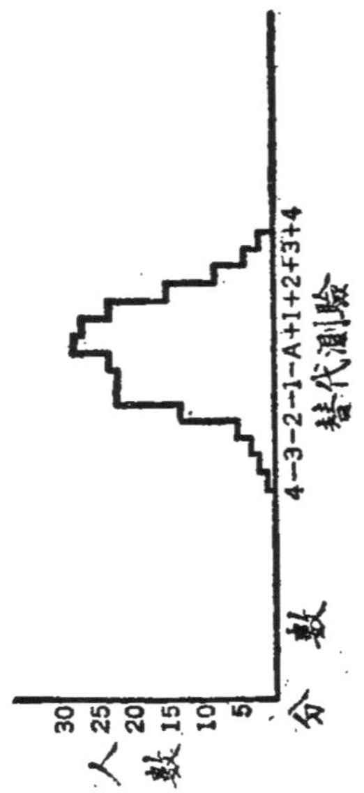

通常以最大學習能力的年齡爲近於法律成熟的年齡，且大部分的學校課程是在學習能力增加或最大限度時學習，這是很有趣味的。但還有可以注意的，便是在全部成人生活當中學習能力並沒有喪失，即五十歲的人也還可以學習新材料如十二歲學齡時。這類的事實，頗給成人教育運動以莫大的曙光。

學習能力的個別差異 不過即令學習者都是同一年齡，和即令特殊注意於個人以前的訓練動機與實驗情況使保持同等程度，而很重要的個別差異的事實仍然是有的現

〔註三〕 R. R. Willoughby, "Incidental Learning" Journal of Educational Psychology, December, 1929 and January, 1930.

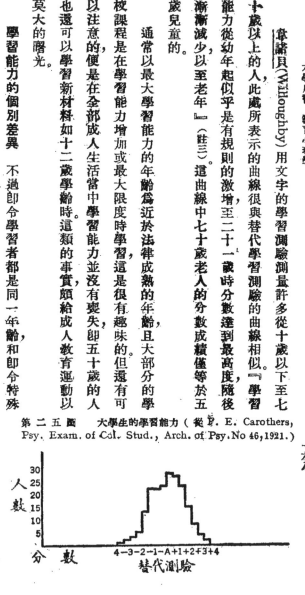

在再以文字學習的替代測驗作說明，第二五圖是表示一百個大學新生（都是女生）的分數分配，爲欲很顯瞭這圖的意義起見，對於底線的測量單位須稍加說明。圖中所用單位是用心理和教育測量常用的分配『機誤』(the probable error of the distribution)來表示的。

這一百個大學生做此種動作的平均時間爲19.66秒，雖各個人所須時間很有差異而現在則以平均數分類。例如從平均數少14.4秒即(182.2秒）和多14.4秒（即211.0秒）的中間，恰有一百個大學生的半數所得分數是在這個範圍以內（即在182.2秒與211.0秒之間，這個從平均數上下包含一半人數的距離——即14.4秒便稱爲分配的『機誤』。

今在圖中的底線上不用秒數而用1. P. E.(one probable error)爲單位，即第一單位是14.4秒。若將這點記在心中，則對於上圖便可以明瞭了。這一百個學生所得分數約在平均數上下的4 P.E.之內，其學習能力即以這種量數表示。較大學生爲低的一些人的學習能力的變異性（如中小學的兒童）當較這個範圍更爲廣大，因爲其中有許多人的能力甚爲低劣，不能達到大學生的學習和知識的程度。

第二六圖　一般人口中的學習能力的分配

用分配次數表示各種程度的學習能力，平均數100，機誤爲10。

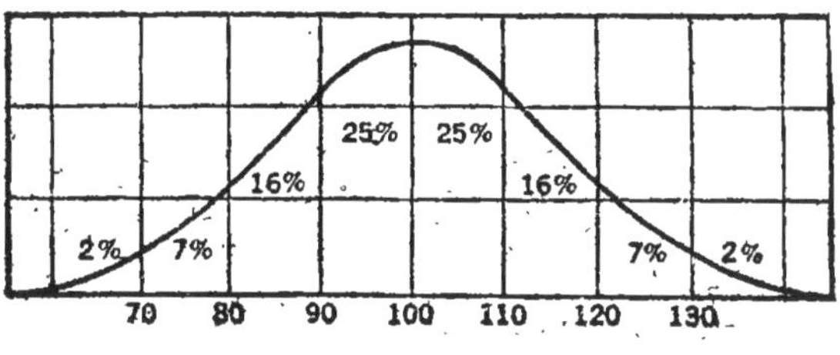

這種圖形是一種對稱曲線，從平均數向兩端縮小。即大多數人的分數靠近平均數，從平均數向上下則其人數漸漸減少。一種對稱的鐘形分配曲線，稱常態分配平面(the normal surface of frequency)或常態分配曲線 (the normal curve of distribution)。幾乎每種人類特性的量數，如果是從代表人口而得，都表示這樣一種分配的形態；例如高度，重量，握力，視力，智力——差不多所有的特性都是。

必須將這種曲線看作是抽象的，且將底線用機誤的單位劃分，看在圖上每一個地方占全體人數的百分之幾。第二六圖便是我們所希望的常態分配曲線。圖中每一段落表示百分人數或能力的程度，茲用表將其結果列下：

分　數	相近百分人數
在－4P.E.與－3P.E.之間	2
在－3P.E.與－2P.E.之間	7
在－2P.E.與－1.PE.之間	16
在－1P.E.與平均數之間	25
在平均數與1P.E.之間	25
在＋1P.E.與＋2P.E.之間	16

在＋2P.E.與＋3P.E.之間……………………7
在＋3P.E.與＋4P.E.之間……………………2

一般的說，學生間的學習能力的差異與其他特性是一樣。不過若從實際數量說，則特性愈精細、和愈須智力與愈複雜時則其差異愈大。例如大學生的高度分配雖也如學習能力的分配是一種對稱曲線，而其機誤則較小。最高的學生不會比最矮的學生高出二倍，而學生的學習能力的優良則比低劣學生不知高出若干倍。

學習能力的極大個別差異對於教育的重要性，已漸次爲學校所認識。例如在指定預習課程中，沒有一個指定課程可以恰合全體學生的能力的，除非這種指定課程是以學生的學習能力爲基礎。在以後幾章中，我們甚至可以看到計畫課程，採用教學方法及其他許多學校行政問題，也須一部分決定於學生學習能力的個別差異，正如決定於年齡大小和社會地位的差異一樣。

學習者本身的變異性　不僅是相異的人於學習能力方面如其他人類特性一樣是有差異的，即一個人的本身狀況也時有變動。一個人的作業也時有改變。此外環境的影響、工作的狀況及學習者的內部因素，如動機、健康、睡眠、憂愁和懼怕，都可影響到學習。故我們必須辨別體內變動 (intra-individual deviations)即在不同時期對於同一人的觀察（或比較）與個別差異(即相異的人相比較)的不同，個別差異的嚴格意義須指一個人的一般作業所能達到的程度與其他人的比較，至於臨時變動則不計及。故說：『若一個人有一次壞成績則他的成績常是壞的』很不妥當。『但若他幾次是一個劣等的學習者，則以後的成績不見得好，』則頗具相當的真理。

我們可用在實驗情況下少量的酒精對於學習的影響，以表明改變個人的學習的可有許多因素。此處的學習也是一種文字的學習活動。計有六個成人，整日的工作，於是數日共作有許多種的心理活動，包括文字的學習。在午前，工作情況都是一樣的，惟在午餐時，於不同日期中用三種不同的方法。例如某幾日於通常飲料中加入大量酒精，其他幾日則僅加入少量酒精，更有幾日則僅給同樣飲料而沒有酒精。第二七圖是表示用這三種方法所產生的工作曲線〔註五〕，對於這六個工作者的每種測驗成績都加以平均，藉可得到比較一致和可靠的結果。其分數是以在一固定時間內工作成績的多少為準，故能力減低時曲線即降下。

圖中的缺口是表示正午時期，飲酒精與否都在此時，缺口的前後表示對文字學習的作業成績。折線是『控制日』(control days)（即有飲料而無酒精的諸日）的結果，最好的成績是在早晨幾次，以

〔註五〕從 H. L. Hollingworth, "The Influence of Alcohol", Journal of Abnormal and Social Psychology, Oct. 1923 and Jan. 1924.

後幾點鐘的曲線都表示一般的降下，即受着長期活動的疲勞影響。

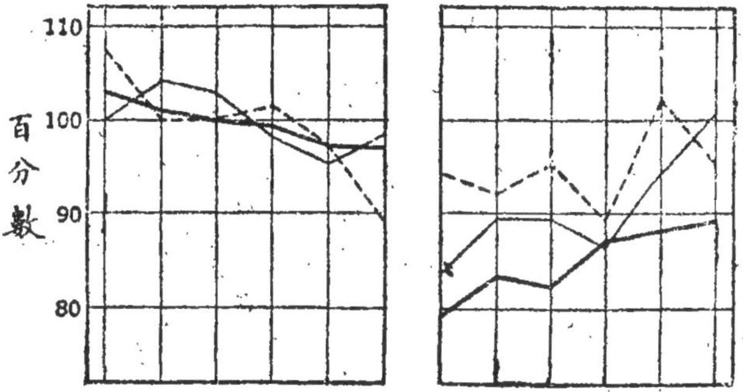

第二七圖　酒精對於文字學習的影響　平均結果。重線是飲大量酒精的成績，輕線是飲少量酒精的成績，折線是不飲酒精的成績。重直線上表示分數，以午前平均成績的百分數為準。水平線表示午前和午後的六次工作，中間則為午餐時期。在這測驗中，分數少的指工作成績的低劣。

輕線表示僅飲少量酒精的結果。午前的曲線與平常差不多，惟在飲酒精之後，曲線下降至常態之下。午後的大部分曲線幾乎都是下降的，惟在一日的終結時，工作才恢復常態。

重線表示飲大量酒精的結果，午前的曲線仍是一樣，但在飲酒精之後則工作成績大減，整個下午都是低落的，就是在一日的末尾，能力也不及常態和飲少量酒精之時。

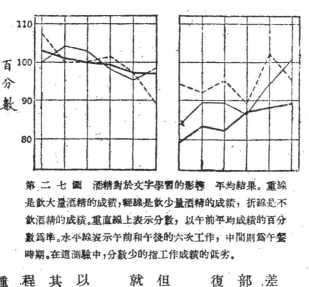

換句話說，沒有飲酒精以前，曲線都是相似的，飲酒精以後，曲線則不很相同了。故藥物可以減低學習的效率及其他能力（如含在替代測驗的作業中的能力）減低的程度隨飲量的多少而異，須有很多的時間，身體才能將這種擾亂恢復。

我們所列舉的其他許多因素也可同樣證明，能夠改變學習的能量和速率。很容易將其結果測量出來。故此處所說酒精的影響僅是許多事實的一個簡單的例，由此我們可以得到一類的知識。一般的說，阻礙或減低學習者的能力的因素要比使學習進步的因素容易發生得多。

道種結果知識可以免使教師過着學生於學習有困難時隨即斷定是由於學習者的愚蠢。反之，起首必須注意是否在環境或學習進行的情況方面有缺點。故一個教育者必須特別熟悉工作衞生的一些已知的事實。

時間的經過與不用的效果　最後，在與學習有關的一般因素中，我們將討論『不用效果』（the effect of disuse）一種事實。所謂不用的效果是指已經有學習的一種活動，如果中途一段時間無練習則其效果若何？我們起首將考察幾種實驗的結果，而後才討論對於它們的解釋。

大衆都已知道已經學好的事情，倘若經久不用和練習，便隨即有遺忘。如果學習還未純熟時，若中途一時無訓練，則於溫習時須從頭學習過。

以下曲線是從研究大學生記憶演講的材料而得，可作此種事實的一個很好證明〔註六〕。當大學生聽演講心理課程時，起首沒有告訴他們含有測驗，以後才分成不同的組，測驗他們關於上次所講的一些知識。行使測驗的時間，有些恰在演講完畢之後，有些須隔幾日，最久的是相隔八星期。實驗手續很爲周密，

〔註六〕 H. E. Jones, "Experimental Studies of College Teaching" Archives of Psychology, No. 68, 1923.

對於結果都控制很好且很可靠，故可以互相比較。

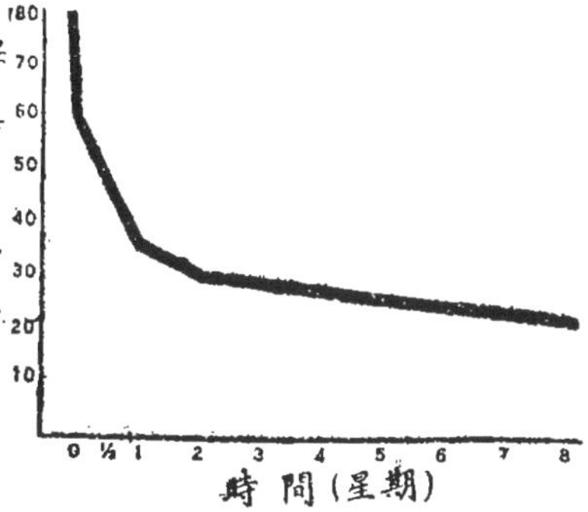

第二八圖 演講材料的遺忘曲線

(從 Jones, Experimental Studies of College Teaching)

這個曲線表示相隔不同時期所保持的數量。在演講完畢隨即測驗時，可保持百分之八十，相隔八星期僅保持百分之二十。這種曲線通常稱為遺忘曲線 (a curve of forgetting)，從學校中的一些學習，如算術、植物、動物等現已沒有同樣的曲線。

有些曲線開始降落很快。第二九圖是心理學中第一條遺忘曲線，乃愛賓好士 (Ebbinghaus) 對學習無意義音節 (non-sense syllables) 所做的實驗而得的。起首一、二天曲線的降落極速，以後才漸漸緩慢。第三〇圖則是麥克戈許與惠特勒 (McGeoch and Whitley) 對於有意義材料的保持曲線。此曲線降落的斜度則極為緩慢。

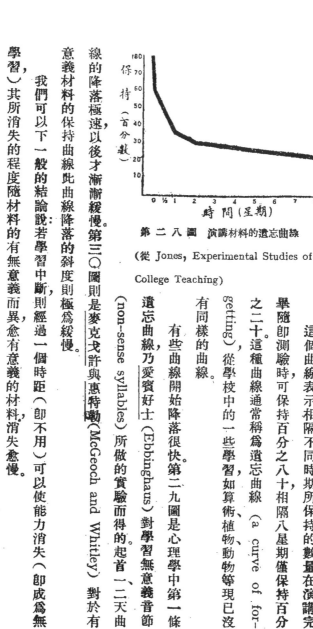

我們可以下一般的結論說：若學習中斷，則經過一個時距（即不用）可以使能力消失（即成為無學習），其所消失的程度隨材料的有無意義而異。愈有意義的材料，消失愈慢。

在教學上如有方法可以阻止學習結果的消失，當極為一般人所歡迎。上面所說作關於心理學演講

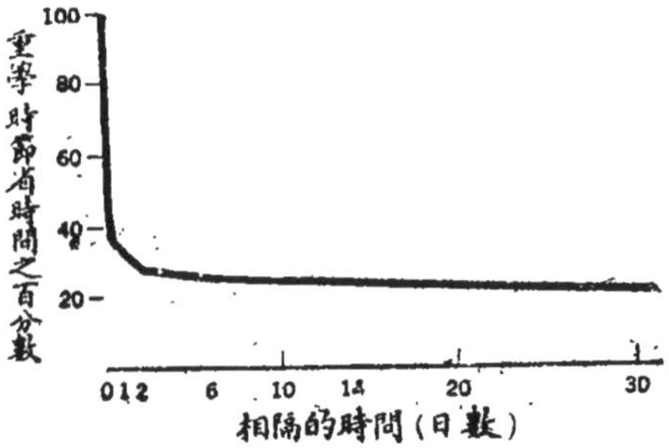

第二九圖　無意義音節的遺忘曲線

(Ebbinghaus)

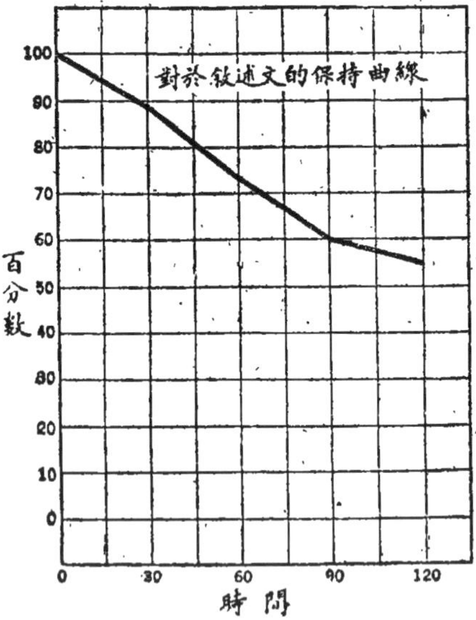

第三〇圖　有意義材料的遺忘曲線

(從McGeoch and Whitley, Journal of Educational Psychology, 1926)

的遺忘曲線實驗的瓊斯（H. E. Jones），對於有幾班在演講完畢以後的幾分鐘，曾作一簡單和總結的溫習測驗，將這些有溫習測驗的班數和沒有測驗的班數相比較，結果前者隔三日至八星期的時間，記憶全部有百分之五十的增進。用這樣一種方法，可以使學習的保持增加百分之五十，這是教學時應當好好去利用的。

遺忘心理　這種結果對於遺忘的情形頗有一線曙光。無意義材料不獨比有意義材料難於學習，且經過很久的時間不練習，遺忘也比較快。對於這種事實的解釋，首先須要問所謂『有意義的材料究竟是什麼？』

從以前對於學習的分析，很清楚的所謂意義就是學習的結果。因爲經過學習歷程後，以前一個大的情況中的刺激或符號，現在可有效地發生作用。所謂意義即是這種符號作用已經有效地發生。對於一事的意義，也是以前對於那事有過經驗，現在即靠着這種經驗而使我們有行動有覺知或有思想。

很明顯的，有意義的材料，即是我們已經部分學習過的材料，甚至在學習拼法時，也是受着字的意義程度的影響。這就是說因爲已經熟悉字的意義，故在『拼法課程』以前，對於一些拼法即是已經學習過。因此有意義材料便比無意義材料容易學些，若費同樣時間於這二方面，則有意義材料可以得到較好的學習結果。

同樣眞實的，便是已經學好的事體較沒有學好的事體容易遺忘些。「過分學習」(overlearning)——超出必須有效程度的學習，便表示這一種結果。如果有過分的學習，則遺忘的速率可遲緩些，雖然當學習時結果不見得會好，而的確能够持久。

第三一圖是從蓋慈(Gates)得來，乃是系統表示各種學習程度對於遺忘速率的影響。心理曲線是根據於學習和遺忘的實驗心理文獻中許多實驗的結果。

學習程度是用上升的曲線表示，從無學習，學習至恰好程度（以恰能做那種學習爲標準）以至更多的練習（各種程度的過分學習。）下降曲線則表示理論上在各種學習程度後的遺忘速率曲線A與以

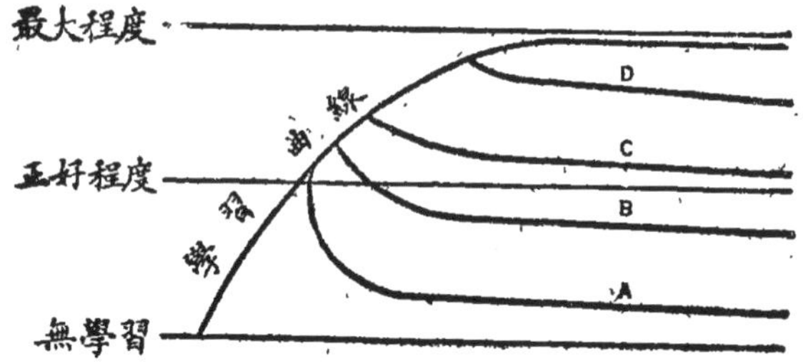

第三一圖　遺忘與學習程度的關係

曲線A表示學習至正好程度的遺忘，最初遺忘很快和很大，以後遺忘速率漸緩。B，C，D 表示各種過分學習的或然遺忘曲線（B略過分，C又較B過分，D最過分）。這種曲線雖都表示起首有迅速的遺忘，而以後則能持久。（從 Gates）

前無意義材料的遺忘曲線相似，曲線B與心理學演講的遺忘曲線相似，曲線C則與極有意義的敍述文的遺忘曲線相似。故我們可以下結論說，遺忘速率的差異主要須視以前學習的程度而定。

這種分析的結果，至少可以解釋遺忘事實和速率的一部分，因爲經過學習後，以前在太的情況中的刺激，可變爲現在的有效符號。故假若這種刺激繼續爲現在情況的經驗的部分，則對於現情況自可漸漸成爲有效符號。

反之，因不用和經過一個時距，以前的些微刺激卽成爲新情況的一部分，因此這種刺激變成了新情境的有效符號，其所發生的反應，遂不是原來所受訓練的，而是一種不同的反應。除非有特別的注意，否則這種刺激總是當爲許多新情境的一部分，失去對於某特別情況—

——尤其是在以前爲適宜符號的原來情況的效率。

根據同樣理由，僅是對於原來刺激的反覆重現，而沒有着重現在的主要情況，也仍然是一種學習的損失。因爲嬰兒於母親哺乳時起首常常見着母親，故隨即見母親後即發生哺乳反應。但假若母親在其他情況中出現，嬰兒對於這種刺激便不能反應了。然則嬰兒有這種反應是因爲哺乳情境中有其他刺激的存在。現在沒有這種刺激，嬰兒便好像對於母親的出現遺忘如何去反應。

僅是刺激的重現並不能增加效率，反之，還可以減少效率。必須於刺激重現時着重主要的情況，而後能力才可以增大。故我們可以說，因不用或經過一個時距而發生的學習損失，不是由於一種神秘和特殊的遺忘歷程，至少可以說，祇是由於須對現情況增加一番不同性質的學習而已。

問題

1. 學習的定量與定性研究有什麽主要差別？其他科學中也有同樣的區別嗎？
2. 舉出在學習行爲中可資研究的其他特殊定量問題。
3. 在心理學或教育學雜誌中找出幾篇關於學習的特殊定量研究的論文，並在班中報告，特別着重於（1）問題（2）方法和（3）結果。
4. 將英文字母寫十次，每次都是倒的順序（即從z起），計每寫完一次的秒數，將這些時間作成學習曲線並討論其結果。
5. 將本書所敍述的這種實驗重做——即計算加法，對待名稱測驗和顏色名稱測驗。並將幾個人的結果加以平均畫成三條曲線，與書中的曲線相比較。

6. 描寫你的學習中某些『高原』的經驗，並發見有何因素爲此種高原的原因。

7. 從你的行爲中舉出幾個例，由於(a)知識的限度，或(b)動機的限度，或(c)生理的限度。

8. 成人能說出一些顏色名稱比他受顏色名稱測驗時還要快，而兒童則不能，何故?

9. 『不能教老犬以新的方法，』試對此語加以評價。

10. 將第二章問題中要你們做的關於替代測驗的實驗結果搜集起來，並用以研究學習能力的個別差異。

參考書

Book, W. F., The Psychology of Skill (University of Montana 1908).

Bryan and Harter, "Studies in the Physiology and Psychology of The Telegraphic Language," Psychological Review Vol. IV, VI.

Colvin, S. S., The Learning Process (MacMillan Co., 1914).

Gates, A. I. Psychology for Students of Education (MacMillan Co., 1930).

Hollingworth, H. L., Psychology, it's facts and principles (D Appleton & Co., 1928).

Ladd, G. T. and Woodworth, R. S., Physiological Psychology (Charles Scribner's Sons, 1911).

Perrin, P. C. and Klein, P., Psychology (Henry Holt & Co., 1926).

Pyle, W. H., The Psychology of Learning (Warwick and York, 1918).

Ruger, H. A., "The Psychology of Efficiency", Archives of Psychology, No. 15.

Starch, Daniel, Educational Psychology (MacMillan Co., 1927).

Thorndike, E. I., Educational Psychology, Vol. II (Teachers College, 1914).

第九章　詳細的教學方法

印入方法的一個實驗　一個教師曾用實驗態度去測量教學時各種着重方式的效率〔註一〕。他的方法是將演講材料講給班上的學生聽，學生學習這些材料時，須不要先生重述而能正確地敍述這個題目的事實。卽簡約的刺激須成爲有效的——如擧出問題或題目或新情境中的其他因素能夠引起行動或思想。

演講材料共包含七十個確定的單位，經過一番預習使所講的內容完全一致後，於是將這種材料在十種不同聽衆之前演講，演講以後隨卽對聽衆中的每人加以測驗，藉以知道對材料已學習多少。演講時各種句子的着重方法頗不同，在每次演講之前已經預定對於這些句子應該如何着重，因此十次演講中每一種着重方法可應用於十個不同處所，這樣所得的平均結果的可靠性便很大。

所實驗的着重方式和其相對價值（relative value）見下表：其計算方法是將全部演講的沒有着重的單位的平均價值作爲100，其他各單位的價值則以100的數值作基礎來表示。

各種印入方法　我們用印入（impressiveness）一名詞以指導學習時用任何着重方法（卽給予

〔註一〕A. T. Jersild, "Modes of Emphasis in Public Speaking", Journal of Applied Psychology, December, 1928.

着重方式	價值
重述五次，散佈於全演講的各處	315
對於一單位重述四次，也是散佈於各處	246
對於一單位重述三次，同上	197
言語的着重——在一個單位之前，說："現在注意這點"	191
首因——70個單位的起首一單位	175
分散重述二次（單位11及60）	167
首因——70單位的第二單位	163
分散重述二次（單位35及40）	162
言語的着重——在一單位之後，說："你已經知道嗎？"	15[illegible]
稍許停止，約等於說一單位的時間	143
聯續重述二次（單位60）	139
首因——70個單位的第三單位	135
近因——70個單位的末一單位	128
高聲	126
近因——最後一個單位前兩單位	121
姿勢——說一單位時將手舉起	118
聯續重述二次（單位10）	116
說到一單位的的末一字時，用拳擊桌上	115
普通敍述，無着重，亦不重述（單位25至45）	100
語言遲緩，較常態速度慢一半	79

微小刺激的方法）所發生的效果。如果用一種方法產生了較優或較快的學習結果，則我們叫做『深刻印入』(more impressive)

自然，最好的印入方法是對於所計畫或所教的學習有很清楚的分析——即分析學什麼，有效的刺激是什麼和第一次的情況與動機是什麼。其可以幫助學習的『深刻印入』方法沒有比直接引起學習者的需要或解除苦惱的動作更爲要緊。

除清楚的分析和用心計畫學習情境外，還須應用一些臨時的幫助，其中有許多或已在人爲的實驗中研究過，或在一種眞實的學習情境如敎室、商店和體操場中研究過。哲西爾德（Jersild）的研究結果便表示許多這類的方法，且可使我們注意到其他類似的研究。

反復練習的效果　反復練習一個學習動作以增進學習，通常叫做練習律（the law of exercise）或多次律（the law of frequency）。從以上說的一個實驗，便知演講時說一次的，其價值爲100，若說一次的上，則其記憶價值可以增加——有較優的學習。一般的說，反復練習愈多，價值愈高。通常對於動物的簡單學習實驗，在實驗者方面，是以練習爲唯一的方法，此外則於動機和解除原始激動的最後動作的效果方面——即賞與罰方面，略有變動。

但是關於反復練習還有可以申說之點。茲舉一例便可明白。從上面的表看來，練習所產生的結果與『消耗』不是爲同等的，在大多數學習中，練習常是依從報酬遞減的定律。現在來討論這個實驗中各種重述次數的結果，茲先將在演講中分配的重述次數的比較價值分別列出如下。

重述次數	價值
五次	三一五
四次	二四六
三次	一九七

二次	一六二
一次	一〇〇

重述二次較僅說一次為佳，但其優勝不到二倍，事實上從這表去看，便知須有四次的反復練習而後才有二倍的價值，這就是所謂報酬遞減的定律。一般的說，這種實驗便表示通常學習的練習價值雖隨練習數目而增加，而增加是頗為遲緩的——略近於練習次數的平方根。對這種有趣味的結果的解釋頗為複雜，而有一個因素或為報酬遞減定律的原因，即刺激簡約化的較容易的步驟，常在早期成功，較難的步驟則在後頭，故必須有較艱苦的工作而後才能得到早期的同樣效果。這種效果雖不驚人，而須有較多練習則是確實的。

反復練習可以影響學習的第二種重要事實，從比較分佈練習 (distributed repetition) 與集中練習 (undistributed repetition) 可以看到。前面表中兩個『聯續重述二次』的地方因在演講中的位置稍有不同，價值上也分別為 139 和 116。此外還有兩個『分散重述二次』的，即對於同一單位的重述相隔時間頗長的，價值上分別為 167 和 162，這樣似乎分佈練習比集中練習較為有效些。

最有效的練習分佈　這種結果，在許多類似的研究中，如學習音節，外國語，替代測驗，加法除法及乘法的練習等都已證實〔註二〕。例如在一種文字學習的研究中，學習者共分為四組，每組練習同等時間，但各組每次練習的分數有不同。一爲每次六十分鐘，一爲四十五分鐘，一爲三十分鐘，一爲十五分鐘。故每次練習時間愈短的，練習的回數便愈多，練習的分佈也就愈散開。及各組受過同樣時間的訓練後，於是加以測驗，其結果如下，內中以每次練習三十分鐘的成績最佳。

練習時間	進步百分數
十五分鐘	二二
三十分鐘	三六
四五分鐘	二五
六十分鐘	十五

另外一個文字學習的研究是斯達奇(Starch)做的。其結果說：「每次十分鐘，一日練習二次的一組的進步最大每次二十分鐘一日練習一次的一組，也幾有同等的進步而一日連續練習四十分鐘的一組

第三二圖　以數目替代寫字母的練習
(仿Starch, Educational Psychology, MacMillan Co., 1927.)

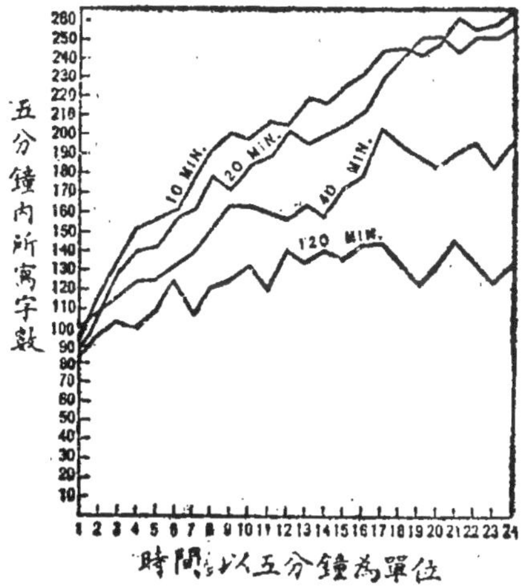

〔註二〕參看 Daniel Starch. Educational Psychology (MacMillan Co., 1927) 第十一章，此章對於這類研究有很好的綜合敍述，讀者且須參看其參考書目。

的進步則很小。若一次工作百二十分鐘則其進步還不到每日練習十分鐘或二十分鐘組的一半。這四組的練習總時間則是一樣的。』茲將其實驗結果用圖表示如上。

一種學習的最良分佈視各種情形而異，若欲得到正確結果，必須用實驗決定。但一般的說，集中的練習是不好的。極短時間的練習，分佈太散漫，也是不好，因為每次要費一些時間才能『順應當時的環境』，便浪費許多時間。假若每次時間太長，分佈不足，也或許是一種浪費，因為單調和疲勞或許可以妨害進步。

還有一條普通規律也是根據於學習的實驗。即最好的分佈不是機械的分為一致的時間距離。反之，早期的練習時間須稍靠近，以後則可漸漸將時間隔開，例如有十次練習，其分佈可有下列兩種方法：

1　　2　　3　　4　　5　　6　　7　　8　　9　　10

1 2 3 4 5　6　7　8　　9　　　10

其中以第二種的分佈最有效率〔註三〕。

引起注意的方法　再看前面表中的結果，還有其他的幾種方法。其中有幾項可以稱為『顯因』(vividness)。例如在說明一單位前後的言語的着重，即是引起人的『注意』，有了這種着重便可使所說

〔註三〕 實驗的證明見：L. H. Tsai, "The Relation of Retention to Distribution of Learning", Journal of Experimental Psychology, February, 1927.

愈加顯明。此外有首因(primacy)，即在全部歷程中首先發現的，也可引起人的非常注意，並有同樣效果。

這種利用顯因的方法對於學習動作是很有益的。不過方法上有高下優劣之別。言語着重的方法最優，因爲比較有意義。若用愈機械的方法，結果成績常愈低下。例如高聲，用手作姿勢，用拳擊桌上雖都是着重，而其價值常比言語的着重（有意義的着重）和首因爲低。

有些引起注意的方法甚至可達到相反的目的，例如語言遲緩的價值在表中僅爲79而完全不着重的說話的價值反爲100。這種方法顯然不能引起注意，雖其本身或有用處，而在學習情境中沒有什麼用。這好像廣告商人所用的一些引起注意的方法太使人注意了，以致沒有人注意到商品貨物或牌號的名稱一樣。

這些已成功的引起注意方法的基礎，是從對於動物學習的簡單試驗而來。當一個貓學習拉門閂而出籠時，假如起首有任何物件擺在籠的裏邊而引起它的注意則可以增遲它的學習。這時貓便不會四處奔走，而大部分是在門閂這邊作預先探試的動作。且動物有了這種傾向以後，者察的動作也可以縮短。又動物院是傾向於食物箱，故將門或道路設置在動物和食物箱之間，則動物學習出此門或道路比較須轉灣抹角才能得到食物的容易得多。

故在指導學習時對於引起注意的方向須特別留意，否則如適才結果所示，可以成爲誤用而發生積極的阻礙。

注意的方向 球場中的吶喊隊，大聲呼喚說：『眼睛注意球！』頗有相當的眞理，但却不要盲目的信從。當動物在籠中時，眼睛注意食物箱固然很好，因爲它的身體卽向着那方向外來刺激都爲着向這個目的地的限制而不顧。不過，這僅是簡單的情境如此。假若是『迂路』（detour）則其解決並不需要身體直接向着目的地。如果動機終始存在和活動繼續時，則動物的眼睛以離開食物愈早愈好。

人類也是如此。唯一的方法須在急需用的一刻工夫才去引起注意。引起注意的方法有時爲發生動作的直接刺激；有時爲注意動作的本身，使之辨明反應的是否正確；有時則爲活動的結果——卽環境中的變化或動作對於原始激動的效果。

敎師所有的事主要在改變學習者臨時的擴大性，有時須將擴大性增加使引起對於相關項目的注意，否則便會失去機會；有時則須將擴大性縮小，避免一些項目，因爲假若這些項目變爲固定的刺激或許會引起錯誤或發生阻礙。

在敎一種基本動作已經嫻熟的作業時，例如打靶或踢球，則宜使學習者注意於外界的刺激——卽鵠的或球門。但假若動作本身尙未純熟時，如游泳或開汽車，要學習者注意於遠岸或路中便不對，實際目標須是近在身邊的對於器械的運用，與手腿的合作。當原始動機很薄弱時，例如書法和拼法的完成，繪畫地圖的精美，則引起注意的方法，或須使學者模倣某種樣本，或發生與解除苦惱動機有關的某種很清楚的動作。

動作如已完成，則須將注意改變到現情況的各因素，以便後來可以決定是否需要這種特別的動作。這便到了控制或平衡的時期，此時的刺激簡約化可以使學習者無須乎注意而能做到這種動作。

避免學習未純熟動作的衝突　假若一個刺激很有效地能產生一個反應A，以後可學習與這刺激有關的動作B時，則與以前的學習不獨沒有衝突；反之，根據有些試驗的結果，後者的學習，因爲A的刺激，還可增進其效率。即在彼此的『聯絡』已經發生後當每次這種刺激出現時可產生與以前相關聯的反應，這可相當於若干程度的練習。

不過假若一個刺激還沒有確定可發生反應A，企圖用以去訓練反應B時，則足以阻礙以前的學習，即這兩種反應有相衝突的趨勢。此種原則的實際應用，可從學習新的語言中一部分學習還在須將外國字作爲本國語言反應時可以見到。假若同時學這樣一種程度的兩種外國語（即沒有一種外國語已完全學好，）則彼此便有衝突，故這方法是不能採用的。但倘若一種外國語起首已完全學好，則不獨學習另一種外國語很容易，且前者的純熟甚至可幫助後者。

試行背誦的益處　一個關於學習沒有純熟之前試行背誦的很有趣的實驗是蓋慈(Gates)所作

〔註四〕，很清楚的表示背誦的價值。蓋慈使學生記憶兩種材料，一爲無意義音節，一爲有意義散文。其中有些人用全部時間閱讀材料而無背誦，另外一些人則用各種不同的時間於開始命令發出時試行背誦，如有必要時仍可看材料，其結果如下表：

材料與方法	十六個無意義音節		有意義材料	
	記憶百分數		記憶百分數	
	當時	四小時後	當時	四小時後
全部時間關係	30	15	35	16
20%時間背誦	50	26	37	19
40%時間背誦	54	28	41	25
60%時間背誦	57	37	42	26
80%時間背誦	74	48	42	26

這表的結果有下列幾點甚爲顯然：

1. 試行背誦愈多，所記憶材料的百分數愈大。兩種學習材料都如此。
2. 試行背誦對於無意義音節較有意義散文的影響爲大。

〔註四〕 A. I. Gates, "Recitation as a Factor Memorizing" Archives of Psychology, No. 40, 1917.

3. 試行背誦法對於過後記憶（卽四小時後）較在當時記憶的益處爲大。

對於這些重要的結果頗有幾種解釋，所有這些解釋都與指導學習的技術有關，茲述數種如下：

a. 學習者終久是要背誦的，故這種學習方法——試行背誦法，與他所應當學習的適相符合。

b. 試行背誦所引入的刺激正是以後所需要的。

c. 試行背誦法可以明白成功或失敗，故對於學習動作能建立較強的動機。卽除需要之外，還有對於失敗的懊惱，因此最初可以使學習歷程加緊進行。

d. 用背誦法學習者能發現何處材料是較難的部分，因此注意和努力卽向着那個部分。

全體與部分的學習　常常有人說，學習的一種新動作或諳熟一種新材料，若『整個』去學習比較片段的學習好些，卽全體法 (the whole or global method) 較勝於部分法 (the part or piecemeal method) 這種結果在記憶文字的實驗研究中也常發見如此。

例如學習八頁的長詩，一種從頭至尾去讀，每日三遍，至能背誦爲止（全體法）。一種則是每天學習一節，學完後全部溫習，也至能背誦爲止（部分法）則發現部分法所須的學習時間較全體法多百分之三十五。

以下的表足以表示這類實驗的一些結果 (Pyle and Suyder)，並得着同樣的結論。

行數	部分法需要的時間		全體法需要的時間		全體法節省時間的百分數
20	16分	12秒	14分	17秒	12
30	27	33	23	53	13
40	38	44	35	16	9
50	48	31	43	53	12
60	81	10	63	38	22
120	168	55	139	55	17
240	431	20	348	00	19

反之，有些其他研究是做非文字學習的，如用鉛筆學習一個複雜的迷津(peckstein)，則發見部分法較全體法爲優。

不過有幾點須得指出。有許多學習者慣於用部學習分法，若突然採用全體法，則與他的習慣相反，故成績上表示這方法的低劣。倘若有同等練習，或許全體法還是較優些。

全體法的優點在於學習者所練習的，正是他對訓練完結時所希望的，因此所有刺激都走向了正確的方向。至於部分法的每段練習，實是養成從一段末尾復退回向前的習慣，而不是養成由一段以至次段的習慣，這不僅是無用的學習，且可積極妨礙進行。

反之，還有些學習，如游泳，很不容易有部分的學習。就是最初游泳時，也是一種整個的學習至能將身體浮起來。所謂『形式練習』(formal exercises)，卽先將這歷程的各部分分別練習，僅能在別的方法中用得着，對於游泳不能適用。

顯然，我們可妥當的說，每個學習動作用何種方法好，須從其動作本身去研究。因爲對某種材料雖用這方法較優，對其他材料則是別種方法較優。一般的說，部分法至少有能使學習者知道進步的一個優點，且許多學習，如微積分，必須一步一步諳練，才可，因爲必須前一步已經嫻熟，而後才能進行次一步。至若通常將這兩個方法混合適用也是很好的。

結果知識　設想一個初學射箭的人射一個鵠的，將目標放得很遠，使他不能聽到射中的聲音。又假定他常在黑暗中練習，沒有視覺的憑據，不知道究竟是成功或失敗。此外還用一些別的方法使他不知道努力的結果。這樣，他的動作便不能够解除激動，而覺得他學弓箭是不適宜的。自然這樣練習的結果也沒有什麼進步，因爲他沒有發生學習。他的手臂雖可變爲强壯，而不是由學習而來，是由生長而來。假若他眞能將箭很好的放在弓上，且能有效地發出，那便悖於當時的情況了，或許由於他活動的結果得着某種根據(如觸覺)也未可知。

故結果知識，卽解除激動所發生經驗上的效果，爲各種學習所必要。我們相信，沒有一個人會對於這點發生懷疑但有許多研究的報告則欲發見結果知識對於學習的進步，是否有差異。

我們不是要從知與無知的區別去了解這個問題，而是要從各種程度的知以了解這個問題。因此其問題便成爲『是否另外或特殊的結果知識可以影響學習過程？』以下的實驗可以表明這種研究的性質。實驗時被試者須於規定時間內——三十分鐘，儘可能地很清楚寫出字母a，共做十五次。被試者計分爲兩組，一組是『告知』組 (the informed group)，每次告知他們的分數，使他們知道這個動作技能的進步。一組是『不告知』組(the ignornat group)不特別告知他們工作的結果。這兩組已做十次以後，彼此互相更換。卽原來告知其結果的，現在不特別告知他們原來不知結果的，現在則將結果告訴他們。下圖卽表示這兩組的進步速率。

最初，『告知』組的進步較快，自第十一次不使他知道結果後，成績不獨沒有進步，且全部的作業都是很低劣的。反之，『不告知』組自示知結果知識以後，不僅繼續進步，且緩

第三三圖　告知分數對於學習速率的效果，這種告知分數可以加強學習的動機(採自Book and Norvel)

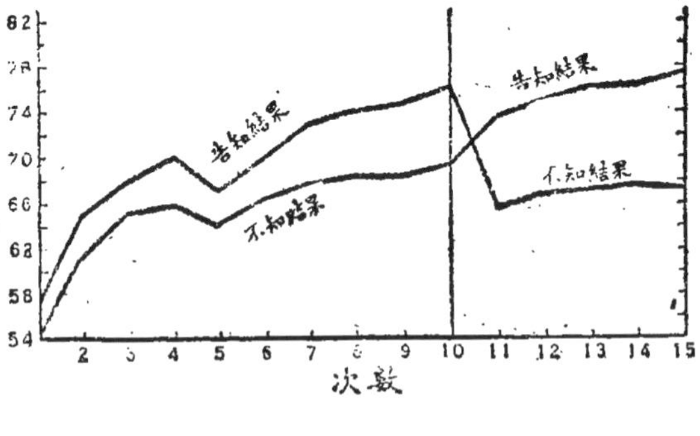

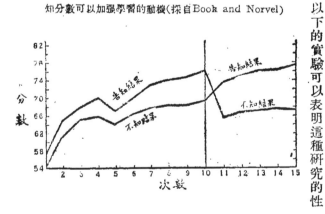

進之後，還有飛躍的進步。

我們對於這些結果還須加以仔細考察。起首須注意『不告知』組開始也有很大的進步，這就是說他們對於工作結果不是眞正完全無知，他們對於實驗者所給分數雖不知道，而他們對自己工作的進行和自己的動作與感情的變化，亦復有很多知識，他們與『告知』組的不同僅在有不甚正確的結果知識。

況且『告知』組自從沒有示知結果後，成績卽特別降落，則除結果知識之外，或許還有另一種意義。因爲進步速率的下降，必是由於原來動機的減弱，故告知分數不僅可增加結果知識，且實際可加強動力，故動機的變化似爲其中一個主要的因素。

我們從學習進步須靠結果知識的事實，便知愈完全，特別和直接的知識，對於學習的進行愈好；這樣，對於延緩告知結果或遲延解除激動的幫助學習的價值較隨卽告知結果的較少些，便可以明白了。

還有一點須說明的，卽這兩位研究者很相信適才報告的實驗所研究的不僅是結果知識，而是動機〔註五〕。故他們的題目叫做『願意去學』(the will to learn)，卽將這種意思正確地表示出來。

供給有效的動機　結果知識可以影響學習的速率，僅從改變學習者的『自重心』也可教師大概

〔註五〕 Book and Norvel "The Will to Learn" Pedagogical Seminary, Dec. 1922.

已經知道，他人的贊許與否對於成人和兒童的學習很有影響，茲用一簡單試驗便可將這種事實說明。赫祿克(Harlock)曾測驗許多學校兒童做算術題目的能力〔註六〕，將一些起始能力相等的兒童分爲四組，每組給以數目練習，且在各種待遇之下許其進步速率。

對其中一組是特別贊許他們的工作優良；對另一組是責斥他們的成績低劣和草率；對第三組是使他們聽到其他的贊許或責斥；第四組爲控制組，他們既沒有受贊許或受責斥，也聽不到其他組的這樣的待遇。所有各組都是繼續練習算術。

第三四圖乃表示各組受不同待遇後的結果。控制組沒

〔註六〕 E. B. Harlock, "The Value of Praise and Reproof as Incentives for Children", Archives of Psychology, No. 71, 1924; also "An Evaluation of Certain Incentives Used in School Work" Journal of Educational Psychology, 1925.

第三四圖　贊許和責斥以及側聽其他人的贊許和責斥的影響（仿 Harlock）

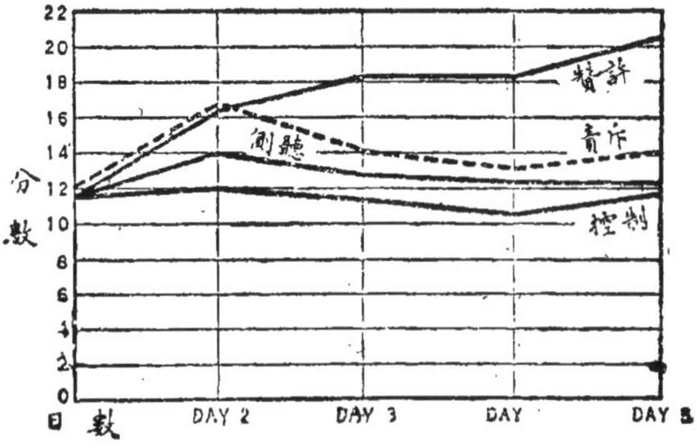

有什麼進步，側聽組雖略有進步，而其效果不能持久。責斥雖在次日有顯著的進步而以後也漸漸低落下來，不過他們的成績仍是繼續較『控制』或『側聽』組爲優。贊許組雖沒有受到別的批評，而成績是繼續向上，至練習期終了時，幾乎高出二倍，其他各組則較最初僅略高一點。

自然，我們不能對這種結果馬上有什麼概括的結論。假如工作期間稍長一點，或許增加一分力量反可減低一分結果。倘若是一種不適當的柔和贊許甚至可以失去效力。反之，若控制組有一種基本動機，則或許比教師的言語批評還更爲有效力些。

個別差異也很重要。一種自卑的煩惱情緒或許可以引起某一學生加緊工作，而對另一個不想在這方面占優勝的學生則趨向於其他有結果的事務。也有用任何引誘的激動反足以阻礙其進步的。這種種個別差異的重要性，教師必須知道，有時此種差異對於刺激簡約化的先天差異是同等的重要。

也還有其他贊許與責斥（或鼓勵與挫氣）對於學習和心理工作的影響的研究例如基爾克利斯特（Gilchrist）發見對一羣工作者用贊許方法時，於第二次的成績有百分之七十九的優勝。反之，用挫氣方法一組，則成績降低百分之六。〔註七〕

〔註七〕 E. P. Gilchrist, "The Extent to Which Praise and Reproof Affect a Pupils' Work", School and Society, Dec. 2, 1619.

蓋慈與利斯蘭(Gates, G. S. and Rissland, L. Q.)曾實驗大學的學生三組〔註八〕，一組用贊許方法，一組用責斥方法，一組則沒有什麼批判。當以後對這三組再測驗時發見：『這三組的平均進步，和個人進步的百分數都有很少的差別。……其所表現的差別，似乎贊許或責斥組的進步較練習組為優』，且似乎表示『有批判較無批判為好，贊許法又較責斥法略勝；對比較愚笨的人用責斥方法沒有對聰明的人那樣有利；不過這些外誘的影響在各種測驗中似不是一致的。』

刺激的方式　最後關於教學方法，我們將討論如何將材料或問題陳示給學者的一個問題，特別是須用那種感覺學習的問題。無論那種學習，例如游泳，常可將問題用各種的方式教學者。譬如可要學者親自到水中去，可僅用言語教以如何動作，也可要學者觀察其他游泳者的動作，活動影片，幻燈，圖畫，講義，或數字和數學公式。在教室或演講場所說明內容的方法也有許多取捨的不同，或用觸覺，或用聽覺，或用視覺。於視覺中也有許多種不同的方法，究竟這種種不同方法在效果上有何差異呢？

關於各種感覺的利用，似乎沒有一種單獨的感覺是完全有利的。假若刺激是同樣清楚，則自無論那種感覺去反應這刺激都是一樣的好，自然各個人的感覺敏度和過去習慣也有差異，但從這種差異並不

〔註八〕 G. S. Gates and L. Q. Rissland, "The Effect of Encouragement and of Discouragement upon Performance", Journal of Educational Psychology, January, 1923.

研究者	最優方法	次優方法	最劣方法
Kirkpatich	看實物和聽人說出字來	僅看字	僅聽人說出字來
Pohlmann	僅看實物或僅聽人說出字來	聽人說出字來 或 一面聽一面看	僅看字
Moore	看實物或圖	僅看字	僅能人說出字來
Erickson and King	僅聽功課	……………………	讀功課(看)
Sumstine	僅看活動電影	看軟片和聽演講	僅聽演講
Lacy	僅聽故事	讀故事(看)	僅看軟片
Weber (1)	看軟片和聽故事	僅看軟片	僅聽故事
Worcester	聽人說一種材料	……………………	看材料
Weber(2)	僅看軟片或僅聽故事與看軟片和聽故事，或默讀故事，在成績上沒有顯然的差別(惟對實物的能力以視覺法較優)。		

能得到重要的概括的結論。

不過由實驗表示，用幾種刺激方式常較僅有一種比較好些。且惟有這種方法可以應付感覺敏度或習慣的個別差異的困難。例如教游泳時用各種方法——觸覺的，聽覺的，視覺的，常較僅用一種方法去教爲有效。換句話說，所用的刺激愈多和種類愈豐富（在相當範圍內）則刺激簡約化愈有效力，茲將在各種情況下用各種刺激方式的相對優點的試驗結果集合而列表如上。

這類的研究表示將材料陳示給一羣學習者可有許多的方法，各種方法的價值須視材料的性質，陳示的目的，觀察者年齡的大小（如老的或少的）測量結果的方法及所引起的興趣等而異。

對這許多研究，事實上也不能相互比較。因爲其中有些是用的不相聯貫的字，有些是用的有意義的材料（如散文和章句。）且比較看字和聽字與比較看實物的圖形和聽實物的名稱也是極不相同的，而況無論那一種比較都沒有一致的優點或劣點。除此複雜情形外，成人與兒童也不能夠相提並論，再加上每種材料的情形及經驗的狀況便更爲複雜了。

至多能概括說的，敎師最好須考慮材料的性質；時間、力量和用費；陳示的目的；學生以前的經驗；各方法的比較與趣和奇異性；機械上的便利；特別須有許多刺激使學生以後對於學習動作，思想或情緒能自由的處置。

具體材料與符號　雖然沒有一種感覺的陳示方式有特殊便利而敎學時用具體與符號的陳示方法的相對優點則已有定評。人類在感覺方面的相似較在知覺能量方面爲多；換言之，僅是聽聲音或看物體的能力較將所見所聞的符號變爲瞭解意義的能力彼此相近。材料愈加符號化，聽衆對於此種材料的理解力愈有差異。符號愈精細，對這種差別也就愈大。

最簡單的符號常是根據於人類的類似性（similarity），例如圖畫和姿勢。較此略帶符號性的，便是圖解、地圖和圖樣。此時類似性已減低至極小程度，例如圖樣中的線可以代表磚，而並不將磚畫出來。其與磚相似之點僅在線條的方向和空間關係。

字的符號性與感覺的相似更爲遼遠。字彙愈加技術化，符號性也就愈精密，意義也就愈非恆情所能猜度。我們可以將敎一段故事或陳示一個材料的符號的階段依次列出，從最具體的物體起以至極精密的符號（如統計係數）爲止，其次序略如下：

1. 看見實際事物的發生，或處理具體物件或材料。
2. 看見他人演劇將實際情形表演出來。
3. 活動電影描寫一些事物或所代表事物的動作。
4. 攝影，仍是對於主要特性和對象的描寫。
5. 地圖、圖解、圖樣和類似的對於物體事實和關係的簡略圖形。
6. 聽到或看到用本國語言和日常生活的字彙所敍述的事實。
7. 用專門符號、名詞、指數、係數、外國語和同樣的特別符號敍述的事實。

這個程序的愈起始的一個方法，愈表示爲一般人的能力所能理解，和愈能受敎。愈到後來的方法，差異性愈大，與對它理解的程度愈相懸隔。

假若所陳示材料的一羣人的能力參差不齊，則以用較簡單方法爲宜。同樣、聽衆愈幼稚，和愈沒有受敎育，也以用較簡單方法可得到一般人的了解。

如果要得到一致的理解也以方法愈簡單愈妙。常常須在這種情形中沒有分歧的反應和意見。若用比較抽象的陳示方法，則以前雖不顯示個別差異，現在則會顯現出來。

問題

1. 在班中陳示一些關於汽車的廣告卡片，每卡片陳示二秒鐘。陳示以後，要每個學生將所見卡片用簡單文字敘述，能夠記憶多少卡片，便寫出多少。於是計算每一卡片被學生記憶的次數，並解釋其差異。
2. 教學生閱讀一些字，並告訴他們須於讀完之後回憶。有些陳示的字可重複二、三、四次不等。從所得分數中計算不同練習次數的價值，是否這些字的首因 (primacy) 和近因 (recency) 也有相當影響？
3. 若一個廣告者要在半年中寄六封不同樣式的信給未來的主顧，你以爲這六封信應該如何寄法？
4. 說明試行背誦在學習開汽車時有同樣的價值。
5. 用部分法記憶一首詩的一半，用全體法記憶其他一半，有什麼結果。如結果與本書不同時，有何解釋？
6. 以前的『拚法競爭』(spelling bee) 是利用什麼動機來研究拚法。
7. 說明陳示目的怎樣可以決定用不同方法教材料時（例如演講）的相對價值。
8. 結果知識爲什麼可使學習進步？
9. 一個算術教師怎樣可利用練習曲線以激動學生去學習乘法。
10. 你以爲將學期考試成績寄給家長，在心理學上是可承認的利用結果知識的方法麼？

參考書

Book, W. F., Learning How to Study and Work Effectively (Ginn & Co., 1926).

Crawford, C. C., The Technique of Study (Houghton Mifflin Co., 1928).

Dewey, John, How We Think (D. C. Heath & Co., 1910).

Headley, L. A., How to Study in College (Henry Holt & Co., 1926).

Kornhanser, A. W., How to Study (University of Chicago Press, 1925).

Pear, T. H., Skill in Work and Play (E. P. Dulton & Co., 1924).

Pyle, W. H., Psychology of Learning (Warwick & York, 1928)

Watt, H. J., Economy and Training of Memory (Longmans, Green & Co., 1909).

Whipple, G. M., How to Study Effectively (Public School Publishing Co., 1916).

第十章　教學法的心理

幾個典型的方法　有幾個教學方法，因為很多人討論與有許多地方應用，故可稱為『典型』的方法。每一個方法雖對於教學的內容所教的學生及教學的目的有它的特殊適應，而在這些變化之中還有一種一般的現象可尋。我們學教育的人大概都想知道一些教學的方法和它們的心理學上的含義罷。

本章所要討論的方法有下列幾種：

1. **學徒法** (the method of apprenticeship)
2. **練習或演習法** (the method of drill or reheassae)
3. 歸納或『論理的分析』法 (the inductive or "logical analysis" method)
4. 有目的的問題或『心理的分析法』(the purposive problem or "Psychological analysis" method)
5. **設計法** (the project method)

對於每個方法所發的問題如下：『這方法有幾種什麼特點？』『這方法有什麼特別的優點及弱點？』與『這方法有什麼心理學上的根據？』

學徒法　這是教育上一個最古老的方法。學習者都是由做中去『學習』。在學習做時，學者用心觀察一個有技能的人，並幫助他做簡單的動作，同時細心觀察較難的動作，俾將來嘗試時可以控制。這種方法在實業和職業教育中現在也還用得很多，鐵匠和木匠的學徒便處這種地位，其技能就是由這種方法獲得的。

工程教育中的『見習生，』也用的是這種方法。於『見習』時，學習者必須費一部分時間在課室及實驗室中，另外一部分時間則費在工廠的機械之中。醫生與心理病理學家在最初受職業訓練時也有一個時期做『住院醫生』。訓練教師時也有『教學實習』的方法，學習者在有經驗的教師指導之下，於實習中發見教室內所學習的原則，及直接的認識問題和尋出困難。

在近代方式下的學徒法頗有許多優點，且是根據於健全的心理原則的。但也有許多弱點。茲將優劣之點分別述如下：

優點

1. 課程是直接供給的　因爲所任的工作是實習性質，故所做的工作即是學習者所要預備的。因此活動中沒有學習不相干的材料。且學習『遷移』的問題僅在學習者的生活中發生，與從學校中發生的便有不同。

2.所有學習是由做而來　因爲這方法是要做，所以沒有『空談』。由這種實際工作而發生的一個效果，便是可引起較大的興趣。且對於學習能力稍次的人，也可以有較優的理解，因爲有錯誤時隨即可以改正，絕不矯揉造作，一切都是根據於成功或失敗的直接知識。

3.所測驗都是直接的客觀的與成見的　在考查學生的進步時，不受敎師個人態度的影響。且他們都是受着實際生活本身的控制，常相關聯而忠於所事，其本身便有敎育的價值。

4.自動的適合個別差異　這是本方法的一件必然的事體，因爲每個學徒的學習，必須依照自己的學習速度與熱忱，故大部分的進步須靠着自己的能力。

5.所有學習都有目的且係從內心發動　這種學習活動與『畢生事業的動機』密切相聯繫，因此它有取得學習者的『動力』(drives)的優點。

弱點

1.有一種常有的危險，即是學習者僅是工作者的『助手』或『奴隸』；而忘却自己的地位是一個學習者。

2.根據實業管理的研究表示最好的工作者不一定即是最好的敎師，這種人常不能明瞭他的技術是根據於何種原理，因此或不能將技術傳授他人。

3. 所學習問題的背景和文科方面的材料常被忽略，因此所受訓練甚狹窄，沒有擴大性。

4. 無關於職業的知識如許多重要的品格特性與公民觀念不能受其益。

5. 沒有升格的準備，因為升格須有不同的訓練，如指導人而不管理機器，須有另一種準備。

畢生事業的動機 學習者的職業計畫對於學習活動的效果的關係，教育中已討論的很多，不過還少確切的證明。有一個大學主任的報告如下：

『這很顯然的，假若一個人（如一個大學生）對於自己將來所希望的及現在所做的事體完全不發生聯絡，則對於現在的工作必定發生厭倦……這種沒有充分的利用動機以支配一個人向所發生興趣的各方面活動，便是我們現在所說的大學教育沒有效果的主要原因。』〔註一〕

因為通常以為學徒法的效果是由於學習者有畢生事業的動機，故對這個問題須再有點實驗的研究。關於這方面也有幾個報告，下面的例〔註二〕便是對這方面的一種考察，或許於教育上也有相當益處。

某個中學有160個學生，其中82人已有職業的選擇，對於他們所給予的學校工作都以適合他們

〔註一〕 Report of the Dean of Columbia College, 1927, P. 16.

〔註二〕 G. N. Kefauver, "The Life Career Motive and High School Work", School Review, June, 1926, pp. 426, 431.

的畢生事業爲前提。其餘78人則沒有職業的選擇。想企圖從這兩組學生中發見有何重要的差別，並看有畢生事業的興趣的是否在學業成績方面優良些。

對於他們都已用智力測驗測量過；學業成績的高下是用數字評量，且由教師評判學生的『應用』能力。其結果爲假如以智力年齡分類，則有畢生事業動機的成績與沒有這種動機的毫無區別。就是在『應用』方面也沒有靠得住的相異之點。即那些對於前途職業還沒有決定的學生的工作，如果智力相等則與有畢生事業動機的同樣有效。

至少在這例子中，可見畢生事業的動機對於工作的品質沒有什麼影響，且對於學生的趨向於那種工作也沒有關係當然從一個僅對於少數人研究及這樣有限的方法中不能有甚麼結論，不過就是這樣一個研究，也可作爲對學徒法的心理考察的一例。

教室中的練習　教室中的通常練習法，可從對於詩的學習看出此外戲劇中各幕的練習，軍事訓練的練習，背誦拼音跳舞的步伐學習，書法與打字的練習，鋼琴的手法練習，都可以說是練習法，

練習法與學徒法相同的，便是對於實際需要的事體用練習和重複的方法獲得其全部的着重不是學習者的動力與這種動作的關係，而是主要以多次練習作爲刺激簡約化的工具。

練習法與學徒法不同的，便是對於事物的學習，僅從本身練習而獲得，差不多是一種孤立和分離的

技能。至於練習情境之外與生活的關係如何，學者則不清楚，甚至教師對這方面的理解也僅僅是一種模糊觀念。

練習對於純粹肌肉技能的獲得（包括語言的巧妙）是一個有用的方法，因爲這種技能可分成爲若干因素，練習之後，又可合成爲新的事實。譬如學習英文打字，起首用練習方法找到個別字母，然後才合成爲有意義的字。不過練習法的本身僅是包含字母的意義的聯合，有許多簡單技能的動作，也是這樣一種性質。反之在開汽車時雖包含同樣活動，而不能分離爲個別因素，因此學徒法便比練習法較善，有時或須將這兩個方法合併使用。

練習法的優點

1. 練習法注意於所有學習者對一個技能最低諳練的標準，故能擔保達到一個最低的成功。這樣對於團體行爲是很有用的，不過對於個人比較差些。軍事訓練的練習便可表明這種優點。

2. 練習法可以使一種動作爲自動的（automatic）與確定的（certain），而無須選擇。譬如最好的技藝或技能，便是全注意於此。這點對於某種很簡單的工作可以說是一個優點。如打字時須一個固定手指專按某一鍵，經過多次練習使成爲自動習慣後，即無須去作其他決定和注意適應。

3. 練習可無須專門教師，也無須深入的教學法。練習本身即是一個很好的教育者，因爲從此可以得出有效果的原則，雖然對於這些原則毫無理解，假如沒有遇着好教師，和對於課程有很好的選擇時，則自動的練習也有相當益處。

4. 倘若有適當的計畫和組織，練習也可以減少暗中摸索，消除無關的學習材料，及集中努力於有關的項目。這樣使不致有模糊曖昧及無用的學習。

練習法的弱點

1. 練習容易變爲呆板。譬如鑿井一樣，有活動鑿法，也有呆板鑿法，練習法的一個大缺點便是帶有呆板性質。它很容易成爲死的，單調的，到了這種程度便不能使學者有活氣。

2. 練習常容易到過分學習的程度，因爲一種功課往往不是全部都重要，假如不小心，便對全部功課有同等練習。還有現在受了以前舊敎育的成人，對於許多無用材料仍是用的練習法，如對於許多事情的名單、日期、規條，及戰爭中將官順序的記憶。

3. 因爲練習是一種機械性質，故足以破壞創造能力。且所學習的事實常不與現實密切生關係，甚至自己還不能理解。

4. 除非特別的留心，否則練習常沒有很好的適應個別差異，也沒有注意到個別進步的速度。因爲練習常是企圖訓練一大羣人，一直到學習能力最低的人也達到最低成功的程度。這就使其餘的人耗費時間並有很多的過分學習。故自全部看來，練習法僅適合於肌肉的活動以及較愚笨的學生。

但假如用一些旁的方法，也可以使練習的弱點減少和得到優點。譬如原來沒有學習的動機的，現在可加入與自己記錄比較而企圖勝過以前記錄的動機。又如在學習運動和唱歌時，在可能範圍內加入一種節奏（rhythm），便可使練習得到一種新的趣味。著者在幼年時曾作過鄉間學校的教師，教過一個舊式 chart class 的初級英文學習者，都是一些外國兒童，起首教這些兒童的ＡＢＣ，沒有得到成功，後來改變方法，加入韻節，即將字母含在有韻味的文中，例如“Yonkee Doodle”（意即美國的呆漢）學者隨即發生愛好而練習起來。

在練習時，必須起首練習正確的動作，很要緊；因為練習是使一種學習完成，它既可完成正確的學習也可成為錯誤的學習。若錯誤已成習慣後，如要消滅，須費許多重施教育的工夫。

最後，假若練習的分配，是依照心理實驗結果所示的最有效果的方法而練習，也可使學習有進步。例如我們以前說過的，分佈的練習較集中的練習為好；多有幾次短時間的練習較一、二次長時間的練習為佳；在練習的早期，時間的距離須靠近一點，以後便可將其距離漸漸延長，要比機械的依照鐘點或日期而練習的較有效率。

用閃爍卡片作練習的工具　教室中所用練習方法有許多種，其中一種便是用閃爍卡片（flash

cards）卡片上印有數目的組合，分數，文字，或簡單的指導，於是將這些卡片在短時間內很快的一現，學生見着這些卡片後，依照上面所說而作答案或做某種動作。

閃爍卡片也可以組成遊戲，在一班中分成幾組而彼此比賽，從此且可以得到個人分數，贊成用速視卡片法的，頗有幾個理由：(1)富於興趣，(2)鼓勵迅速的動作，(3)可以練習正確的觀察，(4)着重材料的意義，不僅是機械的發音（例如讀法）(5)其他〔註三〕。

用閃爍卡片敎讀法，曾經有一個很好的實驗，可以表明這方法的一般結果〔註四〕。即將一個小學校的學生先用讀法測驗 (reading tests) 考查，將能力相等的學生分爲兩組，對於一組學生，在特別時期內用閃爍卡片訓練，對其他一組則在同樣時間內僅是默讀。至其他方面，如做另外的讀法工作，拼字，寫字，及各種活動，則兩組仍是待遇相同的。

這種訓練時期完畢以後，（內中分爲幾個小組，時間是從四星期至六星期，）所有學生復受各種的讀法能力測驗，藉以知道受過閃爍卡片訓練的與沒有受過的有何差別。其結果很顯明：

〔註三〕 很有趣的說明練習法中閃爍卡片的應用，可參看 S. C. Parker, Types of Elementary Teaching and Learning (Ginn & Co., 1923).

〔註四〕 A. I. Gates, Functions of Flash Cards Exercises in Reading, Teachers Colleges Record, Dec., 1925.

1. 關於閱讀閃爍卡片的能力，有訓練組較沒有訓練組的成績爲優，可見對於某種特別動作有練習後，可對那方面的能力有進步。

2. 於通常情況之下（即通常的印刷品及普通陳示的方法）這兩組對於閱讀的速率和確度(accuracy)完全相同，可見雖對於速視卡片有特殊訓練而不能使其他方面有特殊的效率。

3. 在朗讀和默讀的測驗中內面包含測量速率、確度及理解程度，則見有速視卡片訓練組比在同樣時間內練習默讀組的成績較差，可見每組的特殊成績是因他們各自受了特殊的訓練。

由這種結果，可見用練習法時，我們必須預先注意於希望什麼動作進步，是否這些動作已經發生，及須訓練動作所需要的一些刺激的幾個普通原則。

歸納或『論理的分析』法　從前有一個時期將『教學方法』的基礎建築在『統覺』apperception)學說上。統覺這個名詞是從赫爾巴特(Herbart)的心理學而來，據說這個學說能將思想與學習的定律的精華把握。依照赫爾巴特的意思，人類的心理是由『觀念』(ideas)組成，這些觀念的關係是很複雜的，有些彼此能夠融合，有些完全相反，有些則簡直如同『陌路』一般。

所謂『統覺』是指已經存在或『已知』的觀念，去歡迎與接受那『新』的或『未知』的觀念。故它是將已有的知識作基礎而去接受與瞭解新的事實。這種情況，好比許多移民到一個新的國家，假若他們有親友在那個國度以內且預備歡迎他們，則他們可便利而容易在那地方得到一個安居之地。

教師的任務，須將學習時期的材料與活動好好整理起來使符合於『思想的定律』這樣，教學的過程便變成爲很形式的，教學的活動也就分爲幾個『形式的階段(formal steps)』，於是組成爲歸納的教學法。這種階段已經很仔細的研究出來，且對於各種材料都可以應用。那個時期對於教師的訓練，卽是大部分說明這『五個形式階段』和其中的變化。所謂五個形式的階段如下：

1. 準備(preparation) 這個歷程便是引起以前獲得的知識或觀念的活動，說出現在所要教的課程的問題，於是從已獲得的知識中顯明這課程的目的，這就叫做『統覺』上的準備。

2. 提示(presentation) 這個階段是將所要教的新課程的特別事實、對象或新材料提示出來。

3. 比較(comparison) 在這階段中，是要將新的事實加以分析，分類，及尋出彼此的關聯和與以前的知識的關係。然後歸納爲幾個熟悉的範疇，分辨有關與無關的項目，並將其中最重要的從全體新材料中抽出。

4. 概括(generality) 此時須發現原則與定律，並作成規律，於是便可以達到新的境界。且經過以前的階段將一些事實提示與比較以後，卽可得到結論。規律既已說明，於是與已知規律的關係也就可以尋出。

5.應用（applicaiton）　最後的階段便是須顧到新事實的相互關係，將原則應用到實際問題與新的情境。故在這個歷程中特別是要『試驗』新知識，且儘量決定是否所學習的功課已經有效地學習。這幾個階段很像學生在實驗室中將其實驗結果報告出來的方法。通常實驗的報告是依着下列的程序：

a.說出實驗的目的。

b.敍述實驗的經過，將其結果列出，不加解釋。

c.分析結果聯合並加以分類，發見相關，計算相關係數。

d.根據所比較的下結論，並說明這些結論與問題的關係。

e.說出這些結果的實際重要，以及對於人生實業、教育與其他方面的關係。

對於赫爾巴特方法的說明　我們可用大學心理教師想在班上說明『韋伯定律』(Weber's law)或『心理法則』（the psychophysical law）的事實來將這個方法表明。此法則的事實是這樣，刺激在感覺與知覺方面所發生的意識效果不是與刺激的增加成正比例。即增加一個經驗的強度（例如聲音的強弱）使成爲『剛可覺知』（just perceptible），且假定每一強度的『剛可覺知』相等（因爲同是剛可覺知），則所需要的刺激的增加是漸漸加大的〔註五〕。教師於說明這種事實時，有時須用下列一種與『形式階段』有關的方法。

1. 準備　將已經討論過的心理法則說出，提出幾個例，如一個聲音的高低靠着物體振動的形式及次數，於是即提出問題：是否感覺與刺激的關係有定量的法則？

2. 提示　用實驗說明以下的一些事實：

a. 有些刺激的改變很小，使我們的感覺完全不覺得。一定要刺激的改變到了某種程度，而後感覺上才會覺知。

b. 假若原來的刺激程度很小，而新的刺激增減特別多時，則覺知其改變比較容易些。

c. 無論那種感覺（視覺、聽覺等）必須對於原來的刺激增減一定的分量而後能覺知其改變。

3. 比較　將對於各種感官的觀察結果搜集起來，表明每種感官的覺知改變所須增減的刺激，爲一種『分數的常數』(fractional constants)。並提出一般的公式，例如心物法則的『對數律』(the logarithmic law)。

4. 概括　根據與以前的比較，這階段自然會發生。不過也可加入其他現象的對數關係，例如實業中的報酬遞減律，練習對於學習效果的遞減等等。

〔註五〕讀者如不知道這些事實，可參看普通心理學或實驗心理學課本，這些課本裏面說得很詳。

5.應用　說明怎樣可以解釋以下一些事實，如『爲什麼我們不能在白晝見星光？』『爲什麼年齡較大覺得一年的時光較短？』『爲什麼稅率隨財產的數量而增加是很公允的？』於是又提出其他一些例證，敎學生怎樣可以應用這條法則來解釋，並要學生自己提出一些可以用『心物法則』解釋的例證。（如廣告中，注意廣告人的數目與廣告的高幅大小的平方根成正比。）

本方法的效用限制　本方法的效用，須注意以下六點：

1.從表面看來，雖這方法有它的優點，而不可以把它當作『偶像』崇拜或太濫用。有時不這樣注重形式反爲較好。因爲這種論理的過程，宜於對於材料的敍述，而不宜於學習新材料。

2.本方法忽略學習中許多應該加入的特性的價值，例如與學習材料、敎師及學校有關的態度，理想與愛好等。這種附加特性的價值可以說與正式課程的內容的價值爲同等的。

3.本方法雖對於聰明而容易理解論理關係的學生比較適宜，而畢竟不能確立動機與發生積極的興趣，且沒有帶情緒上的欣賞，僅是一種認識上的理解。

4.有許多人反對這種論理的次序，以爲這與思想及學習的心理法則適相違背，因爲思想的自然程序是從具體的需要出發，由此才到一種試驗的概括，即從許多特別事實發生概括作用，於是才有比較看出與以前和已知事實的關係。

5.這方法常使教育是預備將來，而忽略要發展現在的活動，因為用這方法時，大部分工程是握在教師的手裏，而不是握在學生自己手裏。有些教育者並以為這種預備的概念對於教育功用的概念是極狹窄與貧乏的。

6.本方法最好用於教室的口語材料及人工的實驗與表演，而全然不能應用於課外的活動。在實際生活中，人們是很快的應付一個困難而予以救濟，實在沒有這麼多工夫去『預備』。對於演繹的證明也不是從以前的前提與用論理的次序演繹出來，而是從實際的生活價值演繹出來。現在的趨勢將許多臨時活動加入到學校工作以內，便是注意到另外一些方法的價值。

有目的的問題法　因為赫爾巴特的方法太注重形式，且這方法不能應用於實際的情況與其他許多臨時的活動，故發生一種積極的運動，便是主張『問題的教學』(problem teaching)。這方法雖也是根據於『思想的自然法則』與論理的教法相同。但它所採取的是心理的程序，不是論理的程序，即它說明思想是如何發生的，不是在思想已經發生後加以敍述〔註六〕。

依照這種觀點，思想是一種動的過程，不僅是一串蟬聯的認識，也不是將一些觀念機械地表演出來。

〔註六〕John Dewey, How We Think (I. C. Heath & Co., 1910) 一書常為人所引證而作為這方法的基礎，至詳細的敍述與說明則見 W. H. Kilpatrick, Foundation of Method (MacMillan Co., 1925.)

它起首是要一種努力與衝動的活動。對這些活動已分成為階段，而是依照學校的學習，合乎思想的『自然』程序，其階段可條列如下：

1. 一種積極的動力逼着我們向某個目標或某種成功。

2. 或由於自己的無能，或由於其他人或環境的阻撓，遇着一種阻礙。

3. 在應付這種阻力時，發生一種有困難或問題的強烈感情，這時原始的動力仍是存在，發生許多的預備反應四處找尋答案，與探求有用的方法。

4. 在積極的作心理探試而尋求答案時，答案果然已找出，其中有些被捨棄，有些則接受。

5. 於是得了一種成功的解決，原來的動力得着實現而解消，結果便固定了解決的形式。

6. 成功的答案與原來的動力結合便成一種概括作用或動作習慣。

這種『思想的自然方式』可以用一常見的例說明如下：

第一階段　母親的愛嬰兒與深恐其不舒適組成一個『動力』。

第二階段　嬰兒長夜啼哭，使母親生出不快與困惱的感情。

第三階段　母親不僅愛憐，且須尋出原因，他是冷嗎？肚痛嗎？或針刺着痛嗎？於是查驗當時情境並決定困難所在。

第四階段　對於所有問題探尋答案，假如是冷，則多蓋被褥使他安定等等。

第五階段　研究出某種解決的方法，最後得一個正確的解答。

第六階段　解決的結果成爲一種概括作用和有用的知識。

問題法的說明　將這方法應用到教學方面來，手續如下：我們仍可用心理學教師演講韋伯定律的例來說明，以前曾用這例說明論理法，現在兩相對照，對於這兩個方法，當可更加明瞭。

1. 要教這種事實時必須候到一種機會，可以組成關於這事實的動力。譬如教師遇着班中想發達大學的新聞，且經費能夠自己維持時，便是一個機會。

2. 這時學生四出兜攬廣告，而廣告者僅允登小幅的廣告，不肯登大幅的，並云若登大的篇幅，他不付款。這就是一種困難和問題。爲什麼廣告者有這種意思呢？是對的嗎？有什麼事實作根據？

3. 班上的學生便去探尋答案，作各種的考察並生出各種假設，其重要者有下列幾種：

a. 不允登大幅廣告是由於廣告者的吝嗇。

b. 是由於以前的習慣，因爲這個新聞的經理以前對於小幅廣告也滿意。

c. 廣告者不願意人說他作不正當的競爭。

d. 有一種讀者注意的定律在內，因爲依照報酬遞減的定律，大篇幅不見得比小篇幅的結果爲佳。

4. 學生現在正在研究每個假設，如這時教師是聰明的，韋伯定律便可引用進來，可以給最後假設一個強有力的證據。

5. 教師作各種實驗以見這定律所應用的範圍很廣，並看這個定律可否應用到感覺方面，這樣去做，於是對感覺與知覺的心物法則的一般事實便可明瞭。

6. 將這些事實應用到其他一些情況。

有目的問題法的各種形式　在學校的實行方面，這種理論已經過許多改變，茲特提出幾種如次：

1. 有些人主張教師必須候着兒童有自動表示需要的機會，而後才提出問題。例如兒童想要看他的朋友寫的信，於是才開始教閱讀。這方法的極端形式很受一班小學教師的歡迎，他們極贊成『遊戲法』(play methods) 和全部都是自由的學習。

2. 這方法的近代形式便是由教師準備問題，例如『南北美戰爭』的原因。假若學生對這問題發生極大興趣，便可搜集材料而加以討論，這樣即可引導學生答覆一個問題。

3. 通常的『實驗法』(laboratoy method) 在某種意義之下是採用這個方法。雖然所實驗的問題已為人所解決，此時是要學生親身經歷而知道如何解決，不僅是接受教師的說明而已。有許多人相信：用這方法，可使學生獲得工作的習慣或研究的態度，不僅是獲得片面的知識。

4. 許多教本中的練習，（如代數與幾何）一小部分也是利用這個方法。在這些課本中已經有一些解決問題的例子，現在祇希望學生有解決練習中問題的需要。

5. 在一種比較不十分『嚴肅』的方面，任何一種引起熱烈趣味的方法，例如普通競爭，錦標賽，拼法競爭等，便是引起一種『開始的動力』(initial drive)，不過是以這個作爲附帶的方法。

6. 在較高知識方面各種班中的『團體工作，』『社會化的講誦』及『討論班』都與這方法有關。在這些活動中學生自己卽是教師，實際的教員僅是其中一個團員，或負提議與指導的責任。

7. 比較有組織的『設計法，』也可說是代表這種理論。注意這種方法的改變的人很多，容後再用專節討論。

有目的的問題法的心理考察　這方法有何心理的根據呢？當我們用動機與目的的性質去分析時，便知其基本理論並不複雜。實際說，所有的動作都是由動機而生，這些動機就是『苦惱』『困難』和『刺激』，最主要的則是『問題』。有了這些動機，便發生動作，一直到原來的動機完全消滅爲止。其結果卽是我們的所謂『滿足』。

但用動機說明有目的的問題法的技術則比較複雜，因爲關於人類行爲的基礎頗不容易解釋。譬如『困難』的發生，必是一種『積極的動力』(positive drive)受了阻礙而積極動力究竟是什麼？便難於回答。有些人說積極動力是一種『尋快樂』的趨勢(pleasure seeking tendency)，若用舊的意義說，是一種『本能。』所有活動於實際發生苦惱時卽以動力作起點。

有些人會相信：這些苦惱常是先天的想要活動，這種解釋便變爲很簡單，且與我們一般對於學習的分析也相符合。經過這番修正後，對於這方法惟一可反對之點便是『浪費』與不知道『代替的經驗』也是同樣的有效。例如心理教師必須候着學生討論到大學新聞的財源問題時才去教心物法則的事實，則他要教這題目的機會或許永遠不會得到。且假若在可以說明過去科學家的研究事實以前而必須要學生費許多時間作徒然的猜測與探試，則一個學期除做這件事以外，便不能討論其他的題目。

這個方法的極端形式，最適合於低年級的教學，因爲其所教的內容不十分重要，主要目的祇是使學生養成社會化合作、互助以及自助的習慣。

設計教學法　設計法的意義，隨着主張者而不同，我們起首祇討論教育設計的一般現象，而後再討論其種類。一般的說，設計是代表由教師事先預備學生去反應的有組織與標準的課程。這種課程的活動不是準備學生將來的需要，而是從學生自己的生活發生實際問題。這些問題必須有某種知識或技能才能夠解決，由着教師的鼓勵和指導，於是對這些技能和知識才可獲得。

因此教師並不是教學生閱讀，寫作，和學加減法與分數，以及學銀錢的換算表，反之，是鼓勵學生作一個儲蓄的賬目及預算自己的費用。若要做好這種事體，他自然須獲得必須具有的閱讀與算術的技能。

同樣，學生也不是去學習動物的營養化學和簿記等以預備將來的應用，而是研究他父親的牧場中的乳牛的牛奶如何可因營養而異。若要做到這點，他必須學習如何試驗牛奶的成分，研究各種食物的內容，常規記錄食物的分量，求出產乳與食物的相關，及詳細敍述結果。故熱忱於設計教學，即是要使學生能操縱他們所必須的技術。

此外設計教學，不是用一種『課程』的方式，也不是將主題個別的研究，自然更不是與日常應用不發生關係，它是抄着課程的近路上走。即在一個研究的歷程中，有許多設計，使學生在一個時期內從實際生活中得到所有必須的技能與知識，而不是一種在講室中背誦和純粹由教師演講的學習。

傳統的方法可用下列一種簡圖表明：

1. 讀法
2. 書法
3. 算術
4. 簿記

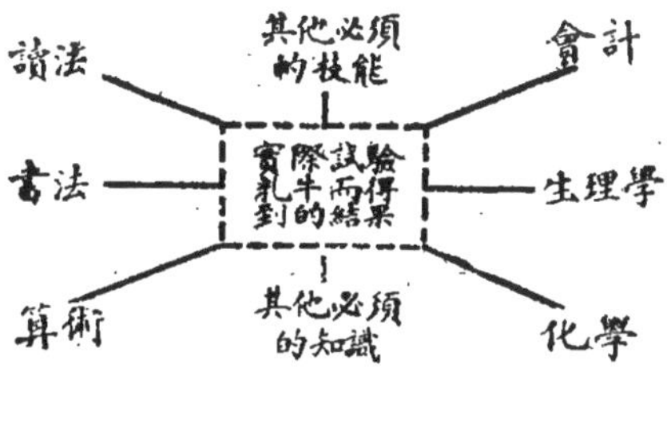

5. 生理學

6. 化學

學了這些課程後，俾能試驗乳牛。

設計教學則如上列一種簡圖所表示。

本方法的特點　贊成這個方法的人所述理由頗多，以下是其中最重要的〔註七〕。敍述這些理由時常與學校課程的傳說方法及與教法中通常用的方法相比較，俾資對照。

1. 本方法頗有實際活動的優點，與僅是口語教學不同。
2. 認學習是應付現在的需要而不是預備將來和理想的需要。
3. 順着自然狀態而學習，不是在人爲學校情境中學習。
4. 用複雜與具體的活動而不是用抽象的題材。
5. 學習是實際對於行爲的改變，而不僅是知識的堆積。
6. 學習的動機是從內發生，而不是由學校權力的強迫。
7. 所學習的與青年的思想相合，是一種心理的次序(psychological order)，而不是根據成人標準的

〔註七〕　關於這點的很好參考書見 J. A. Stevenson, The Project Method of Teaching (MacMillan Co., 1925)。

論理的次序。

8. 注重問題的解決而不注重死記，注重臨時與強的動機的學習，而不注重呆板的練習。

雖然這方法的理想是如此，而教師仍然必須是練習的指導者與課程的支配者。故他不僅是設計而且要居於指導與供給知識及提議的地位。他所以要參與設計的調理工作，因為他對於學習者沒有經驗過的設計的應備技能與知識比較有正確的觀念。

學生所應有的事務也要改變。不能依照以前一樣僅是履行與生活不一定發生關係的工作，反之他必須實際去參與生活。理論上他也應該是這樣，他應該能繼續有完滿的生活，僅是為着畢業而練習，沒有什麼意義。經過了實際解決問題後，他才能成為一個有效的『問題解決者』，這也可以說是教育的最後目標。

設計法的改變　實際上，在教學活動中的所謂設計，僅是近於一種理想所設計的不一定完全是眞正的生活情況，僅是由教師提議，學生接受這種提議而發展出來。例如若完全讓學生自己去幹，通常的兒童便不會過問父親的乳牛食料問題。也不會作一個儲蓄的賬目及預算自己的費用。在實際生活情況中僅有極聰明的兒童或許有這種活動。

設計的特點不僅因學校與教師的種種限制及經濟而改變，就是對於設計的性質，各人的觀念也不同。所以有些人以為引導學生知道一種練習的價值與願意去學的『乘法練習』也是一種設計。

因為對於設計的觀念與定義各人不同，故將幾個著名教育家的定義說出比較好點。〔註八〕

1. 有許多年 『設計』 一個名詞是用以表示農業科學中一種極有計畫而須費時數年的研究。(Heald)

2.「設計一個名詞」是表示教育工作的一個單位，其中主要現象為須有某種積極與具體的成功。(Snedden)

3. 一個設計，(a)須作某種事體，(b)須在特別情境之下且須為着某種特別有價值的結果，(c)須有完全的訓練。(Stimson, Allen, and Prosser)

4. 一個設計是一個具體的問題，須完全為着學生而設計，並須能實行。(Drushel)

5. 一個設計問題的解決結果，必須對於工作者覺得由勞作所得的知識或對象是有價值的。(Randal)

6. 設計是一個完全的經驗單位……此單位包含以下各方面：情境，問題，目的，計畫，計畫的批評，實行，結果的判斷，與欣賞(Hosic)。

〔註八〕 關於設計法的詳細說明與分析，請參看 Stevenson, op.cit.

7. 一個設計乃是一個有關人生的題目，其過程與學習的對象大部分爲勞作的。……一個問題也是一個有關人生的題目，其過程與學習的對象大部分爲心理的。……一個欣賞單位則其過程與學習的對象大部分爲情緒的。(Stone)

8. 任何有目的的活動可以達到成功的結論的便是一個設計。(Krackswizer)

9. 設計可以說是一種專心致志在社會環境中進行的有目的的活動……或簡單說是一種專心而有目的的動作。(Kilpatrick)

10. 設計是一種在自然狀態下完成的有疑問的動作。(Stevenson)

設計的心理　對於設計法的主要性質的概念一加考察後，便知有兩種現象爲特殊的且是與大衆意見相合的。

第一，其中有些定義特別着重於動作的具體與實用的性質——即設計是積極的，有價值的，實用的，勞作的，成功的，在自然狀態下實行的等等。

其餘定義(雖然有些是包含兩方面)則着重於動作的疑問與目的的性質——即設計是專心致志的，有目的的，有價值的等。

至少在教育情境中第二特性與第一特性不相融洽，譬如在高等教育中，教育的本身主要是用演講與圖書室，教室或實驗室以外的活動不密切相關聯，而仍不失爲一個設計。反之，高等教育却也有許多點與設計的定義是相符合的。譬如著作家，化學家，外科醫生的工作是在桌子上，實驗室，圖書室，臨床室與教室中作的。職業性質的高等教育對這點尤爲顯明。

問題就到初等教育的設計的地位上來了；此處我們須承認，有許多傳統的課程似不與實驗生活發生關係。且有許多學校工作不與題材直接相關聯，僅是供給一個健全和便利的環境使個人的社會化早點發生而已。不過同時我們也不要忘記父母對於這點也很有幫助。

近代的都市生活很難使兒童有立足的餘地，他們晨夕所見的都是已經製備好的器具，對於日常食物、衣服、玩具的來源他們幾乎完全不知道，因爲他們沒有機會和鄉村或近於鄉村的生活相接觸。僅在這一點上，加入一些實用的設計，包括活動勞作和具體的事實是容易得到贊成的。

主張設計法的人說，設計的學習可將個人的需要和苦惱直接聯繫起來，這點是的確的。假若設計確實能夠實現，則用這個方法引起適當和有效的學習，在心理上頗值得擁護，因爲設計中的動作確可以解消原來的刺激。

這方法的理想上的原則雖如此，而在應用時很容易發生浪費和不誠實的毛病。因爲所謂個人的設計常時是由教師人爲地製造出來，而可以用替代經驗或利用其他人的經驗使進步較速，不必要盲目探試的，則又常爲一般人所忽視。還有，教師常常有一個已經預備好的課程在心頭，使得設計實現，和以此作爲最後的測驗與評量，也是它的弱點。

設計教學的社會可能性　若要利用眞正的設計技術，着眼點須不僅注意於個人的特性和學生方面，且須深入社會的生活。或許這是教育中的一個誠實而能實行的設計的最大優點。

譬如在一個小的木材市中，庭園中都是斷枝殘木，所有屋宇都是不加修飾，且極爲粗陋，社會中對於美的觀念也是很微弱的；居民日夕所談的，都是些工廠裏的生產指數，而不是現在如何生活的狀況。

這時有一個精明的校長將設計教學的制度引入學校中，使男孩集中於材木的製造，使女孩專門於家庭的工藝。並誘導社會供給必須的材料，使學校由設計而得到的貢獻即可變爲學生與家庭的私人的財產。

不久以後，男孩很熱心誇耀地製造精美器具，女孩則炫耀優良的衣服、帽子及食物。學校的成績在全國各地都得到獎勵，學校課程的成功在一般標準的希望之上。

當學生的家庭已有這些成績時，於是全社會發生很快的改變。家中具有美麗的箱櫥、桌椅、華麗衣服、帽子與食物等，這些都是這種環境中以前沒有的東西。此外屋外的粉刷，屋內的整齊，斷枝殘木的拔去，整塊草地的栽培，使家中的外觀與幸福很快地增加起來。這並不須另外特別的費用，祇要對於生活狀況稍許用點心力便可以達到。所以這些社會上的事體，便是學校本身對於社會貢獻的一個顯明的例。

再談發現與學習　我們以前已經說過，從教育上看研究與學習二者不同，研究是一種創造的經驗，卽是發現，而學習則是一種進步。在某幾點上，有目的問題與設計法的應用發現似乎較學習更爲重要，故學校的主要工作須養成優良的探試者與問題的解決者。

這種區別也就是教育心理學兩派——卽『領悟』學派，和『造成聯結』學派的一個很久爭論的問題。前者是着重第一次的成功而忽略以後的進步，後者則認爲就是創造的經驗也是一種『聯結』過程，且認以後的進步僅是比原來聯結更爲完善些。

有目的問題與設計法都不大討論如何操縱技術的問題，而祇着重於如何得到有效的創造經驗。很顯明的，在教育中這兩方面的任何方面都不可忽略。故通常應用的有目的問題和設計法時，應於學期之末由教師仔細診斷與練習，使以前在發現法中所忽略的學習得以有改善的機會。

問題

1. 還有什麼其他教學法可以在本章討論？
2. 將什麼叫做文納特卡制（the Winnetka plan），道爾頓制（the Dalton plan），柏特維亞制（the Batvia plan），蒙梭利法（the Montessori method）及社會化講誦法在班上報告。

3. 假若你的鄰近有用學徒法的，研究並報告其詳細情形與結果。

4. 是否你所研究的有些確與你的畢生事業有關，有些則沒有？那一種比較有較優的成績？

5. 說明在算術中如何可用閃爍卡片作爲練習的幫助。

6. 你能想一個法子使有目的問題法應用到教育心理學課程嗎？你以爲其效果能達到若何程度？

7. 設計法怎樣可以應用到大學教育方面來？

8. 從文獻中尋出一些設計教學的實例，將詳細情形與結果在班上報告，是否其結論有科學的可靠性？

9. 選定一個你所願意教的科目並詳細計畫一個問題或一個設計單位。

10. 假若本章所討論的方法在你所受的教育中有幾個已經應用，你的意見以爲它們的優點何在？

參考書

Collings, Ellsworth, An Experiment with the Project Curriculum (MacMillan Co., 1923).

Douglass, H. R., Modern Methods in High School Teaching (Houghton Mifflin Co., 1926).

Freeland, G. E., Modern Elementary Practice (MacMillan Co., 1919).

Holley, C. E., The Teachers Technique (Century Co., 1922).

Hotchkiss, E. A., Project Method in Class Room Work (Ginn & Co., 1924).

La Rue, D. W., The Child's Mind and the Common Branches (MacMillan co., 1924).

Monroe, W. S., Direting Learning in the High Schools (Doubleday Pag & Co., 1927).

Reed, H. B., Psychology the Elementary School Subjets (Ginn Co., 1927).

Robbins, C. L., The Socialized Recitation (Allyn & Bacon, 1920).

Ruediger, W. C., Vitalized Teaching (Houghton Miflin Co., 1922).

Stockton, J. L., Project Work in Education (Houghton Mifflin Co., 1920).

Stormzand, M. J., Progressive Methods of Teaching (Houghton Mifflin Co., 1924).

Washburne, Carleton, Adjusting the School to the Child (World Book Co., 1932).

第十一章　教育測量

測量的需要　缺乏測量，教師便僅有『印象。』但印象可以隨人而異，且同一人也可隨時而異。一個學生究竟是聰明或愚蠢？能自己控制與否？一篇文章的優劣究竟怎樣？昔日的教師常以自己的判斷爲不錯，由他的判斷而處理和決定兩個學生。以後（第十二章）我們將會知道教師與父母主觀用形容詞判斷兒童的智愚是不可靠的，其理由可有許多。

因爲一般人沒有同一的標準，各人所用字的意義也有差別。且各種判斷不能證明所根據的印象是一樣的，個人的情感常可以影響判斷。還有所根據的成績往往不是判斷那種特性所必要的，即令所用的成績對了，而成績不同或許由於許多的原因，例如一個學生的成績甚劣，或由於粗率，激動不關心，憂愁，重聽，愚笨，不幸，或是這些原因的混合。

假若教育上需要評量等第，則所量的應當爲學生的成績，而不是量學生本身。故對成績高下的原因，應當再加以研究。但從幾個著名關於教師分數的研究，表示對學生成績的評定也很不可靠，下圖是表示許多優良教師對中學生考試成績所給分數的分配情形。平常教師的評定分數或許不常有這樣大的分歧，且可由特別教學和努力在一個固定的學校制度中減少這種變異性至較低限度。但這些方法很少有人採用，且一般教育家對用各種方法得來的『學校分數』的意義很不相信，因此教育成績的測量與學生特性的測量似乎很明白的是同樣的需要。

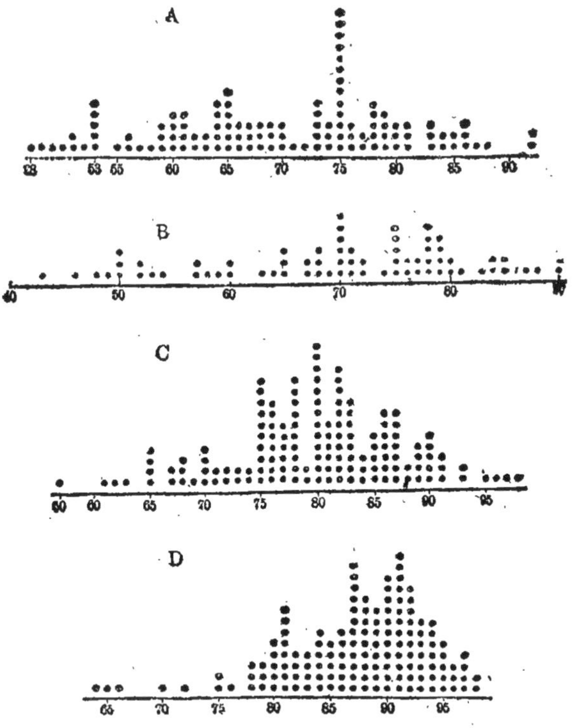

第三五圖 教師分數分配的四個研究

A.114個數學教師對於一份幾何學期考試卷所給予分數的分配

B. 70個歷史教師對於一篇美國史的學期考試卷所給予分數的分配

C.142個英文教師對於一個中學一年生的英文學期考試試卷所給予的分數

D.142個英文教師對於其他一個中學一年生英文學期考試試卷所給予的分數

(從 Daniel Starch and E. G. Elliot, The reliability of grading high school work in English School Review. vol. xx pp. 442 457)

優良的教學、指導和教育行政都需要對於學生——甚至教師有可靠的教學成績和特性的評定，因為教育者的主觀印象不能信任，故需要客觀的測量，自無待論。教育心理學中有一支稱為心理與教育測量(mental and educational measurement)，即是告訴學者大概關於這方面的複雜技術。現在對此略加考察，便是希望對這種很專門且有許多點可給教師和行政者以幫助的種種測量技術加以注意。

測量的幾個問題　假若我們企圖測量是學生的學習能力，則顯然有幾個測量的問題可以看到。因為所謂『能力』不是一個實體，故不能將學習能力分離出來而直接測量，如量高度或體重一樣。我們所能測量的祇是實際學習活動的一些現象。

甚至這點也還是抽象的。因為自全部看，各種學習活動雖有相關，而相關並不完全。例如一個人與其他人相比，雖然學習凡亞林很困難，而學習開汽車則非常容易。故通常談話中某人的一般學習能力，或指某種特別的學習，否則便指各種學習的平均數。一個學生的一般學習能力很像他的健康，乃是各種器官的健康的總和。

實際我們能夠做的是先從特殊的學習活動起始。我們可以範圍極小和容易知道的文字學習的替代測驗作例。假若我們要能對於這種作業的學習能力加以測量，必須首先作許多這樣的測驗，依次得到一些量數。然後從各個人的學習得到一種標準及能對於它下一般的結論。或則我們從其中發見一種單獨的活動可以代表一般的趨勢，並用這種趨勢作為活動的指數。

一種簡單活動的測量　但即是在簡單替代測驗中我們也不能直接測量學習能力。我們所能測量的祇是作業（performance）。假若我們能供給標準的情況，淸楚的指導和合理的合作與動機，我們才可從這種作業測量下一結論。我們已經假定學習者已經發揮他的學習能力，故才從這點推斷他的學習的品質或學習者的程度。或者可以很妥當的說，我們所眞正希望知道的，並不是他的學習能到怎樣的程度，而祇是他已做或將做到怎樣的程度。

例如起首我們做替代學習的測驗，希望能測量一個人在這方面的學習。但這種活動可有許多變異因素，如學習的速率，作業的確度（the acuracy of performance），學習的困難程度，和練習停止後學習的永久性。假若我們能將所有變動因素保持恆常，僅使一個因素變動，則對此因素的測量便可作爲指數。不過通常很難將所有變動因素保持絕對的相同，祇是理想的對這方面努力而已。

假令對這點已經做到。我們所需要的替代是完全正確的，動機是同一樣的，所有能控制的情境都保持恆常，則我們僅以時間爲惟一變動的因素，於是發現這人作這種新學習的速率，能在二十秒鐘內完成此測驗。

標準的需要　確實的，這時已測量了個人作業的時間，但除此以外，我們並不能說明什麼。這種『初步分數』即需要的秒數，並不能告訴我們成績的優劣，我們僅測量了它的時間，而不知道這種時間的品質的高下。

測量常需要一種標準，測量替代測驗的作業時間也須有個時間的標準。假若這種標準不可靠，則我們的控制雖如何嚴密，而其量數是不可靠的。同樣，我們要進而測量作業的優良，也必須有一個優良的標準。即至少我們需要有其他量數而後才能彼此相比較。

其他量數也可從同一人的以前記錄而得，於是我們可以說他今日的作業較以前爲優或劣。假若對這人已有幾次的測量，則可取其平均數，於是可以說他今日的成績較平均數爲優或劣。不過所有這些情形，都是以自己爲標準。較此爲更重要的，必須知道這個人的全部成績是優或劣的，這樣便需要與其他人的同樣測量相比較。通常的相對量數 (relative measure)，即是用一人與其他人相比，此種量數較一人假定此測驗所須的絕對秒數爲更有用。

標準的來源　但以其他人的量數作標準不是隨便取的。反之，假若我們要取這種標準，必須保存某人的成績而作爲參考點，如度量衡標準的保存於標準管理處一樣。因爲這點不能做到；心理測量却用了一個無須眞正保存標準的巧妙方法。即因人類的性質，自全體能力去考察是相同的，故一羣人的能力分配或一羣人的能力的平均數可以作爲標準——例如九歲兒童的一些量數。

這種平均數或分配常可以得到，假若從一羣主要人口中去取樣，所得的平均數或分配常是很可靠的。例如美國加利福尼亞（California）九歲兒童的高度與梅因（Maine）地方的相同，在一九三二年與在一八六〇年是一樣的。但卽令不正是這樣，對於一個人的量數的最好標準，須與他人能够便利的比較也仍是眞的。因爲這樣可以知道他的能力在能力分配曲線中占何種的地位。任何量數必須能够說明在『分配平面』(surface of frequency) 中占何種的位置。

解釋的根據　在以前幾章中，我們曾討論過兩種測量個人的方法。一種是尋出各年齡的平均分數（第六章），這樣假如得到任何學生的『初步分數』後，便可知道他的作業年齡的階段。此外還可使我們比較同一個人的不同的特性。

這種發展單位在現教育中用得很多。因爲假若我們能用『初步分數』測量學生的地理知識，我們便可將這種分數與各級兒童的分數相比較，由此可以得到他的『年級地位』(grade status) 如五年級的程度。假若五年級的平均成績是很可靠的，則我們還可知道這學生的成績於五年級所占地位的高下。年齡階段和年級地位二者都是發展單位的例。

另一種便是將大學生的替代測驗的學習分數用分配曲線說明（第八章），底線上的單位是用從平均數向上下包含一半人數的距離表示。從『中心趨勢』(central tendency) 無論向那個方向的單位，稱爲分配的『機誤』。根據分配曲線的統計和數學上的性質，我們可以知道從平均數至每一單位的人數。這樣，若我們知道一個人的分數在曲線上的何處，我們便可判斷他的優劣程度。

故我們可用等級或百分點等級決定一人在一羣人中的地位，或以平均數上下若干 P. E. 單位表示。這種將一人配置在一羣人中的相對地位對於教育者很有用處，他可以觀察全羣的趨勢，也可注意全羣的個別差異。

我們不必對於統計方面再詳細去說，這屬於教育的一種專門範圍〔註一〕。爲着現在的目的，我們祇須清楚理解測量常須有其他分數的根據，由此才可對於一個人的成績優劣加以評判。最常用的根據是一大羣人的代表的分配狀態。但可作這種根據背景的有種種的特別人羣，或爲某年齡的全體學生，或爲一級的全體人數，甚至或爲不同年齡的人類全體，如發展單位法中所用的那樣。

量表和工具　在心理和教育測量中已有許多『絕對量表』(absolute scale)。這些量表包含從低級以至高級的成功程度。在最低一端的價值爲零，以後用同等步驟漸次增大價值。例如量高度的量表是用尺，絕對的零便是沒有高度，以後各英寸都是相等的長度，各個步驟都是一樣。同樣也還有測量書法、圖畫、作文和其他學校成績的量表。有了這些量表是很便當的，因爲它們與適

〔註一〕欲知道統計方法在教育中的應用，可參考 H. E. Garrett, Statistics in Psychology and Education (Longmans, Green & Co., 1926)。

才所說的替代測驗的時間標準很相似。〔註二〕不過就是有了這些工具，其初步量數也還沒有多大意義，例如說一個學生的書法在書法量表上是 6.5，假若我們沒有一種分數根據可以解釋這種數字，那末也成為無意義的。

自然，這種量表分數有許多用處，非主觀評判品質的方法所可及。例如這些分數可以加、減和平均，而為簡單的主觀法所不可能。但這些分數如沒有背景作為根據可以評判其價值，也還是沒有什麼意義的。

且所謂量表中的步驟相等，也常是在某一方面如此。例如書法量表的步驟在知覺方面固相等，而在其他方面則不必相等。例如它們不是同樣的重要和在個人作業方面同樣的容易成功，這便是量表的美中不足。又如就高度言，從 60 至 61 寸和從 24 至 25 寸，雖空間都是增加一寸，而在生物方面的意義則不相同。

故時間，空間，品質和其他現象的絕對量表，僅是在測量的起始時有用。但起始時絕對不可無它們，因為沒有它們，則所謂有意義的測量不能夠進行。

一般能力的測量　有機體有一種能行使所有功用的一般的性質，在教育中這個因素稱為智力，以別於知識。有智力便是有受教育的可能。雖然智力靠着學習能力和擴大性兩個因素，而它的活動最好用

〔註二〕讀者在此處須考察幾種量表，如書法、圖畫、拼法、作文、縫紉等。

簡約的刺激表示智力的量表也有很多，以下祇舉幾個一般性質的例。

例如經過推孟（Terman）和其他各國人修正的皮奈量表（The Binet Scale）〔推孟修正的稱為斯丹福修正量表（Stanford revision Scale）〕是一種很好的個人測驗〔註三〕在這量表中，對於每個年齡，都有一些事體或問題去做；僅有那個年齡的兒童能够做到，那年齡下的兒童不能擔任。對所有這些事體，主要都須應用和了解符號卽事物和關係的符號——如字，數目，圖形，圖解和有意義的動作。

對於每個問題的陳示和計分都已標準化。因為測驗是以年齡劃分（從三歲至十六歲），且每個測驗的分類以每年齡兒童所能做的能力作根據，故從測驗本身卽可以得到解釋。

試驗者起首可揣測兒童所已達到的發展平面，於是從這個平面向下，用測驗以試驗兒童至完全沒有錯誤的年齡為止，隨又從這個平面向上至兒童不能成功的一個測驗為止。這樣，兒童的作業能力便在這兩個極端之間，由此可以決定兒童的『智力年齡』（mental age）。假若他的實際年齡是在十六歲以下，可用紀歷年齡（chronological age），簡稱（C. A.）除智力年齡（簡稱 M. A.）而得到一個商數，稱為智力商數（intelligenee quotient）。（簡稱 I. Q.）假若已經得到一個教育年齡（educational age）（見本章以後一節），則用實際年齡除教育年齡，可得到教育商數（educational quot-

〔註三〕參看 L. M. Terman, The Measurement of Intelligence (Houghton Mifflin & Co., 1916)及以後的修正版。

ient)，簡稱E. Q.)。用 I. Q. 除 E. Q.，則可得到成功比 (accomplishment ratio，簡稱 A.R.，) 成功比是表示一個學生的教育成功與其固有能力相比的程度。至 I. Q. 在一大羣代表人口中的分配曲線則已見圖二十六。

此外根據同樣計畫而是做各種不同事體的，有許多其他關於發展的量表。例如克爾曼 (Kuhlmann) 的測驗，可測量三歲以下的兒童（斯丹福修正量表是從三歲起）的〔註四〕。蓋塞爾 (Gesell) 的發展表〔註五〕，和布雷及她的同伴的嬰兒測驗〔註六〕，可以測量極年幼的嬰兒。所有這些都符合於以前一些兒童心理學家所認為的發展指數，不過沒有如現在這樣有系統和可靠而已。

團體智力測驗 斯丹福皮奈測驗是『個人測驗』(individual test)，試驗者對於每個學生，視年齡不同須耗費半小時以至二小時。此外還有團體測驗 (group tests)，則用言語或印刷材料授給全班的學生，所要時間視測驗的性質而不同。這些測驗大都為『紙與鉛筆』測驗，給每個學生一個小冊或一頁印紙，其中有許多須用思想的問題。

〔註四〕 F. Kuhlmann, "Revision of the Binet System" Journal of Psycho-Aesthenics, Monograph Supplement No. 1, 1912.

〔註五〕 A. Gesell, The Mental Growth of the Pre-school Child (MacMillan Co., 1925).

〔註六〕 Charlotte Bühler, The First Year of Life (John Day Co., 1930).

軍隊測驗a是爲測驗軍隊中的成人而編造的〔註七〕，後來有許多的測驗都是以這個測驗爲模範。測驗空白紙共有八頁，每頁上有一類問題，問題的性質是依次漸漸加難。作每類問題有一個規定的時間，分數卽以在規定時間內所能做的項目多少而定。其所要作的事體如下：

1. 將記號作在一頁已印好的圖形的適當地方，共有十二種。
2. 解決一套算術問題。
3. 每個命題有三個答案，挑選其中最優良的。
4. 決定四十個成對的字中，每一對是相反或是相同的性質，例如：

　　深穴　地窟　相同　相反

5. 決定一個命題的是非眞僞，其組成命題的字是錯雜的，必須排列正確後方能決定，例如：

　　油不水混相和　是　非

6. 完成一羣數目，其起首六個數目則已寫出，例如：

　　8，9，12，13，16，17 ? ?

7. 類比測驗，將括弧中的四個答案認爲其中一個可以完成論理命題的，畫一條線在下面，例如：

〔註七〕最好參考 R. M. Yerkes and C. S. Yoakum, Army Mental Tests (Henry Holt & Co., 1920)。

雞：鳥：：種子：(生長，植物，破裂，胚芽)

8. 知識測驗，有一些練習如：

Denim(是一種跳舞)——食物——編物——飲物

這些活動很清楚包含刺激簡約化和擴大性。其材料爲語言或其他符號，現於另外一些符號的控制之下，從關係和意義上去反應。這些很符合於我們所說明的智力的組織。

其分數是從各項所得的『點數』總共計算，並有各種常模表（tables of norms）作爲根據以資解釋和比較。例如有成人的分配曲線可以知一個人在此曲線上的地位，且有大學生、中學生和不同職業的人的曲線，及可推算其『智力年齡。』故在這種測驗中對於所得分數的解釋的知識，較現在所用的其他測驗爲多。

自軍隊測驗a以後，還有許多不同組織和內容，以及不同信度（reliability）和效度（validity）的類似量表。例如其中有些測驗是由原來參與軍隊測驗a的奧狄斯（Otis）所編造〔註八〕。美國的國家智力測驗(The National Intelligence Tests)是在軍隊測驗a之後由國立研究會(The National Research Conncil)設立的委員會所編造。此外還有由推孟，哈格提（Huggerty），麥科爾（McCall）

〔註八〕 A. Otis, Self Administering Tests (World Book Co.).

邁爾(Myer)，屈勞布(Trabue)，品特勒(Pintner)，桑戴克及其他一些心理學家所編造的智力測驗，這些都是大衆周知和用得很廣的〔註九〕。

在這種類別中間比較更爲精密和統計精練化的團體測驗，便是由桑戴克〔註十〕和大衆入學試驗委員會及各大學〔註十一〕所編製的各種學業能力測驗(scholastic aptitude tests)與大衆入學智力測驗。有些學業能力測驗所包含的材料，除測驗特殊的學科知識外，還測驗一般的智力。

另外還有一種智力測驗，叫做『作業測驗』(the performance test)，如品特勒和派德孫(Paterson)所說明的，包含各種非文字測驗〔註十二〕。這些測驗不用紙和鉛筆作工具，主要是用圖畫、木塊和

〔註九〕 參看 R. Pintner, Intelligence Testing (Henry Holt & Co, 1930) 其中列舉許多這類有用的測驗和參考書，並有幾章是說明智力測驗在各方面應用的結果

〔註十〕 E. L. Thorndike, "Intelligence Examinations for College Entrance", Journal of Educational Research Vol. I, pp. 329—337.

〔註十一〕 L. L. Thurstone "Mental Tests for College Entrance", Journal of Edu. Psychology, Vol. 10, pp. 129—142; Annual Reports, Commission on Scholastic Aptitude Tests, College Entrance Examination Board, 1925—1931.

〔註十二〕 Pintner and Paterson, A Scale of Performance Tests (D. Appleton & Co., 1917).

形式板（form board），有時也用迷津和迷盒。所設的問題須從空間或時間關係或二者將以上這些物體加以排列和處理。每個測驗或以年齡爲基礎而標準化，或是獨自的處理或混合其他方法，由此得到中數（median）或平均數。

在品特勒的團體考察測驗（group survey test）中〔註十三〕，因材料比較的抽象便是用的混合測驗法，且每個測驗都已標準化。派爾（Pyle）也有類似的搜集〔註十四〕，惠柏爾（Whipple）則對於各種測驗的常模表和測驗指導有詳細說明。〔註十五〕

有了各種測量活動的材料和方法，則對於一個人的永久進步情形似乎容易知道。因爲它可對於一個人的心理型式作詳細的分析，也可從各種複雜量表得到心理型式的綜合指數，在第九章中我們所說的三個學生的心理圖解便是用的這種方法。

特殊能力測驗　除有些量表可測量各種學業成績將於後面討論外，還有些測驗是測量與一般能力無關的特殊能力。其中最著的爲席灼爾的音樂能力測驗（The Seashore Tests of Musical Capa-

〔註十三〕 R. Pintner, The Mental Survey (D. Appleton & Co., 1918).

〔註十四〕 W. H. Pyle, The Examination of School Children (MacMillan Co., 1913).

〔註十五〕 G. M. Whipple, Manual of Mental and Physical Tests (Warwick & York, 1915) Vol. I & II.

city)〔註十六〕。此測驗用留聲機記錄標準的音樂材料，俾能測驗個人或團體對於音的高低的辨別，強度的判斷，音的記憶，律動的知覺，時間的知覺及音的協和。

關於測量圖畫能力也有幾種量表，柏特（Burt）的量表〔註十七〕，是畫一個人，有對各年齡畫人的優秀程度的典型標準。桑戴克的圖畫量表是將樣本依次排列〔註十八〕，樣本的每增加一級，係根據於許多的判斷而覺爲相等的。這類的量表須先有很好的分數根據，而後才能判斷現在所測量的成績的高下。其他的圖畫量表也已編造出來了，如機械圖量表是。各種測量書法的量表通可包括在這個範圍以內。

歌德羅夫（Goodenough）曾很聰明的用圖畫作爲測量智力而不測量圖畫能力的材料〔註十九〕。此量表是要兒童畫一個人，因所畫詳細程度的不同而可分爲 53 點。這種分數係與智力年齡相關，但與圖畫的優美無關係。

〔註十六〕 C. E. Seashore, The Psychology of Musical Talent (Silver, Burdett & Co., 1919).

〔註十七〕 C. Burt, Mental and Scholastic Tests (King, London, 1922).

〔註十八〕 E. L. Thorndike, A Scale for the Measurement of Drawing (Bureau Of Publications, Teachers College, Columbia University, 1913).

〔註十九〕 F. L. Goodenough, Measurement of Intelligence by Drawings (World Book Co., 1926).

藝術欣賞的測量量表已有人編製過，例如美亞—席灼爾（Meire-Seashore）〔註二十〕及麥克亞多利（McAdory）的測驗。這些測驗是判斷圖形、圖畫的排列，衣服與裝飾品的適宜等。其分數須視是否與藝術家的判斷相符合而定。

關於機械的巧妙、建造和興趣方面，也有各種約略標準化的量表。這些量表漸成為實業和軍隊中的標準工藝測驗〔註二十一〕和各種職業適合測驗，例如對於打字、速記和書記的測驗是。

除特殊材能的測驗以外，還有許多測驗是測量記憶，注意，想像，觀念的共同程度（community of ideas），語言聯想，空間關係，各種感覺精度和辨別的能力，及動作的速率確度的力量〔註二十二〕。由這些測驗又漸形成一些關於學校技能和知識的測驗，例如字彙測驗，語言和填字測驗，與讀法、拼法、算術測驗等。

情緒和品性的測量　現在還不能說對於所有情緒和品性都能夠測量，但有許多『測驗』則是想測量以下一些特性，如情緒的平衡，情緒的成熟，內向，持久，服從，社會的覺知，誠實，合作，暗示和興趣。其中有許多已有很好的進行，並產生了有趣的實驗結果，有些並已完全成功，能作團體的比較。學教育心理學的

〔註二十〕 N. C. Meier, "Aesthetic Judgment as a Measure of Art Talent", Univ. of Iowan Studies, Vol. 1.

〔註二十一〕 J. C. Chapman, Trade Tests (Henry Holt & Co., 1921).

〔註二十二〕 Whipple, op. cit.

人對於這方面常時接觸是很有益處的，因爲這些測驗對於個人診斷和測量已漸至可靠的程度。

實際上於教學和教育行政中我們還須從主觀『印象』與兒童自發的行爲以判斷品性和人格特性。有許多方法如分等評量法（rating scales），頗給主觀印象以較大的信度和效度。但這些還不能稱爲測量，僅是對成績的主觀性略加改頭換面而已。不過用這種方法可給人以較清楚的判斷，增加判斷的一致性，與知道對於主觀的判斷懷疑〔註二十三〕。

學力的測量　測量教學的結果在某一點上較測量兒童爲容易，因爲它是直接的測量。這種測量僅限於評定成績而無須問到學生的能力。但已經測量後，對於與這些分數有關的因素又必須問及。例如一個學生的算術成績甚劣，是由於他的愚鈍呢？還是由於不關心或疾病？或是教師教學方法和課程方面有什麼缺陷？假若所測量的成績如背誦的利益，一種學科的知識，和一種技能的優秀程度是可靠的，則許多重要的教學與教育行政的問題便可在實驗的基礎上解決。

我們已經知道由教師主觀判斷試卷很不可靠。關於這點，除須改良評分的方法外——如討論標準，用分等評量法，主要的改進須用客觀的考試和計分方法。

〔註二十三〕 H. L. Hollingworth, Vocational Psychology and Character Analysis (D. Appleton & Co., 1929), 很詳細的講到這方面的方法和結果。

第十九章中我們將說到一種很早的客觀測驗，卽拼法課程係以字的難度爲根據，且對各年齡和各級學生所發生的錯誤都有常模或標準以資比較。假若這種標準字用得很適當（無須特別的去教）則任何學生的拼法成果可與其他人相比，且所測量成績的性質也是很客觀的。同樣、一級或一校的成績也可與他級或另一校的成績相比。所有方法、動機、教師和其他因素的效果都可實驗地去研究。

編製這種量表的進步很迅速，從幼稚園以至現在的教育心理，幾乎對每一學科都有量表了。現在祇舉幾個主要關於算術和讀法的量表；藉以表明這類的方法。眞的，這種量表是有一段很長的歷史。最早在一八六四年英國一個學校的校長曾創製一種『量表書』(Scale Book)，內中有數字評量的標準成績，藉以判斷新生的工作。二十五年以後，克納普林 (Krapelin) 及其學生，在擔任心理病理學的工作時，曾想創製量表以測量醫院病人的學科知識的程度和變化。至本世紀的初年，萊斯 (Rice)，於拼法方面，斯頓 (Stone)，科提斯 (Coutis) 和伍提 (Woody) 於算術方面，桑戴克於書法和圖畫方面，希爾蓋斯 (Hillegas) 於作文方面，以及靄里斯 (Ayres) 於拼法方面的工作，遂引起對各方面的應用和編造學力測驗與量表。

算術測量　科提斯的算術測驗，起首在不同的頁面上排列一些同等難度和須用同一方法計算的（如加、減、乘、或除）問題（註二十四）。對每一測驗都有一個固定時間，其分數卽以計算的題數和正確題數折算，用以表示做某種難度題目的速率和確度，且事前曾測驗許多城市的各學級的兒童，用此種分數作為現在量數的背景，藉以知道現在量數的意義。

克雷法蘭 (Cleveland) 的算術考查測驗，比較複雜些〔註二十五〕。此測驗是將各種基本演算依難度分，同時排入問題中，對於問題的出現採用『螺旋法』(spiral method)。學生於做測驗時，不是先做完許多加法，再做減法，而是四種方法同時演算，不過初做是容易的，以後則漸漸加難。因此這種測驗除可在某一固定的難度測量速率外，還有各種不同的難度距或『能力』距 (difficulty or power range)。

在伍提算術量表中〔註二十六〕，區別『能力』的因素和『速率』的因素格外顯明。所有問題已在各級中測驗相對的難度，量表中的四種基本演算問題是依難度順次排列。對於每種演算有時間的限制，藉以知道一個學生能做到量表中的某種難度。這種量表着重於所能計算的複雜程度較着重計算速率的

〔註二十四〕 S. A. Courtis, "Standard Scores in Arithmatic", The Elementary School Teacher, Vol. 12, No 3. pp. 127—137; Also the Courtis Tests in Arithmatic, Sec. D. Subd. I Part II. Vol. I, of report of Committee on School Inquiry, City of N. Y.

〔註二十五〕 C. H. Judd, Measuring the Work of the Public Schools (Russel Sage Foundation) pp. 94—132.

〔註二十六〕 C. Woody, The Woody Arithmetic Scales (Bureau of Publications, Teachers College).

成分爲多。

斯頓的算術理解測驗(arithmetic reasoning tests)與以上各種都不同，不是僅着重於計算〔註二十七〕，其問題是用一段話說明，而不將算式表明出來。應用何種算式與如何計算都須由學生從問題去辨明。故這種測驗不僅是測量學生的練習程度(刺激簡約化的程度)，且還着重擴大性或敏銳性的因素(卽對於問題的所有刺激須能聯合進行)。

對於算術一科卽有這許多的測驗和量表(實際數目較此還要多)雖然對於初學者或覺得混淆，而在敎育上却是很便利的。因爲有了這種量表，可以分析班中或個人的困難。若將許多種測驗並用，可以知道班中的程度是否齊一，與知道須對某種演算、技能或能力加以特別的注意。這種『診斷』的分析法(diagnostic analysis)與一般的敎學不同，它是一種『補救的敎學』(remedial instruction)。在讀法中的便利較這個還要顯明些。

讀法測量　眼睛看印刷物的機構本身固極複雜，且在閱讀時的心理因素也有許多種。閱讀完全是一種心理活動；其心理過程完全爲刺激簡約化、擴大性和諸刺激的合作，故它是學習歷程的一個最好的例。以前對於閱讀曾有過許多實驗研究，且有許多測驗和量表用以測量這個動作的各種現象。

〔註二十七〕C. W. Stone, Standard Reasoning Tests in Arithmetic(Bureau of Publications, Teachers College)

朗讀 朗讀 (oral reading) 中所有的事是對於印刷的字給以一個相當名稱，且將這個名稱發出聲音。閱讀也可以僅是讀出音名(phonogram)和讀出一些字而毫無意義，如讀無意義音節 (eb, dut, niv, feg) 一般。通常閱讀卽是先有視覺刺激（見字）由字引起習慣的發聲而朗讀出來。較此為高一級的，便是於朗讀時還有表現，對於字的意義的欣賞及許多刺激的聯合動作，如對於以後的字、句讀、和全體情境的其他因素的了解。故朗讀實包含刺激簡約化和擴大性。

格雷的朗讀測驗(the Gray oral reading test) 是幾種測量這類閱讀中的一種〔註二八〕。測驗中有標準的成段文字，學生須將這些文字朗讀出來。試驗者記速率和錯誤。此外測驗中還有作業常模，俾試驗者可將學生分數改為常模分數以觀其成績的優秀與否，及從其中發現朗讀時有何種特殊的困難。

所見的字義 此外還可用桑戴克的視覺字彙測驗 (visual vocabulary tests) 以測驗閱讀的另一方面〔註二十九〕。測驗中先印有指導，以後便是測驗的字和空白。指導上是要學生將測驗字表明係指

〔註二十八〕 Measuring the Work of the Public Schools, Cleveland Foundation School Survey Report, pp. 263—275. Also the Gray Oral Reading Check Test (Public School Publishing Co.)

〔註二十九〕 E. L. Thorndike, Directions for Using the Visual Vocabulary Scales (Bureau of Publications, Teachers College).

何事。例如一個字是屬花的名稱則寫F，是動物則寫A，是遊戲則寫G等。

表示字義的最簡單的，是用固有名詞要學生將這些名詞所指的人或物指示出來。其較難一點的便是對於普通名詞而反應，從一羣物體中選擇表示此字的意義的那個物體。因此這種歷程不僅包含閱讀，且須明瞭字義，想到上下文相屬的關係，和用的是什麼名稱，而後才能用一符號表示。

理解的閱讀　更高一層的閱讀須文字的排列、上下文、和句子的各種現象有聯合的適當反應。例如『犬咬人』和『人咬犬』，所包含的字一樣，字義也相同，但因排列不同，句子的意義即有分別。此處除各部分外，句子的整個形式（total pattern）甚爲重要。

成句或成段文字的意義的閱讀測驗，依其意義的性質、所需要的反應、和所需要的理解不同而有極大的差異。通常將人類動作分爲思想，感情和行爲，各種理解的閱讀測驗也就暗含這種區別，例如由文字的刺激常有以下一些反應：

a. 想像成果，結果對於將來事物的抽象的表示思想，選擇和比較。

b. 由選擇語言說明面部表示和朗讀時音調的鏗鏘變化發生適當的情緒。

c. 有許多顯明動作，如作記號，依着指導作種種事體。

常常這些反應包含在同一測驗中。例如要兒童在兩個人面的較優美的一個下畫一條線，他必須了解優美的意義，知道所比較圖形的重要及對這兩個人面略有審美的感情和能服從指導『畫一條線』

有幾個閱讀理解測驗可簡單的加以敍述桑戴克—麥科爾的閱讀量表是一種默讀測驗（silent reading test）〔註三十〕。其測驗是回答所讀內容首有指導說：『讀下列材料並答問題，如有再讀必要時，可以重讀』各段的材料漸次加難，其量數是表示『學生有為着某個特別目的而讀書的能力』——所謂特別目的，是對於所讀材料有正確的答案。

茲將測驗中的一段摘譯如下：

床下有一木與鐵合製的大箱，大箱之內有一箱僅小一點，可用黃銅鑰匙開此箱的鎖。開鎖以後可發現三把鑰匙，一是黃金的，一是銀的，一是鋼的。第一把鑰匙開紅色的門，第三把鑰匙開藍色的門，第二把鑰匙則開大門。每把鑰匙都有一個環繫着。

問題　1. 你從何處可以找到那個大箱子？　2. 兩個箱子的主要區別何在？　3. 每個環上有什麼東西？

另外一個應用很廣的默讀測驗，便是靄理斯—柏澤斯量表（Ayres-Burgess Scales）〔註三十一〕。每個量表包含二十節成段的話，理解難度都相等。對於每段材料須極正確和理解地默讀，以便對於每段材料的圖中所給的指導能依照施行。這種量表也像科提斯算術測驗一樣，是以速率而不是以難度作計

〔註三十〕 Thorndike-McCall, Reading Scales (Bureau of Publications, Teachers College).

〔註三十一〕 M. A. Burgess, The Measurement of Silent Reading (Russel Sage Foundation).

分的基礎。從三年級至八年級的分數分配已在測驗紙上表明，故同一測驗可適用於各級的兒童。此外還有許多種相同的量表茲將此量表的一個單位列於上。

第三六圖　蓋理斯—柏澤斯量表的一單位

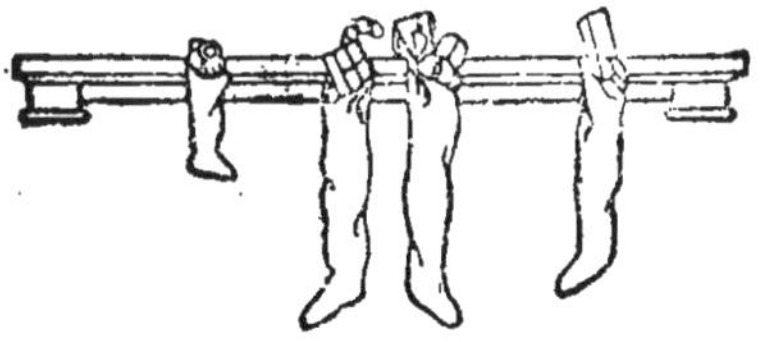

12　一羣兒童將在襪子中發見 Sante Claus 的禮物。因爲那個小女孩將疑問此中裝置些什麼，你可趕快在最小襪子的脚上戳一個孔，以便她窺伺；但對於其他三個襪子的脚切不戳孔。

對於閱讀各方面都可測量到的一套測驗，便是蓋慈所編製的〔註三十二〕。蓋慈先研究各級所用的字彙和閱讀時的重要過程，於是創製兩套測驗。第一套包含三個測驗是爲初級用的，在一些成段的語句後隨即有圖，學生須對照語句的指示，在圖上作種種記號，藉以明白正確認識的程度。

第二套是高級（三至八年級）用的，係默讀測驗。分爲四部，都是測量閱讀能力，四部的着重點如下：

a. 理解主要意義
b. 預言事物結果
c. 正確依遵指導
d. 報告詳細情形

〔註三十二〕 A. I. Gates, The Improvement of Reading (MacMillan Co., 1927).

在第一部中，於讀故事後，隨卽作以下的事體。例如：

那個神仙有何種感觸？試在下列各字中認爲與那神仙的感觸有關的字下畫一線，——

憤怒　困惱　懼怕　歡喜

在第二部中也同樣是故事，以後則有四句話敍述將有什麼事體發生。被試者須在認爲要發生的事體的那句話下作一記號。例如在敍述貓與猛犬的故事之後，有下列四句話：

他們任戰事繼續發生。

貓睡着。

那個夫人將她的小鳥移到別處。

百貨店商人救了他的貓。

測驗的第三部與靄理斯——柏澤斯量表相似，於圖形之後有故事且有須在圖中作記號的指導。

第四部與桑戴克——麥科爾的量表相似，惟每個問題有四個答案，兒童須將認爲最好的答案作一記號〔註三十三〕。

以上關於初小課程——算術和讀法——的幾個測量的例，很可表示近代教育在求用客觀方法以

〔註三十三〕此外還有許多測驗爲診斷和補救教學用的，其詳情和說明見 Gates, The Improvement of Reading。

代替主觀印象，及在測量時企圖能診斷兒童對於一個學科的困難所在的大概趨勢。

對於這些量表，必須先有實際的認識和應用，而後才能明瞭其詳情與知道其優點。對於初小、中學、大學和職業學校的其他課程的測驗和測量，則須查閱本章後面的參考書。

整套的學力測驗 為着調查的目的和為着判斷學生的一般成績的目的，常編製包含各種學科的整套測驗。斯丹福學力測驗（Stanford Achievement test）〔註三十四〕，便是一個著名的例。其測量四至八年級學生的為一包含十頁的小冊，共須二小時以上的時間。此測驗為測量一個學生對於各學科的諳練程度，且有標準成績與之相比較，其所含學科為：

1. 讀法
   - a. 一段的意義
   - b. 一句的意義
   - c. 一字的意義
2. 算術
   - a. 計算
   - b. 理解

〔註三十四〕 G. M. Ruch and L. M. Terman, Stanford Achievement Test (World Book Co., 1926, and later revisions).

3. 自然研究和科學
4. 歷史與文學
5. 語言使用
6. 拼法(默寫)

這個測驗有各種樣式，有總分數和個別測驗分數的年級等值 (grade equivalents) 和年齡常模 (age norms)。這樣固可分析個人的成功或失敗，也可從班與班之間和校與校之間作比較。僅考察一個學科固可，從一般初級教學上去考察也能做到。

新法考試 一種分數不由個人決定，材料預先標準化和成功常模根據於大多數學生的結果的客觀測驗測量和考試的運動，對於社會很有重大的影響。由此才發生了各方面教學以至職業分配和實業管理的客觀和「新法」考試的方法。

現在不大由教師任意出題要學生作論文，和僅憑個人的意見評定分數。用比較客觀考試的方法，不講旁的，可以消滅許多的變動因素，如寫字的速率，字的優秀，拼法和口才等。這樣便於評定成績時僅以眼前試卷的優劣為準，可不受這些變動因素的影響。在作答案時僅須辨別是非，選擇最優的答案，改正命題的錯誤和填空白所須的反應也是很簡單的。且在一固定時間內，可與許多論點相接觸，這樣能得到學生的較大範圍的知識。

假若適當的預備，這種考試也需費許多的勞力和洞察力。計分的時間雖可減少許多，而試卷作成的時間則很長。有時還要預備各種樣式的標準化的考試。

在這種考試中已消滅一部分的變動因素可以獨自測量，這樣便可免去混淆。若用『舊法』考試補『新法』考試的不足，則對個別差異有更好的適應，因為對許多因素，如材料的組織，聯貫和知識上的辨別與記憶，於最後判斷學生的成績或能力時，不至於不可靠。

用標準方法和比較材料的新法客觀考試，在高等教育中還是試驗時期。此方法的優點顯然隨着所應用的範圍和是否善於利用而異。以現在的證明，此方法的信度和效度都很大，且可於各方面經濟勞力與時間〔註三十五〕。

在選擇人材和職業指導時，同樣的考試方法已發生出來，例如用分等評量，標準化的面談，系統的職業測驗計畫的個人面會和成績紙等。這些已推翻以前的看相片，自我評判，看請求書和證明書的方法而得到了優良的結果，並且減少用主觀方法評定人類的品性和能力的信念〔註三十六〕。

〔註三十五〕 H. R. Douglass, Modern Methods in High School Teaching (Houghton Mifflin Co., 1926)，有很好的一章講新法考試，且有很好的參考書目。

一部分由於歷史和偶然的關係，主要是由於興趣和訓練的關係，這種種心理和教育測量在病理、應用和教育心理學中已有廣大的發展，因爲它們是很可靠的，故教師、教育行政者、教育專家都迅速廣泛地應用起來。

幾個實際問題　心理測量的理論上的可能已爲大家所周知，因爲測驗和量表在社會上已經應用得很多。不過有些沒有確切了解的人不免對之有誤用和誤解的地方。單發表一個測驗和製定一個量表並不能即說是一種可靠和有效的工具，這是不待言的，因此應用這些技術時必須注意到許多其他問題。

例如一種『智力測驗』與其他一種智力測驗的相關很高，雖可作爲標準，而並不是從這一個測驗的測量結果即可代替那一個測驗。如我們測量智力年齡時，或許從這一測驗所得的分數與那一測驗所得的分數極不相同。而對其他人則用這兩種測驗測量的結果，分數都是一樣的。故對一件事的有興趣與否僅有相對的，或是隨個人的一時高興而決定的，智力年齡或智力商數的產生有時也不免如此。

在測驗和量表的內容方面也有同樣的危險。假若一個量表大部分是從私立學校的兒童得到標準的，則其所謂標準化也僅限於這羣的學生；如果將這種『常模』應用到普通一般學校的兒童，便不免有

〔註三十六〕 H. L. Hollingworth, Vocational Psychology and Character Analysis, 此書對於某些方面的心理測量法的發展，有大概的敍述。

所誤用。

還有，假定一種作業能力過十一歲後實際沒有什麼增加，則定某個兒童對此事的智齡爲十一歲，便沒有什麼意義，因爲這測驗的十一歲的分數是假定以後還有進步的。

所有這些不過是用測驗和測量時幾個基本的錯誤。教師若很小心和有豐富的知識，則很可利用這些工具以指導和計畫工作，診斷學生的困難，與分析所教的材料。若教師能努力客觀化和公正化如測驗原意所指示的，則自有許多益處。至於用這些測驗以處斷學生，則必須於方法上有專門研究而後才能應用與解釋得無錯誤。

問題

1. 設法取得一本某學科的試卷，並請十個教師分別評定分數，你將如何與斯達奇、伊利奧特(Starch and Elliott)的結果相比較呢？
2. 測量一個人的『一般健康』有可能否？
3. 假若量你自己的脈搏爲每分鐘六十次，有什麼意義沒有？你如何能說明它的意義？
4. 用某種客觀量表以測量圖畫、書法、縫紉、尺牘和作文，並在班上說明。
5. 詳細說明這種量表的編製方法和用什麼作單位。
6. 做某種團體智力測驗（如軍隊測驗a），計算自己的分數，並發現這種分數的意義。

7. 在班中用斯丹福修正皮奈量表測量一個六至十歲的兒童藉以明白這種測驗的性質和用法。

8. 儘可能的收集幾種作業測驗（非文字的），並知道他們的性質和用法。

9. 用席灼爾音樂測驗的標準材料和方法測量班上各人，得到各個人的分數和其分配。

10. 將一種初小學科的標準測驗或量表帶到班上說明其性質、編製、效度、信度和用法。

參考書

Burt, Cyril, Mental and Scholastic Tests (London, King, 1922).

Dearborn, W. F., Intelligence Tests (Houghton Mifflin Co., 1928).

Freeman, F. N., Mental Tests (Houghton Mifflin Co., 1926).

Gregory, C. A., Fundamentals of Educational Measurements (D. Appleton & Co., 1922).

Hollingworth, H. L., Vocational Psychology and Character Analysis (D. Appleton & Co., 1929).

Hull, Clark, Aptitude Testing (World Book Co., 1928).

McCall, W. A., How to Measure in Education (MacMillan Co., 1922).

Monroe, W. S., Devoss, J. C. and Kelly, F. G., Educational Tests and Measurements (Houghton Mifflin Co., 1924).

National Society for the Study of Education, Seventeenth Yearbook (1918); Twenty-first Yearbook (1922).

Pintner, Rudolf, Intelligence Testing (Henry Holt & Co., 1930).

Pressey, S. L. and L. C., Introduction to the Use of Standard Tests (World Book Co., 1931).

Ruch, G. M. And Stoddard, G. D., Tests and Measurement in High School Work (World Book Co., 1927).

Symonds, P. M., Measurement in Secondary Education (MacMillan Co., 1927).

Terman, L. M., The Measurement of Intelligence (Houghton Mifflin Co., 1916).

Thorndike, E. L., The Measurement of Intelligance (Teachers College, 1917).

Trabue, M. P., Measuring Results in Education (American Book Co., 1914).

Van, Wagenen, M. J., Educational Diagnosis and the Measurement of School Achievement (MacMillan Co., 1925).

Whilehouse Conference Publications: Growth and Development of the Child, Part IV, "Appaisal of the Child" (Century Co., 1932).

此外在 Hildreth, G. H., Psychological Service for Schlool Problems (World Book Co., 1930) 中有三十九頁關於教育測驗的目錄，其出版年月和發行者都已列出。

第十二章　特殊兒童的教育

特殊教育的心理　特殊教育一個名詞，是指對於幾個重要方面離開常態的學生的教育而言。如異常聰明或愚蠢的兒童，有特別音樂或圖畫天才的兒童、在讀、寫、拼法方面特殊無能的兒童，反社會習慣或極端情緒不安的「問題」兒童，有語言困難的口吃兒童，跛足兒童，以及感覺器官有嚴重缺損如聾盲或部分聾盲的兒童，都需要特殊的教育。

在初級小學之上，便有對於特殊兒童的教育設施。大學對於特殊才能或有特殊興趣的學生常設優待課程，允許他們有較大選課的自由或到班上課的自由。成人教育方面，對於語言有困難的學生，如不懂方言，亦有特別的設施。於實業訓練中，對於許多文盲必須用特殊方法的教育，與教已識字者的方法不同。

心理學對於特殊教育是很能作有益的幫助的。向學生作一番心理考察，如對他的身體或心理稟賦加以測量，對他的過去歷史及過去教育所用的方法加以調查，便可發現他的現在困難的性質。並且這種考察，對於他將來的施教也很有用的。此外，特殊教育須對於特殊困難的學生採用不同的教育方法，或計畫新的方法以減少其困難，這點也必須心理學的知識。

感覺和動作的困難　對於完全聾盲及身體殘廢的教育問題是很特殊的，普通教育心理學書籍都不加以討論，對這種人須有特殊的教師及有特殊訓練和經驗的人方可以從事。

較輕微的聾盲學生所遇到的教育困難已有人研究過。最近曾有人用測量儀器（量聽器）於一羣學生中揀選重聽的兒童。在同學校中復選擇一些常態的聽覺但是同性、同種、同年齡及同父母職業狀況的兒童與之比較〔註一〕。這兩組都用標準智力測驗測量過，研究他們在學校中的學力與教師對於他們的品性的判斷怎樣。

從團體去看，重聽兒童的智商（用斯丹福皮奈測驗）較常態聽覺的兒童低6點，不過個人間的智力與聽覺沒有顯著的關係，且這兩組中有許多的『重疊現象』(overlapping)若將智商相同的兒童相互比較，則見在標準學力測驗及讀法、拼法與算術三者的學力方面沒有什麼區別。重聽組中聽覺缺損的程度與學力也沒有關係。

重聽的兒童從沒有被人評斷可以為領袖，不過常時是被評斷為羞縮與孤獨的。對於服從一般的態度，則常態與重聽兒童沒有區別。

我們祇要知道比較嚴重的聾在現行學校中沒有，且要使重聽者的學力與常態兒童相等也不用費

〔註一〕 R. Madden "The School Statas of the Hard of Hearing Child", Contributions to Education, No. 499, (Teachers College, Columbia University, 1931)。此卷中還有關於重聽兒童及其教育的簡短書目。

力。那末、其唯一的缺點便是重聽者不能完全參與社會生活，致養成逃避和羞縮的態度，故對於這些兒童必須有特別方法引導他們作社會的適應，而後他們才可獲得實際的利益。

語言的缺陷　口吃雖然大半是心理的缺陷，而不是感覺或動作的困難，不過可以歸納爲語言的缺陷。據估計約有百分之一至百分之二的學校兒童患這種困難，他們是人生最痛苦的一羣。他們常被父母及教師所誤會，且被鹵莽的同伴所揶揄。因此，他們所受情緒的苦痛，非困惱他的人所能覺察。語言困難的性質也有很大的差異，所以這種兒童被發見之後須及早就商於生理心理學家或是在這方面有特殊訓練的教師。

此處對於語言缺陷的心理不能作詳細的闡述〔註二〕，但可以簡單說出一個研究，藉以知道若能清楚的理解這些困難，則對於學校的進行甚爲便利。

這研究是將一個城市學校中的兒童與控制組的同年齡、智齡、性別、語言及種族背景而不患口吃的兒童相比較〔註三〕，從各方面以發見口吃的兒童是否有較低劣或不便之處。

〔註二〕 關於這個問題可參看 H. L. Hollingworth, Abnormal Psychology (Ronald Press, 1930) 書中的一章。

〔註三〕 E. D. McDowell, Educational and Emotional Adjustments of Stuttering Children, Contributions to Education, No. 314 (Teachers College, Columbia University, 1928).

口吃兒童的智力分配與常態兒童沒有兩樣，用非文字作業測驗時，口吃兒童的成績且較普通兒童爲佳。用學力測驗（斯丹福學力測驗）時，則見這兩組兒童沒有顯明的差異——從口吃兒童對於背誦與語言是否困難着眼，這結果是很重要的。用各種測驗測量情緒的安定也沒有發見顯然的差別。由教師評量『人格的特性』兩組的結果也是相同，惟控制組略有較高的『自信』又用許多『體格測驗』(physical test) 時，這兩組仍然沒有差異。

從口吃兒童的研究，便知對於他們須有特別的理解，甚至須特別的處置與敎導。敎育便是要用有組織的技術以減少人類的痛苦的。

愚蠢兒童的教育　從智力分配曲線去看，發見初進學校的學生具有很大差別的學習與進修的能力。智商在 70 以下的約佔全體人數百分之二，專門術語稱爲低能 (feeble minded)。許多智力缺乏的人，雖大都送進了特殊學校，而不是全體，初級小學中仍然有智商在 40 以下的學生。

在低能與多數『常態』兒童（即智力曲線中間的百分之五十）之間，有一大羣魯鈍的兒童，對於文字的學習能力雖比較低劣，而體質的稟賦則很完好。這種兒童中最能幹的，在通常學生的班上常爲落後者或重讀生。其次等能幹的，因學習能力低，故趕班不上，致對他們須有一種特別的設施，使他們進『不分級的班』(ungraded classes) 或『機會班』(opperunity classes)，如年齡較大的，則使之入初級職業學校。

在強迫敎育律之下，雖至靑年仍須受敎育，故對這些學生在訓練、升級與其他相關方面將成爲嚴重的問題，否則必須有特殊敎育方法的設施。

要對於愚蠢者有適當的訓練，必須對於他們的心理有淸楚的了解。這些學生在通常各級中常足以引起大多數的逃學、過失與不進步的問題，他們的升級常超乎他們的實在能力之上，故升級以後，他們不能與班中的人競爭。使敎師及全班都枉費許多時間，並足以阻礙進步較速的人的進步。

解決這問題，必須儘早選出這些愚蠢的人，對於他們的敎育指導是使他們走上與常態人相近的能力的路，而不必向着學問方面。故必須有適應他們需要的特別課程，送他們至特別班或特別學校中，及特別着重於工藝及實用技術的訓練。

對這種學生可在早年用專門的智力測驗挑選出來，不能憑生理特性及通常的醫生檢驗方法去選擇。若用標準測驗測量他們的學習能力與在常態環境下的以前學習的結果，是最可靠的鑑定方法，這種方法的可靠性或許於低年級極大。

敎育的可能性 這些學生也有各種程度的智力，從極低的以至常態之下，故敎師不要誤想他們是「普通相似」的。他們不是特別不同的一種人，而祇是在智力曲線的低下的一端。他們也不是所有各方顯都低能，有幾種能力他們與普通的兒童相近，故要學生在一起從事於各自能力相等的工作，從心理上看是很好的。

智力上愚蠢的，用任何方法或任何教育的技術不能使之爲『常態』缺乏發展的，也不能在數年之內有顯著進步與恢復至常態水平線。其對於個人的發展除極少數特殊例外，都祇能就各人的智力作相當的補救。

教育的方法並不須特別，學習的速率與材料的性質可隨學生的智齡而異，不論其實在年齡怎樣。唯一的例外，便是對於其中聰明兒童依照智力雖可以擔任某種技藝，而因體力不夠，必須至較大年齡才可。

各種智齡所能學習的事體有如下表，各種智齡的成人對於這些事體也可以擔任，這是從一個低能護養所實驗而來的。

智齡

二至三歲　能教他們挑水，將水桶中的水傾出；能將污濁的衣服帶至洗衣店，但不能信任他們將清潔衣服帶到旁的地方；他們也能學習從草場與路旁搜集石子、樹葉、樹枝諸廢物，並將這些堆在籃或桶中。

四至五歲　能學習在花園中拔一種雜草，也能管理猪、兔及雞，但不能管理成羣的羊或乳牛，清理牛羊房間則能辦到。

六至七歲　能學習收集花園或樹林中的一種果實，但不能選擇好壞。能去掉樹葉、廢物及雜草，而不能無損於果實。能管理羊及乳牛，能擔任洗衣店的用靛藍與肥皂的通常工作，也能作簡單的縫衽。

八歲　能作洗衣店中的任何事體，能安置桌子及廚房的許多事務，但不能擔任一般的家庭工作，除非在嚴密的指導和監督之下。在讀法方面能獲得三年級的閱讀能力，對其他初級課程也能達到三年級的程度。

十歲　如成人要學習擔任一般的家庭工作，及將事務安排與調整時間，必須達到這種智齡才可。這時雖能應付簡單的家庭需要與巡視家庭，而不能適當的控制或教育兒童，但在簡單環境之下與自己勝任的事體也能夠應付。對於學校課程，他們能完畢四年級或五年級的功課。能讀，能寫，能作簡單算術及圖畫，也能玩弄及欣賞簡單的樂器〔註四〕。

愚蠢兒童對於各門功課的能力，可舉嚴密考試倫敦幾個特殊學校的兒童的結果作為一例〔註五〕。

〔註四〕參看 M. Vanuxem, The Education of Feebleminded Women, Contributions to Education, No. 174 (Teachers College, Columbia University, 1925) 及 E. T. Burr, "Minimal Intellectual Levels of Accomplishment in Industry", Journal of Personnel Research, Vol. 3, 1924, pp. 207—212.

〔註五〕C. Burt, Mental and Scholastic Tests (London, King, 1922).

這些兒童的平均智商爲 57，對於他們都曾舉行一次標準學力測驗，將其結果以發展的定律爲根據對每門功課用智齡表示，看這些兒童在離校年齡爲十四歲時，對於各門功課的智齡是幾歲。

學科	14歲離校時所能達到的智齡
讀法的理解程度；作文；及拼法	6.8
讀法的速率及確度；減法；及除法	7.5
加法；乘法；寫字的速率及品質	8.3
圖畫；手工	9.4

在離校時平均的學力爲八歲，但對各門功課的學力不是一樣，其極近於常態的爲圖畫與手工；對於有意義的閱讀，作文，拼法，文藝（包括對於符號的反應）甚至比平均的智力還要低。

故對於愚蠢兒童須訓練簡單的學校技能，與對於他們在社會及實業中有用的技能，此外須訓練他們以有用的習慣。他們對於抽象的理解，即將普通原理應用到特殊事實，與用抽象名詞對於行爲的控制，如『公正』『仁愛』等是很少希望的。對於愚笨的人祇訓練特殊習慣而不必講一般概念，乃是一條有效的規律。

若從學習的一般性質說明理由，則是很顯明的。愚笨就是不能用簡約的刺激以確定行動或思想，故愚笨者對於新的情境的反應，不能用以前學習的行爲與現在相聯絡。因愚笨者完全不能刺激簡約化，故敎學時必須連續告訴他們全體的情境與學習者所遇到的具體經驗才可。將原來經驗全盤與深刻的說出，用具體事實而不用符號表示，這樣無論學習者所能學習的程度有幾何，而可稱是給他以最大的學習機會。如愚笨到極點的，即這樣去訓練也不見有效，故敎師宜有最大的耐性與理解，就是對稍聰明的兒童也宜如此。

天才兒童　大多數學生的學習能力雖僅是中平的，而在其上却有許多學生具有特別的能力。其中有一羣兒童的智商是在 110 與 130 之間，進步速率極快。學習指定的課程僅須少量時間，知識的喚起極容易，且範圍很廣。對大部分的這種學生在通常學校中可用升級及供給他們所歡喜與能得益處的課外活動的方法。

智商在 130 以上的學生較普通的特別優秀，正如普通學生高出低能的一樣。到這種程度的學生在學生當中不過百分之二，且在這樣少的數目中，還有很少數人的智商將高至 180或190。智商高至這樣程度的兒童往往成爲問題——即其本身的問題與學校管理及組織的問題〔註六〕。

〔註六〕 關於天才兒童的心理與敎育的詳細敍述，參看 L. S. Hollingworth, Gifted Children, Their Nature and Nurture, (MacMillan Co., 1926) 及 L. M. Terman & others, Genetic Studies of Genius (Stanford Univ. Press, 1925)。

這種學生的能力高出普通班中的兒童太多，致對通常課目與設計依他們的能力去做，綽有餘裕。故以年齡為標準，將他們放在通常班中，會無事可作。同伴須用一小時方能讀畢的，他們在幾分鐘內即可完事。因此他們對於學識或技能通沒有達到最高地步的機會。於是養成他們的懶惰與情緒不安的習慣，對於他們反為有害。學校的通常工作既為他們所忽視，故他們回家以後，用餘時作他們野心中的設計，對於教師所希望的每輕視不做。他們讀艱深的百科全書，學習奇絀的語言，探究教學問題的新解法與討論國際問題或寫創作。

如很快的從低年級升到高年級，則他們所接觸的又多是年齡較長與身體較大的兒童。雖然在理解和智力方面他們和這些學生相等，而體力與身體活動則不能參與。他們不能作領袖，也不能對於同年齡的兒童發生影響。他們在同年齡兒童中，復不是各方面都可作領袖的，因為他們的理想過高，非同伴所能理解。領袖實不能超出被領導的人過遠。

高年級中有僅依智力而升級的兒童，他們的社會關係便成為很特別的。從身體上，有時從情緒上去看，他們較班中其餘人幼穉，故他們常為較長較大的人所戲謔。因此聰明兒童的教育，實為特殊教育問題之一，必須從心理方面去處理才好，

天才生的研究　天才生在學校中是常有的。以前，學校是專為有能力的人而設，故不成為嚴重的教

育問題他們的同伴的智力都是比較相近，若將他們相互比較，他們能够自己負起責任，他們自己可以養成有效的成功標準，和良好的工作習慣。對他們的敎育既是養成領袖，因此他們的能力也在動作、思想及發明方面成爲領袖。他們的日後成功，全體人民都利賴之。

但自敎育標準降低實行大衆的強迫敎育與增加學生人數後，這種自然選擇與訓練天才的方法不復存在。漸漸便認天才是一個敎育問題，須在早年去選擇他們，及想方法使他們與社會全體的潛伏可能性能充分發展出來。於是便有種種的特殊敎育方法作天才的實驗。

第一步，便是發見學校中的天才生用適當的測驗去選擇，並研究他們的學習能力以外的其他特性〔註七〕。這些學生通常是從具有非常能力與成功的家庭而來，其父母常不知道他們的特點，以爲他們很『普通，』不過他們的所謂普通，意思就指『像他們家庭的人一樣，』其實要較普通一般人民高超許多。這些兒童的父母，大都有一定的職務，或營自己的事業，或爲商業中的領袖。很少天才兒童的父母是從手工藝者出身；職業較此爲低的，實際上恐無一個是天才兒童。天才中男女的數目約略相等，不過男孩較易引起人的注意。

敎師的判斷對於發見天才沒有多大的用處，因爲敎師往往忽視眞正年齡的差別，其發見班中最能

〔註七〕 例如推孟及他人對於天才的研究。自一九二五年起推孟等已將其研究發表數部書於 Stanford University Press 出版。

幹的學生，是以功課優良作標準，而沒有注意到這種兒童或許是年齡較大的。用學校分數作標準則必須有許多的課程及經過幾年的時間方能決定，因為若不用客觀的測驗則所評定的分數富於主觀性。

故必須用客觀的智力測驗、學習能力測驗及教育知識與技能測驗去選擇天才。若欲這樣去選擇，便須造出許多心理測驗的器具。這種器具原來是用以選擇愚笨兒童的，因此量表上頗嫌不够用。

從研究許多智商在130 以上的兒童，可得着下列一些結論〔註八〕。

他們的遺傳都是良好優秀的，從他們的父母與親戚的職業，社會地位，教育，健康與壽命及特異的優點上都可以看出。

從生理和身體方面測量，這些兒童比較同年齡、性別及同種族的控制組的兒童身軀較大且較發達。他們生而有偉大的體格，行走較早；健康，早熟。

教育方面，他們大多數比同年齡的兒童的成績較優，但他們的能力還沒有完全發展出來。他們一致對於學習與求知有眞實的興趣，半數在入學之前已經學習閱讀。用客觀標準學力測驗，他們的成績都超出『常模』之上。他們常有特殊的音樂圖畫與藝術的天才。

這些兒童的能力與普通兒童兩樣，他們多有興趣於抽象的活動，少技藝的活動；歡喜難的題目而忽略容易的題目；他們在校外的智慧活動是很顯著的；富於『收集』，且極熱忱於科學的課題。

在遊戲方面，他們的興趣不在競爭，知歡喜思想的遊戲。遊戲的伴侶都是較自己年齡為長。他們在同年齡兒童中常被認為『怪人』，因

〔註八〕 對於這些結果的詳細情形可參考 Gifted Children 及 Genetic Studies of Gencius 二書。

為他們比較成熟與興趣孤獨。他們的閱讀範圍甚廣，比較傾向於成人的材料。

在測驗與評量各種性格與人格特性，時這種學生確較控制組爲優。最優的特性是『智力』方面；依着如下的次序，其優勝程度漸漸減少——『意志方面』『道德方面，』『情緒方面，』『身體方面，』『社會方面』。最後對『機械的聰明』則控制組略較優勝些。這些差異，有多少是靠着興趣與先入爲主的影響？現在還不知道。

關於天才兒童的迷信　對於天才兒童最流行的迷信是將以上的結果倒轉過來，這些兒童並不是如平常所說弱不勝衣與多愁善病的，他們也不是命運決定爲早夭的。反之，他們合於『機體性質』的一般定律；天才兒童與這些特性都有正的相關，他們不僅有極高的智力，且在其他各方面也很優秀，不過有各種程度的不同而已。

天才兒童是『神經質』及情緒『不定』的觀念也須取消。從客觀方面測量或用最好的方法評量，他們整個的較普通兒童少帶神經性，且比較安定。某種興趣上的差別，比較歡喜孤獨的活動，及有時因過分聰明而發生不適應致引起情緒的苦痛也是常有的，不過這是由於學校及社會對於他們的處置不當，而不是他們本來如此。

對於這些兒童的跟蹤研究，發見他們以後幾年就是到將近成熟時也沒有退步。現在已見他們進了中學，許多進了大學，有些已經結婚，參與了實際的生活。從全體言，他們都是出類拔萃的人；早年對於他們的成功的期望已完全達到。

聰明兒童到後來退步的觀念是很普通的，須在此說明一下。這觀念的發生，一部分由於大衆的信仰是根據於少數的『表面』事實，因爲有些確不是異常聰明的，不過爲着表現而有特殊的訓練而已。有些雖是眞有能力，不過大衆使他們變成爲很虛矯的，致使誤用聰明而不能得到眞正的成功。

不過大多數的情形可用一簡單的例來解釋。如一個智商爲120的兒童，在低年級中能得到優良的成績，是因爲這班的多數同學的智商在100左右，僅有很少數同學有特別的能力，甚至可沒有一個學生的智商是120。在這樣一種學校狀況下，這種兒童便顯示特別聰明了。

當這兒童進了中學時，因全體的學生都是從低年級選擇出來，故他的同班具有與他同等的能力。於是他在這班中僅是一個中平份子。在這種較高選擇的學生羣衆中，須有眞正聰明的兒童才有較大的競爭機會。

在大學中又經過一番選擇。通常優良大學學生的平均智商爲130，這種平均數較之中學生的平均數爲高，所以這個學生的成績決不會顯示特別；除非他有特別的努力與熱忱，否則他必會在無能學生之列。

學生能力漸漸衰退的錯誤觀念卽是由此發生，以爲他是『衰退的』，其實恰好相反，他仍是同樣學生，具有同樣的能力，不過與他相比較的標準漸漸增高了，愈至高級，這種標準與比較愈相密合，所以便顯示他退步了。在教育指導時，我們固須了解學生的能力，同時也必須明瞭他的同伴的情形。

天才兒童的實驗教育 因爲『停止進行』(lock step)及迅速升級的方法都不能解決天才生的問題，故曾用各種的實驗尋出適當的方法，茲條舉幾種方法如次：

1. 用『停止進行』法，即不論其能力怎樣將兒童放在同年齡的一起。
2. 對通常課程都迅速進行，其速率雖隨個人或團體的能力而異，而比較的快。
3. 令聰明兒童停止一時的工作，讓其他兒童『趕上』。
4. 對聰明兒童教以豐富的課程，使他們在同樣課程中多作些事體，如學習別種語言、增加閱讀等，至教課的速率仍是一樣。
5. 保持通常的教課速率，增加聰明兒童的課外活動，如自由遊戲，身體鍛鍊，或另學習幾種有用的商業技能，如婦女服飾的製造與售賣，細木工，建築，鉛管製造及設置，農作等。
6. 容許課程的相當加速進行，同時用有趣的活動使他的課程豐富，如藝術、傳記、旅行、博物、狩獵、實業史、公民問題等。

這幾種方法中那種是最有效的，還是一個待實驗的問題。有許多這樣對於天才兒童的實驗正在一些學校中進行。茲將一個最有趣的簡單結果說出以當一例〔註九〕。

在一九二二年有兩組八歲的天才兒童從一個城市的各學校選出，於一公立學校中組成特別班。全班的智商都在 130 以上，較低的一組平均智商為 146，較高一組為 165。他們在這特別班裏有三年以上的時間，直至他們在初年級畢業。

對於他們有各種的心理和生理測驗，包括教育學力測驗。將結果與各控制組比較——即與常態兒童及不在這特別班的聰明兒童比較。各種豐富課程的方法都引入，如法文會話、課後修養、遠足、傳記研究、文化史及代數的提前學習。這些對於普通班都不用。

雖這些學生的程度都已超過他們的年級地位，但僅用了豐富課程而沒有用加速進行的方法。在初級課程進行中，他們都須達到標準的學力，因他們比通常兒童所用的時間較少，故其餘時間大都作課外的活動。

〔註九〕此例是從 A Summary Report on Pupils of Two Special Opportunity Classes of Very Bright Children, Authorized by The Board of Superintendents, New York City, Sep. 1922 取來，同時可參看 L. S. Hollingworth, Gifted Children及 Twenty-third Yearbook of the National Society for the Study of Education, 1924, Part I, devoted to "The Education of Gifted Children".

研究這些兒童的特性與其進步狀況，已經發表了二十篇以上的報告〔註十〕。用這些與常態兒童及沒有進特別班的聰明兒童相比較。

嗣後的學力　自初級畢業後，這些兒童進了城市的各種中學，沒有再分組，但對於他們仍有跟蹤的研究，當他們在中學畢業時，將其成績搜集起來〔註十一〕。對於他們每年仍有各種的心理和生理測驗，由此對於聰明兒童的進步情形放出無限的光明。

從全體去看，他們對於各種的特性都較普通兒童為優，且這些優點經過十年跟蹤的研究仍保持着。他們的年齡雖比用科學方法從中學選出的控制組平均小二歲，而他們在中學的成績是很優異的。他們所獲得的學術榮譽 (schorlarship honors) 四倍於常態的，活動榮譽 (activities honors) 如學校服務、得獎等也較常態為優。用智力測驗測量他們，仍保持最初優勝的地位；他們的智力分數較著名大學畢業生的智力分數還高。大多數的人在中學畢業時，表示他們進這個機會班及在較早年齡進中學表示滿意。

〔註十〕在"Summary Report"中計有十四個這樣的研究（至一九二九年為止。）

〔註十一〕參看 E. E. Lamson, A Study of Young Gifted Children in Senior High School, Contributions to Education, No. 424 (Teachers College, Columbia University, 1930).

對於天才兒童的教育怎樣才是最好的，仍須待實驗的結果〔註十二〕。不過依據經驗，有幾點是可以特別提出的。

1. 這種兒童經過學力測驗，其成績超過同年齡的兒童百分之四十至五十，假若對於他們沒有特別教育的設施則超過年級地位不到百分之十四。

2. 教聰明兒童時練習可大大減少或可完全沒有。

3. 若教材的內容適合聰明兒童的興趣，可無須人為的動機。他們先天的智慧好奇很熱烈，興趣的目標很寬廣。

4. 設計法最適宜於聰明兒童，『社會化的教學法』及由兒童負責的合作事業可以在聰明兒童中實行。

5. 用合理的計畫可以引導他們自己管理、控制及訓練。

6. 須用有特別能力的教師教聰明兒童，他們必須具有優秀智力，良好學識與熟悉聰明兒童的心理，及沒有成見，嫉妒與迷信。

〔註十二〕如讀者對於用近代方法及實驗以教育天才兒童有特殊的興趣，可參看 The Twenty-third Yearbook of the National Society for the Study of Education. (Public School Publishing Co., 1924) 其 Part I 包含對於這題目的許多報告及有453 個附有註解的參考書目。

能力分組的心理　能力分組的意義是將能力相近的學生同在一班教學。大概的講，這個方法是常用的，就是普通學校的分班也用得着。不過實際上『一級』中的能力仍有很大的差異。至通常對於耳聾及同樣情形的特殊教育，是以特殊困難作基點而分組，不是以能力作標準。

能力分組的專門意義是用客觀的測量、測驗及評量方法定出同等能力而分成小組。有人說這種方法無論在小學、中學或大學的教學都是有利的，有人則持相反的論調。有人想用試驗來作決定，到現在就是根據試驗的結果也仍沒有最後的結論。

贊成能力分組的主要論點，爲教學時比較容易，節省時間，使愚蠢學生得到相當的成功，能力欠缺的學生可以在校中有長時間的學習，能防止有能力學生的懶惰，及增進學生的互助、討論與社會的意識。

反對這種論點的則說能力分組很不自然，沒有想到將來校外的情境；非平民化；可以使進步較慢組的兒童發生羞縮不安及自卑之感；引起較高組兒童的驕傲；教低劣組的教師不能保持教學的興趣；這樣的分組可以減少眞正對於個人的注意，因爲就是在能力相同的組中這也仍然需要；況且能力方面的一致並不卽指其他方面也是一致的（如熱心、健康、家庭關係等。）

關於這方面的實驗也很多，其不相符合之處較以上的爭辯更甚。有的發見能力分組對於愚蠢的學生進步較好；有的恰是相反的結果。有的以爲對於各組的學生都較好；有的以爲與不分組毫無區別。

〔註十三〕現在，似乎可以很妥當的說，相當的能力分組是可以的；不過其有用的程度及分類的最好方法顯須視環境而異；且其結果雖與環境有關，而分組所產生的效果是否由於教師的奇蹟，抑或僅是一種機會可以產生有效的教法及較佳的適於技術與內容的個別差異，也是不能決定的。

〔註十三〕關於這方面的討論以及附有大批註解的書目，可參看 The Twentyfourth Yearbook of the National Society for the Study of Education (Public School Publishing Co., 1925).

問題

1. 假若現在學校中有可以參觀的『特殊教育』班，你可以去參觀一個，並在班上報告。
2. 教師對於部分的聾盲將如何施以特殊教育？
3. 尋出一本或一章關於語言缺陷的書，並看書中對於口吃有幾種什麼解釋。
4. 為什麼對於愚蠢兒童的特殊教育的設施較聰明兒童為好？你想這種方法對不？
5. 參觀一個訓練低能的學校並在班上報告該校用什麼教育的方法和材料。
6. 從文獻中尋出對於天才兒童的特殊教育的文章，並在班上報告對於他們有如何的設施。
7. 為甚麼社會經濟地位比較低的職業所生的兒童少聰明的？
8. 你能尋出證明表示歷史上特殊的人在兒童時代即是很特殊的嗎？

9. 假若你是一個天才兒童，你願意受什麼特殊方法的教育？為什麼？

10. 你想在教育心理學班上應該以智力測驗為根據而分成能力相等的小組嗎？為什麼？

參考書

Bronner, Augusta, Psychology of Special Abilities and Disabilities (Little, Brown & Co., 1907).

Goddard, H. H., School Training of Gifted Children (World Book Co., 1928).

Gray, H. A. and Hollingworth, L. S., "The Achivement of Gifted Children Enrolled and Not Enrolled in Special Opportunity Classes," Journal of Educational Research, Vol. 24, 1931, pp. 255—261.

Hildreth, G. H., Psychological Services for School Problems (World Book Co., 1930).

Hollingworth, L. S., Gifted Children, Their Nature and Nurture (MacMillan Co., 1924).

Hollingworth, H. L., Mental Growth and Decline (D. Appleton & Co., 1927).

Inskeep, A. D., Teaching Dull and Retarded Children (MacMillan Co., 1926).

Irwin, E. A. and Marks, L. A., Fitting the School to the Child (MacMillan Co., 1924).

National Society for the Study of Education, Twenty-third Yearbook (1924) "Education of Gifted Children", Part I, Twenty-fourth Yearbook (1925), "Adapting the Schools to Individual Differences., Part II.

Purdom, T. L., The Value of Homogeneous Grouping (Warwick & York, 1929).

Stedman, L. M., Education of Gifted Children (World Book Co., 1924).

Terman, L. M. Genetic Studies of Genius (Stanford University, 1926, and Subsequent Volumes).

Wallin, J. E. W., The Education of Handicapped Children (Houghton Mifflin Co., 1924).

Woodrow, H. H., Brightness and Dullness in Children (J. B. Lippincott Co., 1919).

第三編　學科心理

第十三章　感動技能的教育——以打字爲例

這本教育心理學所討論的主要題目截至現在爲止有下列幾點：

1. 學習歷程，包含刺激簡約化和擴大性。
2. 教學過程，包含反應的選擇，有效刺激的採用，使刺激發生最後效果和練習。
3. 動機和解除激動的活動。
4. 影響學習的速率和保持的一般與特殊情況。
5. 特殊的教學方法和技術。
6. 適應學習者的特性的教育。
7. 對學習者和學業成績的教育測量。
8. 教育和職業指導。

現在則將討論純粹的教育設計方面以及各種與心理有關的因素。這就是研究特殊的『學科』(school subjects)心理。我們起始將討論一種大部分爲感動性質(sensorimotor in character)的學習的活動卽這種活動的主要現象爲動作受感覺的控制，『思想』和『感情』占小部分。打字（typewriting)便屬於這種感動性質的活動書法(handwriting)也是一樣，許多工業技能的動作，甚至於朗讀都屬這一類。

本章對於打字的學習和教學的研究將有詳細敍述，藉此表示所有教育心理學的資料都可應用到這個學科上面，假若讀者以爲這種着重的方法不對請注意這僅是一個主要的例，各種感動技能都可這樣去研究。如果學習者借助於這種分析而去研究其他與感動技能有關的學科，自是很好的。

一個沒有指導的人的憂愁　對於打字的心理分析和對於這種學習過程的研究的便利，可從一個在三十歲學打字的人看出來。他在初學打字時並沒有人指導，僅看着放在前面的印紙與儘可能地將這些字鈔寫到打字機上去。他有很強的學習動機，每日有時間和錯誤的學習的記錄。

將一個字打出來的歷程是很複雜的。他起首須看印紙說出一、二字，而後看打字鍵盤，將這些字拼出，以次用視覺的探試尋鍵盤上的字母，按下適當的鍵，並注意一行將完時的移動和動『間隔捧』(Spacing bar) 使每字隔開。這樣每次『記在心中』的僅有三、四個字，隨卽又要回頭看印紙，去尋這些字在什麼地方，有時還要再看打字紙，而後才能再記幾個字，重復注意到打字鍵盤上。他打字用的手指沒有一定系統，按下每個鍵時，僅看他的手指在那時如何便利卽按下。

自然用這種方法也可，他也能打出字，不過很慢罷了。他在這種方法中，打一個字母所須的前因或刺激太複雜，以致講求速率爲不可能。他繼續打字有二十年，而所用方法完全與起始一樣。計共打得完全正確的材料約在 25,000 頁以上，大部是從寫的、打字的或印的材料而來。

以每頁 300 字計算，則他計已打 7,500,000 字或 37,500,000 個字母。因爲英文僅有 26 字母，則對於每個字母平均約已打一百五十萬遍，每一次他都是直接或間接看着鍵盤。

在二十年之末測驗時，他不能從鍵盤的圖解尋出單獨字母的位置。在打字時，他仍然對於每個字母須用視覺指導他的手指動作。當說出字時，他能用手指作大概的動作，表示去尋每個字母（至少是大部分字母）的方向若何。但他不能確實知道究竟是從那一列鍵，或一列的那一個鍵去找這個字母。此時測驗他打印刷材料，僅能每分鐘打 25 字，而和他比賽的打字生，每分鐘能打 150 且錯誤少用力也小。

自然他也有許多的刺激簡約化，不然他的成績也不會有 25,000 頁。因此他不必固定地須看某一鍵，祗要眼睛看着鍵盤，些微視覺的刺激或間接視覺也可引導動作至各個方向，而使打字進行。但這位未經過指導的學習者在打字時絕不能廢止視覺，故他的眼睛常在桌上的底稿和面前的鍵盤間看來看去。

科學教學的價值與僅僅熱心於『由做而學習』的教育格言的無用，再沒有比這個例更爲顯明。我們固須由做而學習，但所學的事體不一定卽是我們所應當學的，學習的方法也不一定就是這樣的。假若有以前學習者的經驗和對於學習歷程有適當的分析的良好教學和指導的幫助，則我們將有更好的學習。

這個誤入迷途的打字者與那種教育基本原理相衝突呢？他已正確知道應有什麼反應——即見着底稿的某些字母而按鍵盤上的鍵。不過他最初沒有將對於以後打字最有效力的刺激分析出來。他已知道開始的一些刺激是什麼，方能起始時知道如何按鍵。但他沒有採用系統的手指方法，以致他不能從手指本身得到動作和能覺的刺激，而這些於最後指導動作時却是必要。因此他對於老早即應該脫離的視覺刺激，以便完全注意於底稿與環境，而他却永遠不能做到。

預先的分析　我們預備說明的打字的學習將以實驗研究爲基礎〔註一〕，讀者於教育心理的文獻中便會知道關於這方面的說明是很詳細的。其他材料可從打字教師所作的打字教程中去找。我們將用打字的指觸法 (the touch method) 作說明，至關於視覺法 (the visual method) 的研究，讀者可去看參考書，其所包含的原理是一樣的。

〔註一〕 W.F. Book, The Psychology of Skill, 2nd Edition (Gregg Publishing Co., 1925); E. R. Hoke, "The Improvement in Speed and Accuracy in Typewriting", John Hopkins Studies in Education, No. 7, 1922; F. L. Wells, "Psychomotor Mechanism in Typewriting", American Journal of Psychology Vol. 37, 1916.

在最初教打字時，應當使學習者的眼睛不更看打字機。學習者須專看底稿和其周圍的環境，其鍵盤可以蓋着。字鍵的排列須從一個圖解或鍵盤預先記憶，這種鍵盤圖可擺在近底稿與自己的面前。

打字機須擺在一個標準的位置，這是從以前經驗發見很有用的。椅子的高度和與打字機的距離，手與手指的位置都須事先決定。兩手擺在鍵盤上時，須用小指放在中間一列字鍵的兩端鍵上，其餘各指則依次擺好。用這種『碇』鍵（anchor keys）方法無非是保持一定位置，使兩手所有的手指都有用，和用某些手指固定按某幾個鍵。鍵盤圖上有一條線，是決定近各列中點的各鍵須用那一個手去按。

最初的必須步驟約爲以下幾點：

a. 低聲讀底稿，記着。

b. 拼字，將每個字簡約爲字母的成分。

c. 在記底稿和拼字時，從鍵盤圖中發見每個字母。

d. 從已遮蓋的鍵盤上用手指的觸覺找到適當的鍵，即從某列末端起去找那個鍵。

e. 知道那一手指按那個鍵；以後這手指即定規按那個鍵。

f. 再低聲或想到這字母的位置和與手指的相關。

g. 作按這字母的最後動作。

h. 恢復原來位置，進行鍵盤圖中另一新的字母。

除掉按鍵的主要歷程外，還有其他事必須學習。例如打字機的一般使用法，在每字打完畢時須按間隔棒，每行打完時須移動 carriage，且須注意紙的邊緣和文字的節段，及一紙打完時須換紙等。所有這些學習都依照原來習得的刺激而簡約化。不過為分析簡單起見，我們僅注意於按鍵的一個歷程。

刺激簡約化的第一步驟　從所觀察的事實看，最早消滅的一個動作，便是起始去尋一個鍵的拼字。

學習者於不能記憶底稿時，不自覺地一再將眼睛注視於底稿上。此時拼字的動作漸漸消失，直到一看見字母時便可發生所有歷程的動作。〔註二〕

不過在打字有困難時，這種拼字的刺激仍然可以發生。例如一個人的底稿偶然被遮蔽，『他發見他已將其餘的字拼出來』還有一個人報告『當我忘記鍵盤的位置時，則去拼那個字的音的趨勢特別强烈，』又『當想打一個記憶的底稿時，隨即發生拼字的動作。』

這種歷程有時稱為"short circuiting"或『第一步與第二步的融合。』自然，所謂"short circuiting"和『融合』僅是比喻的說法。最簡單的解釋，不是因為現在的看字與原來的看字和拼音二者是同樣有效的，故後者可以省略。即是已經有了刺激簡約化。

〔註二〕 Book, op. cit. P. 82.

刺激簡約化的第二步驟　同樣一個以前為必須的刺激，也是很早即已消滅。例如在打字盤上尋鍵的動作是由幾個動作『集結』起來的。在最初尋鍵時，先須看鍵盤圖上的字母，而後在鍵盤上用手指摸索這字母並按下。以後這種『位置的視像』或向某個位置的『注意動作』可不經摸索而能得到。這種『注意動作』顯然是手眼向着某個方向的動作適應，以前雖須先看鍵盤圖，而後才能用手指觸各列的鍵，現在則祇要一看底稿的字母，便可隨即得到那個位置。

> 我雖對鍵盤有一種視像，但在練習五日之後，我可利用視動意像(Visual motor image)而找到各鍵，因為利用這些像去找各鍵的方向和距離比較容易些。〔註三〕

> x 在這步至同等時期時，詳細敘述他對每一鍵的位置的注意動作和在見着底稿的字母之後，適當的用手指按鍵的動作，即密切與這種注意動作相關聯。〔註四〕

若參考前面所說的最初必須的步驟表，使知b, c, d三個步驟為不必要，因為步驟e很容易與步驟a相聯，當這種動作一發生時，即可將原始要引起這種動作的激動解法。

再進一步的簡約　其次一步的簡約如布克所敘述的，是將適當手指按適當鍵的簡約方法，即發生『動觸意像』(the motor tactual image)。〔註五〕這種『動觸意像』發生效力後，可以消滅原來構成

〔註三〕Ibid P. 35.　〔註四〕〔註五〕Ibid.

這種意像的幾個步驟，也可廢止須以此為領導的幾個步驟。即利用動觸符號(the motor tactual cue)可以『從按不同字母的動作而得到適當的感覺，或由動作的動觸意像而指導手指的動作。』

現在我們須簡單討論這種歷程是如何消滅的，因為從觀察者看來，這是進一步的刺激簡約化。起首，學者想要尋適當的鍵時，須用手指去觸，與用視覺想像其位置而後將小指放在『碇鍵』上，覺着手指達到適當鍵時有如何的伸張度和方向，當動作的發生之前，又覺着手是怎樣的一種位置和各種動作間是怎樣一種相互關係。

由許多觀察，知道這種複雜動作須借助於許多的作用。例如打英文 "Nation" 一字，打 i 字動作時可以引起 o，另一動作可引起 n。這時所找的鍵，不僅須顧及到『碇鍵』且須彼此能够關照，知道於某定點起有如何的動作和伸張度，即以此為指針而按着那些鍵。所有這些感覺雖然時常存在，不過一經發現以後即刻被利用。

這樣便可知道某個字母的空間位置和動作的適應與符號，不須常常顧及到『碇鍵』一見到底稿的字母後，便直接引起『動觸意像』。因為起先是由這種意像才發生按鍵的動作，故現在按鍵時便無須旁的幫助。

當直接對於字母發生聯想時，所有以前一些方法都慢慢地不同。因為用一直接方法比以前瑣碎的進步方法較經濟些。這種採用較優的方法，及直接去打一字而不用舊的和一時確定的方法的趨勢是很强烈的。

以後學習者對於用動觸意像作打字動作的指導的自信漸漸加强，而對於知道小指和要打的鍵的位置的意識則漸漸變爲薄弱。〔註六〕

有時學習者對於這種打字動作的刺激簡約化的趨勢過於强烈，以致能力還沒有達到時，即已發生這種動作。換句話說，動作僅至將近正確，不俟受其他刺激的控制時即已發出，這樣便多有錯誤。故刺激簡約化須在一個時候受各種刺激的聯合動作的限制，若合作不周到，便會影響正確程度。

動觸意像的簡約　再經練習以後，甚至這種簡約刺激的全部强度也不需要，即對於這種意像的詳細情形可無須留心，感覺上的大略的注意即可成爲很適當的。

用動觸意像作動作的指針僅是一個短時期，已經達到目的後，這種意像隨即不存在於意識中，僅在學習者有錯誤或在打字的效率減低時才用着它。〔註七〕

自然，甚至在這時期及全部的歷程，還是需要手中實際的觸覺和動覺。假若將學習者的手完全麻痺後，則打字也不可能。現在所不同的，僅是需要發動此種動作的重要刺激可以不必要，祇看見底稿中的字母即可有效地發生適當動作。但這種消滅歷程是很慢的。

〔註六〕 Ibid P. 37.　〔註七〕 Ibid P. 41.

最初在全部歷程中必須聚精會神的注意動作。經過練習以後，注意動觸意像漸漸可以放鬆。當一個打字動作可與其他字母的動作相融合時，則對於這種『感觸』漸可不必注意。不過在能自動的控制之前，還須有幾個月時間以意識作指導。……完全將這些動作轉移到手指上是一件很慢的事體。意識的指導的消除，幾乎慢得不可以形容〔註八〕。

字母階段的完成　到了僅見底稿的字母可以作為適當刺激而發生合宜動作，這時學習者的作業便到了所謂『知識』的階段了（第八章）此時對任何不知道意義的字都可以打出，一個字可以從後面打起，字母多的字與字母少的字在難度上並沒有區別。用不着去拼字，也用不着考慮手指，更用不着看鍵盤圖，和訴之於動觸意像。學習者的眼睛祇注意到底稿的各個聯續字母便可以打出字來。

假若這時的注意不十分注意到打字的事體，且亦無前進的動機，此時或許沒有什麼進步而有一個高原。但假若注意到這事體而繼續努力，並且覺得打的太慢，則或許再有刺激簡約化的可能而使效率增加與作業益進。這時期可稱為『臨界時期』(critical stage)。從下圖中可以看出我們所觀察的學習者對於學習打字的練習的進行情形。

由此再進一步便發生所謂高級習慣 (high order habits)，此時便不是以字母為作業的單位，而是以音節字、或成語為作業的單位。現在來討論這種習慣的如何發生。

〔註八〕 Ibid P. 39.

高級習慣的刺激簡約化　打字母的學習已經完成後，若繼續僅看一個字母，則其速率仍是很慢。因爲打字者對於讀法已經學過，故其次一件事體便是讀底稿時不須依字母讀，而須依一個字去讀。這個自然又要回到在起首學習時一個重要的階段——拼字上面來。

起首對於底稿的短字，普通音節和字母的聯合都須注意而認爲是單位。將所有這些組成的字母記在心中，以後的動作便依照字母的正確次序在打字機上發出，且必須於實際動作之前加以注意。固然打字的重複處也有。不過於打每個字母時，都不當作是一個單獨動作，而當作是引導至其次一個動作的步驟。

此時拼字也成爲簡約化，以後不是要將所有的字母都讀出來，而是：

> 漸漸與找鍵的歷程相關聯產生一種以一個字或一音節爲單位的按鍵法。最初對於這種鍵的方向和彼此相聯續的動作還不自然，且須時常想到每一個字母。以後這種團體拼字的高級形式，漸漸由不須注意各個別動作而慢慢地成功。〔註九〕

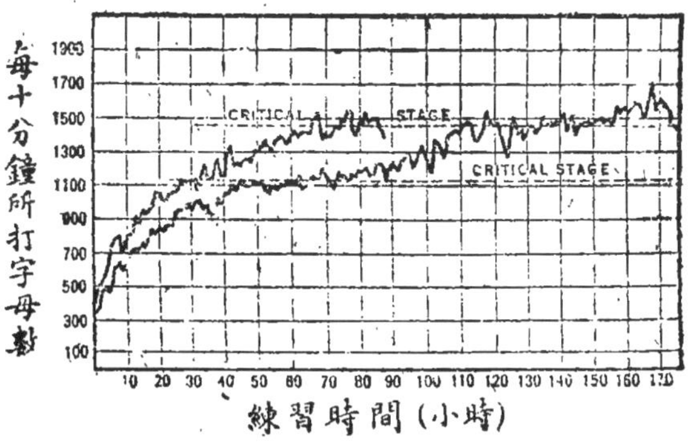

第三七圖　打字的進步（仿Book）

〔註九〕 Ibid, P. 48.

當這種以底稿的較大單位爲刺激已成功時，對於鍵盤的趨向也隨之改變。『我似乎預先即覺得以後動作是什麼方向，且對於鍵的位置的動作知覺也有大概的知識。』

自此以後，學習者除非在發生錯誤時，否則便不覺得有個別的動作。反之，他是以某種定型爲單位，所有底稿中字母的次序，都是以這種集團拼字的定型而組織。漸漸對於以前動作的覺知——即打一字的一個字母——可以作爲以後動作的刺激，至於眼睛不看底稿時也能做到。

一般的說，對於打一字與成語的習慣的刺激簡約化和打一個字母是同樣的。這種事實的可能，主要由於看字母或想到字母的拼法是在打字之先。雖然這些刺激很精微，而在見到或想到底稿的拼法後，則可以適當的將動作發生出來。

假若繼續努力，便可達到專精時期。此時所有的心裏拼字都已消滅。集團動作的覺知也已沒有，祇要看見底稿中的字、句、節段的排列，即可如流水一般打下去，而無須中間的刺激。故此時沒有拼字、動觸意像、手指的摸索和問到是那一個鍵。甚至材料的意義也可不必知道。祇有在發生錯誤時，原來的刺激才來救援，因爲最後動作是由這種刺激而發生的。

這種學習過程固不完全如我們所說的這樣簡單各個時期也不完全一個一個顯然分明。有時也有重複和反覆的地方。譬如對於幾個字母還沒有運用自如之前，字的單位已經形成，且實際的歷程還隨材料的難度，所希望的速率，學習者的情況和其他變動因素而異。

但其大概的輪廓，則已十足證實我們所分析的學習是刺激簡約化。其最後所要完成的動作即是最初所希望的——即依次的按鍵。其中間所消滅的歷程不是『亂動的反應，』而最好認為是以後動作的『必須的刺激，』雖然事實上它們是對於以前動作的一種反應。但在消滅時則確是作為刺激而不是作為反應消滅的。

打字工作的完成　專門打字者不獨對於默寫、速記、原稿、或對於自己的思想作品打得很正確和很快，且打字的各種品質也須很優秀。例如每一擊必須用同等力量使打出的字同樣清楚。擊動的時間和間隔也須正確，俾紙上每個字母的距離很勻稱。

初學打字者往往對於這些事很困難。例如擊動的時間和強度不一樣，且不能與 carriage 的動作相符合。其中很有趣的，便是打字教師常借用一種器具藉以使學習者增進其打字的品質。例如起首用一種複雜的刺激以使擊動的時間和力量一致。這種器具便是留聲機的律動記錄(rhythm record)。在學打字時一方面看底稿，一方面聽律動的聲音，由兩方面合作而決定打字的動作。到了以後，這種律動聲音的指導便可不必要，由學習者自己的活動而發出聲音和動作。換句話說，已經學習這種方法後，便照着這方法的次序和律動去做，以後即可廢除這種刺激，而自己單獨行使這種作用。

打字的學習曲線　第三十七圖乃是布克（Book）的兩個實驗者的學習曲線，藉以代表打字的學習過程。這個曲線的大概形式與我們所描寫的曲線相符合。即最初有很快的進步，以後進步漸漸緩慢。這個曲線所表示的每日打字成績的不規則，在各種學習中都是如此。這曲線又很顯明表示高原或臨界時期，雖然有些其他曲線沒有這種現象。有些人以爲高原是代表無進步的一種階段，當低級習慣已經完成，而高級習慣尚未獲得時便如此。

布克以爲在打字中的現象頗不同，這種高原是可以避免的。因爲在高原中即是低級習慣沒有確實的進步，這是由於注意的差錯，沒有完全理解方法就打，以致誤用力量，缺乏熱心和興趣等。對於這幾點必須首先注意。此外還有幾個學習者完全沒有高原，那末所謂高原並不是必須經過的一個時期了。但這時期也就確實是一個臨界時期，因爲錯誤的習慣和灰心的態度常在這個時期中發生。

打字的工作曲線　以後我們將知道在諳練打字之前，於每次打字的起首時，必須有一個時期的特別奮起（warming up），或重學（relearning），甚至在效率最好的前一天，於次日起首打字時也是如此。假若打字者繼續不斷打幾點鐘，則可有一條特殊的工作曲線，表示打字的速率和確度各小時有區別。這不僅從時間上着眼，說一日中的某個時期較其他時期的打字爲好。反之，我們須理解以前的一般活動對於後的活動是有影響的。

一般的說，打字的速率，從早上起漸漸增加至中午爲止，以後則漸漸低減。第三八圖是表示幾種心理測驗活動的工作曲線，工作時間是自午前十時起至午後十時止。將最初一單位的工作成績作爲100，以後各單位的成績是以此爲基礎。所有這些結果除打字外都是十人在不同日數的成績的平均數，惟打字曲線是一個工作者的工作成績。

曲線愈低表示對一個工作所費的時間愈少，由此可見各種活動在一日中的進行是不同的，這種事實很有趣，例如穩定(steadiness)和叩擊速率在一日中漸漸有較優的成績，而大部分『語言』和『聯想』測驗的結果恰好是相反，練習愈久，成績愈差，即在儘可能注意於速度和確度時也是如此。

打字和與打字相似的調整動作（標的測驗）的曲線又有相同，從早上起效率漸漸增加，最大效率則在中午，過了中午的時間，效率又漸漸低減，成績復與午前的相似。

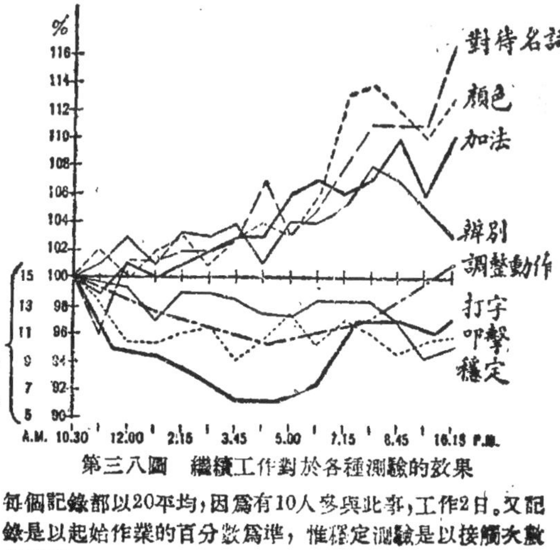

第三八圖　繼續工作對於各種測驗的效果

每個記錄都以20平均；因爲有10人參與此事，工作2日。又記錄是以起始作業的百分數爲準，惟穩定測驗是以接觸次數作標準。

威爾士(Wells)也發現自早上至日中打字的效率是漸漸增進的，〔註十〕不過以爲這種增進，『不是由於打字的本身而來。』以後我們將報告由布克的觀察最容易發生進步的是在工作進行順利，和工作者覺得最有效時。從這種結果，便知一日的早晚不是打字的有效時間。

影響打字的因素　從對學習者的觀察，知道有許多重要因素可以影響打字的進步，茲列如下：

1. 最好有平靜的態度　稍許的煩惱，如有幾個難字的那種極小事體，也會使你須換打字機上的輪帶。如果對個人的進步覺得不快樂，則會實際減少那時或甚至一天的分數。

2. 在起始時須加溫習　在一日工作起始時其進行常不能如昨日的順利。故最初必須有一個時期的溫習，而後才能達到原來的程度。

3. 進步速率的不規則和變動是常事　有許多學習者所不能控制和解釋的變動因素必須知道。假若學習者常時對於低級習慣加以注意和努力，則可以阻礙將來的進步。

4. 對於臨界時期須特別注意　學習者常不知道無進步的原因。若沒有指導時，就是有極强和持久的毅力或致陷於錯誤和耗費能力。又往往因不知道困難的原因，以致隨意動作，學習了許多不良的習慣。

〔註十〕 F. L. Wells, "On the Psychomotor Mechanisms of Typewriting" American Journal of Psychology, January, 1916.

5. 當學習者覺得成績優良和工作特別順利時很容易有進步　這就是說：學習者須有一種優良的情境使學習進步和工作順利。

6. 以激動作動機特別重要　例如『對於打字成績不滿意時，可使學習者的反應變動以至得到一個新的和便利的方法爲止。』

7. 在早期着重速率而犧牲確度是不對的　不過到以後階段時着重速率與確度兩方面，是一種有利於進步的態度。

對一種外力影響的測量　打字成績的變動的原因很複雜，有時是在動機方面，有時是在方法方面，有時則在學習者的心理現象方面。更有時不由於身體的變動——例如健康和精神的變化。假若能實驗的控制這些因素，則要測量和表明這種影響是很容易的，現以咖啡因(caffeine)（爲含於咖啡、茶、可可和蘇打水中的一種成分）對於打字的影響作例來說明。

第三九圖有兩種目的。一是表示一個精於打字者用指觸法在實驗開始時打一定量的印刷材料所需要的時間。她是特別的給以動機，想在四星期的每日中專打這種材料而有進步。她每次是打三頁，一日打七次，這個曲線是時間曲線，從第一次以後計算起看做完每日工作所須的時間，即打十八頁的時間。

從這個圖中可見就是這樣一個專精的打字者，從最初起練習曲線上即有進步，經過四星期的帶有強烈動機的工作，其時間的減少特別顯着。一直到這時期的末後才似乎達到進步的高原。

圖中有兩條曲線，是表示兩種不同的實驗情形。打字者於每日打字一次以後在某幾日中，吃含牛奶糖的小丸，在另外幾日中則吃含咖啡因的小丸，其分量最初爲一釐(grain)，以後漸增，至四星期之末爲六釐。圖中的虛線卽是表示控制日數中(卽吃牛奶糖)的練習曲線。實線則表示吃咖啡因後的練習曲線。

當咖啡因在三釐以下——約在實驗的中途，打字者的工作於喫咖啡因之日一致地較快。過了三釐，卽過了實驗的中部，則其工作是控制日數較快。那末，可見少量藥物(咖啡因)可以刺激工作，不致有不正確的影響。且自全部服藥物的各日看來，其錯誤的總數量(已改正和未改正的)甚至在服多量藥物之日，也還是很少的。

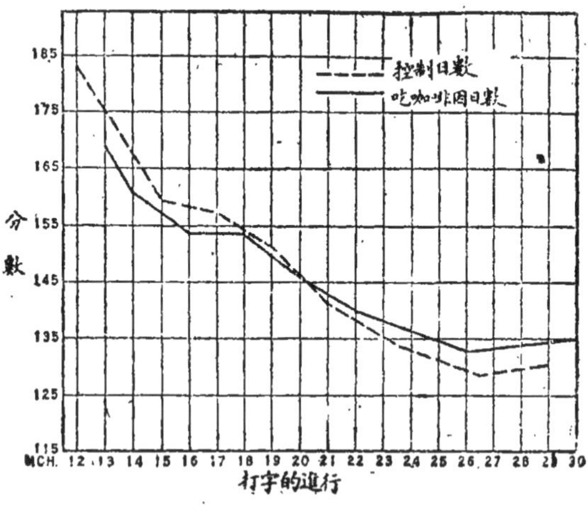

第三九圖 咖啡因對於打字的影響

不過，多量藥物(四至六釐，約等於兩杯濃咖啡之量)確可減低作業的速率。因此少量藥物能增進學習，多量藥物則阻礙學習。此處結果僅表示情境中的特殊因素如何可以影響學習速率的情形。

職業指導與打字　如要決定一個希望學打字的人是否能在打字方面成功，必須用打字以外的一些測驗。這些測驗不一定要能辨別打字的各種程度的能力。此類研究已有人做過，玆僅舉其一，藉以表明如何去應用預斷測驗（prognostic tests）。〔註十一〕

在起首學習打字時給一羣學生以各種的心理測驗。對這些測驗是任意採用的，不過稍許注意於與打字相關的可能性。以後在訓練打字時，每月都給以打字測驗，藉以測量此時的能力和進步。

測　　驗	十　月	十一月	十二月	四　月
動詞——受事格測驗	.41	.43	.46	.57
顏色名稱測驗	.30	.43	.45	.61
校核數目測驗	.45	.47	.37	.30
動作——主動者測驗	.42	.43	.29	.40
替代測驗	.21	.27	.11	.42
主動者——動作測驗	.29	.19	.40	.28
方向測驗	.11	.14	.19	.32
對待名稱測驗	.17	.11	.07	.54
類比測驗	.09	.21	.17	.00

〔註十一〕 H. W. Rogers, "Some Empirical Tests in Vocational Selection" Archives of Psychology, No. 49, 1922.

從每月打字測驗的結果計算與訓練開始前一些心理測驗分數的相關。由相關係數卽可以作比較。相關係數如是正的，是從0以至1.00，其係數愈高，表示打字與心理測驗能力的相關愈密切。以下的相關表是從四個月的比較結果而來。

起首四個測驗在各月中與打字能力雖有較高的相關，而這種相關係數還是低，且人數也少，故從統計上去看若用這種測驗作爲預斷是不十分可靠的。不過從這種結果也就可以證明有些測驗比較能够預言初學打字的人的相對能力。

假若將表中最初四個測驗合爲一組並加以統計的均衡，則發見與打字成功的相關爲＋0.61，這表示它們的相關頗高，且比較的可靠。但這還沒有達到可以作爲預言個人的基礎的程度，不過對於一個雇主想要選擇一個有希望的打字者却相當的可用。

羅格士(Rogers)用統計的分析研究這種係數的意義和信度以後，得着以下的結論〔註十二〕

某甲的心理測驗分數爲140，我們能够預言她的最後打字能力或爲每分鐘40字。因她在百分之99.7情形中，每分鐘所打字數從31以至49字。

某乙的心理測驗分數爲96，她的最後打字能力或爲每分鐘32字，因她在百分之99.7情形中，每分鐘所打字數未超過23以至41字。

〔註十二〕Ibid P. 37—38.

但這種預言對於個人並沒有多少實際的價值，因為他的最後能力究能達到何種程度不能夠確說。這種相關係數不能稱甚高，散開價值 (the scatter value) 也不能稱甚小，因此不能由此建立一個職業指導的系統，很妥當的可以告訴一個人是否能成為一個打字專門家。

這種結論祇能單獨應用於打字，但就現在說，對於其他想要應用預斷測驗以指導個人的職業的，也還祇能達到這種程度。由這種預斷測驗所得的知識，和所表示對於打字可能成功的程度，對於一個極要學打字的人或教師是很有用的。現在這種材料的大部分，祇能說是將來教育研究上一個很有趣的範圍，還不能算是一套最好的方法。

打字的課程研究　在打字課程中與其他課程研究相當的，便是打字者的需要，各個字母於打字時應用的次數，普通的錯誤，和鍵盤的配合等。關於這些問題已有種種的研究。

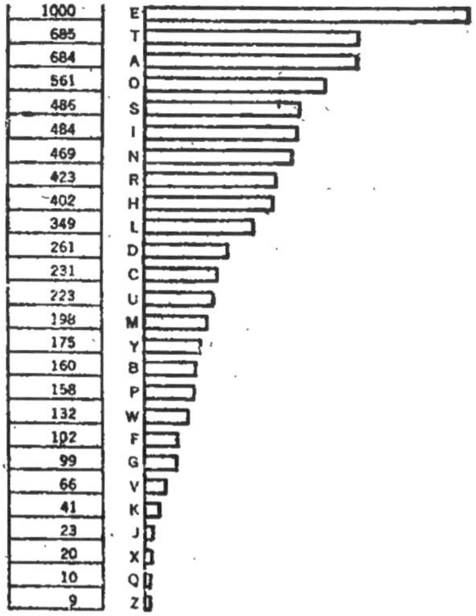

第四〇圖　打字上各字母應用的相對次數

荷克 (Hoke) 從靄理斯拼法量表的一千字，與聖經的一部分，商用信和報紙論說以計算每一英文字母出現的次數〔註十三〕其結果見第四〇圖，每個字母出現的次數與全副標準英文鉛字所供給的字母數目很相似。

所有字母中，E用得最多。E，T，A，O，S，I，六字所占的次數與其餘二十字的總共次數約略相等。這六個字母中，四個是母音。這種結果可以表示每個字母需用的相當次數，也可以表示在通常打字時練習的次數。

將這種次數分析應用到教打字時，殊有如我們在課程一章中所說的種種困難。對字母需要最多的加以特殊練習的主張，却遇了相反的議論，根據於錯誤次數，以為須對應用最少的字母特殊着重。荷克分析一百個人所打的字，計共有五百頁，發見『應用與確度有密切的關係。』應用次數和各字母錯誤次數的相關在0.92以上。

但仍然有一個問題便是學校應否在打字課程中教以實際生活的情境。確實的，直接去打印刷材料可以使學者練習各字母與實際的應用次數是成正比的，那末這樣練習似乎較形式的練習抽象材料要好一點。

〔註十三〕 E. R. Hoke, Improvement of Speed and Accuracy in Typewriting, Studies in Education, No. 7, John Hopkins University, 1922.

反之，為欲免除對實際少用的字母的錯誤，對於這些字特別加以練習也是好的。故在練習時一方面可練習實際生活的材料，一方面可練習抽象的材料，這種兩方面的練習較為適當。

以實用上各個字母和各字母的聯合次數為基準而排列鍵盤，和有效的分配於兩手和各個手指之間，是一種合理的方法。但這也就非常複雜，尤其是要研究字母的聯合和單獨字母兩個方面。現在的打字鍵盤的排列似乎是任意發生出來，沒有適當的科學排列的根據。對於這種工具的本身修改也是教育課程上的一種設計。

荷克表示各個手指對於叩擊的速率在能力上沒有顯著的區別，惟從應用次數上計算，每個手指對於打字的負擔，則有些手指所負擔的次數四倍於其他手指。下表便是綜合的結果。

	左手				右手			
	4	3	2	1	1	2	3	4
叩擊速率	113	119	129	136	145	145	131	128
擔負次數	803	658	1492	1535	1490	640	996	296

例如右手的第一、二手指『能力』相等，但第一指的擔負在第二指的二倍以上。又右手的小指和左手的第二指能力也相等，而後者的擔負五倍於前者。

荷克且批評兩手的擔負不同。右手的能力實際較左手一般高百分之十，而左手的擔負較右手爲重。據荷克的計算，左手約較右手的擔負重百分之四十七。

根據種種討論，荷克遂創一種新的打字鍵盤，他相信這種鍵盤從心理學上看是較爲正確的。固然也知道在此時要改革現在用的『普及標準』鍵盤 (the universal standard keyboard) 必有許多困難，但這對於以科學分析爲基礎的教育改革的許多問題實放一線曙光。

打字的測量　打字測驗和測量現已有許多種。這種測量的目的和其他教育範圍的標準測驗頗相似，是用以考查進步，研究有何特別注意的需要，選擇優秀分子，判斷各種教學方法的效果，和對學生加以分類。一種最常用的便是布拉克斯頓測驗(The Blackstone test)〔註十四〕茲用以作爲我們的例。

這測驗是預先實驗字的長度、時間的長度和其他變動因素的影響，而後以這種實驗作根據，作成一些標準打字材料，每個材料約包含350擊 (strokes)，彼此都相等。被試者每次打三分鐘，根據一個簡單公式計算其速率和確度。此外還有一個圖表示個人進步的記錄，使學者可每次記錄分數，及觀察以後測驗的進步的變動，這樣既可有結果知識，且有一個迫切想進步的動機。

此外有一個全班進步的百分曲線，藉以知道個人分數較全班分數勝過的百分數，全班達到某個分

〔註十四〕 Blackstone Stenographic Proficiency Test (World Book Co., 1923 and laterforms).

測驗	第一次	第二次	第三次	第四次	第五次	第六次	第七次	第八次	第九次	第十次
種類	A	B	C	D	E					
日期	1/14/22	4/16/22	9/3/22	12/5/22	3/7/23					
受教月數	4	7	10	13	16					
每分鐘所擊次數	125	150	170	195	192					
錯誤	6	8	5	4	1					
分數	78	83	113	139	175					

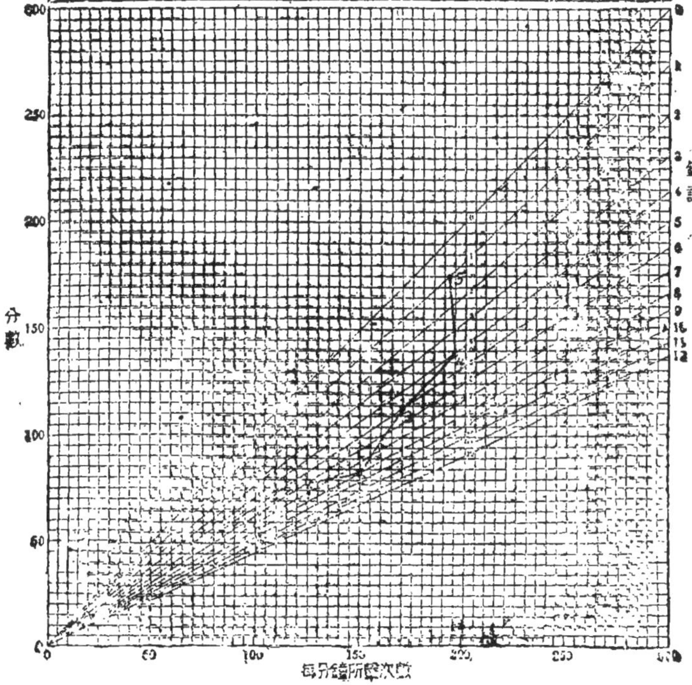

第四一圖　——個人進步的紀錄，布拉克斯頓打字測驗。

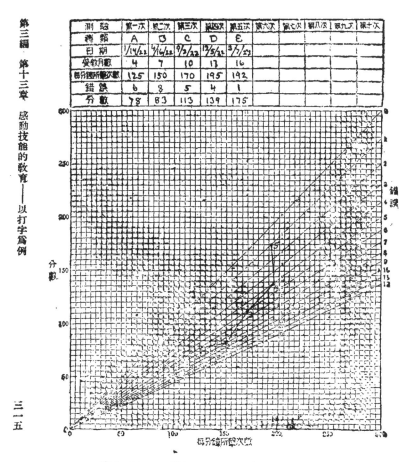

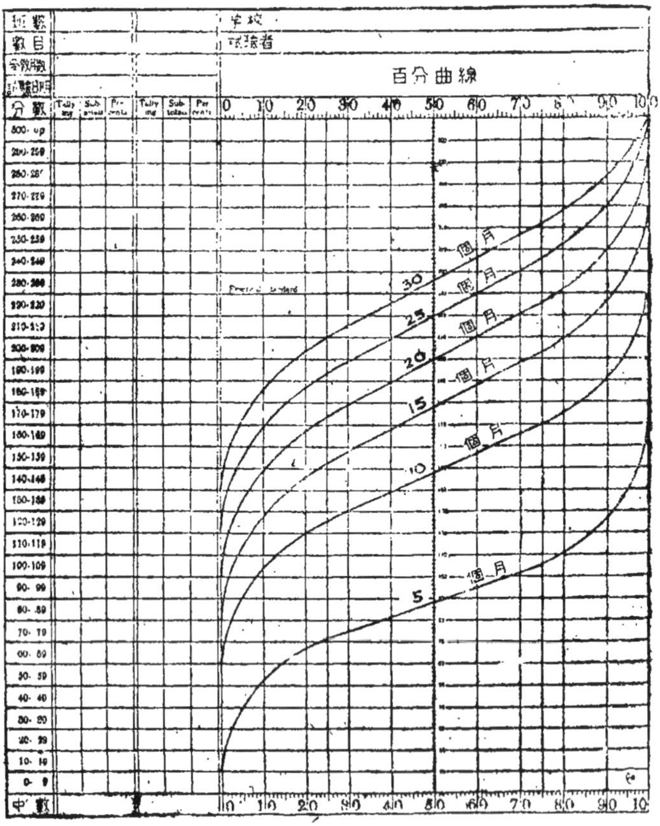

第四二圖 各種受教不同的組的打字百分曲線。

數的百分數，分數的距離和變動性，以及各組分數的重疊性。

根據2000以上的人的成績，得了幾個作業常模，這2000人學打字的時間從五個月以至三十個月以

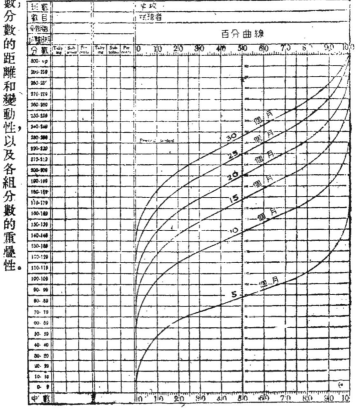

每五個月的訓練爲一組，共計有六組，故約有六條百分曲線。第四二圖即是表示這些百分曲線。至第四一圖是表示個人的進步曲線，每三個月測驗一次，計已測驗五次。

敎師的職務　我們將敎師的職務用下列幾個項目來說明。〔註十五〕

1. 起始須將情境預備好，使容易養成有用的習慣和訓練對於所希望的反應的最有效的刺激，這樣可以消除許多特別的困難，和不致有無用的或發生阻礙的適應。

2. 將練習的環境支配好，使學習者的生理狀況和周圍環境都很順適。

3. 注意進步的適當養成，在動作熟練之前，不要有『過於躁急』的行動。起首須注意正確，而後才注意到速率和正確。在將打字時，須看是否已經有適當的『奮起』。

4. 將學習進行的步驟弄清楚，在顧到個別差異的範圍內，觀察這些步驟的進行是否爲最有效率的。

5. 仔細注意學者的特別錯誤。因爲這些錯誤在學習的各個時期中的原因不同，故須發現錯誤的因素和想出事先預防的方法。

6. 幫助學者發現進步的原因，這樣可以使他注意到這些現象，而便將來的再進步。

7. 隨時測量以便明白是否有進步發生，並儘可能地將進步和方法改變的關係尋出來。

〔註十五〕有許多詳細的提議，須參看 W. F. Book, Learning to Typewrite (Gregg Publishing Co., 1925)。

8. 注意特殊困難和高原的發生，此時的指導學習須使不空費氣力和有阻礙一般的習慣。

9. 注意動機，於必要時且須添加與成功密切相關聯的動機。

問題

1. 解決某種機械迷盒至能自動使用爲止。計算每次解決所須的時間，並將練習曲線畫出。這也是一個感動學習的例。
2. 將你自己所觀察的學習這種迷盒的步驟用言語報告出來，並討論與學習打字相類似之點。
3. 假若你能夠打字，用某種標準測驗測量你自己現在的能力。
4. 將打字中的錯誤搜集起來，加以分類，並討論爲什麼有這些錯誤，應有什麼學習才可將每一種錯誤消滅。
5. 在早、中、晚三個期間打同等材料三次，繼續進打五日，將時間和錯誤記出，並平均這三種的結果，看是否一日中的一個時期較其他時期的結果優良些。
6. 此時再對自己加以測驗，看此次結果較沒有練習之前的第一次測驗進步了多少。
7. 根據本書布克的說明，分析你自己現在所用的方法大概到了那一個時期。
8. 參閱布賴安和哈特(Bryan and Harter)對於學習打電報的說明（這是一個最早的學習實驗研究），並在班中討論結果和其結論。

參考書

Bair, J. H., The Practice Curve, Psychological Review Monographs, No. 19(1902).

Book, W. F. The Psychology of Skill, with Special Reference to Typewriting, University of Montana Publications in Psychology(1908).

Book, W. F., Learning to Typewrite(Gregg Publishing Co., 1925).

Butsch, R. L. C. " Eye Movement and the Eye-hand Span in Typewriting ", Journal of Educational Psychology, Feb. 1932.

Chapman, J. C. "The Learning Curve in Typewriting", Journal of Applied Psychology, Vol. 3,1919, pp. 252-268.

Frankfurter, W., "Arbeitsversuche an der Schreibmaschine." Psychologische Arbeiten, Vol. 6, 1914.

Fritz and Eldredge, Expert Typewriting(American Book Co., n. d.).

Haefner, R., The Typewriter in the Primary and Intermediate Grades (MacMillan Co., 1932).

Heinetz, W, "Vorstudien über die Psychologischen Arbeits Bedmgungen des Maschinenschreibens, Zeitschrift für Angewandt Psychologie Vol. II, 1919.

Hoke, E. R., "The Improvement in Speed and Accuracy in Typewriting", John Hopkins University Studies in Education, No. 7, 1922.

Hollingworth, H. L., "The Influence of Caffeine on Typewriting" Psychological Review, Vol. 19, Jan. 1912.

Hollingworth, H. L. "Variations in Efficiency During the Working Day" Psychological Review, Vol. , 1914.

Laby, J. M., "Les Conditions Psychophysiologique de Láptitude au Travail Dactylographique, " Journal de Physiologie, 1913.

Owen, M. B., The Secret of Typewriting Speed (Forbes Publishing Co., 1917).

Rogers, H. W., " Some Empirical Tests in Vocational Selection " Archives of Psychol. No. 49, 1922.

Ross, J. W., Typewriting Manual (American Book Co.).

Smith and Wiese, Seven Speed Secrets of Expert Typing (Gregg Publishing Co., 1921).

SoRelle, R. P., Methods of Teaching Typewriting (Gregg Publishing Co., 1919).

SoRelle and Cutler, Rational Typewriting (Gregg ublishing Co., 1917).

Thorndike, E. L., "The Acquisition of Skill in Typewriting, " Psychol. Bulletin, Vol. 3, 1906, pp. 185-187.

Tuttle, W. W., "Tests for Determining Ability for Learning Typewriting," Journal of Educational Psychology, Vol. 14. 1923, pp. 177-181.

Wells, F. L., On the Psychomotor Mechanisms of Typewriting "American Journal of Psychology, Jan., 1916 pp. 47-70.

第十四章　符號的學習——以讀法爲例

讀法的意義　讀法(reading)一個名詞在教育文獻中用得很寬廣。它可以指與語言有關的各種活動，如談話，演說，戲劇，和一般所謂文學。也可以指比較寬廣的主要以印刷爲材料的閱讀活動，這樣便包括地理、歷史和公民。同樣，算術、甚至打字、速記和簿記也可以包括在『讀法』之內。

如果用這種寬廣的意義，則讀法可以包括大部分的教育設計，所有教育政策、對象和課程也可包含在這個主張之下。現在我們用這字，則是一種狹義的，指一個人的某種活動，且這種活動顯然與其他活動，如跳躍、吃飯、或鋸木有區別。根據這種意義，則讀法乃是對於印刷或寫的文字刺激的反應。跳躍雖是一種動作，可以應用於各種的活動，如網球滑冰和跳繩；而這些複雜和有各種動機的活動不能與跳躍相混。同樣，讀法也可以用作許多活動的工具，切不要與那一種活動相混。

讀法的複雜性　讀法活動的性質和其種類，可用一個簡單的例來說明。假定讀者很快樂地駕一部汽車在鄉村路上行駛，並很愜意的兜圈子，後來經過一個舊的倉庫的一角，忽然看見後面的一種符號。這個開汽車的人見着這個符號後將有些什麼動作呢？假若將他的行爲完全描寫出來，便會知道讀法心理與文學是有區別的。他的這種行爲很複雜，且有許多是在同一時候發生。現在我們不討論這些事

Stop

For　For
Gas　Gas
At
Bill's　Bill's
Place　Place

體發生的正確次序，僅依次將我們所想到的次序一個個說出來。

1. 此人起首看到了主要線 Stop，隨即對於這個告白板作視覺的探試，眼睛一點一點移動「看那裏有什麼東西。」這種視覺的探試，從某種意義看來，便是「閱讀。」

2. 看見 Stop 的形像時，隨即發出高聲或默語。他或大聲說出 Stop，旁人都可看見他的語言動作，或他小聲說出僅有自己知道的語言器官動作。這種發聲或說出字音，從某種意義去看，也是「閱讀。」

3. 他聽見自己說出這字。假若發聲很低時，除覺知語言的動作外，好像自己還聽到這些動作的聲音，這種以聲音而着重所見的字，或聽覺意像 (auditory imagery)，在某種意義上也是「閱讀。」

4. 他見着 Stop 字後，將制動機壓下，使汽車完全停止，這樣就是服從那個印字的命令。這種執行印刷材料所說的話的動作，在某種意義上也是「閱讀。」

5. 在他的心中發生各種「思想。」如生出問題、引起記憶，加判斷和作決定。於是許多的「符號」也在這種思想中發生。例如意像、字、姿態、眼動、肌肉的緊張——所有他平常應用的符號，這時都發動起來至最後他才判斷說：——『呵！這是一個廣告。』這種智慧的理解的反應，在某種意義上也就是我們的所謂『閱讀』。

6. 還發生了各種的感情——例如忽然看見這種危險符號的驚愕，被這印字所淆亂的苦惱，以及對於這種戲謔的快樂，和對於字的對稱形式、顏色與說出聲音的旋律的美感。這種種都是對於印字的情緒反應和美的欣賞，在某種意義上，也是一種『閱讀』。

此處至少有六件可區別的事件，每件或大多數事體都可稱爲『閱讀』所要明白的，閱讀心理就是討論與這些特別現象有關的學習、教學和進步，而不是去閱讀一種模糊的東西。且每個現象又可分爲比較基本和可以令人單獨注意的現象。故僅是勸人家『多讀』或『好好地讀』並沒有多少意義，也沒有什麼教育上的價值。一定要這樣去分析才對。我們的閱讀心理便是以這種預先的分析作先導，以後再來依次的說明。

以視覺探試而閱讀 看着印紙中心的一個字，便見這個字是很清楚的。其他由此而向任何方向的一些字，雖也可正確的看到，而自信則比較少些。除非是極熟識的。若要看任何方向較遠的字，則須移動眼睛使清楚的點向着那個部分。這是因爲網膜的中心僅有一小面積能够很清楚的辨別字的形式。

若要閱讀一行字，眼睛必須有幾次的跳動和停止。通常是在眼停時才能看見字。一行完畢，眼睛又回返到次一行的起首，這時眼睛便有一次回返運動（return movement）。眼肌所用的力量隨動和停的次數的多寡而不同，所閱讀的材料愈難，這些動作便愈加多。對於印紙的視覺探試，過去已有過許多的研究，例如將眼睛的運動情形照攝出來，運動的時間記錄出來。至於眼睛運動的變遷可隨個人、練習、疲勞、閱讀反應的性質，印刷材料的特性和排列而異。這些也已經有過很詳細的研究。

眼睛的探試動作可因種種情境而有數目的不同，規律性、速率和停止時間的不同。最便利於探試動作的，為印刷材料有一定規律的排列；行列不太短，也不太長（最好為三英吋）；印字不太大也不太小（初年級以上以十分點印字為佳）；各行有適當的距離、一定的空格、和一定的一行的起始；印紙與印字之間有顯然的對較（最好是白紙印黑字）；環境沒有炫光（發光紙或不適當的光線），和用的是小號字母而不是全用大楷（因為大楷足以將字形的特性失去）。

研究清楚視覺的眼內的生理作用，發見這並不因閱讀能力而變化。當視覺材料是無意義音節或數字時，則優良與窳劣的讀者在這方面的差別是很小的，與閱讀能力有關係的是所謂『明瞭廣度』（apprehension or comprehension）——即一次注視所能見的字母數。這不是一種視覺的生理因素，而是心理的因素，與我們所說的擴大性有密切關係。

當字母是短期的一次陳示時，所能『明瞭』的數目多少隨對試者的需要而定。如須將字母說出來，則一次僅能明瞭四、五個字母。若僅計算數目，則能正確的報告七、八個字母。假若要讀者照原來的次序重排，不可以排列一打字母而沒有錯誤。

閱讀的實際廣度可以用閱讀一行時眼睛停止數目的多少表示。這個數目常較讀者的明瞭廣度爲小。朗讀的廣度又較默讀的廣度爲小，因爲發聲是一種特殊的事體。有許多人曾注意到擴大閱讀的明瞭廣度的問題。從試驗上證明這種廣度可因練習而增加，特殊是因所讀材料的熟識程度而增加。但這種程度的擴大性質常時被人誤解。

閱讀廣度的增大須靠刺激簡約化。若其他事體相等，這種廣度往往隨讀者的聰明程度而異。假若是同樣的聰明，則隨學習的程度而異。愚笨的學習者，對一個字必須完全看清楚後才能認識，而聰明的學生略見部分的刺激即可認識那些字。如果境況很好，字的大概形式便足够辨認。例如一個故事是說到一狗和一貓。祇要見着下列兩種形狀

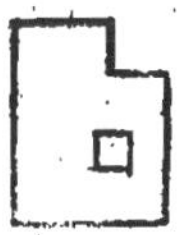

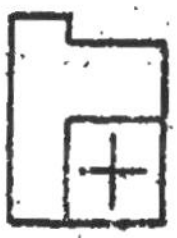

或可將『狗』和『貓』字辨認出來，因爲其全形與狗字和貓字約略相似。或是從一個字的起首幾筆如『犭』或末後幾筆如『由』也可以認識爲『狗』或『貓』字。

從前以爲教英文時，必須起首先教A, B, C, 而後將這些字母合攏起來才可認識字。這種觀念現在已經沒有了。還有在起首教閱讀時用大楷字母，或許也是陷於錯誤的，因爲英文dog和cat二字，若用大楷寫，則爲 DOG 和 CAT 都是同樣的矩形，彼此很相似了。

由實驗研究表示對於常用字和成語的辨認，與字母是同樣容易和同樣快的，但其程度隨學習能力（刺激簡約化的能力）和對當時刺激現象的擴大性（例如說到狗和貓的故事）而異。

鉅大的明瞭廣度須靠些微的刺激（隨便看一下或甚至不看）能有效地發生作用以及容易與其他刺激現象合作。故將廣度增大並不是眼睛內有何變動，而是極精微的刺激可以有效地發生認識、發音、表現和解釋

增進一個學生的明瞭廣度有種種方法，多讀是其中的一種，因爲多讀可以增加字的熟識程度。快讀也是一種，因爲快讀可以練習對於微小刺激的信任。此外速視卡片的練習，因爲陳示時間極短不容許有視覺的探視，可以練習向微小刺激而反應。明白要學生注意於各種存在的刺激，對於僅注意於刺激的一部分的學生也或有幫助。還有，發音的分析，因爲能對字的部分（卽音節）有發音的反應，故也可增加對

於整個字的認識

朗讀心理　假若我們研究字和印刷的起源，我們可以找到一個符號是直接表示物體關係和動作的時期。文字的符號化實卽由此發生，卽物體的微小刺激表現和包含於文字的符號之中。例如一個三角形可以代表營幕；十字好像兩條棍，可以指軍營中的火；直線和橫線或可以代表直立和躺下的人。羅馬字的I, II, III也就是這種意義，V字是五條散開線的縮攏，代表人手的五指，X卽是由兩個V形混合而成。

但讀法的心理基礎，據我們所知道的，則比較爲間接的。對於印字或寫字並不作爲『符號圖形』而反應，英文字的形狀便不似物體形。反之，每個印字却與說的音相符合——卽字的聲音、名稱和音形。當兒童初入學校時，已經能利用和理解說出的語言，在教讀法時卽是將這兩種符號合一起來，使這種符號與那種符號相等。

朗讀則有未曾表示在印刷紙上的新分子。例如沒有用重線或紋線表示的感情和着重的程度則可以用顫聲或高聲表示出來。印刷中的點和意大利體字僅能略表示情緒。其實情緒的表現不僅受視覺刺激的指導（如唱歌），主要可以由讀者以前的經驗從所讀材料而得的感情和理解的反應發生。

故朗讀可以爲循例的，也可以爲表現的。眞的表現的朗讀不獨需要適當的經驗背景，且需要對於文字發生感情和理解的反應以及聯合的動作。曾有許多實驗則是研究循例的朗讀，從朗讀時的句讀、省略、重複和發聲而計分數。

閱讀的刺激簡約化　朗讀的背後歷程，我們已在學習一章中討論過，現在無妨再加溫習。凡已知的物體（動作、事實、關係或覺知）大概都已有口語的名稱，故對陳示的物體或圖形，兒童即能將它的名稱說出。假若陳示一個新的印字，則兒童將會有一種視覺探試的特別反應。如果物體與印字同時呈現，那末便會對於這種共同現象有共同的反應發生。這種共同反應包括視覺和口語，茲用圖解表示如下

前因		後果
見物體和	→	說出物體的名稱和
印字		對印字作視覺的探試

故由刺激簡約化的定律，以後無論是前因中的那種現象都可產生共同反應。經過這樣的練習，於是由視覺探試而見的字也可說出名稱，這就是朗讀。

見着物體也可發生與物體名稱相當的字的視覺活動，大部分這種視覺活動可以稱為印字的『意像』(mental image)，不過在此處不是完全視覺的，而是視覺兼動覺的（一種可覺知的動作型式）。若再加以分析，則知這種意像在想像方面是視覺的，在感覺方面則是視動的(oculo-motor)，因為

原來刺激網膜的視覺反應是反應的一部分，現在則將這種部分刺激溫和的恢復起來。這個題目，如再討論下去，將屬於深奧的系統心理學的範圍，而我們現在的興趣祗是在朗讀的語言反應方面，故不深論。

當一個字的部分（卽音節）屢次重說時，這些部分卽成為特殊的名稱。常常一些部分與短的字是一樣的（例如 cat 與 pill 卽為 caterpillar）。學英文的人已見到七十五個至一百個熟識的字，和知道這些字的部分名稱與有發音的練習後，則以後見着新字也可發音，並可明白稍許熟悉的字的發音。從實驗與經驗上都覺得過分練習發音為可不必的，卽已經熟悉一些字的發音後，可以停止發音的練習，或祗要學生能自動地觀察不同字的相同部分便可。

此時學習遷移和控制的問題，便遇到了實際應用的地方。至少在英文方面，對發音規則有時可發生迷惑，或因太自由的發生遷移而結果錯誤，除非學者對於現在情況有適宜的控制。有時卽令如此，仍不免有錯誤。

過分注意發音還可分散對於較大單位如整個的字和成語的注意。結果便是閱讀很慢，和阻礙比較重要的由默讀而了解意義的步驟，正如學習打字至有進步發生時，須廢止以前有用的步驟一樣，發音練習至相當程度後也須廢止，否則過分着重發音反成為有害的習慣。

事實上雖然朗讀是起首一個有用的步驟，且很迅速地能使初學的人進步，但隨卽便應該廢止這種習慣，並須有目的的廢止。朗讀不獨很慢，且容易疲勞。在現代生活中除間常讀讀詩或表現的文學外，實際少用朗讀，若不在相當時間內減少朗讀，則足以阻礙有效的默讀的各種進步。

學生到了三年級，那種大聲的朗讀頗為有害。此時須努力要學生注意於理解的閱讀，不要發聲，並特別練習其他種的動作。至於有時為着教正確的語言而間常朗讀，那又是一回事，此處不加討論。用這種方法祇是使學生能夠向教師說話，且大部分是用自動的語言說的。

靠着意像的幫助，隨即發生『內部的談話』『隱晦的語言』和『不出聲的發音』以前大部分的語言都是有聲和可聽到的，此時大多數有經驗的讀者，則可自由將印刷的符號變為行動和感情。當在運用『思想』時，這些內部的符號不能廢止，不過無須默語就是。而遇着閱讀困難時，即富於經驗的讀者仍須默語，有時還要讀出聲。

從朗讀到默讀有些什麼改變？是此時所要清楚的。這也仍然不出一種刺激簡約化，由此經過練習遂使印刷的字無須聲音幫助（雖然以前需要）而能單獨有效地發生思想、感情和動作。

這正如打字一樣，當學習者可以不用聲音拼字、手指探試和動觸意像時，祇要見着底稿的字母便可直接發生打字的動作。事實上，打字也可稱為一種閱讀，不過其反應多為動作的而不是發聲的。

讀法中的擴大性因素　擴大性與簡單的刺激簡約化有區別，其重要可從研究和測量朗讀的眼音距（eye-voice span）而證明所謂眼音距就是某時看一個字和說出一個字二者相隔的距離。通常初年級以上的人的朗讀，眼睛所見常在發聲之前，這兩下相隔字的數目即可作爲眼音距的量數。眼音距在一行的起首常較行末爲大，若對此因素存而不論，優良的讀者比低劣的讀者常有較大的眼音距，且這種距離是隨年級而增加——至少在某個範圍內如此。

有一個對初年級的研究，表示低劣讀者的平均眼音距爲 8.7，優良讀者爲 13.8 字母距。中學內低劣讀者的眼音距平均爲 11.2，優良讀者平均爲 15.2 字母距。〔註一〕

由於眼睛的注視較聲音爲遠，故優良讀者對於現情況的刺激有較多的控制。他的表現和對於字的發聲可受很遠而又關係密切的字和句讀的決定。因此他於說話時能說出較大的單位——以成語或甚至以句子爲單位。他的朗讀不僅較快些，且能一貫、圓滑、有較優的組織、對全部意義有較良的適應。

這裏，我們也發現了擴大性與刺激簡約化是同等的重要。因爲這兩者聯合起來組成智力，那末，用其他方法測量閱讀能力與智力爲密切的正相關也就無足奇怪了。因爲在一個研究中，發現學校各年級的智力測驗分數（不一定有閱讀）和默讀的相關是從 .65 至 .90〔註二〕根據同樣理由，那末也就不能

〔註一〕G. T. Buswell, Eye-voice Span in Reading (University of Chicago Press, 1920).

〔註二〕F. D. Brooks, The Applied Psychology of Reading (D. Appleton & Co., 1926) P. 13.

說個人間擴大性的差異（注意，在朗讀中的所謂擴大性卽是眼音距的差異）與默讀的理解不是同等的重要。

朗讀的分數與兒童的智力也密切相關，下面的表是以年齡爲基礎，表示美國中部西方一個大城市的許多學校從一年級至八年級學校的平均分數〔註三〕

用格雷(Gray)朗讀測驗所得4,000初小以上學生的平均分數(以年齡和年級分類).

年級	年									齡	
	6	7	8	9	10	11	12	13	14	15	16
1……	36	37	35	27							
2……		50	48	46	42	42					
3……			54	51	49	45	46	39			
4……			58	55	53	50	50	44	52		
5……				64	56	53		50	51	55	
6……					57	55	51	53	50	54	
7……						58	54	52	50	50	46
8……							55	53	52	50	49

〔註三〕 W.W.Theiser, "Factors Affecting Results in Primary Reading" Twenteeth Yearbook, National Society for Study of Education, 1921, Part II pp. 1-24.

四年級以後，其平均分數沒有什麼增加，於同一年級之內，常是較幼的——即較聰明的學生有較優良的分數，如爲同一年齡，（至十三歲爲止）則所在年級愈高的，分數愈多，這就可見在高年級的較幼學生是較聰明的。故至少從這個測驗看來朗讀是以智力爲主要的因素，而年齡和年級沒有如智力的關係那樣重要。

理解的閱讀　默讀常可理解材料中的重要之點，但不一定必須默讀才可。有時朗讀雖因太注重發音致忽略要點，但若已經知道了要點，則用朗讀進行反較好。故有時我們在把握要點時特殊地去朗讀，例如過較難的材料而高聲朗誦，或讀給人聽，或見佳詩美文而用朗讀的方法俾對藝術有較優的欣賞。

無論用朗讀或默讀理解材料，都是要理解『意義』；不幸意義這個名詞在心理學和論理學中甚爲模糊，在教育的文獻中也很含混。〔註四〕

研究讀法的人必須明白了解意義心理的重要可從近來一本有價值的讀法心理所說的話來說明。旁邊的圈是我們自己加上的，藉以喚起對於特殊難點、混淆、矛盾、晦澀、不定和有時不清楚的地方的注意。

『心理的發音和某種動作趨勢，便是我們閱讀時的所謂意義。』

〔註〕四　關於意義的心理的詳細說明，可參看作者兩本書(1) The Psychology of Thought (D. Appleton & Co., 1926) chs. 18 and 19 及(2) Psychology, it's facts and principles (D. Appleton & Co., 1928) chs. 7 and 9.

但在前一頁中，作者告訴我們：『心理的發音或許對於了解意義是必須的』

同頁，作者說：『將句子的不同部分配合起來便發生意義。』

次頁，作者告訴我們：『從經驗上我們獲得了與環境各方面相當的意義，於是卽將意義附託在這些字面上，且了解句子和節段中的思想也是一種意義。

以後，作者又說：『兒童學習了物體的意義，或比較正確點說，給物體以意義。』且『一個物體的意義卽是我們對於它的態度，與我們怎樣去用它，或它對於我們有什麼用。』

在另外一頁，作者還說：『廣大的經驗可給意義的資源以堅固的基礎。』

『原始人起首對於他們周圍一些物體附以符號，因此符號是他們的意義的中心。』

『意義附着在所說的話的內面，』但經過辨別後又『將意義的各部分分析出來。』

『所謂發展係指(1)有廣大經驗的意義。』

讀者須將對於『意義』這個名詞的不同用法貫串起來，假若能夠貫串成功，則以下一節便是多餘的。不過爲着許多人的困難起見，仍不妨加以說明。

意義的分析　一個符號常是以前情境的一部分現在這個符號單獨發生，或在其他情況中發生，能產生對原來全部情境的同樣反應。於是這符號卽成爲部分的刺激，但所產生的反應也必須是原來情境的一部分才可，這就是所謂『意義』。我們現在的問題則是：——意義究竟是什麼？

其唯一的答案，意義就是指剛才所說的整個事體——即意義是一個符號，能用以產生對原來全部情境的同樣反應。因爲這事很複雜，我們必須不將『意義』看作是這個歷程的不同的部分才好。

因此不要將意義看作是刺激，而它是一個符號，一個觀念。也不要看作是反應，而它可以是動作、感情或思想。也不要以爲意義是原來有效的那個物體或情境，而它祇是『生日』『驚愕』『房屋』『地震』等全體的經驗（total experience）。故由刺激引起反應都不是意義，我們必須將意義看作是指整個事體的名詞。過去所以對這個字有含混，是因爲有時用以指反應，有時指原來的情境，有時指引起反應的作用，有時則指個人『心中』的幻想。則無怪乎他們的意見不一致，和爲我們所不能了解。

我們不用意義這個名詞，而用英文 "signify" 這字的種種變化比較好點。signify 是『顯明』之意，一個刺激就是一個符號（sign），刺激的作用是要引起對原來情境的同樣反應，這就是『使顯明』，原來情境則是『被顯明』（signified），由此符號所發生的反應是其中的要點（significance）。假如我們願意時，我們也可以說明白這種要點的發生即是所謂意義。

在讀法中，則是文字或符號可引起人類的行爲、思想和感情，與這些的種種混合。即文字具有這些作用。例如本章起首所說開汽車的人見到 stop 時說出這字並壓下制動機，這就是一種顯明動作。此外由這字並可引起驚愕苦惱和快樂的感情的反應。它還可引起其他符號，如意像、姿態、記憶、思想與判斷——例如：『呵！這是一個廣告。』

我們在說明朗讀時已經討論到字的發音，這是肌肉動作的一種特殊狀態，因爲這種狀態與思想和感情的反應密切相關聯。故構成另外一類的動作、感情和思想。我們根據過去經驗，由文字而引起這類反應，便是對於文字的了解。將文字當作符號去反應，即是我們閱讀其中的要點。

閱讀與思想　在閱讀時，一方受知識的影響（目的）一方也受現情況的控制（擴大性，）刺激簡約化在其中也是很重要的，故它是一種典型的智慧歷程。智力測驗爲什麼要用語言文字作材料，這或者是一個原因。因爲如思想的歷程有錯誤，即可於閱讀測驗的反應上表現出來。

假若沒有適當的擴大性，則於平日有效刺激存在時，固可有適當的反應，但對於現情境則不能適合。例如一個學生默讀一段材料的下列句子：『除約翰外，其餘兒童都是紅的頭髮，祇有他是棕色頭髮，』以後有一問題：『約翰是什麼頭髮？』他的答案則說是『紅的。』

原來句子並沒有說：『約翰是紅的頭髮，』其前面且有一個『除』字。而這個學生對於『除』字却沒有適當的反應。這或由於他缺乏擴大性，或由於他不知道這字的重要。二者都是他的一時的『盲目』。

桑戴克在幾篇讀法與推理關係的論文中，舉出錯誤的原因主要有下列幾種〔註五〕：

1. 分子的勢力過大或過小。

2. 分子的脫落或無關。

3. 聯絡的錯誤或不適當。

這種分析與我們所說的符號和擴大性的關係可從下列一段話中清楚看出來：

我們必須想到一個學生答一段話的問題的困難是由於問題中（或一段話中）每個字或一羣字的彼此分子的勢力不相稱，或則是適當的關係脫落，或則需要與過去的聯絡。這就是說要答案正確必須一羣感應結（bonds）都是很活動的，且其錯綜的勢力須能得到平衡。〔註六〕

教讀法時的特殊問題　獲得要點的閱讀，必須有一種持久的刺激或動機，因為這些可以決定我們所要理解的是什麼（如思想、感情或行為），換句話說這種動機都是有目的的，沒有特別的動機固可以有這些反應，不過須決定於環境中的臨時因素。

〔註五〕E. L. Thorndike "The Psychology of Thinking in the Case of Reading," Psychological Review, May, 1917; "Reading as Resoning", Journal of Educational Psychology, June, 1917: "The Understanding of Sentences", Elementary School Journal, Oct. 1917.

〔註六〕E. L. Thorndike, Psychological Review, May, 1917, P. 232.

教授獲得要點的閱讀的第一問題，必須供給活的情況，卽須與現實相接觸。假若讀者毫無對於現實的經驗，則對代表某種刺激的文字必不能覺知。故他除非已經明白一個字所代表的物體、關係和情境，否則他必不能有所了解。若他不知道一個字的作用，他卽不能從中得到指導。這就可以解釋爲什麼一個初小教師教讀法須搜集兒童的語言字彙，和一個地理教師教地理須從鄉土環境教起了。

到了高年級，所謂與現實相接觸必須常用替代的經驗，卽用圖畫、同聲異義字、簡單定義、和他人的經驗作背景，由此而得到句子的複雜關係以及符號的價值。

已經供給現實背景和已將符號利用在現情況後，其次一問題便是由練習或指導的練習得到刺激簡約化。故此時（卽閱讀機構已建立時）鼓勵閱讀和供給有興趣的閱讀材料是教師的主要職務。

閱讀的速率和理解的關係已有過許多研究。現在大都比以前較着重於迅速的閱讀。因爲由研究的結果表示速率與理解有正的相關，或許這僅是指有能力的學生的閱讀速率和理解都較優。但實驗又表示令普通讀者增加閱讀的速率，對於理解也沒有損失。這就可見大多數學生的閱讀速率平常實沒有達到能力的最高程度。同樣、就是一個打字專家，假若有適當的外誘，其速率也可大進步而無損於確度。

理解閱讀的方法有許多，大部決定於閱讀的實際用處若何。例如讀星期增刊時，其篇幅較平常篇幅爲大，宜用很快瀏覽的方法。看電話名簿，則宜起初很快的看一遍，其次較詳細的查閱，最後則將一行正確名字的詳情細察出來讀詩時宜將字句有效的拖長閱算術題目時，宜注意於現實情況，特別須注意於有關係諸點。

每種閱讀的實際用處須用一種特別的技術。若專門練習一種方法，則讀者對其他方法不能有訓練，故須訓練各種方法而後可增進讀者的適應性與可塑性，不致成為一種難變更的速率和理解程度。

教讀法時幾種實用方法的優劣比較現在還是試驗時期，各種方法和『系統』的着重點有不同；時間的分配有不同；所用材料有不同；選擇閱讀語彙也有不同。現在似乎很清楚的，有幾個方法在某些教師，某種程度和某些學生之間確較其他幾個方法為好。

第四三圖是兩個學校中各級的讀法分數，〔註七〕一是從速率方面計算，一是從理解方面計算。其中間重直線表示學校的一般平均成績，其餘的線則表示這兩個學校的分數。一個學校的各級無論是在速率或理解方面，都是在常模之上。其他一校的各級，在這兩方面都是在常模之下。

其所以有這種結果的原因，或由於不同學校的學生的智力有差別，或由於教學方法和對讀法的一般態度有差異，再或則由於校內外利用讀法的成功程度有不同，關於各種閱讀方法和課本制度的利弊

〔註七〕對於這種分數差別的背景情形，可參看D. Starch, Educational Psychology (MacMillan Co., 1927.) 且須參看該書的第五十九圖及六十圖。

的詳細討論，因超越本書的範圍，茲不具論〔註八〕。

測量讀法能力的量表和測驗已在『教育測量』一章約略說過。現在市坊間出售的測驗，數目很多，

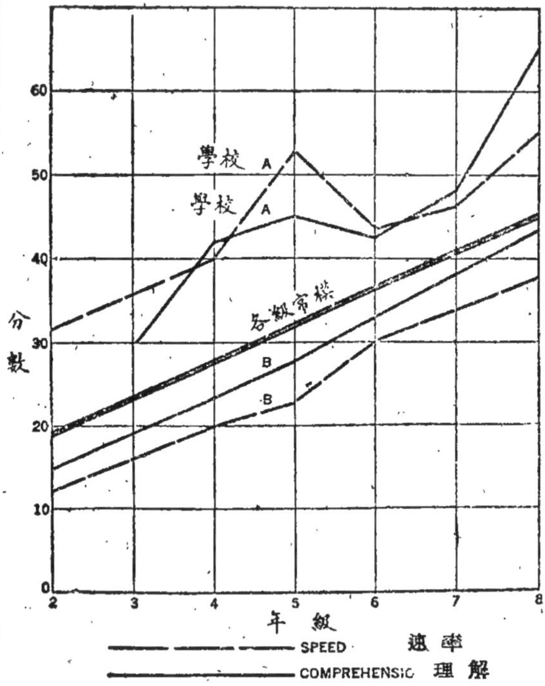

第四三圖　從速率和理解方面用標準常模比較學校A和B的各級讀法分數。

學校A於速率和理解方面一致在常模之上，學校B則一致在常模之下。

〔註八〕讀者如對於這個題目有興趣，可參看美國The National Committee所出的讀法的報告，即 Part I of the Twenty-fourth Yearbook of the National Society for the Study of Education。其中內容曾認爲是『現在關於讀法出版物中最詳盡而無偏見的權威著作。』

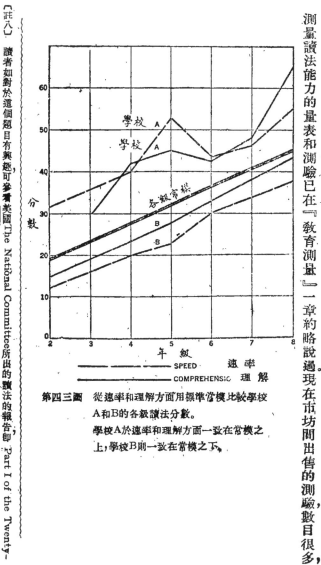

〔註九〕它們的用途、信度、效度、編製的審愼程度，和常模的可靠程度都各不同。有些測驗原來不是讀法測驗，而是智力測驗。教師若欲善於利用讀法測驗須於教育測量方面有豐富的意識。從教育測量一章中所舉的例，可以明瞭讀法測驗和量表的性質及其目的。

增進閱讀的方法　促進有效閱讀的一般和詳細原理雖有許多，以下是對閱讀已有根基的人幾個比較有用和顯著的原理。

1. 着重默讀　對於讀法已知道發音後，須隨卽用默語，嗣後則可無須語言而逕得到具體的意像。此時書中的符號都是代表現實，可從思想、感情、行為三方面去直接了解。

2. 儘可能的着重速度　速度愈大，有效的擴大性愈多，所賴以作用的刺激愈為精細。這樣對於理解並沒有損失，且可得到較大的閱讀經驗範圍和種類。

3. 須有思想和反應，不要被動的受符號的刺激　此時須學習如何分別注意和讀書時如何獲得實用的技術。

4. 練習用自己的思想整理所閱讀的結果　在閱讀時須中途停止，用自己的思想總括書中的要點，

〔註九〕一種實驗的和有統計根據的關於各種閱讀測驗的批判，可參看A. I. Gates, Journal of Educational Psychology, Sep. Oct. Nov. 1921.

且須學習不用書中的字而用自己的字表示。因爲書中所說是現實的事實，而不是符號，這是對於大多數閱讀的重要之點。

5. 練習辨別能力　所讀書籍須選擇有內在價值的和有興趣的。這樣可以加強動機，和防止成立敷衍閱讀的習慣。

6. 多讀和廣讀　因爲不讀可以使閱讀的種種方面變爲生疏，正如在其他精細和複雜的技能方面一樣。

7. 對於一般可以增進和阻礙閱讀的速率和理解的環境須注意，例如對於眼睛的適當注意，如有必要時須戴眼鏡以防止眼睛的緊張和疲勞，注意適宜的光線，紙張和印刷幾項。

8. 常用標準量表測量，藉以知道有無進步，且可作爲鼓勵進步的誘因。

讀法的進程　抽象的說，以讀法爲一種技能和利用這種技能以作別的用途有分別。後者是於讀法技能嫻熟以後，用此作爲獲得替代經驗的主要工具，卽是作爲獲得知識的主要工具。

實際這兩種功用是同時和應該同時發展的。因爲一部分讀法技術的發展是在獲得語彙，或擴大和精練語彙。這種歷程就是知識的歷程。文字既代表觀念，故所讀的材料與讀法機械本身的練習在最初卽是同樣的重要。如對讀法精練可以在其他方面得到便利；反轉來說，其他方面的工作也可以繼續完成讀法的技術。

故學校關於讀法的一部分重要工作是選擇閱讀材料的內容，即決定如何使讀法有用，這就牽涉到讀法的課程問題。在以後課程編製一章中，便會知道這個問題與教育的一般概念，及對象與目的的問題相關聯。故學生應該讀些什麼不僅是一個心理問題，除心理原則之外，還包括許多其他的論點。因為其範圍太寬廣，故不欲於這種初步的教育心理學中討論。

問題

1. 於閱讀時觀察你自己，並注意你的默語壓抑的發展和意像各到若何程度。
2. 置一鏡子於閱讀者之前，俾此鏡恰在書的邊緣，從鏡子中觀察讀者的眼動和停止，並計算眼動的數目與停止的時間，且敘述其一般的特性。
3. 將一行完全用英文大楷寫，另一行則是用同樣大小的小楷寫。令幾個人從遠處起始漸漸走近，至完全看清楚每行的字母為止，量看清楚這兩行字母的距離。這種結果有何意義？
4. 將一本書倒轉過來，且試朗讀。注意有些什麼字特別困難，並發現為什麼如此？當有困難時你將如何？這種經驗與兒童的初學讀書比較如何？
5. 在一張紙上作一個缺口，俾其大小恰好每次可以顯出一字。試在一頁書上將這種缺口移動，俾每次能看一字。這種讀法心理有何特別現象？

6. 默讀一頁材料計其時間，並將所讀的完全寫出來。這樣每日讀兩次，計練習一星期，每次須求閱讀很快，你能增加閱讀的速率，且於報告正確與完全的程度毫無損失，以證明理解的不受影響麼？（自然在閱讀時每次須用不同材料）

7. 回憶你學習外國語時的情形，將這種情形與本書所說的刺激簡約化和擴大性相比較？二者是否相類似？

8. 當你讀一節新詩而能了解其全部意義時，描寫你所能夠觀察的一切情形。用本書所舉出的反應的種類，將其反應加以分類，並討論其結果。

9. 用一個星期的工夫，隨時記錄你所見或聽到對於『意義』這個字的用法。將這些記錄搜集並加比較，以見它們的共同點和其一致性達到什麼程度。

10. 參考關於『先天字盲』(congenital word blindness)，和『字盲或字聾』(word blind or deafness)的題目，並討論這些與教讀法相關聯的地方。

參考書

Brooks, Fowler D., The Applied Psychology of Reading (D. Appleton & Co., 1926).

Buswell, G. T., Fundamental Reading Habits (University of Chicago Press, 1922).

Dearborn, W. F., " The Psychology of Reading, " Archives of Psychology No. 4.

Freeman, F. N., How Children Read (Houghton Mifflin Co., 1917).

Gates, A. I. The Improvement of Reading (MacMillan Co., 1927).

Gates, A. I., New Methods in Primary Reading (Teachers College, 1928).

Gray, W. S., Summary of Reading Investigations (University of Chicago Press, 1928).

Hollingworth, H. L., Psychology of Thought (D. Appleton & Co., 1926).

Hollingworth, H. L., Psychology, it's facts and principles (D. Appleton & Co., 1928).

Huey, E. B., The Psychology and Pedagogy of Reading (MacMillan Co., 1910).

Jordan, A. M., Children's Interests in Reading (Teachers College, 1921).

Judd, C. H., and Buswell, G. T., Silent Reading (University of Chicago Press, 1922)

Munroe, M., Children Who Can Not Read(University of Chicago Press, 1932).

O' Irien, J. A., Reading, it's Psychology and Pedagogy (Century Co., 1926).

Reed, H. B., Psychology of the Elementary School Subjects(Ginn & Co., 1927).

Smith, W. A., The Reading Process(MacMillan Co., 1923).

第十五章　知識與思想的成果——以科學敎學爲例

知識技能與欣賞　一般心理學將心理現象分爲行動、思想、和感情。同樣，敎育也可以分爲技能、知識、和欣賞。例如在學打字時，學者的主要事務爲獲得一種有用的感動技能，除極少數情形外，對於學者並不需要較多的智慧和欣賞。

讀法雖然是一種技術，而從讀法的內容可以得到知識和欣賞。書法、縫衽和勞作則與打字一樣偏屬於技能，若僅從交通的工具着眼，甚至學習外國語也是一種技能。至於不在自己的創作上着眼，僅是研究詩歌、建築、音樂和油畫，則可由研究者的興趣，或着重於知識，或注意於欣賞。

社會生物和物理科學　在另一方面，有一些敎育的活動主要是關於知識和思想。例如各種的物理、生物和社會科學。對於這些科學的敎學，一方面是使學生得到自然界的知識，一方面則養成學生的思想習慣和有效的發問與問題的解決。假若學生有時需要有用的勞作和有價值的欣賞（如對於圖畫的欣賞或一種神祕感覺）也須使他們能達到這些目的。

在初級學校中，這三種科學已大概具備。例如地理與歷史是社會科學，自然研究和生理是生物科學，算術是物理科學。中學時代，這種敎學仍是繼續，不過或混合敎學稱爲『社會科學』和『科學概論』或詳細分為物理、化學、數學、植物、歷史、公民等。雖然對於這種教育所希望的是什麼意見能夠一致，而對以上的方法，却沒有一個方法能得到一般的滿意。

從高年級起的科學教學雖有很長的歷史，而現在仍是試驗時期。此時期的心理學的貢獻有兩方面，一是關於一般的，一是特殊的。在一般的貢獻方面，心理學能將其中思想的性質特別弄清楚一點，俾科學教學可有較優的適應。所謂特殊的貢獻，即是從試驗決定各種教學的效率，陳示的方法和成績的測量。不過在各種科學教學中，還有許多的中間問題須待詳細的心理學研究，例如表明個人思想中一些特殊概念和原理如何構成的研究是——如原因、能力、比例的概念。

科學教學的目標　普通所說的科學教學的目標是很複雜的一件事。這無怪乎現在教育中的科學心理還不能將這種目標說清楚。科學包含所有人類的經驗，但將所有人類活動、選擇與組織起來而加以設計的問題也不容易。以前的人，企圖將範圍弄得很寬和相互不發生關係，以致僅能得到片段的有趣經驗和演劇似的方法，而對於科學的嚴格性不能得到眞實的印像。

反之，還有一種企圖是將範圍弄得很狹小，以致教師僅就自己所歡喜的題材去教，而忘記着重科學的方法和態度以及與生活的一般關係，特別是實際思想和行為上的關係。其中間一條路頗難行走，不過從極注重一般的傾向起以至極分工的方法為止，仍然有許多種的方法。這些方法的採用也與教育的程度有關，但就是大學教育中，仍有注重於一般的傾向和大概的考察的。

科學教育的特殊目標可有下列幾點〔註一〕：

1. 獲得有用的知識。
2. 養成有用的特別習慣。
3. 採取有價值的理想。
4. 善於利用事實、觀念和思想歷程以解決問題。
5. 發展欣賞能力。
6. 發展科學或哲學的洞察力、眼光和態度，俾對於現實生活能有正確的解釋。

算術心理　因爲較大範圍的知識不容易弄清楚，不如討論一個較小的科學範圍，即基本算術，或數字的科學，雖然其本身也是很複雜的。假若心理學能從歷史上說明數的科學的起源和能從兒童的初年起說明數的觀念的發展，這便很有用處。不過這類的研究雖多，而在這種詳細情形方面尚未能完全一致。

數的關係乃是自然中的事實，正如顏色、噪音和痛苦一樣。我們有知覺，我們即能對於這些關係反應，而不必知道其名稱。例如一個嬰兒隨即可以知道取遠物而不取近物，這種對於程度的認識便是能對於

〔註一〕 G. R. Twiss, Textbooks in the Principles of Science Teaching (MacMillan Co., 1927).

數量的事實反應。就是一隻小鷄也能教以對兩個物體的較大者反應，這也是一種數量的關係。在對於「羣」的知覺中，例如一雙、一隊、三個也是一種數字的事實。這種雙、隊、三個、少數、許多、羣衆都是數量名詞，表示由較小單位而集合成的。

當物體依次序排列時，每個物體有它的位置，這些位置也有名稱，例如第一、最末和中間。數目的名稱有兩種，一種是序數，例如第一、第二、第三。一種是基數，例如一、二、三。兒童很早卽已聽到成人說這些數目的名稱，在入學校的很久以前，他們已利用其中一些符號表明數字的經驗。比例和其他的關係是他們早已觀察的事實。一對煎餅須給三個嬰兒，和大理石的數目比一手所能握的還多，是他們早已遇到的實際上的數字問題，且常已有效地解決它們。

嬰兒在六個月時已學習用兩手迅速地握兩個立方體，而不用一隻手。在三歲時能對於三位數的記憶廣度測驗反應，而說出三位數的次序不錯。至四歲一個普通的兒童能計算四個小錢，其數字廣度爲四位。到五歲時則能正確的說出自己的年齡，並能選擇兩個重量的較重者。至六歲入學的年齡，通常兒童能計算十三個擺成一列的物體，知道四個熟悉的錢的名稱，和認識標準測驗圖形的不完全的地方。所有這些是表示兒童在數量關係和數目上的所能達到的程度，不過這還是入學受教以前關於數的概念的複雜發展的一片段。

算術符號的使用　算術即是討論這些數量的經驗，不過常離開實際的煎餅和大理石而抽象的使用符號。其所討論的物體常可變動而關係則不變，正如一個國家的人民時常變動而國家不變一樣。

故算術對於數量的關係祇是發展符號和專門應用符號，至作答案時才回復到現實。一般的說，一個數學問題的解決即是一個簡短的實驗或操作，不過它不實際應用大理石、點心或鈔票，僅依照規律去使用符號。每個符號和規律，原始都是從數的事實和關係而來，其思想的本質則是用符號以代替實際對於物體的使用，故算術的純粹形式也就是一種思想。

茲舉一個簡單的例。一個將死的牧羊者想將他的羊羣分派給三個兒子。他並不須實際將羊牽來，關在各自的羊欄裏，他可用大的棍子，或石頭代替大羊，小的棍子或石頭代替小羊，而後將這些物體用三分之，便可等於對羊羣的分派。這就是他用思想與使用符號的價值。這種符號究竟是眞正物體或棍子或石頭，無關重要，每個符號是眞正物體也可，就僅是符號也可。

數目的名稱，圖形，＋×的算術符號，和加減乘除的文字都是符號。算術即是研究這些符號的性質、意義和運用。加減乘除的基本演算也即是用符號實際計算，類集、分成部分，以及平衡和將物體排列成數量的關係。

最初的計算歷程是用物體，例如石頭，裂口和手指。這種計算也還是一種實際的計算。手指共有10個，故在計算時可以給我們以十進的基礎。每個手指代表一個計算單位，當已至10時，則用一記號或作一裂口，以表示『全部手指』，於是計算可以再開始。這種『全部手指』乃是較高的單位——即十的單位。

現在不用數字以代替實物，但須將數字排成一列，到了10時，才於前面作一記號。據說發明0字是算術中的一大進步。人類的思想中沒有0字已有許多時期，以致阻礙算術的進步，至0字發明後，而後算術才進步起來。

科學教學的目的——以算術為例

1. **有用的知識**　這是直接或間接供給學生有用的和不能自己發現的重要經驗。例如從算術關係中，告訴學生乘法可以校核除法的錯誤，直徑與圓周的關係，和從體積得到面積等。更比較初步一點的便是教以數字名稱，如何計算，如何除，如何聯合分數和關於度量衡的知識。

2. **特殊的習慣**　有些通常的演算包括論理事實的，無論對於其起源和理由是否了解，必須特殊的學習。例如在作加法時須數字成一直線；辨別分子和分母；記單位和十進位；見着＋號用一種計算方法，見着×或－號用另一種計算方法；以及對九九表的特殊反應等。所有這些計算習慣都是很特殊的，若成人現在的計算與兒童時候學習的略有不同，便足以發生苦惱。譬如多位數除法須將商數列在被除數之上，假若以前沒有這種習慣而是學習列在右端的，則此時如列在上端，必有混淆發生。

這些習慣的特殊性和其數量之多往往甚至教師也不知道。例如一個二位數的加法，可以包括八個歷程，每個歷程都是心理上很顯然和需要教育的訓練的。〔註二〕茲特列舉如下：

(1)學習將數目的位數排成一列。

(2)記憶每次相加的結果。

(3)將所見的數目加到所想的數目上去。

(4)對於一列中的空白位數不加。

(5)見0數不加。

(6)將簡單的加法如（8+5）應用到複雜的加法如（28+5）。

(7)學習寫出數字僅是代表單位而不是代表全數（如第一位數的相加）。

(8)學習將所進的十位數記在其次一行。

每一步驟又靠以前加法中許多特殊的習慣而定，加法雖很簡單而其複雜程度有如此。大部分算術的應用心理是企圖最有效的獲得這些特殊習慣，〔註三〕研究每種技能所能達的程度

〔註二〕 E. L. Thorndike, The Psychology of Arithmatic (MacMillan Co., 1922) P. 52.

〔註三〕 其詳細情形見Thorndike, op. cit., Also D. Starch, Educational Psychology(MacMillan Co., 1919), ch. xx.

以及最有效的將練習分配俾能適合其他需要，和用最好方法於需要某種習慣時馬上卽可應用。

3. 有價値的觀念　作者曾遇見一個在教授上有困難的學生，他說百分之五十『約等於四十』。當告訴他不對時，他則說『近於這個數目』。他是一個十二歲的學生，從沒有學過算術，故他缺乏有價値的正確觀念。通常在正確和精當的知覺之下的智慧的感情，很少情緒的成分。因爲情緒是容易變遷的，而算術則可以矯正一些無秩序、不規則、缺乏系統和粗率的習慣，故在研究算術時，有了這些正確和精當的觀念後對於許多旁的方面也不無一助。

4. 精巧的應用事實和思想　教初步算術的大部分工作是練習。不過刺激簡約化已經達到無須感覺物體的存在和數目的排列以後，其次一個主要問題便是進一步的刺激簡約化。自然，最初也仍須有反復的練習而後才能得到許多反應，如9×9等於81，81÷9 等於9，最初實際的計算也爲必要。但已經練習到錯誤很少以後，這種練習卽須停止。

這種歷程的經過也和打字與閱讀一樣。最初須利用實際的事物，如算手指，唸九九表和用類似的『依據』。但有效教學除不得已須藉助於外物的幫助外，不可用得太多。須在必要時始回到以前的必須刺激，正如打字有困難時才用動觸意像或手指對鍵的覺知一樣。

5. 吟味和欣賞　對於算術的效度的感覺，對於推理和秩序的價値的自信，以及對於數的眞實性和論理性的欣賞，都與學生的洞察力和智力的發達成正比例。因為數字是生活中一件普遍的事體，故即令這種欣賞不出於數字的範圍，而這種『心得』卻很重要。

6. 科學的洞察力和態度　對於算術的洞察力和問題的解決，是否能擴大應用到對現代生活的智的了解，還是疑問；這在任何其他科學也是如此。甚至還有人說，對於科學有特殊心得者還可發生相反的效果——即增加偏見，不是擴大眼光。但這却不能怪科學的研究。

算術的推理　無論如何，在算術中有很多機會表現和利用問題解決的方法，這與基本演算僅注重練習正確有區別，這是教學中第三種主要的職務。此時所注重的是推理(reasoning)，而不僅是計算。當刺激中說到『加』時，注重加的速率和正確是一回事。現在對一個問題(無論是說的、寫的或想的)祇問『答案是什麼』，而從其主要項目尋出相關、和淘汰其不相關以應付整個問題又是一回事。其區別就是我們時常說的——學習與敏銳性的區別或刺激簡約化與擴大性(或組織)的區別。例如學生見着下面一個問題：

> 我到某店是在午前九時，買了六碼棉紗，每碼洋四角，在午前十時才離開那店，問我在那店中共有多久？

這種問題很可受算術改革家的批評，以為這僅能玩弄不留意的學生，且足以鼓勵不良的組織習慣。這種批評主要是根據於學習算術祇須練習的概念，雖然現在沒有證明可以表示趁着不留意和『遠於生活問題』與教和社會有關的算術問題（如屠夫開清單和測量牛乳）相去天壤，而這種理論或許也是對的。不過爲着我們的目的，現在所給的這個問題比較那些僅說出有關項目對其餘都不說的還要近於生活情境，因爲這個題目的性質與一個人預備所得稅的題目同樣近於實際生活。

擴大性或敏銳性　第一個問題要問的，便是這個題目『所要討論的項目是什麼？』普通成人都知道在銀行的賬簿上必須有月日。那末月日是銀行賬簿的有關項目。因爲這是一本算術書，從社會學的動機上，假若將與計算無關的數字加在裏面便不成嗎？

其實，『所要討論的項目是什麼』的問題，是一個擴大性問題——那從相關點去看情境中的所有現象而從其中得到反應。假若學生於這個題目中從每碼價四角，去計算六碼共值若干，則他便象一個有神經病的兵士；像一個老於軍伍的人，聞戲謔叫『停』的聲音，卽將包袱掉在地上；像一個離開電梯跑錯層數的人，也像一個將 conductor 拼爲 conduktor 的兒童，這些都是沒有擴大性。

他的計算或許不錯，而他的推理則錯了。假若他了解整個問題或情境，他便不理會那個六碼和四角的數字。假若他長久注意題目中最後一個問題，他必會注意到『在那店中共有多久，』而對於時間加以運算，不會計其所費共有若干，故他將從現在的鐘點減去以前的鐘點，不致走入歧途。

刺激的聯合動作與控制　這就是推理的活動，所謂推理卻是在一種抽象的境況之下使用符號。它是由一種微小的困難或苦惱而發生，與人類的其他行動的發生一樣。推理的運用須靠着過去的情況，於是從現在情境的刺激而發生動作。假若對於現在刺激能聯合的運用與對於每種反應都有適宜的訓練，不根據這種經驗與訓練可以得到最好的適應。

除動機之外，推理的兩個因素便是以前的學習和現在的擴大性。擴大性或敏銳性能否依練習而改變，可否當作一種習慣去鼓勵和阻止，還是一個未決的問題；不過一般的科學教學則相信是可以改變的，且以為改變可不完全限於所學習的範圍。自然，這是一種形式訓練的學說（the doctrine of formal dicipline），以前科學教學的人曾極力主張過，現在仍然有乞援於它的。

因為算術包含符號的運用和擴大性，故在編造『智力』測驗時常用算術的閱讀和活動作材料。事實上，對於算術的推理題目的解決，大部分決定於閱讀的理解程度和對於題目的意義與情況的運用。故算術題目較其他學科的材料容易發現閱讀的錯誤。

算術的功用　我們已經知道算術與智力的關係、學習的性質和轉移的限度後，現在最好來討論初步算術課程本身的功用。初步算術課程是要對於基本演算（整數和分數）能有相當的正確和速度，能認識比較重要的數的關係和對度量衡的運用，能對於普通一些實用如利息、百分數、面積和體積等有初步的理解，且能對於一個實際的推理問題能組織運用——這些是通常一個學算術的人必須具備的重要部分。

高級數學的主要變化祇是增加抽象的程度，例如在代數中甚至一些數目的單位如 45，76，和 3.50 都沒有。它們祇有字母符號如 a，b，c，x，y 等用以代表任何數值，其所代表的爲何須視全部數的關係而定。其方程式並不代表一種特殊的試驗，而祇是抽象的運用，對於這類情形可共同的適用。故其所代表的符號更加抽象和精細。但高級數學也不是完全離開現實，就是極艱深的數學也是用符號運用實際的感覺經驗。不過它的適用性特別大，以致不能用通常的感覺經驗去實際試驗。

概念的性質　科學教學大部分是發展概念 (concepts)，故對於概念的性質能夠清楚明瞭在教育中也很有用處。所謂概念，如物質、能力、種屬 (species)，最小公分母、變異性、遺傳等並不是符號與現實之間一種奇怪東西。概念就是符號，它是用以代表所屬經驗的抽象記號，或慣常用的符號。

在符號與實物（或情境）之間並沒有什麼『心理的概念』(mental concepts)。『痛』的概念就是用這個痛字代表，它是許多種痛中一個概括名詞，無論什麼時候，縱有任何其他的符號（如意像、姿態或眼動）也還是這樣去代表。

一個思想或概念並不是符號之外的另一種東西。思想的重要不在它是如何組成的，而在它有如何的反應，即對於過去情境發生某種意義的動作。

算術中的概念　實際的問題是兒童於能應用概念以前是否須完全發展和了解概念。因爲算術中的概念很多，『＋』號是一個概念，『將除數倒轉』和『逢十進位』也是概念。實際了解這些概念明白如何應用的理由，與能表明通常運算的具體經驗，似乎是起首所要得到的，但果眞應如此嗎？能够如此嗎？反之，在教學時僅教學生練習而不說出理由，不是常用的一個方法嗎？例如起首使學生信任，由『做』而練習，以後才知道爲什麼這樣練習和有什麼意義。一般情形時常是這樣的一個方法。又如我們教兒童的拼法，祇是這樣去拼，固然這種拼法有它的歷史和語源，而我們與他們知道拼法以前並不需要他們知道語源。事實上兒童是先學習拼法，而後才研究語源的。至少這兩者必須同時發生。

實際上，許多成人都有這種經驗，對於某種算術或統計的習慣與公式已經應用了好多年而不知道它的原因，以後才忽然一朝發現它的理由。那末，我們自然會有一種感覺，假若在最初練習這種習慣時卽有這樣的理解，不可以增進學習和加速對於算術與統計的興趣嗎？

概念的發展　對於這個問題的最好解決，或者是一個折衷辦法。在某種意義上，原則必須經過實用才有最好的理解，故實用與理解是同時發生。一個概念或符號的能够成功，必須能引起以後的動作，而這種動作的能够引起又決定於過去的情況。至一個原則的哲學或論理的意味超出初級學生的理解範圍的，則必須有長時期的發展才能成功，甚至歷有淵源的思想家也要有些時候才能明白它們的關係。在這樣一種情形中起首教學時從原則的實用價值方面做起，是一個最好的方法。

高級的科學教學也是同樣情形。例如種屬、進化和遺傳的概念，必須經過幾番應用，而後才能完全了解。因為概念不是最初已經形成而後才去應用的。反之，概念的意義須靠實際應用的情形如何，正如應用須靠了解的程度和背景的正確程度一樣。幸而有語言（寫的和說的）於是我們才有定義、異聲同義、類比、圖解和其他替代的經驗以供利用，因為這樣，我們便不須實際烤一個饅頭而後切開以了解除的概念，祇要在黑板上畫一個圓，便可『想到』這是一個饅頭。故科學的教學工具，便是供給替代的經驗，這種經驗是基本經驗和所要獲得的學問之間的一種符號。

教學中的概括作用　科學常是很抽象的，但常有許多共同現象而不是單獨的存在。例如顏色不是單獨存在的，有許多其他的現象，如形狀、明度、距離、時間和方向。這些所謂形狀、時距方向等也不是單獨存在的，而是存在於許多可辨別的實物之中。

這樣要從經驗中抽出一、二種現象單獨去教——如時間和明度，便不是一件容易的事。這種抽象作用或概括作用必須有意去教才行。其方法有數種，可以應用於所有的教學。

1. 引起注意　指示一些具體經驗而喚起注意。例如對於『五』的概念，可令學生辨別五個顏色，五種姿態，五種大小的物體以及圖中五個兒童。對於音的『強度』的概念，則依次分別出時間、高低、音色而後及於音的強弱。對於次中音(tenor)的辨別則指示一個樂隊的高音低音和中音等。

2. 改變相連關係 例如教音的強度時，使聲音在各方面都有變動，惟強度不變。又如教一個『直』的概念時，可依次指出一個直立的人、尖塔、尺、鉛筆和掃帚，所有這些彼此都不相同，惟對於重心的位置則都是直立的。又如教『五，』可指出五個兒童、五個蘋果、五本書，由此而發現『五』的概念。

這樣，那個所要獲得的反應卽是與每個有關的共同因素，它在刺激中的出現次數算是最多。不過所利用的情況的改變須很適當，否則便不能得到這種結果，而使一些無關係的現象成爲有效的刺激。例如嬰兒見了任何有毛的動物都叫做『狗，』小學生一定見着尺才說是直的之類。

故在說明時，固然要着重共同因素，同時也要着重特殊因素。因此教兒童以『五』的概念時，不獨須着重『五，』同時也要着重『五個兒童，』『五個蘋菓，』『五本書。』這樣共同點與相異點都說出來，或許令兒童確實獲得擴大性與在相當範圍內增進擴大性，這是一個最值得推薦的方法。

3. 對比 另一個方法與前一法恰好相反。所陳示的情境在各方面都相同，惟所着重的那個因素或相反因素則有變動。例如四分之一與四的區別，教『強度』時，使音的各方面都是一樣，惟強弱則有變動。

所有這些都是些簡單和基本的方法，可以幫助學者將特殊抽象的經驗用一個符號表示出來，對這些經驗雖有時不能單獨分析，但可由這些方法以明白其現象。這種歷程就是概念發展的歷程，概念的進展卽依這種程序。所謂概括作用(generalization)也就是如此，卽用一標準符號以表明經驗中的因子，且以常用的名稱認證這一番事實。

科學教學的方法　現在心理學的試驗，很少關於科學教學的各種方法的優劣研究。其所得結果常因年齡測驗方法和科目不同而異。一向在初級以上的自然研究和地理的科學教學方法有三個，卽背誦、演講與表演以及實驗法。我們祇要想到科學教學的目標的複雜，便知道所有這些方法都有應用之餘地。因爲由閱讀或演講，尤其是將實際情況表演，或用照片作爲活的背景，則學者的知識最容易增進。又用背誦或討論以校核所得的知識和習慣，與對於概念或其他符號的應用也是好的。此外還可用個人實驗的方法去實際理解和應用原則，以及由這種活的情況加強閱讀和演講的知識。

科學教學的主要困難在乎潦草塞責，例如背誦容易成爲玩弄文字，演講容易變成不消化的作筆記，和實驗僅是形式的，將它當作一個預定的功課，而不當作是一個活的問題。

科學教學的動機　此外科學教學的許多困難是在如何供給有效的動機。例如在算術中如何可以很好的使學生自然的發生苦惱而欲解除那種激動？又算術須有許多的練習才能嫻熟，則所謂設計法和有目的的問題法便有困難，教師或許還須繼續供給臨時和人爲的動機才可。所謂臨時的動機是在學生有好奇心時，怕失敗時，被人佔優勝而羞恥，與恐不能升級和不能做較大事業之時。所謂人爲的動機，乃是儘可能的設計，用個人和全級的競爭，以及數字遊戲等。至於高深數學的設計方面並不能引動尋常的學生，但這些學生看到所做的工作有相當滿意，或已證明工作是正確的，或與以前的記錄相競爭等也可以作為眞正的動機，甚至有些動機在論理上與算術無特殊的相關也可。

在其他科學方面，若科學與實際生活有密切的相關，如工具方面的無線電和發動機，實用事務方面的氣象、冰箱、通信、航海，也可引起學者的熱忱和好奇心。在現代學校中活動電影教育的發展很給教師以許多充實學生經驗的材料和可有效的引起所謂好奇心。

思想的控制與科學教學　除對於每種科學有特殊方法外，關於論理的判斷和信仰也應當着重。科學心理學的主要事務，與其說是着重內容，毋寧說是注重方法。在科學的學習進程中，如果還有普通論理的錯誤，急速的論斷，和將表演與希望相混淆，這是很不好的。一個已經學過歷史、經濟和實驗科學的人，在思想上還有普通論理的錯誤簡直不可恕，但一個化學家、解剖學家和許多教師的思想中有誤信，不完整的結論和帶着希望的思想也是有的。

此處將研究科學時教學生應當避免的普通錯誤都列舉出來似乎不相宜。其中確信結果，假的相關，以後事為前事所造成（Post hoc ergo propter hoc），以疑問為眞實，對人的論證（the argument ad hominem）和 the undistributed middle 乃是幾個主要的。不過就是教育家對於教育題目的論證也還有這些錯誤，故教科學卽以爲可教學生去思想，也是不對的。

從研究大學生的信仰表示對於一些所選擇命題的相信程度與所希望程度的相關爲＋.80〔註四〕，則似乎希望是信仰的一個決定因素。故假若科學的教學能給學生一些特殊的知識（卽關於那科學的內容）使他們知道一些已經證明的定律，和對於判別證明有相當的訓練，則縱令對其他所說的目標有失敗的地方而也可說是盡了課程的職務。如果一個有能力的學生而不能有效地做到這點，則不是科學教學方法的錯誤，便是人類的要求有不妥當的處所。

科學的教育測量　除幾種基本科學，如算術、歷史、地理外，對其餘幾門科學在某時期應教些什麼項目的知識，現在還沒有一致的意見。就是在大學中，對於科學如分門的教育測量也還沒有至由教師想到『某些事體或許已經學過』的事實考察的時期。因此測量科學成績的量表幾乎都是關於知識的項目。因爲授與知識僅是所說的科學教學的目標之一，故在這方面的測量較感動技能和符號學習方面的測量發展較後。

對於初級學校一種代表的普通科學測驗包含兩部分。〔註五〕第一部有五十個須待補充的命題，題

〔註四〕 F. H. Lund "The Psychology of Belief" Journal of Abnormal and Social Psychology, April, 1925.

〔註五〕 G. M. Ruch and H. F. Popenoe, Ruch-Popenoe General Science Test (World Book Co., 1923).

目是關於『科學事實，原則，概念，名詞，定義與應用，』包含有『物理、化學、天文、農學、植物、動物和生理的簡單知識。』每個命題有七個答案，僅有一個是正確的，被測驗者須在正確答案下畫一線以完成此命題。

第二部是『測量學生確認儀器，有機體構造和一些原理，以及應用原理以解決簡單問題的能力。』測驗中共有二十個圖解和圖形，每個圖形下有一些練習。

測驗材料是從分析一些科學概論的書籍而來，特別爲測量八年級和九年級生而編製的。所編製的測驗共有兩種形式，難度相等。可靠係數 (reliability coefficients) 已計算出來，常模是從二十三個不同的州的各學校而來，表示各州學校的學生所能達的百分數。全部測驗做完時，每次須五十分鐘。

科學學習的永久性　關於科學教學的保持已有過少數的定量研究。在第七章中作者曾舉出一條遺忘曲線表示對於心理演講知識的保持，約在兩月之後，學生關於演講項目已遺忘四分之三。在許多情形中，這種結果是從學生臨時測量來的，卽需要測量時才去測量，且從實驗表示若注意於長時期的記憶，不可產生一種不同的態度和方法，結果可使保持較永久些。

強森(Johnson)曾得了一條關於初等植物的遺忘曲線。〔註六〕其手續是這樣：先根據以前各班的

〔註六〕 P. O. Johnson "The Permanence of Learning in Elementary Botany," Journal of Educational Psychology, January, 1930.

經驗編製一個客觀的植物測驗，當這個課程起始時對學生加以考試，其平均分數於298點之中僅得到5.5點，這表示學生對於植物方面的知識很粗淺。及已教三學期植物後，再給予一次測驗，則其平均分數爲205。

於是將全班分爲三組，每組的平均智力分數都相等。以後對各組在各個不同時期加以測驗，例如一組是在完成這個課程後的三個月，一組是以後十五個月，一組則是以後二十七個月。各組在量表上的分數如下：

課程完畢時加以測驗的全體平均分數……205

三個月後的一組的測驗平均分數……110

十五個月後的一組的測驗平均分數……53

二十七個月後的一組的測驗平均分數……49

三月以後所忘記的項目幾乎有一半，再隔一年（即課程完畢的十五月後）則遺忘四分之三。其餘四分之一則比較能耐保持，因爲再經過一年，分數沒有什麼大的損失。

不過在這量表上的所謂分數相等實是一個難的問題，此外學科知識與其他結果的關係也是問題，因爲研究某個題目而得的眼光和態度或也可以影響學科知識。

與此類似的一個研究便是測量動物學知識的保持。（註七）其量表的造成是『用劃一的測量單位以表示心得』測量手續也是於動物課程的起始、完結和一年之後行之，所測量的都是大學生。經過一年之後學生所得關於動物學的知識仍保持有四分之三。保持的絕對數量和保持的百分數與『大學材能測驗』的百分量數（percentile ratings）很少關係。保持的百分數與個人所得的分數也很少關係，不過從絕對數量去看，心得最多的人保持也最多。

在實驗教育中，對於這類性質的研究很需要。若這種量數能夠成立，則對於科學教學的方法可以有較優的批判。至少我們知道所遺忘的知識並不是完全遺忘的，對於這些知識的重新學習比學習新的知識容易許多。況且學科知識的測驗並沒有將那門科學研究的所有心得都已完全顯現出來，故想出一些測量方法以測量這些沒有測量到的結果也是需要的。

〔註七〕 J. A. Cederstrom "Retention of Information Gained in Courses in College Zoölogy," Journal of Genetic Psychology, Vol. 38, 1930, pp. 516–520.

問題

1. 將初等、高等和大學教育中的學科列出，並用技能、知識、欣賞三項分數，你對於這個實驗有何意見？
2. 科學教學的目標是否與其他方面教學的目標不同？試舉例說明。

3. 舉例詳細說明數學是在感覺方面行使符號以代替明顯的行為。

4. 觀察你自己閉着眼睛做心算時的情形，如76×89。將這種經驗詳細描寫出來，特別注意於你用什麼作材料，有什麼依據和採用什麼手續？

5. 分析其他一種科學，如本書對於算術的分析一樣，表明在教學時如何可以將目標實現。

6. 將一個多位數除法必須有的特殊習慣表列出來與本書所舉的二位數加法的步驟相比較。

7. 說明在其他科學內如生理、地理、歷史、化學、植物也包含擴大性或敏銳性。

8. 儘可能的從記憶中描寫你的經驗和教育對於某種特殊概念是如何發展出來的。

9. 用實例說明如何將三個關於概括作用的方法適用到遺傳、智力、快樂、加速度等概念。

10. 從一本論理學書中尋出一些典型的論理錯誤，並從實例對於這些錯誤一一加以認識。你能用錯誤的刺激簡約化，不適當的擴大性和強烈的動機解釋這些論理的錯誤嗎？

參考書

Armstrong, H. E., The Teaching of the Scientific Method (MacMillan Co., 1910).

Brownell, Herbert and Wade, F. B., The Teaching of Science(Century Co., 1925).

Downing, E. R, Teaching Science in the Schools (University of Chicago Press, 1925).

Frank, J. O., How to Teach General Science (P. Blakistons Son & Co., 1926).

Freeman, F. N., Psychology of the Common Branches (Houghton Mifflin Co., 1916).

Hurd, Q. W., Problems of Science Teaching at the College Level (University of Minesota, 1929).

Maun, C. R., The Teaching of Physics (MacMillan Co., 1912).

McMurry, C. A., Special Method in Elementary Science (MacMillan Co., 1904).

Naturial Society for the Study of Education, Thirty-first Yearbook, Part I, " A Program for Teaching Science(Publio School Publishing Co., 1927).

Reed, H. B., Psychology of the Dementary School Subjects(Ginn & Co., 1927).

Smith, A. and Hall, E. H., The Teaching of Chemistry and Physics(Longmans, Green & Co., 1913).

Thorndike, E. L., The Psychology of Arithmatic(MacMillan Co., 1922).

Trafton, G. H., The Teaching of Science(Houghton Mifflin Co., 1918).

Twiss, G. R., Textbook in the Principles of Science Teaching(MacMillan Co., 1917).

Westaway, F. W., Science Teaching (Blackie & Son, 1929).

Woodring, M. N., Oakes, M. E. and Brown, H. E., Euriched Teaching of Science in the High Schools

(Teachers College, 1928).

第十六章　表現與欣賞的藝術

語言的藝術　通常將人類心理現象分爲動作、思想和感情，是對於具體生活事實一種抽象的說法。實際上我們的活動包括所有這三種現象。學校的各種學科也是如此。例如讀法的機械方面雖是訓練一種感動技能，而教學生以知識和感情的欣賞也是同等的重要。科學也不純粹是知識的，對於自然現象仍然有奇怪的感覺、新的情緒的反應，和敏捷的向着智慧與論理事實的情感——這些並不是科學的副產物。故所有欣賞與表現的藝術，亦復有發展感動技能的機會，和對於技術的嫻熟，因此它們與思想和觀念以及感情和情操有重要的聯絡。

語言的廣義的意義，是一種範圍最闊和最複雜的人類活動。廣義對於語言的研究也是學校的一種主要活動。語言的最初形式必須了解姿態和聽懂他人的說話，其次則是自己能夠說——能夠說本國語。兒童大概在入學以前對於這些能力都已發展出來。

學校對於兒童的起始教學即是教語言。經過一些顯明和間接的訓練，於是兒童能夠讀寫，發展字彙、練習拼法、以及依從通常規則與標準而標點、講求文法和造句。算術與高等教學可以說是語言的特別形式，外國語的學習也是同樣情形。

寫字與作文的學習在這方面更爲着重。此時須注意於適當的描寫、敍述、記錄和思想的交換，故所記錄或交換的便帶有觀念和感情，於是表現的藝術也就與學生的智慧和情緒的生活經驗相關聯。在讀書、作文和一般文學方面，簡單和較爲形式的現象便沒有專門注意於發展思想與藝術的欣賞。

音樂、油畫、彫刻、圖畫等美術，本身即是一種精密的語言，或許與廣泛的文字和數字相比較，這些還需要更多的教養。至對於詩、小說、論文與演說的創作，思想與表現也是同等的重要。

故用一章來討論這樣複雜的一些活動的教學和學習的心理現象頗不容易，因爲對於每個題目已有許多的文獻。我們現在祗能用已說過的幾種重要的心理原則任意選擇這方面的幾個例來證明。

寫字的刺激簡約化　最初學習書法時須對於刺激有複雜的控制。所寫的字都是一種圖形，用以代表說出的語言。文字中雖有種種句讀方法而與說話的停頓着重和音調變化的方法相比較，却相差很遠。所有寫字的一些反應都是依照慣例的——例如根據長久歷史的字母的形式、字的拼法、說與寫的並行以及句讀的詳細情形。

最初寫字時也需要很複雜的刺激，例如起首須看模型或字帖，以後用筆將這些字寫出來也需要長期對於肌肉調節的練習。所有的字都是代表語言的，故必須經過思想或須說出來。經過長期的練習後，便可僅用思想而無須說出能作爲充分的刺激而發生複雜的寫字動作。嗣後調節的動作可以成爲『高級的單位，』不須去看，僅從一個字的起首部分卽可得到肌肉感覺將這字的其餘部分寫出。

在初學寫字時還有些非必須和多餘的動作——例如眼睛、脚、舌和頭的動作。此外握筆的過於用力和寫在紙上的壓力過重也是常事。在寫字時筆畫的分組，高低與間隔的一致也須簡約成爲精細的刺激，此外還須注意速率、勻稱和淸楚。

這種活動已經有很好的組織，且容易受些微的影響而改變。除語言與思想之外，其調節沒有比這個更爲複雜。一個人的些許急燥、激動和困惱大可以影響書法。書體也容易因模倣（卽令就是無意的）而改變。且書法可以受一些精細因素的影響，故有些人從書法中以見一個人的品格和情操。不過書法與品性和情操的關係，現在還沒有可靠的結論。

在許多書法研究中，有些主要是研究書法的機構方面。例如寫字的壓力與其影響，速率與品質的關係，字體各部分的壓力與速率的變化和練習的分量與分配對於書法的影響。有些研究則討論到字的標準，例如須有何種速率和淸楚程度，速率與品質應該如何着重，各種字體的容易與淸楚程度，以及編製測驗與量表，和規定進步的速率等。更有些研究則討論各種寫字姿勢的優點，寫字動作，寫字面的性質和純熟，這些因素的最好的程序。此外對寫字的缺點（如對鏡寫字）和心理與神經擾亂對寫字的影響也有研究。

有許多研究的結果還不能確定或還有問題，或不發見書法隨其他因素如年齡、技能和採用書體的派別而變動。甚至有人主張在某些學期須不着重普通的書法，而以印字體代替行書，和以打字機作普通的工具。或許最有用的一個步驟是編製測驗和分析量表，庶對於結果有一定的知識，而便於改正缺點或弱點。

桑戴克書法量表（the Thorndike handwriting scale）的樣本是依照字體的優劣而排列的，其進步的步驟是從零點以至十分完善。每一種優秀程度，又有幾個品質相同而體式不同的樣本，因此學生的書法分數可從比較此量表中的具體樣本而得。此外有霭里斯和斯達奇量表與此大概相類似。佛里門量表（the Freeman scales）則是用斜度（slant），高低（alignment），行列（line），結構（formation）與間隔（spacing）五種標準而定出各級的樣本。這樣既便利於品質的分析，也可得到書法的優秀分數。

用這些量表測量學校中各級的書法，則知無論在速率和品質方面都有一致的進步。普通女孩的書法在這兩方面都較男孩為優秀。在兒童中書法與智力常有正的相關，較為愚笨的兒童於此尤為顯明。不過對於聰明的兒童和成人這兩種特性常時沒有關係。

有許多變動因素，為身體的姿態和位置，動作的形式和節奏，與寫字的品質並沒有密切的關係。因為從寫字優秀者和低劣者中發見他們是應用各種的方法。不過有些方法於學習時較其他方法確實有利益些。從全部看來各學校練習的分量與寫字的成績也沒有密切關係，從研究中也沒有發見練習的最好時期和分配。至於寫字時所習得的項目的先後，常隨教習字時的方法而異。關於這些點的詳細情形可參看已經發表的各種手册和論文。

一個兒童的寫字品質和速率常是成反比例。蓋慈創了一個公式以計算這兩者的聯合分數。其公式即品質量數以速率量數的立方根乘之。這樣，雖一班學生的寫字速率有不同，而其平均書寫能力則為一個常數。又從對寫字的實際需要的各種研究，發見如在桑戴克的量表上品質分數為 12，靄里斯的量表上品質分數為 60，每分鐘的速率為 80 字母，則可以應付實際需要，這種成績通常於六至八年級的學生中平均可以得到。

因為學習寫字主要是一種刺激簡約化和控制，故練習似為進步的主要方法。但在練習時須注意與學習有關的一些現象，得到求進步的動機，準備適當的字體，有結果知識和發現錯誤，有適當的控制俾能脫離指導，必須得到不僅注意於一行或一個字母而能熟察全部的書寫單位，以及注意個別差異。寫字雖然是一種顯明和感動的歷程，而在教學時必須注意到智慧的運用與科學方法。

圖畫心理　圖畫是一種一方面靠個人發展，一方面靠成熟的學科的好例（這兩種在教育中是甚本重要的，前面已經說過）自然各種圖畫有它的重要不同之點，如臨寫或寫實畫，分析或圖解畫，印像與表像畫以及諷刺畫便是。它們在表現藝術中也不具同等的價值。

圖畫的概念不要僅限於在圖畫班中所畫的。全部學校課程中各種的圖畫都可算是圖畫。甚至寫字也可以算是圖畫。地理和歷史中的地圖同樣屬於這類。自然科學中（特別是生物科學）的寫實和圖解畫用得很多。甚至在某種限度內，學校的成績須靠着圖畫的能力不過因為幾種圖畫與智力或語言能力的相關很小，故在教學時是一個重要值得討論的問題。

從研究兒童自發的圖畫，表示其發展有一定的進程。關於這方面的研究很多，普通分為以下各期：

1. 塗鴉期 (scribbling stage) 兒童在四歲以前，起首用鉛筆隨便亂塗，嗣後有模做動作，和可從其中認出一個形狀的部分。此時兒童的主要興趣為肌肉的活動而不是視覺的活動。當精細肌肉發達以後，這種活動才有變化。

2. 直線期 (stage of lines) 約在四歲時，兒童或受他人的教導，或觀察他人的圖畫，漸由有規律的塗鴉而產生畫線的動作，其所畫的線或代表物體的部分，或代表全體，但其組織則是很奇怪的。

3. 表像期 (descriptive symbolism) 五、六歲的兒童喜畫人形。他不大注意於形像，僅從記憶中畫出他的『觀念』因此他所畫的並不代表所見的實物。既常忽略比例，也不注意到詳細情形，故其圖畫可以說是一種符號，還不是眞正的圖畫。

4.初步寫實期 (descriptive realism) 再隔一二年，兒童的圖畫便加上一些他所知道的物體，但他不是從實際去表現因此發生一些奇怪的構圖。例如一個側面可以有兩隻眼睛，從長衣中可以見腿。他也不注意遠近的配置，但一些裝飾却在圖中表現出來。

5.實際寫實期 (representative realism) 從九歲至十歲的圖畫便代表眞實情形努力於將物體確實表現出來。對於排列和配景比較的嚴格，有時也企圖表示動作。技術的進步很快，有時還有帶戲劇性質的圖畫。

6.過制期 (period of repression) 經過青春期，兒童便開始與優良的圖畫相比較，對於自己的圖畫有一種嚴格的批評。就是長於圖畫的兒童常因此而挫氣或失去興趣。其缺乏圖畫能力的，則不作這種活動，轉變到其他的方向。

7.復生期 (period of revival) 在青年時期，長於圖畫的人對圖畫的興趣表示復活，此時造就可以達到近於高級的標準，常能擬定一個題目，畫出草稿而繪其圖形。

由圖畫的發展可以反映到一個人的全部發展，不僅就圖畫技能的展開一端觀之而已。例如一個低能人的圖畫便表示他的特殊心理組織情形。他在線條的堅實方面和與他的經驗有關的現象，於圖畫中或許表現得很進步但在其他方面則或與其同年齡的兒童相差很多。而其總結果則是這個人的輪廓或心理情形並非所有各方面的發展都是落後的。

從研究寫實畫與智力的關係發現二者無密切的相關。因爲在其他方面工作很窳劣的兒童可以畫出很優美的畫，故圖畫的優秀並不一定可以擔保智力上是很聰明的。反之，缺乏圖畫能力的人，也不卽是愚蠢的表徵。不過在圖解和表像畫方面，似乎與智力的相關較多。

關於這類的事實雖對於圖畫的敎學沒有大的幫助，不過圖畫敎師，甚至其他學科的敎師。將這種關係記在心中也有用處。眞的，寫實畫既與一般的智力無關，則其他方面（例如自然科學）的敎學方法與工作標準也須改變才行。

表現藝術中的動機　除刺激簡約化外，其他一個學習的基本原則便是動機。因爲語言技術的因素很多，但是各有各的標準，故很難得到完成那種技術的眞正動機。例如在同伴之中可以不必用適合文法的語言且若用很文雅的語言時反足以招他們的嘲笑，這樣，要如何精練語言的動機，如怎樣運用變化怎樣用音調，怎樣修飾便祇能間接的得到。又如一封寫得不好的信能將意思傳達出來，且能正確地標點而沒有不滿意的要解除的激動，這樣，便須有一種較遠的或人爲的目標，使之發生進步的練習。

通常學校中的定年級、升遷和分班的方法必須與一個人的希望和他的畢生事業有關才有價値。很聰明的學生對於語言一類的事物最有興趣，因為這些不須甚多的練習。由測驗上決定智力與語彙作文和文法的工作的相關是很高的，這不僅因為這些項目被用作智力測驗的材料的時候很多，且因為語言的要素是表像作用，而表像作用則是智力的一個主要現象。

在低年級中常用語言『遊戲』的方法，這與以前用『拼法競爭』以增長對於語言技術的興趣，是同樣的目的。此外為着某種名譽獎而寫作，將作品在全班內傳觀和登校刊等，也是將表現的技術與個人對於自己的認識相關聯，這種方法是很好的。他若競爭模範作品與鼓勵說特殊作風的文章，也是同樣的性質。所有這些方法都是使學生發生激動，僅可由精練語言技術才可將這種激動解除。因為語言方面的規則是很繁的，且有時僅為習慣的，故對於特殊習慣沒有一般的教學原則可以適用。我們僅能由學習說話，才能說話；學習拼法，才能知道拼法；學習寫作，才能寫作；或甚至學習思想，才能夠思想。

因為表現藝術的興趣和能力變動很大，故在教學時須適應個別差異和注重個別指導，沒有比這個更為重要。甚至有人主張對於一些特殊的學科，如圖畫和音樂，除在低年級須學習以決定他們的個別差異和對於一般的兒童給以了解和欣賞的機會外，其在較高年級而本來沒有興趣或能力的兒童，則儘可不學習這些活動。

因為在表現藝術中很少演繹的學習，故通常多用『妨止錯誤或改正錯誤』的教學。因為告訴一個學生有錯誤，也是一種有用的激動和給以進步的動機。況且對於個人錯誤的分析可以使敎學特殊化，和用最有效的方法注意。故現在對各級程度的語言的各種錯誤次數已有許多研究，若初級敎師對於這些錯誤的表很熟悉時，則可以幫助計畫語言和寫作的敎學。

現在已經編造有各種測量語言成績的標準量表，這對於供給動機也是一個較好的方法，因爲從這些量數可以與其他人和一般的常模相比較，故對於自己的地位可以有客觀的評量，且有結果知識和一定的成功步驟可以引誘自己的進步。

經驗對於寫作的影響　我們已經說明寫字的刺激簡約化，以及動機與所有語言活動的關係，至於擴大性在這方面的重要，則已於前幾章講到讀法、拼法和算術時已經說明過。另外一個學習的重要點便是個人背景或生活經驗。因爲一個人若是沒有最初的經驗，則雖練習也是沒有效果，所有的進步都純乎是勉強的。

敎育中的生活經驗的重要可從赫德爾森（Hudelson）的研究作文可以證明。此研究是要七年級至十二年級的兒童用各種指定的題目作文，爲便於比較起見，對於題目已經過一番愼重的選擇。這些作文已被經過八個判斷而定出優劣，於是進而研究題目的性質與作文優劣的關係。

從結果發見題目的性質對於文章的好壞頗有重大的影響，大概學生對一個題目有個人經驗的背景的常可有較優的文章，例如用『教堂中的工作對嗎？』的題目所作的文章遠不及『根據一幅畫圖敍述故事』的題目寫得好。一個『學校辯』的文章也不及『軍營視察記』的文章寫得好。同樣，『你所聽的一個有趣的故事』也沒有如『最高與的一次乘馬』和『我如何學習功課』的題目寫得入妙。

換句話說，表現必須有事實的根據才可。如果經驗材料已經預備好，俯拾卽是，則自可有較優的文章。故由間接經驗而作的文章與要學生表現直接經驗而作的文章的方法，所得效果眞有天淵之別。因爲我們寫的好文章是由寫而來，不是由暗中摸索得來，故作文的技術必須密切地與直接經驗相聯絡。如果這點已經確立，才可用以作爲研究的工具。

因爲這個緣故，設計法和有目的問題法在表現藝術中自有它的地位。學生的表現活動與其直接生活愈關切，則其動機愈強，習慣的固定也就到愈高的程度，以著作爲職業的第一流寫作大半是爲自己的生活寫照或許也是由於這個理由。

創造表現的限度　語言和思想的密切關係，以及使用符號與『學習者的品質』有正的相關，遂使普通教育對於表現藝術定出一個最低的目標。例如美國國家聯合委員會(The National Joint Committee) 對於中學校英文課程的改訂所定目標須具以下幾種能力：

a. 能寫出普通形式的應酬信件。

b. 對於熟識的內容能寫出很清楚的一段話或數段話。

c. 對於一篇演講和文章的要點能加以分析並說出大綱。

d. 對於興趣特別豐富的題目能經過相當時期的研究和預備寫出一篇相當長的井然有序的報告。

e. 能寫出一篇短的故事或其他想像的文章（僅是對文學有興趣和野心的人而言）。

從這些目標，很清楚的可以看出惟有聰明兒童才能達到創造寫作的境地。關於這點我們知道得還很少，正與我們對於創造天才知道得很少是一樣的。根據一些對學生曾嚴加選擇和教師是特別聰明不過沒有加以控制的實驗，他們對於學校中的語言技術以爲太拘泥於方法和標準。根據他們的意見，青年根本就是創造和表現的，假若對於青年有相當的指導和不任他們盲目進行，則一個中學生也可以很得意地作出詩和短歌，與完成其藝術工作。從少數極聰明的兒童中可選出詩和文章來便是對於這一點的證明。〔註一〕

一個卑賤而是啞子的密爾敦（Milton）的那樣天才雖然有時也有，而這是文學上的雅談，我們不

〔註一〕參看 Burks, Jenson, Terman "The Promise of Youth" P. 362, Genetic Studies of Genius, Vol. III. (Stanford University Press, 1930) 若要知道青年詩家的智力商數，可參看 H. Mearus, Creative Youth (Doubleday, Page & Co., 1926).

可作為根據。我們對於每一方面的創造天才的情況和歷程還須加以研究，所謂天才是無須學習的，這就表示對於任何表現藝術的創作需要高級的智力才行，而要從一般中學生間希望有創作，則不免失望，因為在這些學生中縱令有創造的天才也是與特殊的教學方法無關的。不過於這方面也和其他方面一樣，現在的心理學還是在幼稚時期，不能說有什麼貢獻。或許在表現技術之外還有思想的技術和感情生活，這須有待於控制方法的詳細研究。

音樂心理　欣賞先於演奏，在藝術中是一條普通的規律，而人類的各方面也幾乎都是如此。許多人能夠欣賞一幅圖畫，一篇演說，和一曲音樂，而自己不能演奏，甚至不能學習演奏。一部分固是為這個緣故，另一方面則是因現代生活極度分工和交通利便，以致漸漸忽略美術的積極方面，僅以視聽欣賞為滿足。這種趨勢的合宜與否固是問題，而音樂的這種趨勢則是很顯明的。

音樂心理還是在初步時期，甚至音覺的生理基礎也還有辯論的疑問。我們對於音的旋律與和諧的反應及其興趣，現已有許多理論，對其中很明白的，則是所謂『音樂能力』並不是一個簡單東西，音樂的欣賞與演奏是許多因素的複雜結果。這些因素中有些是先天的，有些則為訓練和經驗。席灼爾對於音樂能力曾作以下的分析，其中至少有幾個因素是與音樂天才有關，但不能作特別的假定：

I. 音樂的感覺

A. 基本能量

1. 音的高低的感覺　2. 強弱的感覺

3. 時間的感覺　4. 空間的感覺

B. 複雜能量

1. 音色的感覺　2. 節奏的感覺

3. 調和的感覺　4. 體積的感覺

II. 音樂的動作　對於音的正確表現的自然能力（或用聲帶發音或用樂器或這兩方面，）即能：

1. 對於高低的控制　2. 對於強弱的控制

3. 對於時間的控制　4. 對於音色的控制

5. 對於節奏的控制　6. 對於體積的控制

III. 音樂的記憶和想像

1. 聽覺意像　2. 動作意像

3. 創造的想像　4. 記憶廣度

5. 學習能力

IV. 音樂的智慧

1. 音樂的自由聯想　　2. 音樂的回想能力

3. 一般的智力

V. 音樂的感情

1. 音樂的愛好：歡喜和不歡喜

2. 對於音樂的情緒反應

3. 音樂的情緒上的自我表現

從這種分析可以見學習和教音樂問題的複雜情況。為教育的一般目的起見，我們所要知道的，即是一個人的音樂能力的先天方面相差很大，其中有許多雖加訓練而不能成功，如對於音樂欣賞的基本能量是。

音樂的天才和興趣，至少從天賦方面去看與一般的智力頗少關係。自然，高級的音樂方面的成功也需要這兩者的聯合，但對一方面有特殊能力並不能擔保在其他方面也是同樣有能力的。現在已有方法能從一些複雜的結果中或一些必須的分子中診斷音樂能量的程度。在其他一般教學中所用的方法實沒有如音樂教育這般有用的。

表現藝術的測量、關於測量方面僅可簡單說明幾種語言量表和標準以表明其一般的性質。在一套語言和文法測驗（如卡特斯測驗）中對於許多句子須加改正，並須說明與文法的什麼規則相衝突。測驗中也有各級的標準量數作爲背景，因此個人或全班的作業測量可以資比較。

作文量表（如希爾該斯、赫德爾森和其他人的）的一般編制頗與書法量表相同。即對於一個題目有幾篇作文的樣本，用各種判斷方法將這些樣本的分數表示出來，各樣本間優劣的距離都是相等的。學生的作文分數即可與這個量表的樣本相比較而得。

文法量表中（例如斯達奇的）所包含的材料是許多正確與非正確的文句。學生的事務是將文句的正確與否認證出來。文句的難度是漸漸增加的，藉此以測量學生的知識。此外斯達奇還用了同一方法編製句讀量表(punctuation scales)。

屈勞布的塡字語言量表是另外一種方法。句子中有些字沒有寫出來，學生須將這些空白用字塡進去，俾成爲一個完全的句子。句子的難度也是漸漸增加，對於各種程度的學生有各種不同的量表。

普通用的字彙測驗(vocabulary test)有許多種，其最常用的便是推孟的字彙測驗，此測驗包含100個字，難度不同，字的選擇務使可以包含字典各部的內容。學生須將每個字的意義說出來，依照一定的是非標準而給分數。全部測驗是以年齡作基礎，故要表明一個大概的智力年齡，用這量表是一個很快

的方法，

測量圖畫能力的量表也有許多種，有些是測量機械畫或作字的能力，有些則是測量寫實畫的能力。其中富有興趣的便是柏特的圖畫量表，此量表對於各年齡的兒童都是畫一人，每一年齡畫出人的成功程度以中數代表之。故學生的圖畫可與量表中的樣本相比較，近於那一個樣本的，便表示他對於圖畫成功的年齡，即『圖畫年齡』(the drawing age)。

在音樂方面，最著名的是席灼爾的音樂天才測驗，此測驗已作成留聲機的樣式，可供團體測驗之用，從這測驗可以得到個人或全班對於高低強弱的辨別，時間的感覺，音的記憶，音的調和及節奏等量數，且有年齡和年級常模，以資與一般學生的成績相比較。

在美術方面，也正在企圖編造類似的量表。例如美亞—席灼爾測驗和麥克亞多利測驗便是最適當的例。測驗中有許多的圖形和排列，學生須於其中擇一個最滿意的。其分數則是以職業的藝術家的判斷或樣品的性質作標準，由此決定學生的判斷是否與專家的意見相符合。

其他關於演奏或欣賞的類似測驗也已有了，例如欣賞簡單的圖形和線的排列，欣賞詩和音樂的測驗，甚至還有幽默測驗。關於一般表現藝術的這類測驗的主要優點便是學生的進步和評量成績無須靠教師個人一時高興的鼓勵，又成績的標準不是從一地方而來，至少這點有較多的客觀性。

問題

1. 要一個兒童照着樣本寫字，並觀察在這種行爲和結果中有什麼顯著的困難。
2. 用你的不會寫過字的手寫出你的名字，這樣寫十次。注意起首的困難以及練習後的變化。又用這手照着樣本寫字，有何新的困難發生嗎？
3. 用桑戴克或藹里斯的書法量表評定同學中所寫字的分數。
4. 儘着能力用鉛筆畫一人形，於是將此結果用柏特或桑戴克圖畫量表評定分數。
5. 從各種不同年齡的兒童中搜集許多圖畫，注意其發展的進程與本書所說的能符合至何種程度。
6. 從學校兒童中搜集幾篇作文，並用一種作文量表評定分數。討論由此設計所發生的問題。
7. 將席均爾的音樂測驗在班中試演之。
8. 假若有美亞或麥克亞多利測驗，試從此得到你自己的分數，或將這測驗的一般性質用例說明也可。

參考書

Briggs, T. H. "Formal Grammar as a Disciplin," Teachers College Record, Vol. 14 No. 4, 1913.

Burt, Cyril, Mental and Scholastic Tests (King, London, 1922).

Charters, W. W., Language and Grammar Scales (Public School Publishing Co.).

Charters, W. W. and Miller, E., " A Course of Study in Grammar Based upon Errors of School Children " University of Missouri Educational Series, No. 9, 1915.

Cole, R. D., Modern Foreign Languages and their Teaching (D. Appleton & Co., 1931).

Dykema, P. W., Music for Public School Administrators (Teachers College, 1931).

Freeman, F. N., Reports on Handwriting, Fourteenth Yearbook(1915); Sixteenth Yearbook(1918); Eighteenth Yearbook (1919); National Society for the Study of Education.

Freeman, F. N. and Dougherty, M. L., How to Teach Handwriting (Houghton Mifflin Co., 1923).

Hillegas, M. B., A Scale for the Measurement of Quality in English Composition(Teachers College, Columbia University, 1912).

Hudelson, E. " English Composition, it's Aims, Methods and Measurements", Twenty-second Yearbook(1923), National Society for the Study of Education.

Mearus, Hughes, Creative Youth(Doubleday, Page & Co., 1926).

Mursell, J. L. and Glenn M., The Psychology of School Music Teaching(Silver, Burdett & Co., 1931).

Reed, H. B., Psychology of the Elementary School Subjects(Ginn & Co., 1927) chs. 12, 15—18.

Seashore, C. E., The Psychology of Musical Talent (Silver, Burdett & Co., 1919).

Thorndike, E. L., " Handwriting ", Teachers College Record, Vol. 10, No., 2, 1919.

第十七章　心理衛生的教育

學校中的兒童除精練特別技能和獲得知識之外，還有一種『附帶的學習，』許多教育者相信：學校對於這種附帶的學習須視爲特別重要。關於這類學習可表示幾種如下：

a. 解決問題的態度，與思想、創造和實驗的習慣。且對一個結論，在沒有證實之前，不輕易接受。

b. 社會化的態度，卽個人的興趣須適合於團體的目標，個人的活動須比沒有受過教育的人有較廣的觀點。

c. 優良的品格特性，例如勤勉的習慣，耐勞、信託、誠實、合作、公正。

d. 統整的自我或人格，使情緒得到平衡和有理性的控制，而又不失其熱忱。

要得到這種成功是一種長久和艱難的工作。況且學校的經驗能反抗一些相反方向的不良影響——如遺傳，家庭關係，和學校以外的社會經驗——至何種程度現在還不能決定。心理衛生一章在通常教本中認爲是最麻煩的，一部分乃是由於對這樣一個包含特殊情況的複雜題目很難有概括的結論。但有幾點似乎與心理衛生有關係，這些可視爲教育人格平衡的個人進行的目標。教師與學生有了這種目標在心中既可幫助學校活動的順利進行，也可使教育所希望的附帶學習能够確定的得到。

誠實的估計自己　一個人如何能知道自己呢？主觀的估計常時是不可靠的，我們常將優點估計得過高，而將劣點估計得過低，以致不若他人的估計正確。且每個人都有他的限度，我們最好知道和誠實的承認這種限度，要比盲目的抱着每人有無限能力的妄想好點。一個人決不能改變他的高度，智力，敏銳性，學習能力，色盲以及對於音的高低的辨別。如果硬要去改變，則祇有失望與痛苦。

誠實的對於自己清算是心理衛生的第一步。在清算時必須有客觀的標準與有可靠知識的測驗。此外還須誠實的向着所要做的動機和興趣，且要追究這些動機和興趣的眞理性。同時也不要停止希望和志氣，不過必須讓這種志氣適合事實，而不要讓事實與志氣相去過遠。

*　*　*　*　*

野獸也知它的才能，
　如果是熊決不想飛上天空；
跛馬也知反抗，
　要它跳過高牆它會不幹。

*　*　*　*　*

惟有人類是個怪獸，

受愚蠢的指使與自然相關

他的聰明僅有毫毛，

却荒唐的要實現他的全部謀猷。

養成客觀的態度　對於自己的着重或許也是成功的一個必須條件。假若一個人對於自己沒有信心，則對於努力的嚴重性和熱忱必會銳減，而對於弱點必會增加起來。但對於情境的客觀考察也有必要，因爲這樣可以避免苦惱和減少失敗的打擊。

『我們自己觀察自己須如他人觀察自己一樣，』而後心理上才是健全的。自憐則最足以戕賊自己的人格，因爲自憐的人對於外界的處置僅是以個人的覺知爲出發點，假若他人也是自憐的，則不會覺知你的希望了。患者常在此時容易生出一種不公平的感覺，妄想的生活也由此發生。

故有時你自己須看遠一點，觀察你自己的痛苦，失望，希望和愛如同是在火星上或街上經過的人所看一樣。這不一定是一種憤世嫉俗的主義，因爲憤世嫉俗的人帶有深厚的與不可知的個人色彩。此處則是要誠實的明白個人的感情僅是世界歷史上的一個枝葉，沒有什麼重要，這樣才可以把個人的命運調和起來，而對於新的希望和努力並沒有斷絕。

對於事物尤其對於個己的客觀的觀察，既可以得到成功，也可以得到歷史。一個青年女子在廊內行走覺得所有的眼睛都是注視着她，自己以爲是秀美，而不知却是因爲愚笨而受注視。一個人甚至失去幸運，在廣大世界中實在是一件很小的事情。並且世界中也不完全是具有卑下，過失或困難的思想的，在稍有不同的時候，這個世界也可以變爲享樂的。假若你能够看透這種幽默的處所，你對於客觀的觀點便有很大的進步，你的心理衛生也會進步起來。

實際的應付現實　應付現實的方法有好幾種。其中一種是消極的，退避到一種內在的想像世界。例如在晝夢中受人崇拜和愛，與變爲要人而能發號施令。另外一種則是間接的巧作託辭。例如對於有些事物故作不見，或對於一些事實僅予敷衍。這兩種規避方法若用得太多，都是不健康。如果用得太長久，可以成爲偏執狂(paranoia)和青年衰退症(dementia praecox)的精神病。

最健全的方法是實際的應付現實——甚至可下攻擊時攻擊也可。如果你認爲能力不足，則老實的承認，不要推諉於教師、校長或社會制度。你的兒子已經成長，無論他是低能或比你聰明，你爲什麼要將他當作嬰兒看待呢？責備醫生呢？用譏刺或悲哀支持你的誇大呢？你須實際的應付事實看有什麼事體可做，你即去做。

相當的想像是常態的，且在某種意義上是一種思維計畫的通常方法。但想像須成爲有用的，須有方法、步驟和能解決問題。若想像全然無結果，則是一種幼稚和退步的幻想。

一個口吃的兒童晝夢着自己口如懸河，而他對於功課仍是不能做語言的缺陷也仍是有，這就是幻想(phantary)。再不然，他間接的對付這種困難，裝作倔强，消極，對他人的提議都不理會，於是便無須語言，這是規避(evasion)。否則他專門做不用語言的事體，對於運動很熱心，對於圖畫很歡喜，這是補償或昇華(compensation or sublimation)。再或則，他避免社會情境，說這事極尋常，或無興趣或無價值。這種應付手段叫做託辭(rationalization)。各種的方法都僅是一種權宜之計，而比較久遠和健全的解決則須對於現實困難的來源直接去應付。

避免心理的偏跛　一個人傷了脚而正在治療時，走路常有跛行的姿態。這種姿態往往在傷痕治愈許久之後還有。有時僅從鞋子所得的刺激——簡約的刺激，也可以發生這種走路不規則的狀態。這種對於現情境的其他刺激沒有適當的控制叫做心理的偏跛(a mental limp)，也可以說是一種神經病。恐怖症(phobias)，強迫觀念(obsession)，固定觀念，與病態情緒都屬於同一起源。即以前有一次深刻的刺激後，雖這種刺激已經沒有，而心理的偏跛仍繼續的存在。猜忌，厭惡與成見的深入於人類生活中也是一種心理的偏跛。它們僅從過去迴遡，而沒有察知現情況的事實。

要解救心理的偏跛，首先須發現產生那件事體的刺激，究竟是什麼？現在使你發生厭惡或懷疑的情境是什麼？假如已發見這種刺激，又須尋出於現在能發生作用的過去情況是什麼。將這些瞭然於胸後，便可發見是否由於以前單獨的刺激產生這種厭惡呢還是由於過去的情況?於是對現在情境加以分析，看是否有其他分子存在，或僅是單獨以前的那個刺激。如果是後者，則分析的結果便須用一種判斷以代替原來的厭惡。即須用智慧的判斷而不要專訴之於感情的反應。這樣，以前的刺激便受了新的反應的限制。

『劇場的恐怖』是一種很熟識的例。聽者於現情境的些微刺激即可發生以前的苦惱，甚至這種苦惱可完全不必與聽者相關聯。要解救這種劇場的恐怖也須用以上所說的同樣分析。但主要的事務還是當你有心理的偏跛時須知道這種癥結是什麼，不要糊裏糊塗說是什麼『本能』，『遺傳』或精妙的身體組織。假若你有心理的偏跛那便是一個不健全的人了。

情緒是痛苦的表徵　須安靜點！你不要訴之於情緒，須知情緒是臨近崩潰，平庸或墳墓的表徵。當一個人的思想或行動沒有準備時才有擾亂的情緒。有時動作趨勢的衝突也可以發生低級的反應——情緒。對於情緒的性質，可以用知更雀作例來說明。知更雀曾經築巢在一個人的家裏，是當主人不在時築的。此時它從外面回來忽然看見主人站在門前，這時便進退兩難，由這種衝突的結果於是發出尖銳的叫聲和不安定，這就叫做情緒。

從有機體方面說，情緒是一種應變的機構。使內臟器官，如肺臟、心臟、腺體與血管發生變化，而有較快的血的凝結，且容易供給肌肉的原料，以及使手與脚有大量的血液。不過就是從有機體方面說，情緒也是一種危機的現象，因爲當內臟發生變化時，血液從軀幹退縮，以致阻止消化，妨礙思想的活動。

在近代生活中，關於情緒的兩個現象是很重要的。第一，現代的緊急變化，少有肌肉的爭鬭，有機的適應已成爲過去的遺跡或甚至發生阻礙。因爲情緒的暴發結果祇足以增加個人的痛苦，並不是一種有效的應付。至於面對面的相打祇是遇着野獸時才如此，而這種緊急的事却很少。

第二，情緒容易遷移——情境中不適當的些微刺激也可以發生情緒。這樣便成爲習慣，不適當的反應，和長期的病象，故情緒即是弱點的表徵，不是健康的。因爲情緒容易遷移和容易受些微刺激的訓練，故對情緒適應的方法不是醫藥的，而是教育的。

心理健康需要壓制　常態發展過程中有許多禁制的動作，其低級的適應常在高級的控制之下。例如眼的自由開闔是低級的適應，我們可好好的控制使常得到清楚視覺以探察視覺的世界，於是有用的動作『讀法』即發生。同樣『握拳反射』也是一種低級的適應，若我們注重自動的習慣方面，用以作技能的活動，便很安全而有用。故發展歷程不是簡單的用思考和限制壓抑那種自發和不自主的動作，乃是發展的規律。

發展一部分包含對於先天和無組織的動作的抑制，使於不加思索的衝動之外而有思考。蠢的情癡假用『心理學』的美名，使近來許多父母和教育者沒有辦法，其實他是蒙蔽心理健康需要壓制的眞理。

事實上，不能壓制便是心理脆弱的表徵。那種須依兒童自發的要求而活動恐由此產生壓制的說法，僅是一知半解。那種壓制的要求可以損害人格的說法，也是一種錯誤。那種半壓制和控制無效的要求才有相互的衝突和與理性生活不相融合。

對於壓制無效而生的擾亂的治療不是少加控制，而是多加控制。我們知道，控制即是許多刺激的合作，故心理衛生的要點必須能夠完全控制，與需要控制時便控制。控制須成爲觀念、思考、目的，和動作的自覺規律，而不須時常要他人說才偶然這樣的做。故控制應該儘可能爲內在的，而不是外鑠的。

快樂需要激動　完全無刺激或過於單調的刺激徒然使我們睡眠。故若缺乏激動，人類的快樂也是無精打彩的。快樂必須在解除苦惱時才有，即遇着苦惱用一定解除方法而發生動作，才有快樂。沒有苦惱則沒有苦惱的解除；沒有苦惱的解除，也就沒有所謂滿意。所以快樂是寓於人的能力中，要想求快樂，必須有一種解決問題的態度，和問題發生時有一種解決問題的技能和知識。故快樂所需要的是有問題。

教育中的座右銘是訓練學生爲自己而工作。如果兒童沒有問題那便是害了兒童；兒童很早的爲兒童解決種種問題也不是適當的訓練，兒童反足以侵害他的快樂。使他無精打彩與自憐。故爲兒童發生問題是很好的，在近代城市中生活着的兒童這點常是需要。

甚至成人也會想到若他們已經過了許多問題和苦惱，則他們將來一定可以得到快樂因爲人類的經驗是向着這些方面的。他們隨即會覺得苦惱的需要，神經衰弱和憂鬱症對於他們沒有甚麼要緊。追隨着青年的心理而後心理平衡才容易得到。因為如一個人有興趣、有事作和有設計則於繼續用方法解決苦惱或問題之中可以得到快樂，他的心情自然沒有崩潰之虞。

消除過大的欲望　算術上一個分數的價值，可因分母減小或分子加大而增加。人類也是一個分數，人類的希望和要求是分母，本來的能量能達到要求的成功程度則是分子。

許多人類的痛苦和與社會的不相適應，是由於人類歡喜有較大的欲望，而沒有顧及達到這些要求的能力。其實智力上的個別差異，要較體力、生理、身體的痛苦以及普通的激動為大。

從這種事實而生的社會問題，此處無須討論，而在個人心理衛生方面，這點便甚顯明。一個破產的人要改善他的現狀，最好是減少他眼前的負債，而不是增加他的資源或借款。一個著名的心理病理學家耶納(Janet)曾說：許多的精神病者便是『神經的破產』(Nervous bankruptcy)。

一個普通智力的人，祇要野心不過大，對於心理健康是不成問題的。一個通常的婦人嫁一通常男子本來很好，如果她想嫁一個社會上有地位的人或作藝術夫人，則必須減少這種野心方能保持她的健康。哥爾登的退回律(Galtons law of regression)表示優良父母的子孫常有較父母為劣的趨勢，每個教育家應該了解它。因為常可用這條定律以減少父母對於兒女的過分的野心。當一個人已經放棄對於優良運動家、外交家、特出詩人、實業家和精美絕倫的人的希望而心理上得到相安時，至少比那僅望着前面的人在心理衞生上適宜些。

我們現在的論點，並不是說完全不要野心，無論青年或老年也須具有相當的野心才對。因爲野心是一種有效的苦惱，要解除這種苦惱必須將分子加大才行。如果分子不能加大，這時便要減少分母，於是心理健康才得保持。有許多受着函授學校的起始動聽的話和廣告的鼓動的學生，最好卽刻將分母縮小起來。教師在教育和職業指導上的用處，便是幫助學生保持一個相當的分母，不要使分數有奇怪的比例發生。看旣存分子的大小而定分母，是平民教育中一個最穩妥的辦法。

懷疑主義的效量　心理衞生的最好方法莫如保持相當的懷疑，而不相信偏見，宣傳和誇大的言詞，除非對這些已有事實的證明。輕信是人類心理中常有的事，再加上願望的完成，於是輕信便幾爲不可抵抗的事情。例如自然常是相補償的，好人早夭，小時了了大未必佳，學習快的人記憶壞，所有這些都爲一般人的口頭禪。他們說這些話也無非想要解除某種特殊的人類欲望。一個愼重著書的人也不免要相信已經印出來的一些命題的眞實，故廣告商人常利用這種輕信以欺騙一般的人。

因爲心理健康是容易受擾亂的，故這種輕信可以增加徒然的努力和誤信。假若學校中的科學教學、實驗、疑問和證明可以轉移到外界來，那末不必有其他的訓練，僅有科學的訓練好了；但科學教學不能減少先天的輕信而代之以一種疑問的健全態度則似乎是很明白的事。

至少當學生有懷疑時教師必須歡迎這種懷疑的態度。或許明白所說不對而發生懷疑，主要是一個智力的問題。那末本節的題目應該改為『智力的救星』才對。

智力與心理健康　一個人的智力雖然不可以增加，而他與心理健康的關係却很密切。從對於聰明兒童的研究，表示這些兒童的情緒平衡和控制較通常兒童為佳。對於藥物的抵抗能力，也表示聰明的兒童抵抗力較大。研究一些神經病，如歇斯底里亞(hysteria)，神經衰弱，組織的心理無能(constitutional psychopathic state)都大部分是一些愚笨的人。其中大多數雖沒有愚蠢到低能的程度，而都不到平均智力的水平線。

心理適應和心理治療的方法對於聰明的人成功較多，有些人不大受心理痛苦的影響，和受影響後容易得到控制，都是由於同一因素。

養成對於不安定的適應　有些不健全的心理常由一種固定態度突然受阻撓而發生不安現象而來。人類的事務沒有完全安定的，若事先有這種心理的態度，則這種事一定會來。事實上，沒有一件事的受打擊較生活的不安定為更利害。但又決不是這樣，因為對於比較安定的奮鬭，乃是人類行動中一個最大的要求。一個人與其對於不安定有敏銳的感覺，不如在行動上適應較好些。

溺愛的教育以爲對於兒童應該使他們覺着安定。他們以爲這種覺知能够使兒童發生自信和擴大自我。很顯然的，這種安定的妄想是不適宜於作兒童生活的預備的。有幾種顯著的神經病卽是由於長期覺得很安定，如有不安的事發生，則有一種深刻的自憐態度，以爲社會會憐念他。其實社會很少是這樣的，故鼓勵自安和自我中心的病態教育，對於兒童將來的痛苦應該受一部分的責備。

故平靜的準備將來緊急事務的發生是心理健康的一個方法。甚至預想將來的緊急而計畫應付也是有益處的，不過須這種預想不要妨害現在的工作。

以新習慣代替舊習慣　生物學告訴我們一件沒有較此更爲重要的事實，卽有機體的器官以前雖爲有用的，以後必須繼續有需要才可，否則便成爲一種妨礙。在我們的身體中，有時必須將扁桃腺（Tonsils）智齒和蟲樣垂（vermiform appendices）除去而後身體才可恢復健康便是這種原因。這些以前都是爲某種適應而生的器官，現在則成爲殘餘的，沒有什麼用處，因此常發生危害。

人類的習慣也是一樣，以前因有需要而成立的習慣，後來對於心理健康或可以有妨礙。其惟一解救的方法，則是不斷地準備新習慣而不爲舊習慣所囿。教育也必須時常更新，我們以前學習的歌辭，現在已經陳腐了，以前的朋友已漸漸遠離了，食物與衣服已經改變，生活的方法也已改變，舊的應用器具現在都已成爲新的，除非我們是一個古人，否則習慣必須適應生活才好。

甚至科學的事實也是變的。以前學的化學、物理、地理和歷史，現在看來與兒童時的語言、圍裙、馬鞍和馬椿是同樣古老的。人類的關係和由此而生的習慣也是一樣。假若適宜於兒童的順從習慣延長到成人生活還有，便會失敗。儉約習慣如果過了適當時候而仍然保持，則是犧牲較大的幸福而保持細節。依賴生活雖然在幼年時是正當的，長大以後則變爲要支持家庭。兒童的遊戲到了成年便成爲工作的習慣。其工作習慣不是單純的，且有種種。對於兒童的哺乳和指導的父母態度，如果於兒童長大時還不改變，則所收穫的不是愛而是恨，不是尊敬而是失望。

成人的需要適應與兒童的需要生長是一樣的。如果你是成人，你便要消滅兒童時代的幻想；假若你已經受教育，你須完成教育。你須視教育是一種生活，一種獲得新習慣的進步的技術。你須用一種能適應的人格迎合這種多變的世界。你須將舊的習慣滌除，正如你見着舊居的道路已經改變一樣。現在的生活就是這樣一種方針，如果你愈容易見着機會改變你的習慣，和很快的看到這種機會，你便愈能受教育。如果你愈能受教育則你的情緒生活愈安定，你的心理適應便愈健全。

我們知道學習的能力隨年齡而減退。至於這種能力的減退有多少成分由於不想學習，和多少成分由於不能學習，現在還不能決定。無論如何，從測量上所見的學習能力既至成年還很高，則成年以後習慣改變的可能性也必是很大的。現代成人教育運動對於成人可以改變的重要性已公開的承認。

獨立的生活　現代生活中的精神病所以較生活簡單時爲多有幾個理由。例如現在心理平衡的標準較以前爲高；些微的不適應可發生嚴重的結果；用嚴格自然選擇以消滅不適者的機會比較的少；生存競爭也有相當的影響；此外大羣的壓迫個人致使個人要得到見重於人也比較難。但還有一個通常不爲人注意的因素，便是近代生活中的依賴態度。

近代分工和專門化的結果致使經濟上我們須依賴他人的生產和恩惠。又因兒童時期的延長，青年一生的三分之一的時間須依賴父母的扶持，末後三分之一的時間有許多父母則須依賴着子孫。這種相接觸的延長，彼此經濟上的依賴，和對於愛者的希望與容忍，都容易成爲情緒上也是依賴的。

一個健全的心理須情緒上與家庭相斷絕。假若沒有這種適應則青年容易成爲幼稚病。這種病不獨最後與家庭脫離時會發生，就是父母和親人有不安時也會發生。所謂情緒與家庭斷絕並不是情感和相互關係完全失去的意思，而是心理健康須靠情緒的獨立，即情緒能夠寄託於自己利益所在的新的處所，不要僅限於父母或父母的代理人。

父母爲着自己的健康對於兒女的情緒獨立也是同樣的重要，因爲這在父母方面看來就是所謂情緒的統一。母親到了年老時期，見着兒童的成長和開始爲着自己的前程與成立家庭的種種作法，常表示對此事很不安寧。

這是値得注意的，這種不安僅是母親方面常有，父親方面則比較的少。據說這種現象與母親的停經相關，但還沒有證明。母親的停經正是兒童入學、婚嫁和預備畢生事業之時，這種感覺生活的空虛足以證明長久與兒女相接觸的不適宜，正與兒女須有情緒的獨立相同。不過母親沒有事務可做時，致其精神特別注視於兒女也是一個原因。父親因忙於職業的種種方面，故其心理健康不受這方面的影響。

健全心理產生於健全的體格　討論心理衞生的原理沒有不注意到生理衞生的，雖然這僅是其中的一部分。生理衞生的原則與以上所舉並沒有大的差別，不過一個健全心理斷不能自不健全的身體而來，故必須身體的健康有進步而後心理平衡才可得到。

關於健全身體，或保持與恢復身體健康的有用方法須讓這方面的專家去研究。我們所要知道的，身體與精神實是一個整體，不過身體是構造的基礎，心理則是功用的活動，由身體而產生這種活動便是心理的。然則增進身體健康的一部分方法也就可以增進心理組織的平衡和控制。

至少你須同等的注意心理健康與身體衞生，而不要病態的僅注意其中之一。對於常態生理學有相當的知識固可使你的身體加倍增進；若對於科學心理學的事實有同等知識也就可以幫助決定心理和人格的弱點，故對於這兩方面須同樣注重。

心理健康與工作　心理健康主要是保持自我的統一，因爲自我是由興趣、衝動、記憶和價值等所組成，每種都必須由自己去獲得。但我們不是有許多的自我，反之，必須將這些自我組合起來成爲統一的。

在嬰兒時代，第一步的調整作用和組織僅是發現實際事實和這些事實的阻礙，而他自己沒有一個十分的統一作用或自我，這從他去拿物體或攀援某種障礙物可以看出。

到了兒童時代，其行爲便表示一種相互的聯絡而有目的，其自我組織的逃避和不繼續的態度是由於暫時要脫離這個目標，不過這時還沒有眞正的保衛生命的功用。

至青年時期，則爲自我而奮鬭和掙紮地位，密切與性交和事業前程相關聯。『我將作什麼』與『我將作什麼樣的一個人』是這時的主要問題。即自我組織的發展是依照畢生計畫或事業動機的路線。

成年生活中，自我與職業的要求相關聯，二者常相一致。其對於『你是什麼人』的答案常以職業表示——如我是百貨店商人，醫生，律師，和機械工人。因此自我與職業二者合而爲一。

對於心理崩潰一個最有用的恢復方法便是事業治療，即將自我依照一個設計、事務、和目標而重新組織起來。老年的心理崩潰也是於退休懶惰或事業失去之時才發生。

由此可知一個健全生活是以動作計畫或目標觀念爲中心而組織的，從此才得到所謂自我的統一。至於這種計畫或目標是實業或經濟方面的職業，慈善事業或藝術設計都不關重要。

主要的便是心理健康須有組織，無論男女老幼再沒有畢生計畫對於心理健康的重要。有了畢生計畫而後自我才可統一。故幫助學生得到這種畢生計畫是學校中心理衛生教育最好的貢獻。

問題

1. 尋出一本關於『心理衛生』的書或一章是講這方面問題的（須不限於年齡）並將所說的積極方法列一簡表。
2. 假如你要詳細考察你的能力和品性到什麼地方去考察？
3. 在你的住處有什麼心理或病理指導所沒有它們是作什麼用的？
4. 參考關於『自我評量』（self-rating）的文章或書並在班上報告及討論。
5. 描寫你自己沒有誠實應付現實的某種行動？你用的是什麼方法，結果如何？
6. 描寫你自己的『心理的偏跛』，並用本書所說的名辭分析？
7. 當你有强烈情緒時即注意並詳細描寫此時的經驗和行爲。果眞沒有適應的準備才有情緒嗎？
8. 從人類關係中舉出特別的例，表明心理健康需要禁制和壓抑。
9. 仔細檢察你自己的欲望，並決定是否與你的能力相適合，俾得到分母與分子相等成爲整數的價值。你如何能夠將這種欲望和能力說明出來？假若分母太小，對於心理健康也好嗎？
10. 舉出一些可以稱爲『情緒的不成熟』的行爲？一般情緒的不成熟有什麼表示呢？

參考書

Burham, William H., The Normal Mind(D. Appleton & Co., 1925).

Burham, William H., The wholesome Personality (D. Appleton & Co., 1932).

Cabot, R. C., What Men Live By(Houghton Mifflin Co., 1914).

Cameron, H. C., The Nervous Child (Oxford University Press, 1924).

Hollingworth, H. L., Abnormal Psychology(Ronald Press, 1930).

Hollingworth, H. L., Mental Growth and Decline (D. Appleton & Co., 1927).

Hollingworth, H. L., Psychology of Functional Neuroses (D. Appleton & Co., 1920).

Hollingworth, L. S., The Psychology of the Adolscent(D. Appleton & Co., 1928).

La Rue, D. W., Mental Hygiene(MacMillan Co., 1927).

Martin, L. J., Mental Hygiene(Warwick & York, 1920).

Murphy, Gardner, An Outline of Abnormal Psychology(Modern Library, 1929).

Paton, Stewart, Signs of Sanity(Charles Scribness Sons, 1922).

Pressey, L. C. and Pressey, S. L., Mental Abnormality and Deficiency(MacMillan Co., 1926).

Taylor, W. S., Readings in Abnormal Psychology and Mental Hygiene(D. Appleton & Co., 1926).

Van Teslaar, J. S., An Outline of Psychoanalysis (Modern Library, 1925).

Wallin, J. E. W., The Mental Health of the School Child (Yale University Press, 1914).

Weaver, E. E., Mind and Health(MacMillan Co., 1913).

Wells, F. L., Mental Adjustment(D. Appleton & Co., 1917).

Wyatt, H. G., The Life of Feeling(Houghton Mifflin Co., 1932).

第四編　一般的教育問題

第十八章　學習遷移與形式訓練

歷史的概述　從事教育研究者回顧到關於學習遷移問題之長期爭論，他從此可以得到對於人類的喜劇之一種新的觀感。這種爭論原是一個很長的同時又很可憐的以盲導盲的故事，但也是一個極容易重現於任何其他人類思想的領域中的故事。醫學、政治學、科學、神學等都有它們的主要問題，隨着時間而漸漸消失了。在敎育上與此相當的問題便是討論學習遷移與形式訓練。

我們必需回想一下，人類思想的改變是如何慢自原始的靈魂論轉變至今的年代又如何少。那時以爲人類的活動是由於存在於人體內的善惡的鬼神。此後把能力——記憶、判斷、意志——當作是直接的原動力和將人類的自身當作是一種機構，這算是一個很驚人的進步。從此，敎育才是培養這種或強或弱的能力，而不管引導這些能力的東西。自這種能力的概念發生之後，就很難再有進步了。

這種難以再進步的原因，有些可以歸之於洛克的敎育的概念。他是一個對於能力的假設批評最力的人，然而也是現代形式訓練的概念倡導最力的人。他要兒童學習數學，「要他們成爲能推理的動物，比要他們成爲數學家的意義更大……就是數學必定可以培養兒童的推理能力，兒童有了這種推理的能力之後，將來有機會就能夠遷移到其他的知識上去。」

直到現在，教育都是建立在這種基礎上——至少各種傳統的教育及初級以上的教育是如此。因此，課程的排列，教材與活動的規定，都是基於他們所假設的「形式活動」(formal activities)。數學是訓練推理，文學是訓練想像，語言是訓練記憶，手工是訓練耐性等等。他們以為在我們所有的記憶之上，還有一種記憶力，然後原有的記憶才可能。這種記憶力當其增加記憶的力量時，則記憶任何事物都較優；正如一把鋸子，當其經過適當的火鍛時，則鋸任何木塊均較優一樣。

在懷疑主義初起之時，如斯賓塞(Herbert Spencer)及以後的許多的批評家們，也企圖勇敢地攻擊這種學說。於是開會討論這個問題並且議決許多議案。同時，召集一班人民來詢問，證明他們學習學校教材的結果是否訓練了他們的心靈，增加了他們的判斷力，增強了他們的記憶力與決心。因此，在信仰應用科學者及信仰有訓練價值的課程者之間便引起了熱烈的爭論。

教育者的特殊問題乃是——在各種不同的教材上，我們在某一科（如歷史）所獲得的是否遷移於其他一科（如木工）呢？某種課程的研究（如拉丁文）是否比那些預備兒童參加實際活動時有效力的課程更有價值呢？這種形式訓練在教育上是否比任何特殊的知識、技能或態度及各科原來不同的內容等都較重要呢？

這時就應用到實驗的方法了，並且有許多有系統的研究出現；但因大部分的實驗的計劃不適當，以致說明亦常錯誤。這些實驗可以分為二組。一組是在實驗室做的，用關於人工的或極有限的工作的學習或測驗——如改錯字、投球、記憶圖表、學習電碼、估計物體之大小等等。另一組則是計算讀某一種課程後（如文法）對於另一種課程（如閱讀）的能力有何影響。

此處不必重述這些實驗的情形，亦不詳細討論那些足以自損其價值的實驗上的錯誤。在本章末尾附有參考書，對於這些問題有興趣的可以去參考。此處只是在實驗室的與學校情境的兩組實驗中，大要地各舉一個實驗來說明，然後再根據我們對於學習的性質的說明來討論遷移的整個問題。

一個說明遷移的實驗　鮑芬伯格(Poffenberger)所報告的一個實驗，〔註一〕可以拿來說明一些研究遷移的問題，並且也有假設的結果，雖然按照一般的研究的結果來說這種結果沒有很大的統計的可靠性。

實驗時是將學生（成人）分為兩組，一組施以特殊訓練，另一組視為控制組。開始，一切都用方法測量好。然後令實驗組就選擇的一種活動施以嚴格的訓練（一百課或一百次的練習）訓練後，兩組再用

〔註一〕 A. T. Poffenberger, "The Influence of Improvement in One Simple Mental Process upon Other Related Process", Journal of Educational Psychology, October, 1915.

起初測量的方法測量。這是一個很小的學校情境，用一種選擇的課程，一種「生活的活動」(life activities)，前者的訓練是為預備後者的。並且兩組學生中一組是受過教育的，一組却沒有教育的效果，是由那些不包括於課程內的活動的影響所決定。

開始的測驗，也是訓練完畢時的最後的測驗是如此：

1. 盡可能趕快說出各種形狀的名稱。(用以前所印的代替測驗填空白紙)
2. 對於形容詞反應適當的名詞。
3. 從特殊印好的紙上校對包含有3和5或4和7的數字。
4. 從每個二位數中減去十七。
5. 對於每個二位數都用七乘。
6. 將得數用七除，還原表上的二位數。

對於實驗組的「教育，」是下列每種活動都練習一百次：

(a) 盡可能趕快說出各種顏色的名稱。
(b) 說出標準表上形容詞的對待名稱。
(c) 將印有許多雜亂的數字表上的3和5劃去。

(d)用心算法將十七加於二位數上。

在這些活動的練習過程中，都有進步的現象發生。在顏色命名測驗那種活動中，進步總量將近百分之二；在說出對待形容詞的測驗中，將近百分之四；在劃去數字的測驗中將近百分之三十三，在加法中將

測量的技能	訓練組進步的百分率	控制組進步的百分率
(a) 訓練的效果不固定的事	控制組的進步較大	
項叫出幾何圖形的名字	－4	＋8
以名詞代形容詞	－3	＋22
從二位數減去17	＋10	＋16
二位數乘7	＋8	＋22
(b) 訓練無重大效果的事項	兩組無可靠的差異	
校對包含4與7的數字	＋10	＋12
以7除新的數字	＋21	＋19
(c) 訓練的效果固定的事項	只有此處訓練組得到較大進步	
校對包含 3 與5的數字	＋16	＋8

近百分之六十一。現在的問題乃是這種特殊「課程」中的「教育」表現於其他沒有練習的活動中，其表現的範圍如何，表現的方法又如何。

實驗的結果　把兩組開始的成績和實驗後所得成績分別比較，結果如上表。其中只有一組是受過「訓練」的，而且沒有一種訓練是直接訓練測驗中所包括的特殊活動的。表中＋代進步，－代退步。假使我們將進步與退步兩項加以比較，並追問訓練組如何在訓練中獲得進步與退步則可得下列結論：

1.「教育」組在圖形命名，以名詞代形容詞，及減法與乘法中，和控制組比較是退步的。他們所受的特殊訓練因種種關係使他們的活動更不固定，雖然除了訓練外兩組都有機會從開始的測驗——從已經有某種活動及「適應了」實驗中獲得相當進步。

2.在校對包含4與7的數字及除法的活動中，特殊訓練沒有可靠的效果，兩組進步的差別極小。

3.訓練組後來的成績優於原始測驗的結果者，只是在校對包含3與5的數字的活動中。

我們若將這些結果再加推論，又可歸結如下：

(a)學習某些東西對於另外一種東西沒有明顯的效果。

(b)學習某些東西對於另外一種東西有一定的妨礙的效果。

(c)學習某些東西對於另外一種東西有正的好的效果。

根據這種關於遷移的實驗結果來看，我們可以說遷移或許有也或許沒有；當其有時，其效果或爲有利或爲有害，視其所做的另一種活動如何而定。

現在我們檢查一下訓練的活動與測驗的活動，看看它的結果可以如何說明，這也許是很有用的。

結果的解釋　顏色命名的練習的結果，可以在這個歷程中產生刺激簡約化；顏色紙片及試驗紙等的刺激一出現，顏色名字的反應便比以前更容易。但在圖形命名中，顏色已經沒有；除了試驗紙及其他一般的刺激之外，所有的都是新的刺激。反應一般的刺激的顏色命名，便和圖形命名衝突；這便是所得到的效果。

在舉出意義相反的名詞中的練習，可以使我們反應試驗紙，所用的形容詞及整個情境中的其他因素而舉出意義相反的名詞的趨向較易。當試驗者再用同樣的試驗紙及刺激字而說「說出它的名詞來」時，也許引起的衝突更大。從前所有的刺激都有，但是訓練的反應妨礙他說出名詞來，字形却助成他說出。在任何如此的情形之下，都不能表明「命名能力」的練習有何效果。

在塗去3或5的活動的練習，可以養成一種校對這些數字的反應。在試驗紙上，當3與5的刺激表現時，就容易校對，雖然當時的情境與反應的模型是有差異的。因爲有這種差異，所以此時的進步只有原來練習時的一半大。不過校對包含4與7的數字時，雖然實際上沒有關於此種暗示的訓練，但是兩組的情形完全相同。所以「校對數目的能力」似乎沒有進步；可是卻訓練他對特殊暗示作特殊的反應。

加十七於某數字表上的練習，在這種活動上便產生了大的進步（百分之六十一）。現在在減法及乘法中，所用的刺激數字表非常相同。這些相同的刺激，只是容易引起加的反應，所以結果產生的衝突很小。控制組沒有受加法的訓練，結果所以更好。但是在除法中，所用的刺激數字表是新的，特殊的刺激已經改變了，於是任何其他的刺激都不能完全引起訓練了的反應，所以兩組的結果無若何差異。在這種練習之中，似乎並沒有包含「計算能力」。

共同因素的影響　遷移效果的方向、總量及是否能發生，似乎依靠下列兩件事：

(a)在試驗的情境中是否經過訓練的刺激足以引起從前訓練了的反應。

(b)在新情境中的舊的刺激所引起的反應是否對於新的活動有用或有礙。

這種結果普通常指為「相同原素說」(theory of identical elements)，不過相同原素是什麼和在什麼地方，這又弄不清楚了。常用的一個定義是「相同原素的意義乃是指在大腦中有相同的細胞以為生理的相關的心理作用。」〔註二〕

〔註二〕 桑戴克：教育心理學（Teachers College, 1914）第二卷第三五八頁。

或許這樣說更好：相同原素或者是指情境中所有的相同刺激，或者是指對於兩個情境的相同反應。因為反應的引起是依靠於刺激的效果，所以把原來的情境簡約，使與遇到的情境中的刺激一樣。

某種反應因訓練而反應過去學習中的刺激，現在對於這些刺激是容易再引起的，此種反應如果因某種有效的關係滲入於新情境中所需要的反應之中，則在此範圍內的遷移是會發生的。學習了什麼便會遷移什麼。遷移的問題不過如此而已。還有問題的乃是在訓練中所眞正學習的是什麼，以及所學習的對於新情境究有何用。關於這一點，我們如果從更具體的也更複雜的學校數學的範圍上來說明，那就更清楚了。

中學課程的訓練價值　從學校情境以說明遷移問題的，當推桑戴克所報告的許多有系統的研究。〔註三〕開始是從八千個中學生研究起，然後重複研究另外八千個中學生，使結果更可靠。訓練的科目都是中學生所常習的課程。在開始及一年末尾各施以最精密的「心理測驗」（用比較方式）以表示各課程對於學生運用其心靈的能力之效果如何。

在這些心理測驗中，發現有些學生因受一年訓練的結果而比其他學生的進步較大，各學生均可依

〔註三〕E. L. Thorndike, "Mental Discipline in High School Studies", Journal of Educational Psychology 1924, pp. 1–22, 83–98; C. R. Broyler, E. L. Thorndike and E. Woodyard, "A Second Study of Mental Discipline in High School Studies," Journal of Educational Psychology, 1927, pp. 377 ff.

用團體學習所得各種進步總量的相關次數測量出來的學習進步的相關

採自桑戴克：中學課程的心理訓練 教育心理季刊一九二四

可以獲得較大的進步之課程		實際上沒有進步的課程		實際上會引起退步的課程	
科目	進步指數	科目	進步指數	科目	進步指數(退步)
法文	2.5	歷史	0.4	公民	−1.2
化學	2.4	音樂	0.2	生物學	−1.4
三角	2.3	商店工作	0.1	戲劇學	−2.0
物理	2.0	西班牙文	0.0	速記學	−2.1
科學概論	1.9	英文	0.0	經濟學	−2.6
拉丁文	1.7	圖書	0.0	烹調學	−2.9
簿記學	1.3	商業	−0.4	播種學	−3.5
生理教育	1.1				
數學	0.7				
幾何	0.7				
代數	0.6				

其心理能力的進步情形而列成一表，表中常常發現他們受過訓練的每一種課程都有大小不同的進步。因此又可以另外列成一表，以表示每一課程對於進步的趨向的關係。一年的生長與其在開始時的測驗

中的練習，都可以產生相當的進步；不過用複雜的統計方法，除了這些進步之外，還有其他許多進步產生。前面一個表可以用一種適合的方式表示如上：

以此為出發點，將那些訓練價值相等者分別合成一組，則結果的可靠性更大。各組的科目可以稱之為課程。一種課程的訓練價值，只要學生的課程表中有一種課程不同，便可比較出來。例如稱各種課程為A.B.C.D.E.F等；有些學生的課程表是包含A.B.C.D；另外有些學生是包含A.B.C.E。將這些學生比較一下，如果他們的能力原來相等，則在他們的課程表中有差異的D與E兩種課程的價值，便可找到了。

這樣，各種課程就可得到比較的情形，可以用測驗上的量表分數的名詞，表明那些顯然由各課程的訓練而幫助學生進步的價值有多少。下表是表明兩組在各年的結果，調查者所用的結果是比較的。

在下表中，一個學生是選讀任何一課程，另一個能力相等的學生則選讀課程G，這種課程，在遷移上是所謂「中性」的。用兩個學生比較而得到的差異分數以表示遷移的多少。

依下表，自A至D的課程，其訓練價值均較D以下的課程為高；D以下各種課程的訓練不是極少，便是反而得負數。大概遷移的價值都很小，差別也極細微。我們要明瞭它的差別，將開始的能力測驗與最後的能力測驗的性質加以研究是很有用的。

遷移價值大致相等的科目組成的各種課程	訓練價值的測驗分數		
	1922—23	1925—26	平均
A—地理，代數，三角	+2.30	+3.64	+2.99
B—公民，經濟學，心理學，社會學	+ .27	+5.50	+2.89
C—化學，物理，科學概論	+2.64	+2.77	+2.71
D—數學，簿記學	+2.92	+2.28	+2.60
E—生理訓練	+ .66	+1.00	+ .83
F—拉丁與法文	+1.64	− .70	+ .47
G—歷史，音樂，商店學，西班牙文，英文，圖畫，商業	.00	.00	.00
H—速記學，烹調學，播種學	− .47	+ .19	− .14
I—農學，生物學	− .90	+ .60	− .15
J—戲劇藝術	− .29	− .67	− .48

採自 Broyler, Thorndike and Woodyard 等的著作中，原表較詳。

這些測驗是一套多方面的「問價」其中「文字，數字及圖形都是很注重；」「其組合極便於語言的與數學的能力；」由編造者看來，「這種能力的範圍幾乎限於極與訓練和研究語言及數學的能力有關係的。」

任何遷移進步的差別都很容易說明，它的意義就是在某些科目中會經遇到的現在又在測驗中遇到的刺激之類似程度較大，或者是已經有的，並且對於測驗有用的某些反應之類似程度較大。就是說：類似的刺激與有用的反應乃是遷移發生的基礎。

然而最有意義的事，即是一年工作的結果，普通的遷移都無明顯效果，並且各個課程與各個科目的都幾乎相等。桑戴克說：「這種實驗的事實如果更以其他的實驗來證實，可以證明由於學習而得到的一般能力的進步是很少；各種課程對於一般能力的進步的效果也很少差異，所以學習的價值大部分是由某種學習的特殊訓練方面所決定……。」

更明顯的事實，是學生彼此的差異遠勝於課程的價值的差異。在開始測驗中表示較聰明的兒童，不論所習課程如何，其進步遠十四倍於愚笨的兒童。特殊課程活動的差異決不如學生的彼此差異及其在課內與課外的生活上別種更多的學習的效果那樣重要。或許，聰明的學生更易在課外和測驗中所舉的知識相接觸。

桑戴克爲要使我們注意到這一層，所以他說：

「希望從某一種學習得到很大的一般心理能力的進步，與從另一種學習中得來的相差很大，這種希望是會失望的。聰明的學生似乎更善於利用課程而做到這一層，其主要原因乃是聰明的學生在學習課程時，賴遺傳的趨向使他們比愚笨的學生進步更大。當聰明的學生學習拉丁文與希臘文時，這種學習似乎會使他更聰明。然而，聰明的學生去學習物理與三角，這種學習也似乎會使他更聰明，如果他們都去學習生理教育與戲劇藝術，這些學習也一定可以使他們更聰明的。」

決定遷移數量的是什麼　照我們所說明的來看，學習顯然是有遷移。因爲學習就是刺激的簡約化，這就是說，對於整個複雜情境的動作，以後在一種新的場合中，只要這情境中一種小的因素也可引起來。遷移中所發生的效果，如斯而已。刺激簡約化才使遷移可能，不過遷移在何時發生以及是否發生是由什麼來洪定呢？它又有怎樣完全又有什麼用呢？

我們可以確定的說：情境中的條件具備了，就可使遷移可能，就是說，一種反應如 XYZ 常常被情境如ABCD所喚起。現在遇到一種新的情境，我們稱之爲 JKLD。如果要使反應 XYZ 仍能喚起，一方面就要刺激簡約到只要原來情境(ABCD)中一個簡單的因素D就可喚起它的程度，一方面還要其他因素(JKL)不致妨礙它的喚起。所以這個問題有兩部分——一個因素喚起反應的趨向及新情境中所有的控制力量。

首先談到喚起反應的趨向。在愚笨的學生或任何學習的進步不快的情形中，簡單的因素D不能做一個很有效力的刺激。只有在相似性極大時如在情境JBCD中，才能喚起原來的反應。這裏有了三個刺激或因素所以對於某一種兒童或某一種程度的學習，才可引起相同性很大的 XYZ。

這種事實，我們可以把它概述如下：

1. 對於某一種兒童與某一種程度的學習，如果新的情境與舊的情境更相似——在兩種情境中共同的因素更多，則遷移亦更大。

2. 對於某一種兒童，如果學習更快或刺激簡約更快，則遷移亦更大。因為學習愈快，則所需的刺激愈少，於是相同的普通因素亦愈多。

3. 對於某一個時期的訓練及某兩種情境，如果學生愈聰明或學習能力愈高，則遷移亦愈大。

談到這裏，可知我們所敘述的從一個情境至另一個情境的遷移只是學習程度的一種作用。不過我們隨即要注意到：如果簡單的刺激在新情境中可以單獨起作用，則反應必不能整個地適合於新的情境。結果會使一種對於情境ABCD很適合的反應，如果在情境 JKLD 中發生便不好了。這兩種情境的相異性比其相同性更大；舊的反應是否會跟着D因素或刺激發生，現在是依靠這種情境中所發生的其他特點了。

·學習能力（可教性銳敏性）可以單獨發生遷移，但不能控制遷移的效用。只有可教性與擴大性結合起來，才使教育有效。在許多情形之下，D引起 XYZ 的趨向，必須受情境中其他刺激的控制。只有現在的情境中明顯的刺激共同作用，然後教育才能有效。

遷移中控制的重要　僅僅基於刺激的減少或學習而不受智慧的控制之遷移，很容易成為負的，就是說有損，如同在正的時候有益一樣。正的或有用的遷移只有在兩個條件下才能發生：

(a) 當純然由於機會而遇着對於普通刺激的反應在新情境中有用時。

(b) 當適當的擴大性銳敏性或對於新情境中許多刺激的完全了解允許遷移發生時。

我們早已知道（在第三章）沒有控制的遷移如何產生知覺的錯覺，心不在焉的動作，及粗劣的與神經病的行爲。在學校中普通的學習歷程上缺乏控制，以致有些學習了的動作，應用到新的情境時，因爲忽略了或不能觀察到新情境的其他因素，於是變成很遲鈍的：這種影響也很容易說明。在某些情形之下，學生愈聰明，遷移或推理愈容易，則某種錯誤亦愈易發生。

這在拼字學習中可以找到很好的例子。聰明的兒童如果沒有學會 conductor 這個字的拼法，要他寫這個字時很容易將字母拼錯。他很容易用過去對於這種聲音的經驗而反應發音的刺激，因此寫出 conduckter 或 konducter 出來。但是愚笨的兒童卻容易誤拼成 condimsler 或其他沒有音節的形式。〔註四〕

聰明的兒童沒有學會拼 jolly 這個字時，他偶然反應發音的刺激而寫出 goly 或 gollie 來，因此發生一種錯誤。愚笨的兒童沒有學這個字他就不寫這個字，而用另外一個如 good 等他能拼出的字。

〔註四〕參考 H. A. Carroll, Generalization of Bright and Dull Children, Contributions to Education, No. 439 (Teachers College, Columbia University, 1930) 這是分析聰明兒童與愚笨童兒的拼字錯誤的。

因此他沒有發生錯誤。換句話說，如果遷移不受新情境中其他刺激的控制，則此種遷移或推理便會發生錯誤。

聰明的兒童也許會把 rabbit 誤拼成 rabit。這在拼音上是正確，而對於發音刺激的過去的經驗便是正確的基礎。可是如果這個兒童在閱讀中也看見過這個字，則這個字的字形，中間兩個很高的字，兩端斜下去的形狀便可供給另外一種刺激。如果這種刺激在他的記憶中很明顯，則可伴同發音的刺激而引起兩個b字，於是便發生正的遷移而非負的遷移了。

教師對於遷移的責任　因為遷移只是指明某種事情已經學習了，所以教學應當特別注意於學習的一般價值，就是說，要特別注意到課室及背誦以外的情境的價值。學習拉丁文的結果對於學習英文或英文拼字的能力沒有什麼改進，意思就是說：這些刺激與動作並不能在學習拉丁文中表現出來。如果這些因素能夠混和於學習拉丁文的工作中，則三次都表示能對於英文的學習發生遷移。〔註五〕

如果做乘法常常只是某一種形式的數字排列，或只是某種方法而提出問題，或是只學習教科書上

〔註五〕 A. A. Hamblen, A Statistical Study to Determine the Amount of Automatic Transfer from a Study of Latin to A Knowledge of English Derivatives, etc. (University of Pennsylvania, 1924); also W. W. Coxe, The Influence of Latin on the Spelling of English Words (Ohio State University, 1923).

某一部分，則此種做乘法的學習在課外甚至在課內都不易發生遷移。乘法的學習必須在各種對於它適合的情境中去訓練使一個問題的小小特點都可暗示出來，因為非等到一切特點——數字的排列，問題的方式等都有了，學生是不能做乘法的；這意思就是說刺激的簡約還沒有達到可以一般地應用的地步。

實際上這是「推論作用」學說的基礎，普通認為這種學說常常與遷移是由於相同因素的說明的不同而相反的。其實除了名詞不同之外，兩種說明並無分別。「推論作用」是一個很有用的名詞，它的意義就是藉各種情境中所有的小因素而反應各種情境的歷程。一個人能夠普通應用他的知識，意思就是他對於那些細微的刺激有訓練，利用情境中所有的相似性，而反應各種方面不同的情境。〔註六〕

這樣的推論能力乃是學習歷程的一部分。就是說，不僅要訓練對於簡約的刺激的反應，而且簡約的刺激應當在各種情境中遇到。同時，與情境中有關的特殊學習也必須有。當這些條件都具備了，然後刺激與情境才能密切合作，在學習與智慧的允許範圍內的有用的遷移才有發生的可能。

一個兒童在他父親將一枝鉛筆豎起來時，他不能用「垂直」這個名詞，只有在他的教師將一枝尺豎起來時才能用；那麼他就沒有學到推理。這就是說他不能用適當的形容詞來反應形容詞所眞正指示的細微的普通特性。

〔註六〕用推論的名詞來解釋遷移的可以參考查德(C. H. Judd)的中學課程的心理學(Ginn & Co., 1916)ch. xvii.

在另一方面，一個神經質的兵士，對於情境中每一點聲音都發生驚懼，却是推論太廣。他的反應，不能完全受現在發生特殊刺激的情境的控制。

這兩個例子的對比引我們到關於遷移的最後的一個問題——就是什麼是可以遷移的呢？

什麼刺激能夠產生遷移 因爲遷移只是包含於刺激或情境中，並且這種刺激或情境無論那方面都可學習；所以只要可以學習的東西便可遷移。不過我們能夠注意到參加於學習中的各種作用的特性，也是很有用的。因爲學習的表現是由於某一部分刺激或簡約的刺激而引起動作，所以遷移的刺激都可爲學習者所能感覺到的項目。這些項目包含經驗的感覺性、各種視覺、聽覺、味覺、嗅覺、觸覺等，並且這一切簡單的或複雜的感覺經驗又與學習者的身體有關。

這些項目中同時還包含感情及情緒，快感與不快感之各種因素，與奮與沉抑，緊張與弛緩，醜與美以及一切情緒性質所有的及世界上所能有的東西。

有關係的因素也有同樣的效果；如形狀與排列；地位與順序；時間，節奏及其他時間的形式；相同與相異的關係；因與果及時間與空間。一個字在一行裏面的位置，一頁上的命題的地位，及類似的小節目等都可以做反應的刺激。並且，學生對於各種感覺經驗的記憶，也同樣地好做他的思想感情及行爲的刺激。

思想感情及行爲的遷移 思想感情及行爲，普通以爲是反應可以分類的領域，並且這種分類是很有用的；然而也常常會不一定由一種簡約的刺激所引起因而包含於學習中的反應或動作，可以存在於這些領域的任何一種或任何兩種合併的當中。

在普通的學校學習中，思想上的反應是藉記憶的形式，有步驟定則的形式，和有判斷決定計劃的形式而發生的。一個學生看到地理教科書而想起一個討厭的教師，就是因爲學習中某一項對於他的學習的工作很重要的已經遷移到地理這門功課。一個學生「回想一條拼字的原則」或「一種數學上的技術，」在思想上，也同樣地可以用他從前在這方面所學習了的

在感情與情緒上，以往的經驗的證據的說明，較之其他任何一種人類活動都明白。我們的好和惡，怕和厭，含羞，溫存及友誼等感情，甚至其他粗率的身體上的情調如暈眩，激動等，無不是對於細微的類似的因素或共同的因素及簡約的刺激早已有過反應然後才發生的。所以教育兒童的一個重要部分，便是包含對於在事業中，在人事中及社會秩序與制度中所有的明顯的刺激之態度、感情與情緒的訓練。

在明顯的運動適應方面和行爲的姿態方面，類似的遷移也很容易表示出來。在運動技術的發展中的學習有多少，則希望的或不希望的，有用的或無用的遷移所包含的由新情境的因素而引起的運動動作也有多少。多少老兵士對於一個戲謔的命令會使他注意；一個人在電梯裏會走錯到另外一層樓去；以及一個人在白天洗完澡，還把電燈打開，致使自己都驚訝起來——這些都是運動適應方面的正的或負的簡

單的遷移情形。

我們的動作大部分是很複雜的。在一個同樣的時間中，包含了運動適應、感情及思想等因素。同樣的，任何學校的情境也包含這幾方面的因素。做教師的也許只注意到書本上的文字的熟悉，但是學生却同時養成了對於情境中的一切因素的動作的習慣，感情的習慣和思考與判斷的習慣。許多同時得到的進步和偶然的或伴隨的學習，都可以做兒童社交及較高的適應中有極大價值的因素。技巧的反應，欣賞的反應，及了解的反應——三者都可以包含進去，既可包含於任何學習情境的複雜構成及模型中，所以也可包含於任何遷移的情境中。

學生從一種課業上遷移什麼　因爲遷移是依賴於學習，且無論學習了什麼都可遷移於若干相似的情境，則學習情境和思想感情行爲的因素都應當加以研究。例如，一個兒童所能希望從一課地理或一個地理的設計中遷移什麼？在這種複雜的學習中，至少可以假設一個概要的說明。

在「思想與了解」一方面，這一個兒童可以發現新的地域與經濟的關係；他和從前所不知道的一地圖形勢」也熟悉了，各種符號如地圖上的記號等對於他也有一種新的意義；他也能用地理上的名詞來計劃或判斷，只用簡略地圖來作幫助，或趕快記憶這種地圖或各種文字的問題，這些都可以做他的決斷的很適合的刺激。

在感情與情緒方面，他或許厭惡整個情境，因爲情境中那些事情使一個工作很好的青年學生灰心；或許譏諷或反對或憎惡敎師；或許發生一種齒痛，爲敎師者鮮能察覺；或許功課的學習很壞，他也許希望遷移那種感情——或是討厭一切地理問題；憎惡一切類似地理書的形式和顏色的書；討厭一切敎師，並且對於一切功課都無味。甚至書上談到的國家與民族，對於他也有了一種負的感情，因此而爲「種族成見」的模糊反應的開端。除此之外，恰與上面相反的感情也可養成。

在姿態方面，即明顯動作之方面，他可以學習在坐位上垂下頭來看東西的視線轉動靈活，不正視同伴或年長者；談到地理或學校時的皺眉蹙額；受到任何痛苦時咬他的指甲。

做敎師的如果假定在某一種功課上（如數學，）學生所學習的不過是「寫下一個公式，加的時候進十位」便算了，他就忽視了學習進行中的一個重要部分。對於這種敎師，這是沒有機會使他適當地感覺到他的責任，和顧慮到學生從本課的各種學習中容易產生的個人與社會的態度。然而，最重要的是不要忘記任何學習動作的複雜性，並且認識現在對於整個情境所作的各種反應，與學習者在將來遇有因素有些相同的情境中的行爲多少有點幫助。

學習者的「學業成績」乃是(a)他的原來的能力與(b)伴着許多「功課」的累積而發生的特殊的刺激簡約二者共同的產物。因此，學生最後的特性與社會態度，也是受(a)原來的特性加上(b)因敎育而從情境得來的思想感情及行爲的逐漸遷移而共同決定了。

爲什麼遷移從不能完全　有些情境中的學習的結果是很有用，如果教育是在與此不同的情境中實施，這種教育便常常是抵抗妨礙。雖然實驗的結果已經表明某一個情境的學習對於另一情境有很大的轉移，然而遷移的進步還是沒有實際所表現的進步那麼大。

有些人根據實驗的結果，企圖用量的名詞來說明從一種特殊練習的活動對於另一種具有共同因素的類似的活動可以希望得到的遷移。斯達奇（Starch）根據許多實驗的結果說明如下：

一般地看來，根據所做的各種實驗的結果，在百分之百及百分之零之間的遷移量總是靠近於零點一端的居多，作用很有關係的或許是鄰近於百分之二十至三十，比較沒有關係的便是自百分之二十以下至零。

這種事實的基礎，可以在某種生理作用的遷移之研究中找到。這就是所謂「交替作用」的實驗，尤其是在低等動物如狗的實驗情形中。這種結果的主要說明和一部分的修正，在遷移心理上是非常有關係的，所以我們必得要比較簡要的說明一下。至於這種研究的詳細報告可以在巴夫洛夫(Pavllov)及其生徒甲的著作中找到。

這些實驗大部分是用狗做的，實驗時用方法刺激狗的唾腺而計算其在一定時間中所分泌的唾液。我們只注意其唾液而不必記錄動物其餘的行爲，所謂一種交替反射的唾液分泌便能得到了。

將食物置於動物之前，動物卽分泌唾液，實驗者卽可測量反應時間，唾液數量及其性質。另外有一種鈴聲，開始是不能引起唾液分泌的。但是如果置食物於動物之前時，每次均附以鈴聲；則只要有鈴聲而沒有食物時，也可引起唾液分泌。因爲這種情形只有在訓練情境之下才能發生，所以稱爲「交替」的唾液分泌。

很顯然的，將這種事實稱爲簡單的反射，是因爲只注意到唾液分泌，並且因此也引起了把這種交替作用當作學習的基本事實一種錯誤的說明。在還沒有談到實驗的結果之前，現在先將這種錯誤的見解來修正一下。我們在實驗時，如果狗的耳朵也和狗的唾液一樣被我們觀察到，就可知狗的聽覺在裏面也有一部分作用。而實際上所發生的情境，乃是狗反應食物及鈴聲時，是對於整個情境的整個反應，它分泌唾液，豎耳，同時還做了其他許多動作。只要把耳的動作一包括來說，就够表示交替作用的概念底錯誤了。

所以，狗之反應食物或鈴聲，乃是與他從前對於整個情境的整個反應一樣的。這就是說，它也是豎耳及分泌唾液等。現在，食物或鈴聲當作是一部分刺激，這一部分刺激就容易引起這種整個反應。然而這並不是反射的交替，而正是我們說明學習時所敍述的「刺激簡約化」不過是一個特別與極巧妙的一部分情形而已。修正了這種說明之後，我們可以回到遷移的問題上去了。

關於學習的一個極重要的事實，卽是對於一部分雖然是一類的刺激的反應，通常都沒有對於整個情境的反應那樣完全。即以在狗的實驗中所測量的唾液而言，當僅有鈴聲時，其分量決沒有在食物與鈴聲同時發生的情境中那樣多，唾液的性質也不見得有那麼好，其發生也不見得有那麼快或是時間可以支持那麼久。這就是說：對於一部分刺激也容易發生一部分的不完全的反應。這一部分反應雖然是處於極好的情境中，也不能如在將來的學習情境中的反應那樣有效。

然而，這正是遷移的進步不如原來學習所希望的那樣好的事實。因爲遷移是由於一些共同因素，一部分類似的刺激，所以遷移也不能完全，並且隨共同因素或刺激的數目而不同。

不論原來的學習如何有效，如果是在與學生希望最後做的情境不同的情境中發生的，有些動作是會遺忘的。例如，兒童在同一教室之中「背誦」較好，在關於學習的同一教師及同一情境之下考試較好，這些都是很眞確的事實。就是一個演員或一個演說家，在他練習的地方也表演得好些，如果其他情境相等的話。

試回到本章前面敍述的鮑芬柏格關於遷移的實驗。在劃去3與5的測驗中，學習者進步百分之十六。以後在校對3與5或4與7的測驗中，對於校對3與5表現有明顯的進步，而對4與7則沒有，這就是遷移。不過我們要注意，雖然在劃去3與5的測驗中藉訓練而得到百分之十六的進步，但遷移的進步卻只有一半（百分之八）。這算是實驗上正的遷移最大的分量了。

教育上的應用　將這種事實應用到教育上去，到課程的編訂上去，到教學的設計上去及功課的練習上去，那是很明顯的。如果可能的話，一切東西都應當在常常學習的情境中去學習。訓練的材料、人和環境愈能和將來生活的條件接近，則學生的未來生活上所完成的學習便愈有效。

假如教學的目的是希望學生做到校對3與5或4與7，那麼對於這種特殊動作的最好的訓練便是只做這件事而已。要訓練在生活上需要校對，訓練在生活上原是4與7而現在要3與5時；這種訓練的歷程就只有用非常的形容詞才能描寫出來。

費了許多時間去讀一種死的文字，而只希望學習的一些東西可以遷移到明瞭一個人的本國語，乃是浪費人類的精力——沒有什麼比這個更神怪的東西。

把實驗的科學當作爲粗陋的「觀察力」的一種普通的彌補，或把文學當作訓練「銳敏的欣賞力」，或是把數學當作訓練「推理力」；這都是忘記了學習的本質。

學習並不是培養特性能力或才力，它只是造成特殊的刺激，以爲特殊行爲的引起者。除了學生所有的體質上的差異之外，「特性」不過是這樣的特殊的結果底累積或組合的名稱而已。他們所能「推理」的範圍，只是有效的刺激簡約到各種情境中都共同有的那些細微的原素爲限。

現在許多人提倡設計的方法，有目的問題法，活動教育的計劃等，正是希望避免浪費人工的工作而更接近於具體生活。現在有人極力贊美一部分的學徒制及工讀制的方法，便是這樣的事實的表現。

健全的教育者應當避免各走極端。一個整個情境中的許多部分能夠把它當成單獨的片段並從其情境中提出來加以預習，因而得到進步：這種事實還是眞確的。並且，高於一切動物的人類能夠從代替的經驗中獲得利益，這種事實也是眞確的。所要注意的乃是代替的經驗要是眞正有關係的，訓練的東西是某種重要的動作底一個片段。

進一步，許多「難以了解的」和不易測量其結果的教育，如工作的習慣、特性、勤勉的態度、自助、合作等，和我們的感情與情緒的關係非常密切，也可以訓練到人類任何一種活動所同有的極普通的方面去。關於這一點，有許多可以說有利於「舊式的」步驟，以設法培養（即使是用人工的）那些有社會價值的反應、如採他人設計好了的工作、完成一種已經開始了的計劃，服從規定好的規則與信條，服從原來自己並未參與的會議的決議，對於學識採取目的及順應自己的樂趣，及認自我次要於多數人的生活與社會的計劃。

問題

1. 從舊一點的教育心理學書上找出他們相信形式訓練是可能的話來。
2. 參考另外一個關於遷移的實驗，將他的方法與結果報告給同班的同學。

3. 預備一行兩位數的數字。將每一筆數的兩個數字加起來，計算所需的時間。又預備同一樣的幾行數字，在每一行（十行不同的）中都將每一數的兩個數字相乘，并計算其時間。到最後那一行，并且將每一數的兩個數字相加起來并計算其時間。試問你從乘法裏得到進步嗎？這種進步遷移到加法去了嗎？你的說明怎樣？要怎樣注意和怎樣控制材料？

4. 參考斯達奇著教育心理學一書上關於敍述許多不同的關於遷移的實驗那一章，在課堂上來討論這些實驗的困難及錯誤的原因。

5. 試批評下面這句話：『所謂相同的因素意思就是指在大腦中有相同的細胞以爲生理的相關的心理作用。』

6. 讀過拉丁文的學生讀英文的成績較優於未讀拉丁文的學生，這種事實對於遷移與形式訓練的主張有何幫助？

7. 假使一切中學的課程對於普通的智力都只產生大概同樣小的普通遷移，則這種遷移對於學生所學習的或是否學習了什麼產生了什麼差異呢？

8. 試述兩種教授科學的方法，一種的遷移價值高，一種的遷移價值低。

9. 數學教學常被人批評爲介紹一些極不自然的和極不確定的問題。就以關於數字的關係與運算的熟悉而論，這種教學會產生什麼差異呢？反對方面的根據在那裏？

10. 從普通心理學或其他書上找出一個關於「交叉教育」(cross education)的題目來。這個題目的意思如何？和遷移的問題有何關係？

參考書

Briggs, T. H., " Formal English Grammar as Disciplines ", Teachers College Record, 1913, No.41.

Coover, J. E., Formal Discipline from the Standpoint of Experimental Psychology, Psychological Review Monographs, Vol. 20, No. 3.

Davis, W. W., Researches in Cross Education, Studies from the Yale Psychological Laboratory, Nos. VI and VIII.

Fracher, C. C., On the Transference of Training in Memory, Psychological Review Monographs, No. 38.

Gates, A. I., Psychology for Students of Education(MacMillan Co., 1930).

Hewins, N. P., The Doctrine of Formal Discipline in the Light of Experimental Investigation, Educational Psychology Monographs No. 16, 1916.

Rugg, H. O., The Experimental Determination of Mental Discipline in School Studies, Educational Psychology Monographs, No. 17, 1916.

Starch, Daniel, Educational Psychology (MacMillan Co., 1927).

Winch, W. H., " The Transfer of Improvement of Memory in School Children ", British Journal of Psychology, Vols. II, III, 1908–10.

Woodworth, R. S. and Thorndike, E. L., " The Influence of Improvement in One Mental Function upon Other Functions ", Psychological Review, Vol. 8, 1901.

第十九章　心理學與課程

課程上的問題　課程卽是教育的「教材」，學生所熟練的特殊動作，他們所要求得的知識，擺在他們前面的工作與問題，他們預備的了種種經驗：這些東西是學生所要熟悉而發生學習作用的。然而爲什麼某一種課程就是那一種課程呢？心理學在課程的設計中是否有地位呢？

「自由的活動」也可組成一種課程，不一定要和學校的管理有密切的關係。從廣義說來，生活本身就是課程。例如，試想我們學習某一種游戲，我們爲什麼要學它呢？我們學習捉迷藏與擲骰子等游戲，是因年長的人遺給我們；學習槌球及彈子戲是因爲旁的兒童做了這種遊戲：它們成了時髦品。我們有時和「想像中的同伴」遊戲是因爲我們剛好遇着了並且覺得有趣味。學習跳舞一部分是因爲社會或「文化的原因，」一部分是因爲醫生說可以「鍊強手臂。」有許多遊戲的學習不過是工廠主人和商人覺得便於製造，宣傳和推銷而已。我們打字謎是因爲病魔在身時「沒有什麼事好做，」打哥爾夫球是因爲希望在年紀老了的時候可以做一種輕快的職業，或者現在就當作是一種職業。此外還有許多遊戲，都是由於有許多原因和影響的。

學習遊戲是教育的課程之一部分。它與學校的工作並沒有密切的關係，然而却包含了學習、教學、動機、教學法及其他教育上的原則。它包含了一個人的教育的重要部分——「自由的活動」之一部分。如果一個人要想說明遊戲課程的選擇和組織底基礎，他便是只知道一點錯誤的見解。過去學校所有的課程底歷史和哲學幾乎是一個很大的錯誤。

僅僅談到從教科書上找到的東西，那是不够的。在一本教科書中什麼東西都可以放進去。不過爲什麼要這些東西而不要那些東西呢？爲什麼用那種方式提出練習和問題來而不用別種方式呢？這些問題沒有人能完全答覆。課程的編製是要依據許多原則和理想的。本章的目的是表明決定教材的內容與編製是些什麼方法，並且提出一些將來應當怎樣決定的問題。

首先，課程是什麼顯然是依據於對於教育的目的或對象的觀點。然後才進而談到課程應當怎樣依照這種目的去選擇的問題。

從柏拉圖得來的一個例子　我們要回溯到很久遠的歷史去。大約二十三世紀前的希臘哲學家，在其所著新共和國一書中，主張教育主要的是在培養青年預備做國家的衛士，即是兵士。他說過這樣的話：

在我們看來，一個人的天才允許他做一個完全的國家的衛士，他就要是哲學的，思想超然的，是步敏捷的和强壯的。

不過我們用什麼方法去扶殖和教育他呢？教育究竟應當怎樣呢？

或者最好莫過於根據於過去已經發現了的經驗，我們以爲是包含以體育訓練身體，以音樂訓練心靈。

教育目的是武斷地宣佈了。課程是要由「人類過去的經驗」來決定。不過這些經驗是什麼，它的形成是否可靠，它的效果有多久這些問題我們是不知道的。柏拉圖自己也沒有絕對地肯定「過去已經發現的經驗」是什麼，他只是說「以為」是如此。

即使我們將目的確定了，體育與音樂真的可以使一個人成為哲學的，思想超然的，足步敏捷的及強壯的嗎？即使是可以，什麼體育和什麼歌曲才是最好的呢？

柏拉圖的意見是說明一個課程編製的表率的方法，這個方法至今還沒有完全放棄。有的人從君權出發而選定教育目的，依據服從的基礎來編製課程，便是由於多少相信「過去的經驗」。這種方法的錯誤是很明顯的。除了所用材料的完全主觀的性質以及關於這些材料或別種經驗有什麼效果的假設之外，全沒有顧到經驗與學習者的實在需要，困難或問題的關係。不過我們看到，所學習的動作與學習者的動機有密切關係，所以學習也有可能。

從哥米紐司得來的一個例子　柏拉圖以後約二千年，有一個摩納文（Moravian）的教育家哥米紐司（Comeuius）擬了一個教學計劃。如果只選出我們所要用的一些特殊之點來，那是對不起這位教育家的貢獻在歷史上的重要性，〔註一〕不過我們把它來說明我們自己的問題而已。

〔註一〕參考 P. Monroe, History of Education (MacMillan Co., 1907). 對於哥米紐司的工作有很好的說明。

哥米紐司主張「人類的最高目的是在與神共享永久的快樂。」教育便是要達到這個目的，以發展「知識、道德及同情心」各種特性。他爲了這個目的，而選擇下列各課程：

閱讀　寫字　作文　數學　測量　唱歌　天文學　物理　歷史　地理　教義問答　記憶聖經要旨

學習道德規律　熟練某種技藝

這或許是一種很好的學校課程。不過我們怎麼去知道呢？它能從什麼基礎上去和職業的目的，或學習者的需要或社會的要求發生關係呢？難道數學、唱歌、天文學等眞的能夠增加同情心嗎？還有其他的證據可以證明學習教義問答、聖經要旨及道德規律等有這種效果嗎？如果能夠如此，又要什麼歌曲及數學上的什麼問題才是最好的呢？顯然哥米紐司對於課程的選擇只有個人的基礎，還沒有指明它的適合性，甚至也沒有把目的弄得更確定。

一個比較近代的說明　自哥米紐司後約二百五十年，有一個英國的哲學家名叫斯賓塞(Herbert Spencer)〔註二〕寫了一本教育名著，他在這本書中反對那約與哥米紐司同時的洛克(John Locke)〔註三〕所造成的在英國流行着的那種見解。這種見解是基於形式訓練的主張的，卽是課程的選擇不是

〔註二〕H. Spencer, Essay on Education(1860).　〔註三〕J. Locke, Thoughts on Education(1693)

因爲它的內容的眞實效用，乃是因爲它在學生一般的能力與態度上的效果。數學是最好的訓練的工具，——「要他們成爲能推理的動物比要他們成爲數學家的意義更大……就是數學是必定可以培養兒童的推理能力，兒童有了這種推理能力之後，將來有機會就能夠遷移到其他的知識上去。」（洛克）

在另一方面斯賓塞却主張材料的直接的或眞實的效用應該決定學習什麼，如果要訓練的話，就可從學習「極有價值」的事情和學習直接有用的事情中得到訓練。

知識的效用乃是使學習者的「生活更完滿」的階段，而各種效果的形式可以用一種論理的分析來考察。在論理的分析的基礎上，學校中流行的敎材是要拋棄的，而得到的結論卽是「學習一種科學，如果最清楚地了解它的意義，乃是一切有秩序的活動之最好的預備。」

科學……家事僕役（她）……在她的頑皮的姊妹以世俗之見來炫耀其首飾的背境中仍保持其原狀……可以說是最有價值和最美麗，並且可以主宰一切。

斯賓塞這種主張，乃是現代敎育科學的眞正先驅，他企圖證明一切事情，測量各種結果，用實驗方法來決定材料與技術的價值，爲敎育目的及學生而採用方法與課程。不過那僅僅是一種主張，既沒有根據客觀的證明，也沒有根據實驗的結果，只是稍微根據「現在的經驗」，如同柏拉圖根據於「過去的經驗」一樣。

現在從事於教育者用許多方法來避免過去這種努力的錯誤，這些方法將概要地說明於下節中。有六七種設法達到一種課程的方法，是要用最近的例子來說明。〔註四〕

工作的分析法——拼字　工作分析的意思即是研究學習者將來的需要。當兒童長成為成人並已放棄其形式的學校教育而從事實際生活的活動時，他們找到什麼技能知識或態度是有用的呢？這個問題的答案可以用來指示教育者及學習者選擇有益的經驗與教材。這種方法可以應用於幼稚園，普通教育的實施，商業及職業學校和實業教育上。此處所選擇的例子是比較特殊的拼字。〔註五〕

選來做比較淺近的拼字底基礎的字，決定要用普通信件上實際常用的字。所以搜集了二千封信，並且將信中所有的字都列成一表。那些信都是成人寫的——家信、情書和寫給電影明星、律師、醫師、新聞記者、出版家、教師及各種機關的。

〔註四〕關於這方面最有價值的參考書是 W. W. Charters, Curriculum Construction (MacMillan Co., 1925). The Twenty-sixth Yearbook of the National Society for the Study of Education(1926), Vols. I and II, is wholly given to the topic "Curriculum Making, Past and Present."

〔註五〕L. P. Ayres, "The Spelling Vocabularies of Personal and Business Letters", Russell Sage Foundation, Pamphlet No. E 126, 1913.

從這些信中（包含字數在十萬以上）隨意提出二萬四千個字來（取信中每一行的第一字。）自然，這些字並不是完全不同的，有些字發現幾次，甚至有一個字發現一千次以上的；其中約有三分之一是只發現一次。全數八分之七所用的字五百四十二個，有些還是極常用的。這些字按其所用的次數的多少可以依次列成一表。最常用的字（占全數四分之一）是 I, the, and, you, too, your, of, for, 及 in 等。

靄理斯進一步應用這種方法〔註六〕從他自己的表上及其學生所編製的表上找到一千個常用的字。這些字又分為幾個表，而且在許多城市的學校中念給七萬個兒童去拼。將他們的錯誤記錄下來這樣就可找到各級不同的或偶然正確的拼字了。

然後再將各種字排列成行，每行所包含的字都是困難程度相等的。根據實驗的結果，就可找出每學級對每行字的拼綴底標準能力了。這些字不僅形成了一種拼字課程，有了最常用的字；並且也是一個工作量表，使每一級或每一個人的成績及進步可以得到真實的比較。

這種編製課程的方法已經應用到許多其他範圍上去了，〔註七〕應用到普通教育上也應用到實業

〔註六〕L. P. Ayres "Measuring Scale for Ability in Spelling" Russell Sage Foundation, Pamphlet No. E 139, 1915.

〔註七〕有一個關於這種情形的數學的例子，可以參考 G. M. Wilson, A Survey of the Social and Business Uses of Arithmetic, Contributions to Education (Teachers College, Columbia University, 1919).

的訓練上。它的原則是實驗的任何觀察者都可訂正其結果。它是企圖使學習的東西與學習者的需要有關係——當然，所謂需要不是指直接的現在所感受到的，而是指將來的，是設法預定的。因爲具有某一種程度的智慧的人，他們想到將來的需要就可成爲現在的動機，所以這種方法與我們對於學習歷程的分析相符合。

但是，因此也許要發生許多反對的意見。因爲一個人的需要是漸漸不同的，而這種方法只是預備給某一種假定爲常人用的；有許多人所學習的拼字也許將來從不用到，有許多人將來要用的字，也許現在沒有學習。然而普通的教育只能希望得到普通的結果，同時學生的教育並不是止於拼字的功課上。

許多新鮮的字常常變成很有用的，這些字到將來也許比現在的信件上所有的字還更需要。並且，成人總喜歡用那些曾經學習拼過的字，所以僅僅是這樣計算出來並不一定能够表明他們喜歡用什麼字，所表明的不過是他們的過去的教育所給予的那些字而已。甚至可以假定成人所常用的字也可以從普通的生活上學習來，所以拼字的課程最好是用那些不太常用的字，因爲這些字正是成人不能在普通生活上去熟悉的。

可是維持這種方法的心理學是够健全的。那些所要選擇的動作，即是將來所需要的動作。這些動作現在的訓練是爲將來的相同的刺激，使學生第一次嘗試拼字的種種刺激可以逐漸簡約化。

直接需要的發現　這種方法與職業分析的方法正相反，在這種方法中，是用學習者現在的需要來選擇課程，而不是依據於假定為成人將來的需要。我們要解釋這種相反的情形，可以再用拼字的方法，雖然這種方法用的範圍太廣。

這時，〔註八〕實驗者發生了問題——「兒童在其自由寫作時，是用各等級中的什麼字呢？因此那些字他們需要去學習如何拼綴呢？」這裏並不要靠想到將來的需要。學習者目前的實際困難就是學習動作的動機。所以編製課程與排列課程的方法是下面這樣。

從一年級至六年級的兒童一千個，在鄉村中四個不同的部分舉行，由他們的教師叫他們作文，文章不必依照「功課」的題目，雖然也是在上課的一定時間寫成。每個可以寫幾篇短文，一直寫到最後那一篇沒有了新的字為止。每個學生的短文的篇數約自五十六篇至一百零五篇。

在這全部的短文中（在七千五百篇以上），字的總數約為一千五百萬。不過以第一次用到的新字而論，用到四百五十個不同的字的兒童只有百分之二或較多，而實際上這些字的每個字都有兒童把它拼錯。每個兒童拼錯的平均數為四十八。

將最常拼錯的字組成一特別組，稱為「百字魔」。這一組字開始的字是 Which, there, their, se-

〔註八〕J. F. Jones, Concrete Investigation of the Material of English Spelling (University of South Dakota, 1919).

parate和 don't 到最後的字是 to-night，horse，said，wrote 和 read。那全部常用的字可以做這些兒童拼字的基礎，而特別注意於百字魔。

這種根據學習者的直接需要來選擇及排列課程的方法，不僅是和工作分析的方法相反，就是和哥米紐司以為教拼字是為引起同情心的概念及斯賓塞以為只有科學能使生活完滿的概念也相反。

以改正的訓練為一種基礎——生理的教育　為中學而設計一個生理教育的課程，有一個方法是被採用的，這種方法也已經應用到其他各種範圍上去了。〔註九〕有一個普通生理的測量的表，是以各種年齡的學生所應做到的標準行為輯成的。將此表測量各學生，然後按照他們生理缺陷的程度與特性分成各組。

常態組即毫無缺陷者，允予隨各人的興趣而參加各種普通的體育遊戲。那些「器官與機構都健全而肌肉不發達」的可以置於第二組，施以特殊的健身的課程，使他們的身體能夠普遍的發展，並提起其對於體操的熱心及鍛鍊身體的興趣。那些有缺陷的可歸入第三組，依其缺陷的性質又分為幾部分。每一部分都施以特殊的「改正」練習操，以逐漸改進其特殊的缺陷。

〔註九〕 E. M. Tadd "Provisions in the High-School Curriculum for Correcting Physical Defects", Journal of Educational Research, Vol. III, No. 1.

在同一情形下，有人將中學與大學學生作文中所常犯的錯誤作一調查，並且介紹在教授作文時矯正這種錯誤的原因的時間和應注意之點。〔註十〕

一種流行於初級學校中的「補救的教育」，採用某種自動教育及自由活動的哲學，也可說明這種改正教育的方法。照普通的學說說來，這種學校的學生，大部分時間是在學校中過某種「實際的生活」依其個人與社會的興趣從事各種活動；至少要在教師所暗示的範圍以內及學校課程所給予的機會以內去活動。所希望的是他們在偶然的活動中能夠獲得很多知識，好的態度和技能，以便更容易影響於在一般的初級學校的課程之下的學生生活。

一次一次地測量過學生之後，測驗的內容便成爲某一種課程的預想的概念，是學生所應做到的東西。那些在這種測驗中成績不好的應以「補救的診斷及教育」的觀點施予特殊的測驗或者還要請特殊的教師，使學生在自由活動中所以不能做到所要學習的結果所感受的缺陷能夠補救。

這裏有一個試驗自由教育方法的學校校長的報告，很可以供我們的參考。

> 這一年我們可以繼續三次屆的補救的工作……補救教育的教職員……在這年中已經工作過一百零一個兒童……已經得到了從一年之十分之七至三年的成績。在我想來，這種補救教育的計劃是一個能夠幫助兒童的例子。

〔註十〕 R. I. Johnson, "The Persistency of Errors in English Composition," School Review, October, 1917.

在這種情形中，改正教育的方法對課程問題並沒有什麼實際上的幫助。課程是預先編好的，並且是在測驗者與補救的教師的手裏，當作是一種成績的標準。學說似乎應該是，在顯然不能得到結果的情形之下，應當有意地去考慮課程的性質。當方法成功時，那是由於自由選擇所做的活動比預先定好為一種學校工作要更用心學習之心理的事實。

一種基於兒童興趣的課程——閱讀　分別兒童在教學時的需要與興趣，那是很有用的。他的需要可以是很特殊的，如在作文時需要拼成某一個字。他的興趣却較為普通而不特殊。興趣是表明樂於活動，依照我們的分析，也是解脫了某種激動的意思。不過這種激動的真確性質却還不知道，也許是解脫了單調的感覺，或是解脫了從前的困惱的活動；或許是解脫了一種模糊的好奇心等等。

學習者的興趣被當作為編製與排列課程的基礎。大學校的選修制頗近於這種方法。我們也可以拿來做擬定低年級的閱讀課程的例子。〔註十一〕這種特殊情形包含「依照教師或學生所報告的兒童的興趣而選擇閱讀材料或將閱讀材料分類。」

這裏有一個問卷，送給八十個城市的教閱讀的教師，請他們填明：

〔註十一〕W. L. Uhl 初級學校閱讀課程的內容之科學的決定(Univ. of Wisconsin Studies in the Social Sciences and History, No. 4).

(a)在班上常用的讀物（課本）

(b)（從讀物上）選出兩篇學生要反復閱讀的來，並說明選這兩篇的理由。

(c)選出兩篇學生最熱心討論的來，並指明其對於每篇的特殊興趣。

(b)選出那些最能刺激學生單獨思考的文字來，並說明其理由。

(e)選出那些各方面都很滿意的文字來，並說明其理由。

其餘不喜歡的，不討論的，使學生不易了解的及普通結果很壞的，也同樣的要選出來。

其次還有一種問卷，是更詳細地詢問學生對於從許多讀物中選出的標準文字等的興趣。答覆這種問題的教師是分佈於四十九個城市中的，人數總共七百四十一人。

這些因爲應用很廣並且各有所長而選擇來的東西，可以用同一的形式印好，印成許多份給予分處數校的學生五百二十九人。然後和那些明瞭本問題的目的的教師合作，要學生閱讀這些選好的東西，在課堂上加以討論；並答覆那些關於他們對於選擇物喜歡與不喜歡的許多問題。

在一年級的兒童所得結果，可以用在第一種問卷中教師所報告的一些選擇物來說明。〔註十二〕這種結果見於下表。

〔註十二〕這個表是採自卡特斯的研究結果，（op. cit P.323.

選　　本	次　數	百分數
" Little Red Hen"	33	100
" Cinderella "	14	100
" Santa Claus "	28	96
" The Bee "	18	67
" The star "	11	46
" Old Woman and Pig "	11	27
" The White Lily "	17	12
" Rose, Daisy and Lilly "	15	0

根據表明兒童對於各種選本的興趣的比較結果，就可編成一種介紹單，介紹關於小學各年級的課程中所有的閱讀材料。

明瞭心理學的教師常常用同樣的方法在一個課程的終了，要學生選出一個學年來所讀的比較有興趣的問題。這種假設即是使以後問題的選擇與排列應該根據——至少一部分——於興趣的表現。

這種方法的形式雖然很多，但對於初受教育的學生負了很大的責任，並且因爲是在活動比內容重要的情形之下，所以不致走入迷路。

專家的意見與課程——數學　一個決定某一種合法的爭論的最好方法，即是求之於認爲有資格的專家的名言。這種求助於權威的方法常常是最快的方法，雖然也含有危險性。數學上的經濟時間研究中的一些特色，便是假定這種方法，雖然並不直接要做課程的最後編製〔註十三〕

那是希望在數學上找到一些問題，這些問題是「發生於人類活動中的並且有極大的應用或社會價值的程度之精華。」雖然承認「理想的方法是要完全考察各種活動以決定有什麼數學問題及其發生的次數，」但是這種理想並不能斷定是可以實行的。

確實，表中所包含的極有價值的問題，可以在我們現在的數學課本中及其他印刷了的問題表中找到，這是無疑的。所以選定四本從前有名的專家著的課本當作供給材料的來源，以這些材料爲出發點，將各種問題加以分類，並使之與各種實際職業發生關係。

這些著作者的意見並不是完全相同。如果從四個專家中選出三個作爲決定問題的重要性及問題

〔註十三〕W. S. Monroe國立教育研究會十六年年鑑第一編「小學教材提要會議的第二次報告」(Public School Publishing Co., 1917), pp. 111—127.

的形式之基礎，「我們就可得到結論，其中包含的重要問題，不上三百七十二種。」

為了要重新編製一個高等文藝學校的課程，曾經開了一個會來從事計劃。這個會就是根據剛才我們說明的那種方法，進行搜集別個學校的表冊與報告，以便明白別個專家對於這件事的意見，因此集思廣益，以便斷定一個高等文藝學校的課程應該怎樣。不過，無論這種方法怎樣好，但與教育心理學的關係却很少。

以客觀的社會調查為基礎——地理　在課程編製上有一個意見是着重於以「社會的嚴密研究」為一種方法。〔註十四〕其中包含有下列各點：

(a)各個學習者的社會需要之研究

(b)各個學習者的興趣與能力

(c)用一個實驗的方法以決定教材的最有效的組織。

這種方法在社會科學上可以概述如下：〔註十五〕

〔註十四〕此處所用的例子是採自 Harold Rugg, John Hockett 著地圖方位之客觀研究，Social Science Monographs, No. 1 (The Lincoln School, Teachers College, 1925).

〔註十五〕Ibid, P. 21.

從社會科學方面來說，這種方法是從嚴密的與完全的社會研究以決定現代的生活問題是什麼，基本推論是什麼，大前題是什麼，必要的空間事實與時間事實是什麼（所謂必要即是沒有這種知識一個人便一無所知。）這就是說，這種方法可以求得一種等級表，以表示各種材料的重要性。像這樣將材料決定以後，就可採用年齡不同的學生及組織方法有變換的教材加以實驗。這一切手續目的即是要用實驗的方法找出最有效的組織方式來。

這裏可以用這些人的關於研究地理的各種事實之重要性及其關係的研究來做例子，以說明這種方法。尤其是關於國家、城市、山脈、河流、海洋及湖泊等的位置，更有幫助。

他們爲要喚起一般人注意地理的「百科全書」式的課程之不可能，曾經首先提出這些問題：

布哈勒斯（Bucharest）是印度的首都嗎？瓦索（Warsaw）是在中國嗎？那些受過教育的男女能夠答覆這樣的問題嗎？一個大學生不知道哈弗勒(Havre)久里奇(Zurich)或巴西洛亞(Barcelona)在什麼地方，有什麼重要嗎？一百二十個大學生中有十九個將哥侖波（Colombo）當作是哥侖比亞(Colombia)，這件事有什麼關係嗎？

在組成這複雜世界的許多地方的表上，那一個表對於我們大多數人民是最普遍最常用和最需要的呢？尤其是應該怎樣依其重要性而依次排列呢？

然後希望獲得一個像這樣的依次排列的表，排列二十種不同的地理上的事實。固然我們承認人民做些什麼的經驗的研究必定要用「前線思想家」斷定他們應該做些什麼來補充；不過我們也相信各種像這樣的材料的實際價值，也可用現在應用的次數與威信的大小來決定。

採用許多材料，並用方法（此種方法此處不必詳述）加以衡量，則二十種地理事實可依其因下列事實而發生的情形編成一次第表。

1. 銀行清算（美國各城市）
2. 商業統計（世界各國）
3. 人口統計（各城市及各國家）
4. 領土（各國）
5. 四年中出版的雜誌的數目（討論土地、城市、山脈、河流、島嶼的）
6. 著名刊物上常常讀到的
7. 歷史上與國際事務上的條約中常常提到的
8. 過去的關於新聞紙及雜誌的暗示之研究的材料
9. 運輸車之統計（以美國各商埠而言）
10. 全盤商業的價值（以世界的商埠而言）
11. 鐵路的哩數（所有的鐵路）

12. 全部工作的支出及收入（所有的鐵路）

13. 世界重要礦產的百分數（所有各地）

14. 海洋商業航路的營業總數（所有的商業航線）

15. 入工廠作工的人口百分數（所有各地）

16. 人口稠密的區域

17. 農產品出產的區域（所有各地）

只要知道一點地理情形而不必要有關於歷史的或其他重要方面的結論，就可將世界地理上各種事情列成一次第表，像下面的例子可以說明：

美國四十個城市以紐約，支加哥、菲列得爾菲亞、波斯頓、舊金山底特律(Detroit)起至哈得富爾(Harlford)休士登哈立斯堡(Harrisburg)為止。

世界六十一個國家，以美國、法國、德國、中國、英國、俄國、日本起至西比利亞、薩爾瓦多爾(Salvador)、巴拉圭(Paraguay)為止。

三十條河流，以萊因河、尼羅河、多惱河、密西西比河、哈得孫河、倭爾加河起至易北河、俄亥俄河、鄂士河為止。

四十個海洋：以太平洋、大西洋、地中海起至琅島海峽、譜熱海峽、即印度洋止。

十二條美國的鐵路，以賓夕爾兎尼西南太平洋線起至北部大鐵路及密蘇里太平洋線。

這部工作做完了，其餘要表明的問題便是：

(a)將地理的事實與社會科學中其他的材料比較一下，以發現地理事實的重要性

(b)依據在一定時間中並且事實是比較重要的這二點以決定這種材料可以得到多少

(c)計劃學習地理事實的最有效的方法，學習時並伴以其他材料

這種編製課程的方法，與心理學有許多地方相關聯。它包含了教學的性質與歷程之心理的分析，並且需要心理學最常用的實驗的與客觀的態度。它也採用測量「價值」的方法，這種方法雖然不完全是心理學的，但與各種心理學的方法的關係比與其他科學的方法的關係却密切許多。它可以引起技術的及方法的問題——材料的供給與組織，這種問題幾乎全包含於實驗的教育心理的領域中。

計劃一個大學的課程　以上所引的說明還只是讀到課程的一小部分，而沒有讀到教育過程中的大部分。我們現在可以用一個更精細的研究來作結束，這研究的結果是計劃一個女子大學的課程。〔註十六〕

〔註十六〕前面引的卡特斯的著作第二十七章

許多女子大學畢業生，有的是管家事的，有的還沒有結婚並且沒有職業，都將她們畢業後數年中的活動作一分析。有數百個女子將其一個星期的活動記下來，然後將這些活動分為二十三組，不論已婚或未婚都一樣。這些活動被用為決定女子大學課程的內容之基礎。因此就可決定在這些普通活動中那些活動是完全的學校教育所必須具備的。各組的活動如下：

烹調	宗教
縫衣	音樂
生理衛生	美術
書信	文學
閱讀	自然
消遣與遊戲	增加興趣
社會關係	自由聯想
公民關係	內省
個人研究	增加收入
教書	職業活動

生育　　　　無目的的興趣

心理衛生

依照教育上有經驗者的共同意見以取決其中對於教學的方法極有幫助者。這樣選出來的科目便組成女子大學的課程的「文化綱領」(cultural core) 如下：

縫衣：對於已婚及未婚者都同樣重要

心理衛生：包括一種心理的個人與社會的適應

作文：演說及作文其中包含百分之二十為書信

社會科學：包括廣義的公民、經濟及政治的問題

生育：包括婚姻問題，並牽連到生理衛生

美學：美術、戲劇、文學及自然的欣賞，及其他道德與哲學的問題

財政：消費者的一種實際的課程，包括收入支出及契約等

有許多活動在工作分析中有的，但在這一個課程綱要中却沒有。其中有些活動只與一組有關係（或為已婚組或為未婚組）；有些是極端職業化的，似乎超出了高等文藝學校的範圍，有些最好是偶然之中去注意；又有些令我們不相信是適合於教學的。因為這些科目僅是代表一般學生所需要的課程，所以

也可依照各人的需要用選課的方法，則同時又可顧到興趣。

有人相信這種「文化綱領」的課程，可以使每個女子更確實地認定那些十分基本的活動，這種活動，是每一個國家的女子都不可少的。我們可以看到：在這種工作中，我們所說明的許多方法都可互相補充。用工作分析法，學生將來的需要就可以其現在的需要來證實；用專家的意見，可以選擇適於大學教學的科目；所記錄的日記，本身就是一種社會調查的材料；關於「文化綱領」的科目可以選讀，是求適合於各人的興趣；而一般的計劃却堅守着高等文科的對象。

心理學只是一個幫助的因素　在計劃一個良好的課程上，心理學只是一個幫助的因素。它可以供給問題，調查的方法及批評的意見；但是必須要其他教育上的專門科學來幫助。不僅有哲學上與行政上的問題，並且還要顧到社會的經濟的實業的及道德與財政等各方面。

在良好的課程中，心理學所更要涉及的是組織效果、活動與動機的關係及適應，個別差異等等問題。課程上的問題必須常常與那些關於教學技術的問題發生極密切的關係。心理學所更要做到的，乃是要說明學習的性質，學習的可能，學習的效果，以及把生活於課程中當作是他們的教育學習者的特性。

問題

1. 將你所熟鍊的各種遊戲或讀過的書作成一表，並設法找出這些遊戲與書本的內容為什麼是如此而彼此不同。

2. 將這本教育心理學的書考察一下，看看你是否可以找到爲什麼章目的排列要依照現在這樣的次序。

3. 你自己的教育設計是從什麼地方來的？那些科目的選擇是以什麼爲根據？

4. 應當讓學生去決定他們自己的課程嗎？要在什麼環境之下？

5. 試閱讀斯賓塞名著教育論，并討論其所主張的分類的方法。

6. 如何應用工作分析法去尋出在縫衣班最好是做些什麼呢？在木工科的又如何去應用呢？在教育心理科的又如何應用呢？

7. 「直接需要的題目」怎樣能够答覆代數上的課程組織呢？

8. 你怎樣使生理教育的計劃是以「兒童的興趣」爲基礎呢？

9. 在組織你的教育心理學的課程時最好用什麼方法？

10. 以「現在的調查」做課程編製的基礎可以引起什麼反對的意見？

參考書

Bobbitt, Franlin, The Curriculum(Houghton Mifflin Co., 1918).

Charters, W. W., Currriculum Construction(MacMillan Co., 1923).

Dewey, John, The Child and the Curriculum(University of Chicago Prees, 1902).

Harap, Henry, The Technique of Curriculum Making(MacMillan Co, 1928).

Means, Hughes, Creative Youth(Doubleday, Page & Co., 1925).

National Society for the Study of Education, Twenty-sixth Yearbook (1827). Parts I and II, " Curriculum Making and the Foundations of Curriculum Making. "

Washburne, C. W., Scientific Method in the Construction of School Text Books(World Book Co.).

第二十章　學生的行為

學生的『品行』問題，常是校長與教師日夕關心從事的。現在頗少用品行而多用『適應』一個名詞，因為以前是注重教師的福利，祇問學生的品行是否優良。現在不着重學生的利益，須探究學生能否『適應』。以前教師討論到學生行為時自然會想到教師的尊嚴，或學生妨礙班上秩序的觀念，故常用教鞭處置愚笨的學生，尤其對於破壞規則的學生多加處罰。

學生的管理問題自有教育以來即有，在強迫教育律之下也必然有這個問題。任怎樣熱心的教師去鼓勵學生管理自己，而他仍不能逃脫這種預有的責任。就是已受教育的成人在團體行動之下仍須有旁人管理，所以教師與學生的關係或學生自治時彼此間的關係是一個很密切的心理問題，則對於學生行為的良否作一簡單考察，不是也可於人類複雜關係的問題上有些許貢獻嗎？

無論我們怎樣着重學生行為是一個適應問題，或無論怎樣抬高個人的尊嚴是在團體與教師的福利之上，而我們總不能忽略不良行為是現實的與必須作事實處理的。在很發達的學校制度中有所謂巡行教師(visiting teacher)，學生顧問及病理心理學家負責解決這些嚴重與難管理的問題，但這必須有精巧的技術與詳細對於個人的考察才可，此處不能敍述。

不過我們可以討論普通一般的現象，如對於學校行爲的研究所得的一些結果，研究學校行爲的一般趨勢及團體的特性，可以給學教育的人一種有用的基礎，俾對於不良行爲、學校訓練、教室管理及個人適應諸方面能作更爲詳細的研究。此處先將學齡中行爲的常態趨勢說出大略，而後再來分別討論。

兒童行爲的常態趨勢　兒童在將近學齡之前已經有了很好的發展，他的學習在此時已達到一半的工程，（這是假定我們不去討論育兒院及幼稚園的兒童的行爲。）〔註一〕身體的構造與功用都已發達，動作的控制已從完全不能到了從離開家庭至學校可自己正確控制的程度。思想也已發達，能適當的使用姿勢、意像及語言。情緒亦已養成到能資將來的發展與分化。一時期的消極態度(negativism)在第二年之末達於頂點，以後便沒有個人態度的型式，如內向性(introversion)與外向性(extroversion)，（參看第五章）此時已在遺傳或家庭環境的訓練的基礎之下多少表現出來。

第二期的發展，通常稱曰發問期(questioning age)，約在從允許進學校至一年級時方才終了此時的特徵爲常喜發問，富於智慧的好奇，這時期的勸於發問能獲得許多知識，若加以鼓勵，可使之特殊發達，否則便卽衰落下來。

這時兒童漸由富於幻想及自造信仰(make believe)進而能辨別現實世界與主觀希望及想像世

〔註一〕詳細說明人生的發展情形可參看 H. L. Hollingworth, Mental Growth and Decline (D. Appleton & Co., 1927).

界的不同。平均一個六歲兒童都能辨別眞實報告與希望事實的區別。雖然兒童對於成人客觀世界的性質還須加以進一步的分析與理解，而聰明兒童對於『理想的伴侶』仍是沒有放棄的。

這時兒童的圖畫也可反映心理發展的情形，已經達到了『表想的時期』(descriptive symbolism)，即依其所想到的去畫，而不直接訴之於感官。行爲的標準也特殊發展出來，從前沒有是非觀念的，現在有很好的發展，不過他們的是非標準是從能否得到長者的許可而去辨別。

在三歲時，兒童的從事與興趣很少能支持一刻鐘，多變與活動是普通的規律。不過以後幾年他們有很強的個人主義傾向，擴張自我，獨自一人遊戲，私人財產與個人權利的觀念在通常情形下也表示出來。知識的交換很有限，學校中的所謂社會化，就是以這點爲主眼去明白訓練的。

初級小學時代　低年級時代主要包括從學前生活的發問期至成熟及青年時期——這時期又稱爲『長少年期』(big injun age)，其意義是表示有一段很長的歷史。但身體之性的成熟還沒有表現出來，男女相隔離的時候比較集會的時候多，有很強烈的競爭，很少互助，男孩較女孩的身體大，也較強壯，肌肉的靈敏也勝過女孩。

未入學校之前社會的壓迫可以使男女兒童的行爲與興趣發生大的差異，現在則到了無論於身體及智力方面的發展都有較大的自由了。因爲以前是在父母嚴密的監察之下，現在到學校中來，這種非分的監察便比較少。不適當的管理方法本來在父母叔嬸溺愛子女的家庭甚多，所以必須特別洗刷他們的尖銳個人主義的傾向。

這時期又稱為『競爭的社會化』(competitive socialisation) 時期，因為這班兒童常被似乎已達成年的青年所揶揄，同時如嬰兒一般的幼小兒童也要離開他們，所以使他們有同年齡的兒童匯合在一起的強烈趨勢，且環境中常是被那些較長的青年羣衆所占住。遊戲的活動也極帶社會的性質，有許多的人參加在裏面。但這時也並不為團體的福利而犧牲了個人的英勇之氣，所以個人的競爭也很強烈，有一種要當場羣衆聽他的話的迫切需要。

誇張、快樂、戲謔、炫耀也常有，男孩尤歡喜表現果敢、敏捷、有力與聰明。對於形式與文雅不大着重，歡喜興奮與冒險的舉動，多活動的智慧遊戲則極歡迎。此外對於搜集的活動與興趣也很強烈，故很容易由此引導至有用的路線上去。

從學校『訓練』的觀點言之，在這時期中，即五、六年級的時期，教師須有特別的耐心與明靜的頭腦才可。因為這時兒童對於性的好奇剛發展，常容易走向錯誤的途徑，發生些難予認可的問題，以及有些猥褻的談話與行為。他們對於品行的道德標準還不能有深的理解，所以他們的行為很容易受個人的影響。他們在這時的大部行為極為暴躁粗野，因此以前的教育家有一種奇怪觀念，以為這時期的兒童是人類發展上的野蠻時期的重演。這種觀念一大部分是由於這時兒童的體力特別強盛與毫無休息，一部分則由於其行爲處一種既不像嬰兒也不像成人的含糊地位。另外一部分則是其智力很有限，對於社會倫理的合法規矩都渺無所知，僅在個人及團體的興趣方面約略知道一點。

這個時期兒童的行爲也大可受家庭的特別影響，一個獨子或一個姑息兒童常在學生時代與社會的希望不相容。溫和的神經病的趨勢在這些兒童中便可發現出來，『問題兒童』(the problem child)與『過失兒童』(the delinquent) 也常成爲學校對他們考察的目標。

過分自我中心與自私在這時也有。因天賦或社會地位的關係而發生的實際或幻想的自卑，致使他們祇用間接方式適應而不用實際應付現實的方法，所以這時教育者必須對於他們多加理解而不要僅是控制才好。兒童行爲上的幼稚性及情緒沒有適當的發育，在這時常有，假如他們不能得到正當適應，則永遠固定於此，而成爲個人態度上的固定型式。

輕微的口吃以及其他『神經病』的徵象，在初小中常有，這種事實可使教師覺得其行爲難於改變，和發生誤會。其起因或是由於早年過分的滋擾，或過分服從，無論其起因爲何，在這時必須有適當的處置以消滅這種現象，不要使它成爲個人的永久特性。

在這時期中用適當的步驟實行教育，及情緒與職業的指導也很好，因爲這個緣故，用巡行教師指導這些年齡的兒童使之對於家庭與社會生活發生良好的適應的方法也發生。

中學年齡中的趨勢　成熟和青年時期通常稱曰笨拙期(the awkward age)，教育者對於這個時期很注意並且對於這個年齡的特性與現象發生許多迷信。確實青年是不安定的，但這與普通的病徵，極不相同，有許多根據於人格的心理現象的討論，以爲這時的青年是一個不安定的實體，而不是一種社會現象。

中學年齡時的笨拙可從學生本身表現出來。因爲成熟以後體質方面須有一種重新的適應性成熟以後，身體卽長大甚至衣服也不適宜。袖子忽然變短，衣裳很緊，聲音也改變，毛也長出來，這時有了這些生理變化，故使人發生笨拙的印象。

其次在社會方面的笨拙也很顯明。因爲這個時期兒童的地位很含糊。一方面父母與教育用成人行爲的標準去看待他，另一方面對於他仍用嚴格監督與命令的態度，實在又不像對待成人。男女間彼此常有愛慕，但因爲女孩成熟較早，所以很早與同年齡的男孩關係疏遠，而與年齡較長的男孩往來；在男孩方面，則與年齡較幼的女孩往來。

經濟方面也是很笨拙的。興趣與活動雖然增高，而在過依賴生活的青年，毫無準備。因爲此時青年仍然靠着父母得衣食，而他也希望做一個人，有獨立的計畫和消費等。社會愈複雜，青年的能力和興趣與其理想可能達到的程度的衝突愈利害。並且社會愈複雜，所要青年受訓練和過依賴生活的時期愈長，這種長久的嬰兒時期也就與個人的衝動和興趣的自然的發展相衝突。

父母將兒女當作嬰兒看待的習慣也不容易解除，常時他們的安靜心理是兒女常伴着他，並且永遠是一種幼稚與依賴的態度，而兒女本身則要擺開家庭的依賴才覺得心理上的健全。

智力上也是『笨拙』的。比較聰明的兒童常發生懷疑與憂慮，對於行爲的舊規律和舊敎條都失去信仰，甚至對於兒童的愛的信條，如 Santa claus，鸛鳥的故事，完全的父母等也發生懷疑。現在所需要的是一種世界觀和如何解釋人生。比較智力稍差的兒童雖容易接受某種敎條而安心做，而於聰明兒童則適成爲痛苦與智力不安的時期，這種種經驗，便迂迴曲折的表現於學校的行爲。

情緒上也是很痛苦的，一部分由於在快樂的嬰兒時期後，發生一些衝動、興趣、愛情和熱忱等，同時要將『一切嬰兒的事情撇開却不容易。故情緒的痛苦主要是由於對身體的、社會的、與經濟的情境發生笨拙的適應的表現。

這個時期所發生的一些激動和苦惱，可以爲要受敎育的動機，所以這是一個很重要的時期。但對於這些苦惱的眞實性質必須有一番智的理解，和用一種無成見與客觀分析的態度對於他們才可。因爲青年興趣的一般趨勢是懷着特殊希望的，他們要問『我做些甚麼？』『我將做怎樣一個人？』『如何準備我的前程』等。

這樣對於行爲的常態趨勢作一簡單考察，對一個教師所需要關於人數的生長與發展的知識自然是很不够的。但關於學校兒童幾個時期的常態行爲的大概觀念則已有了。我們用這種觀念做背景，便可以來詳細研究學校中常討論的一些特殊的不良行爲。

教師所謂不良行爲是甚麼　據威克門（Wickman）用問卷法研究教師對於不良行爲的觀念之報告，〔註二〕很可以給我們一些知識。他起首研究各城市的小學教師認爲是學校中的種種劣行行爲的常見次數，下表便是以次數作標準而排列的許多教師所承認的劣行行爲，其所報告的學生差不多有900人。

將教師所報告學生的不良行爲的範圍及種類考察以後，又請教師評判幾種主要的不良行爲之比較的重要性。結果教師所記出的不良行爲，彼此的意見很不一致，所以威克門說：『一個兒童要不犯所有這些行爲很可以視爲是驚人的。』

自然，教師所認爲比較嚴重的行爲是一些擾亂學校秩序的，如擾亂班上風氣，其他學生和先生等。這些多半是活動的和滋擾的動作，而不是怕羞、退縮與被動的行爲。但從心理衛生及學生將來適應的觀點

〔註二〕 E. Wickman, Children's Behavior and Teacher's Attitude (Commonwealth Fund, 1928).

言之，後面幾種行爲反而要較爲嚴重些。

874 個兒童的不良行爲的百分數

（由一個公立小學的許多教師的報告統計而來）

行爲	全體學生	行爲	全體學生的百分數
交談	74.7	懦弱	8.8
不注意	59.0	神經易激動	8.7
工作不細心	44.4	有意反抗	8.2
不守班上秩序	38.8	破壞產物	8.2
擾亂他人	38.7	不快樂，沮喪	8.0
不能讀書	36.2	好爭論	7.9
害怕，退縮	35.2	固執	7.5
缺乏興趣	31.8	粗野，鹵莽	6.7
過分活動	30.9	無禮，輕蔑	5.6
欺騙	29.5	嫉妒	4.9
神經過敏	25.5	偷物	4.0
疎忽	25.4	手淫	3.9
懶惰	20.8	遺溺	3.9
說謊，不可靠	19.6	有異性氣概	3.6
不必要的遲緩	17.6	狐疑	2.1
好用乖巧	14.6	殘忍，暴虐	1.7
過分小心	14.2	不敬	1.7
好談故事	13.3	逃學	1.6
好管閒事	12.6	常怒	1.5
憂鬱	12.5	偷錢	0.7
作威作福	12.1	偷食物及糖果	0.7
齷齪	11.8	猥褻記載和談論	0.3
容易受暗示	9.4	吃煙	0.2
懼怕	9.3		

從 Wickman, op. cit. P. 30.

劣行的標準　什麼叫做不良行爲，完全視其標準而定。教師的自然態度則以妨礙教學的活動爲劣行行爲。通常過於偏袒退縮的、無冒險性的以及依賴行爲，雖然對於學校的工作容易進行，而結果使青年的這種特性持續，對於成年的適應發生困難，這是一種不能否認的事實。同樣，有一些特性雖然可以使一個青年在學校中成爲問題，或甚至是青年羣中一個頂討厭的人，而在將來成人生活中則可表現發揚性與幫助他將來的適應和成功。

適合於個人福利的行爲與適合於團體進行的行爲相衝突是一件早已爲人所知道的事情，這種行爲在學校中也常有。以前是將個人的命運犧牲而服從團體的進行。最近幾年的宣傳，則是教師須着重於心理衛生注意學生興趣的發展，且視學生人格的發展與知識和技能爲同等親切的。

在近代教育中，學校與班上的組織較爲自由，這是將那『秩序』的觀念放鬆一點，雖然在上面不良行爲的表中『交談』仍是列在表首。至少這種將學校行爲的標準放鬆可以使責任不小的教師負着對於學生人格與性格培養的責任，因爲這是社會交付教育家的。

但我們對於教師也不要希望太大，我們所希望的祇是教師對於各年齡兒童的常態行爲以及各種發展的程度有一大概正確的觀念。此外，則是有某些品行與其變動行爲的關係的知識，以及某些情境可以發生不健全心理發展的敏銳觀察。有了這些則已很便利。所希望於學校的便是將所有一些研究的資

料，都供給病理心理學家，這可以說是一種分工，而不是要每個教師都有這種另外的技能。〔註三〕

以下幾節是描寫幾種行為的實際相關，乃是根據於團體的觀察而來。關於學校劣行的每一例子，自然都有其獨自的特性，這就是說一個兒童有他的特殊背景生活情況，理解程度以及動機。還有，教師對於這種行為的判斷也各不同。再加之受其他兒童的影響、家庭的影響及其他因素，便更為複雜。以下的一般相關是一種寬泛的說法，在判斷特殊例子時將這些相關的性質記在心中，甚為有用。

學校品行與年齡和性別的關係 前面已經說過威克門曾經研究過教師態度與學生行為的關係，據他的發見，男孩的不良行為約略二倍女孩。差不多每一種不良行為中，都是以男孩居多。但有一些行為，社會上祇容許男孩可作，對於女孩則早已用社會壓力訓練她不做。這種社會壓力幾乎在女孩出生時即有，故將這種壓力除去，恐怕這兩組沒有顯明的差別。

至少在入學年齡時，男孩才被要求不要吵鬧，不要太跳皮，及滋擾他人，因為教師是視這些為不良行為，這樣，教師對於男孩所容許的活動才近於社會上獎勵女孩的活動，哈格提（Huggerty）曾根據教師的報告研究學校不良行為的趨勢，得着後面一個圖，可以表示隨這性別與年齡而變化的情形。圖中的分

〔註三〕要解決這些實際問題，可參看 M. B. Sayles, The Problem Child in School (Joint Committee on Methods of Preventing Delinquency, 1925); E. A. Earwin and L. A. Marks, Fitting the School to the Child (MacMillan Co., 1924); I. I. B. Morgan, The Psychology of the Unadjusted School Child (MacMillan Co., 1927).

數是將次數與犯過的『重度』合併起來。〔註四〕

這裏，也可以看到女孩的不良行爲僅及男孩的一半。在女孩方面，全部曲線都是上升的，最多的不良行爲約在成熟之時，從此以後便有『進步』。男孩的曲線上，有兩個不良行爲的高峯，一是在入學第二年（七歲）一是在十一歲時，約在第六年級。這個時期在兒童心理學的文獻上稱爲『長少年期』。過此以後便到中學年齡（十四歲以後，）不良行爲也就低減下來，這一部分由於當這年齡之前，將許多好吵鬧的男女學生都已消除。

劣行與智力　哈格提曾研究邁里愛坡里斯（Minneapolis）一個公立小學的兒童，共約有由教師評判800個兒童的結果報告，〔註五〕對於每

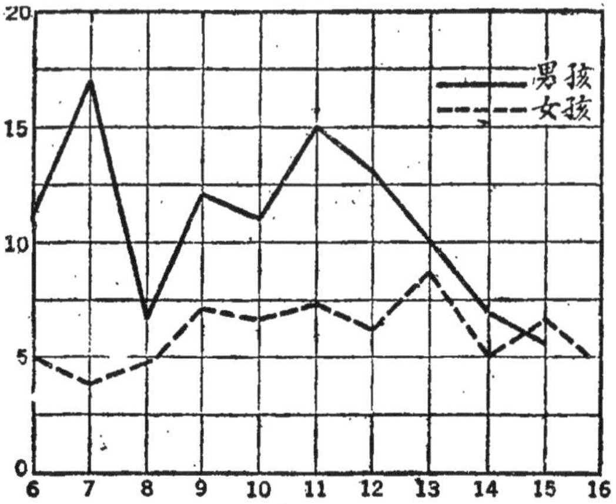

第四四圖　男女兒童的不良行爲隨年齡變化的狀況圖中分數是將次數與犯過的『重度』合併計算，是由許多教師評判八百兒童之結果。分數愈高的，行爲愈不良。

〔註四〕Melvin Huggerty, "The Incidence of Undesirable Behavior in Public School Children", Journal of Educational Research, Sep. 1925.

〔註五〕哈格提的這種工作會得了威克門的幫助，至威氏的研究，前面已經敘述過。

個兒童的報告中包括有不良行爲的種別及犯過的次數。由此而計算行爲分數（behavior scores），行爲分數的算法，第一是注目於每種犯過的普通程度，第二是注目於兒童犯過的次數。以普遍爲標準，依次定其分數爲1．2或3。以犯過次數爲標準，則規定一種行爲僅犯一、二次的分數爲4，多幾次的分數爲6，最多次數的分數爲7。

依照這種標準，偷竊便應該是3分，因爲比較嚴重。一個兒童如常時偷竊，則其不良行爲分數應爲3×7或21。這樣，每個兒童的不良行爲分數便可以算出，且不良行爲的發見次數也可分別研究。

第四十五圖是表示智力(I. Q)不同的兒童發生行爲問題的百分數，被研究兒童的總數計有484人。

這個曲線很像智力的常態分配曲線，不過是倒轉來。即不良行爲百分數最少的兒童的I. Q.爲700，其智力較此爲高或低的，行爲問題都有增

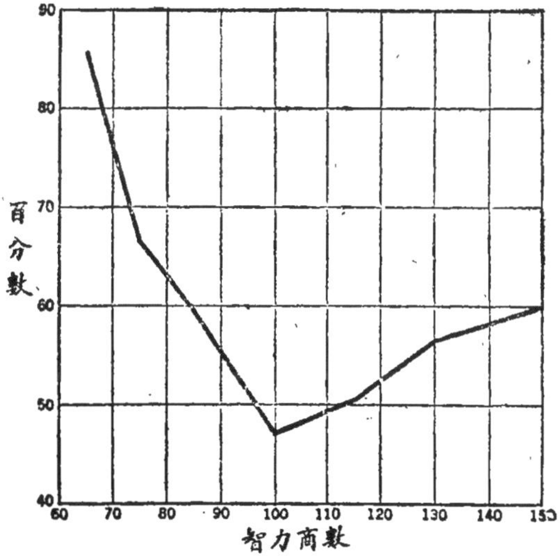

第四五圖　各種智力兒童發生行爲問題的百分數

（從 Haggerty）

加。故根據教師的評判，高等及低等智力的兒童都有不良行爲，智力愈高或愈低，則不良行爲的百分數愈增加。其增加得最利害的，是那些比平均智力較低的兒童。

從個別去看，最高與最低智力兒童的行爲也有差別。『比較聰明的兒童所以有較高的行爲分數是因爲不甚嚴重的行爲次數較多，至於智力較低的兒童所以有較高分數，則因一方面有嚴重的不良行爲，一方面次數也多。』〔註六〕

若從分數去看，而不從不良行爲的次數去看，依照通常的智力分類，可得各種智力兒童的行爲分數如下表：

I, Q	智力的分類	平均行爲分數	人數
140以上	近於天才或天才	7.4	5
120－140	上智	5.0	62
110－120	中智	6.5	87
90－110	常態	7.2	236
80－90	遲鈍	13.5	62
70－80	愚蠢	14.6	27
70以下	低能	36.1	7

〔註六〕 Haggerty, op. cit. P. 114.

從這個表中便見聰明和常態兒童的平均不良行爲分數都不高，但依照上面圖中不良行爲的次數所表示則顯見聰明兒童所犯輕微的不良行爲次數要較常態兒童爲多。另一方面也可見學校的設備、需要和標準祇是儘其能力去適應常態兒童，這或者也是事實應該如此，因爲這類兒童的人數特別多。

聰明兒童所以時有不良行爲，可從犯過分數的『重度』僅是1的行爲性質去說明。例如：對學校功課無興趣，反抗訓練，過分活動，謊言，不必要的遲緩，欺騙等。主要犯過原因或由於對學校要他做的事體無興趣，或事情太容易使他發生懶惰和不安，再或則由於要他做痛苦的事體使他生出消極和反抗。

至於智力較低的兒童，則是較嚴重的犯過常發生，例如分數爲2的，有常發怒，不得人歡心，暴虐，說話困難，無中生有的謊言。分數爲3的，有偸竊，手淫，逃學，及邪行等。

對於青年的過失也有過許多研究，並對於這些青年的特性會與沒有犯過的兒童比較過。雖其中有許多其他重要的差

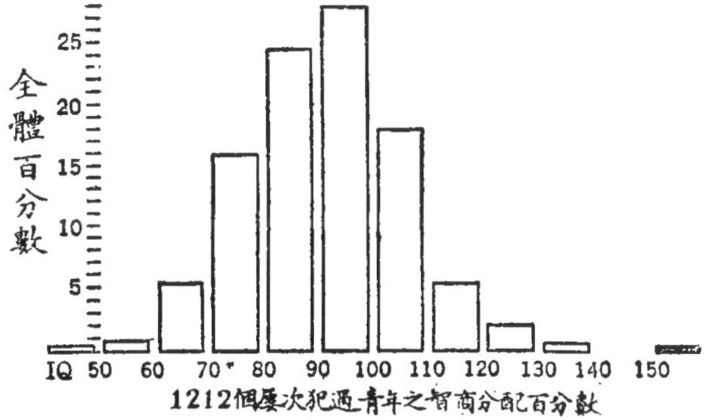

第四六圖　屢次犯過者的 I. Q. 分配（從 Healy's Practical Value……）

異，而智力的差別自全部看來則很顯明。不過同樣重要的，便是犯過青年的智力範圍也很寬，且間常有些人是有很高的智力。第四六圖是表示1200以上犯過青年的智力分配，〔註七〕是用斯丹福皮奈量表(The Stanford Binet Scale)測量來的。從這裏可見約有四分之三人數的 I. Q. 是在100以下。

兒童的逃學　愚笨與逃學的關係，在哈格提的研究中已見其端倪，更經過其他同樣性質的研究，現已確實證明。柯拉克(Clark)發見有百分之八十三的逃學兒童的智力是在平均智力以下，有百分之十五是常態兒童，僅有百分之二是聰明兒童。其分配如第四七圖。

通常學校沒有很好的適合愚笨兒童的需要，他

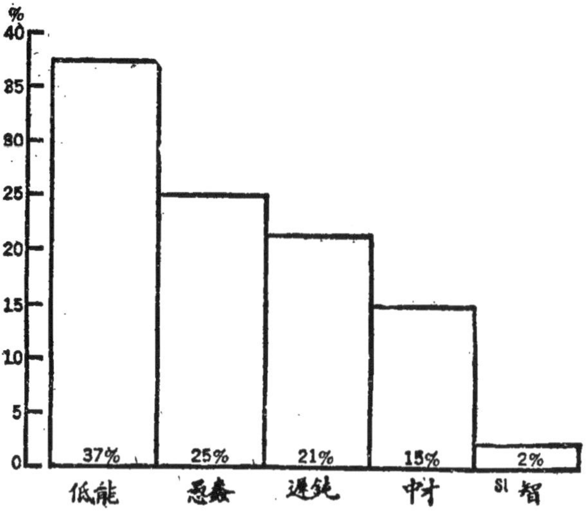

第四七圖　各種智力兒童的逃學百分數(W. W. Clark,……)

〔註七〕W. Healy, Practical Value of Scientific Study of Juvenile Delinquents, Children's Bureau Publication, No. 96, Washington, 1922.

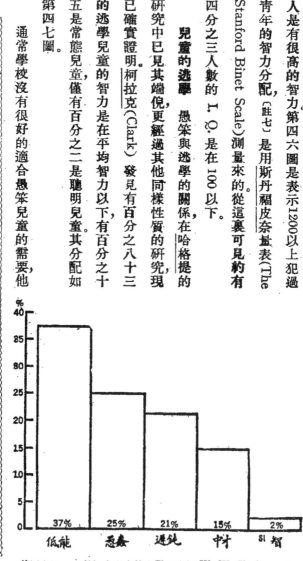

們也知道，在可能範圍內他們也想避免這種失敗。但縱令有些學校能很好的適合這些兒童，而因他們是從將來着眼，這種遠處着眼能否妨止愚笨兒童的逃學還是疑問。

過去通常的學校，對於聰明兒童完全沒有設備，所以對於天才也是如對於愚笨兒童一樣不能適合其需要。但聰明兒童比較靈敏，他能够隨時利用機會。加上他們的家庭監督也比較好點，故能隨時適合學校的情況。至於愚笨的父母，也如愚笨的子女一般，可以造成逃學的機會。從全部看來，聰明兒童還能利用優良的機會而不爲固定的程序所限，例如他能找百科全書，尋地圖及閱讀其他書籍；比較在高年級的兒童，有時還可做出有趣味的事體。

一個逃學的兒童必有許多原因，這點必須牢記。但在研究逃學的原因時，第一件事須顧及到能力的低下以致不能理解學校的功課。

謊言　謊言自然不是學校兒童的稀奇事體。也沒有理由可以說謊言的背後動機，兒童與成人是不相同。謊言與不誠實在所報告的學校兒童的不良行爲中的百分數比較高，並且，要理解這種行爲必須對於個人與環境有領悟的能力。但知道一點這種行爲發生的動機也很好，在這方面已有幾個非實驗性質的研究。

近來一個對於剛入學兒童（六歲）的謊言的調查可以代表這類的研究。在許多動作中計共有289

件很淸楚地是有意的謊言。〔註八〕這些結果是由父母、兄弟、姊妹及其他人觀察行爲後記錄下來，並且對於每一行爲是受着什麼影響也分析出。將這些分析依謊言的原因、時候或有免的程度而分爲幾類，藉以發見其比較的重要性，下面的表便是一個大概分類。

發生的時候	289件中每一因素的百分數
遇着非常規的事體	56,7
想獲得保存或注意某種財產而失敗	....17.9
與人競爭	....17.9
有不快樂的經驗	....12.4
快樂的經驗受阻礙	....11.7
須人幫助	.... 4.1
他人與兒童娛樂時活動受阻礙	.... 3.8
他人發怒	.... 2.0
他人逼迫兒童	.... 1.7
引起他人的注意	.... 1.4
可以使人快樂	....1.3
責任上的衝突	.... 1.0
其他環境的誘惑	....11.4
其他環境的安慰	.... 0.3

差不多有百分之九十七以上的事件，遇着以下五個原因之一便可以發生謊言。

a. 兒童遇着一個非常規或不一致的動作要對它加以解釋。

b. 兒童希望獲得、保存或注意某種財產。

〔註八〕A. M. Chamichael, "To What Objective Stimuli Do Six-years Old Children Respond with Intentional Misrepresentation of Facts", Journal of Genetic Psychology, 1928.

c. 兒童與他人競爭。

b. 爲人所逼做某種動作。

e. 他的活動受着他人的阻礙。

即是幼小兒童的有意謊言也與成人的目的是一樣，是一種自衛的手段 (a technique of self-defense)。或者由這種分析所得的一個最有用的結論，是以探究發生這些事體的實際的或想像的激動爲第一步。但在其他研究也表示這種自衛手段的易否發生的個別差異很大，故欺騙與其他特性的相關，也須得知道。

欺騙的實驗研究　梅治及哈特修恩(May and Hartshorne)對於品性的研究曾做了數年實驗，現已將其結果報告出來。〔註九〕約有11,000個學校兒童，年齡從八歲至十六歲，在他們聰明設計的情境下受試，這種情境很可以使兒童發生欺騙，謊言或偸竊等事。現在並不想把這些行爲一一說出，假如我們很高與，也可將所設的情境使大衆知道。

『全套的欺騙測驗包含二十二個在教室工作的欺騙機會，四個體育競爭的欺騙機會，二個團體

〔註九〕Erom Hartshorne and May, Studies in Deceit, 1928, By Permission of the Mac Millan Co., Publish-ess.

遊戲的欺騙機會，一個將學校工作拿到家庭去做的欺騙機會。謊言測驗有二種，一種包含三十六個問題，另一種包含十個問題，被試者可以錯誤的回答。偷竊測驗也有二種，一個機會是偷錢，另一個機會是偷小的物件。』

學生對於這些情境的反應，是學習這些事實但他們不知道這些事實的內容，也不知道會要測驗。對於這三種測驗所表示不良行爲的趨勢可以用分數計出，且將這些分數與許多關於兒童的其他知識合併研究，比較和求相關。

以下一個簡單概述是想將各種欺騙與兒童許多其他變動因素的關係的結果說出，至其詳細情形須七百頁以上的一厚册書方能說畢。

欺騙與其他變動因素的關係約略如下：

1. 年齡——『較長兒童較年幼兒童欺騙較多。』
2. 性別——『似乎沒有性別差異。』
3. 智力——在同一年齡中，『智力較高的兒童欺騙較少。』
4. 情緒——情緒不能適應的兒童容易有欺騙。
5. 身體狀況——『與欺騙沒有關係。』

6. 社會經濟背景——『從較優的社會經濟背景出來的兒童欺騙較少。』

7. 敎育背景——有較優的敎育背景的兒童欺騙較少。

8. 家庭狀況——從不和，貧困和不良的複雜家庭狀況出來的兒童欺騙較多。

9. 國別——父母爲北歐或美國籍的，其兒童甚少欺騙。

10. 親屬關係——『在一個家庭中欺騙與眼睛的顏色、手臂的長度及其他遺傳的構造相並行。』

11. 年級——在多數測驗中，這種差別很少；在其他少數測驗中，從六年級至八年級欺騙漸次增加，但以五年級生的欺騙最多。

12. 年級的遲滯——『兒童的年齡超過其所在年級的欺騙較多。』

13. 學業成績——假若將智力年齡計算在內欺騙與學業成績沒有關係。

14. 品行——『品行分數較高的兒童欺騙較少。』

15. 同伴——朋友及同伴彼此間很相似。

16. 電影嗜好——常看電影的兒童欺騙略多。

17. 敎師的影響——敎師與學生來往較多和相親愛的欺騙較少。

18. 團體的影響——加入某些以誠實爲敎訓的團體似乎對於欺騙分數沒有差別。

19. 暗示性——在一種測驗中表示反抗性較大的兒童欺騙較少。這兩位研究者經過這番研究，於是下着結論所謂『誠實』不是一種單一的特性，因爲欺騙隨着情境而異，在某一種情境中雖有欺騙，而在另一情境則不發生。欺騙雖與其他因素有關，而智力、年齡和家庭背景却有一般的影響致生出差異，情境的本身對於決定這種行爲也是一個有力因素。假若欺騙可以受遷移的影響，這種遷移也還是完全的。

『因此與欺騙有關係的分子，可依其重要性排列如次：(1)課室中的聯想；(2)一般個人的阻礙如比較低下的智力，暗示性的反抗，薄弱情緒的不安定等；(3)家庭的教育與社會背景的限制；(4)其他與欺騙約略相關的一些複雜事實。

教育者的主要注意之點，不在多設方法如何教學生『誠實』或其他特性，而在重新建造一種爲着公衆利益可以使教師與學生都有一致機會而不是偶然成功的學校的實際工作。〔註十〕

學校行爲與過失　學校的不良行爲與社會適應的關係，一個對靑年過失很有研究的學者名柏特(Burt)的曾有清楚的說明。〔註十一〕

『我認爲靑年的過失沒有別的，是一種普通幼稚的頑皮的顯著例子，雖然或者有點危險性與走極端，而可以見其爲一種典型行

〔註十〕Ibid., P. 412 ff.

〔註十一〕Gyril Burt, The Young Delinquent(D. Appleton & Co., 1925).

爲。正如我們研究智力缺乏的兒童可使我們得着關於常態兒童的知識及知道如何教法一般；也如我們研究歇斯底里亞可使我們解釋許多對日常生活不能適應的行爲一般，我相信，對於青年犯罪的心理研究可使我們對日常課室的訓練問題及問題兒童的品行問題可以放出燦爛的光輝。」

柏特懷着這種意見後，於是對於200個過失兒童及400個同年齡、同社會地位、同住在一條街及同在一個學校的控制組兒童作了一個比較研究。這兩組兒童都是由教師用同樣方法考查、測驗、觀察與評着判。然後用一種方法決定與過失有關的其他因素的相對常見次數，於是得着以下一些結論：

從係數去判斷所查考的各種情況的重要性得着如下的次序。

1. 缺乏訓練
2. 特殊的本能
3. 一般的情緒不安
4. 輕微的病態情緒狀況或係由情意綜（Complexes）產生，或由此產生情意綜。
5. 有過失或犯罪的家庭歷史
6. 智力上的無能，如遲鈍或愚笨
7. 有害的興趣，如有冒險愛好活動電影機或某一特殊的人的癖性，而又不能勇猛從事

8. 發展的狀況，如發展上的早熟

9. 有智力欠缺的家庭歷史

10. 親屬關係的缺點，如父親早故或家有繼母

11. 家庭以外環境的影響，如街上有不良的同伴，與缺乏或過多娛樂

12. 有性格變態的家庭歷史，如瘋狂等

13. 有身體衰弱的家庭歷史

14. 貧窮及其類似現象

15. 兒童自己的身體衰弱

『假若我們祇討論主要原因，……則在個人情況中最重要的，第一是智力的愚笨，但還沒有到智力完全欠缺的程度。第二是性格的不定，但還沒有變態到成爲病理的程度。在社會狀況中最重要的是家庭生活，其次是家庭以外的朋友。這四種情況可以說是最主要的。』

假若兒童的不良行爲在學校以內和在學校以外都發生，則教師與教育行政者須考察上列的一些可能因素，至少這可以作爲研究任何個別的學校問題的先導。我們也可以說，研究青年過失的專家所提的幾個原則須擴大應用到學校所發生不良行爲的範圍以內。柏特所提的一些原則如下：

1. 所有表現過失傾向的青年，須儘早診斷。

2. 青年的過失問題必須當作是兒童幸福事業中一個不可分離的部分。

3. 對於過失者必須個別的當作是一個特殊的人，具有特殊的組織，有特殊的困難及有他的特殊問題去研究。

4. 假若要採用救濟方法，不要從犯過的性質着眼，而須從發生這種行爲的因素着眼。

5. 不獨注目於醫治，同時還須注目於防止。

問題

1. 從本班同學着眼什麼行爲可以視爲是學校的不良行爲？這些行爲與小學生的不良行爲比較如何？

2. 你們試想學校訓練忠誠、清潔、信實、文雅應該要達到如何的程度？

3. 舉出一個極年幼兒童的消極態度與固執行爲的顯明例子，你將如何去解釋？

4. 對於一個在發問期中的兒童觀察若干時日，並決定有什麼主要因素使兒童有那樣無窮的發問？

5. 描寫自己兒童時代的『理想的伴侶』或其他幻想經驗，這些經驗是如何發生的？

6. 你相信兒童在生長發育時是對於『祖先的歷史重演』嗎？有什麼批評與改正而後這種說法才對？

7. 描寫你所觀察的一些兒童彼此『排擠』的情形，你如何解釋這種行爲？在什麼情況之下，這種『排擠』遊戲即發生？

8. 你以爲一個靑年所經驗的有四個什麽最困難的問題?

9. 近代敎育的『前進』運動，對於敎師的討論和指導兒童的品行問題有什麽影響?

10. 調查一羣靑年過失者的心理和生理特性，並討論他們有那幾點與其他兒童不同?

參考書

Bagley, W. C., School Discipline(MacMillan Co., 1914).

Burt, Cyril, The Young Delinquent(D., Appleton & Co., 1925).

Blanchard, P. M., The Child and Society(Longmans, Green & Co. 1928).

Cabot, F. P., The Delinquent Child(Century Co., 1932).

Furfey, P. H., The Gang Age (MacMillan Co., 1926).

Hurris, P. E., Changing Conceptions of School Discipline(MacMillan Co., 1928).

Healy, William, Mental Conflicts and Misconduct(Little, Brown & Co., 1917).

Hollingworth, L. S., The Psychology of the Adolscent(D. Appleton & Co., 1928).

Mateer, Florence, The Unstable Child(D. Appleton & Co., 1924).

Morgan, J. J. B., The Psychology of Unadjusted School Child(MacMillan Co., 1924).

Nash J. B., editor, Character Education Through Physical Examination(A. S. Barnes & Co., 1932).

Sayles, M. B., The Problem Child in School(Joint Committee on Methods of Prevanting Delinquency, 1928).

Thom, D. A., Child Management, United States Department of Labor, Children's Bureau Publication No. 143 (1924).

Thurstone, L. L., "Influence of Motion Picture of Children's Attitudes", J. of Social Psychology Vol. 2, 1931, pp. 291—305.

Van Waters, Mirian, Youth in Conflict(New Republic Publishing Co., 1925).

Wickman, E. R., Children's Behavior and Teacher's Attitudes (Commonwealth Fund, 1928).

Williams, H. D., "Causes of School Maladjustment in Children", Psychological Monographs, Vol. 43, No. 1, 1932.

Winship, A. E., Danger Signals for Teachers(Forbes & Co., 1930).

Zachry, Caroline, Personality Adjustments of School Children(Charles Scribner's Sons, 1929)

第二十一章　教師心理

我們的說明一直到這裏爲止，大部分所注意到的事乃是學習者的心理，他們的個性，他們的需要與困難，他們的學習方法及教學結果等。此外還有一種教師心理。教師心理可以包含下列這些問題：

1. 教師被當作是一類來看他們的特性與個別差異
2. 根據視導員、學生、家長等的觀察所得，教師所應有的良好心理與特性
3. 教師特性與各種事物如教材、學生、教學法等的關係
4. 教師分等及教學效果的測量的方法
5. 與一般的問題如道德、動機、職業態度，商業道德，教師的社會關係及其在社會上的地位等有關係的心理學上的問題

在這些問題中，有許多只能作大概的推論，並且同樣地好應用到其他各種職業的人。其他有些問題，至少是已經特別討論過。我們現在將這些討論的結果作一概要的說明，以便引起大家注意到全部教育中的某些問題的意義。

學生人口數的分配　因爲一個教師的良好性質也依賴於學生的本性年齡及其教育程度，所以首

先尋出學生在這方面的如何分配是很有用的；至少在公立學校的分配情形可以找到，因爲可以得到許多統計表。下表是表示美國公立學校註冊生在一九二〇年各年級的分配情形：〔註一〕

程度	年級	百分數
初級學校	1—2	32.3
中間學校	3—6	43.0
初級中學校	7—9	19.2
高級中學校	10—12	5.5

在全部註冊生當中，初級學校從第一級至第六級占百分之七十五，因此可以說，所占教員人數將近占公立學校教員總數四分之三。教師的分配都應當分別和這種情形密切適合。這幾級所包括的學生大都是自六歲至十四歲的。這種程度的兒童在能力、興趣、背景、眼光等都是參差不齊的，因爲實際上各種程度的智慧都有，並且各種人口都有。

中學的人數之逐漸減少，除了稍微受點死亡的影響以外，卽是由於依據其智力與興趣而選擇了。在此種「遞減」中，社會的與經濟的因素也有關係，但是最有關係的還是教育上的智力與興趣。有時社會的與經濟的優越也可以使一個愚笨的和沒有興趣的學生受學校教育，或者使優秀的學生不能受學校

〔註一〕採自 Bagley and Keith, An Introduction to Teaching (MacMillan Co., 1924).

教育而從事於某種職業。不過事實上教育程度愈高，則學生的智慧也愈高並且也愈齊一，甚至於他們的父母也是如此。

學校人數的分配的改變，主要的是由於高等程度的註冊生增加。例如，在一八〇七年後的五十年中，美國中學的人數百分比增加了十倍，但在初等學校則增加極少。自一八九〇至一九二五年，中學生人數又增加十倍，大學生人數增加五倍，然而全部學生數及初級學校學生數的增加還不到一倍。第四八圖便是表示這種增加的情形。

這種情形也隨地域而不同。美國各州的文盲的統計便多少表示一點這種不同的情形。在一九二〇年，美國四十九州的文盲數各占其人口數之百分之一至二十二。這種情形並且一個時期和一個時期不同。不過這種事實使我們不能不歸結說：

(a)在第七級以下的學生所應有的教師數占教師全數約四分之三。

(b)占有這大批教師的學生，其智慧與興趣的差異極大。

(c)程度高一點，則學生人數顯然降落，學生的各種差異程

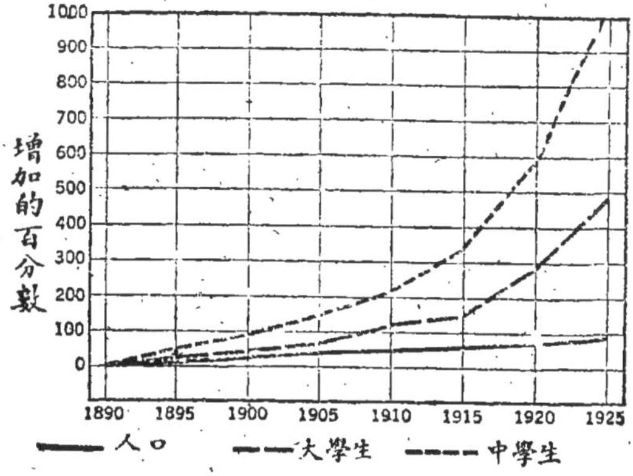

第四八圖　學生人數的增加曲線

度亦減低。

教育程度愈高，則學生人數愈少，這種情形有許多人研究了。〔註二〕下面有一個有趣的曲線，是表示這種選擇的作用的（包含其他各種影響）。這個表示世界大戰時美國派遣軍隊的表的統計結果。〔註三〕下面這個結論是從統計這種材料的地方的報告中摘出來的。

白種新兵所報告的事實可以如此說：一百個入本國第一級讀書的新兵中，有九十五個仍舊讀了第二級，九十二個仍舊讀了第三級，八十七個仍舊讀了第四級，七十九個仍舊讀到第五級，七十個仍舊讀到第六級，五十九個仍舊讀到第七級，四十

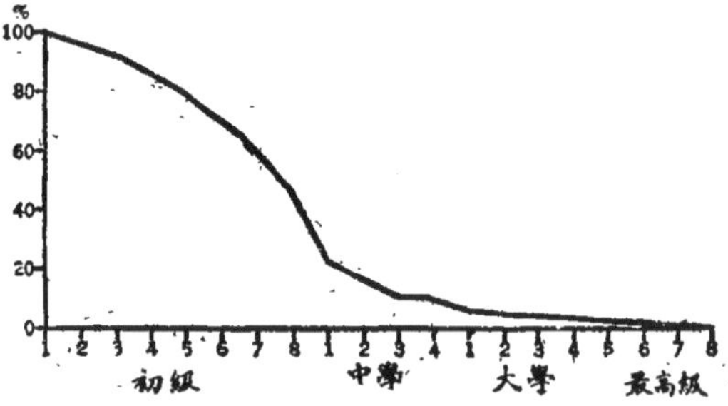

第四九圖　學校人數遞減情形

表示一百個進一年級的學生以後從各級學校畢業出來的人數（錄自 National Academy of Science Memoirs, XV, 1921）

〔註二〕 L. P. Ayres, Laggards in Our Schools, 1909; also Cleveland Educational Survey, 1917; G. D. Strayer, Age and Grade Census of Schools and Colleges, United States Bureau of Education Bulletin, No. 5, 1911.

〔註三〕 E. L. Thorndike, The Elimination of Pupils from School, United States Bureau of Education Bulletin No. 4, 1907.

五仍舊讀到第八級；二十一個進了中學，其中有十六個讀完了第二年，十一個讀完了第三年，九個從中學畢業了。九個之中有五個進了大學，一個從大學畢業。

這種圖與前面研究學生人數遞減的情形極相近似。其曲線如附圖所示。

教師的社會的與經濟的背景　一國之中一百四十個人民裏面有一個是教師。所以教師的人數有七倍於律師四倍於醫生那麼多。然而在這一百四十個人民之中，決定某一個人做教師的，是否有某種特性呢？

在美國的公立學校中，尤其是在初級學校方面，有一件事情可以注意，就是教師都喜歡是年青的人。紐約州的章程上規定，一九二一年的鄉村及小城市中的初級學校的教員之中數年齡為二十九歲。在大一點的城市中，比較約大五歲。

一班教師尤其是初級學校的教師，大概都是從收入很微的大一點的家庭中出身。卡夫孟(Coffman)〔註四〕找到在一九一一年一般初級學校的女教師都是從有了四個子女而每年收入不到一千元的家庭中出來的。在美國大一點或進步一點的地方，一般初級學校的教師大都是中學畢業生，並且現在

〔註四〕 L. D. Coffman, The Social Composition of the Teaching Population (Teachers College Bureau of Publications, 1911).

有半數是受過二年的師範訓練。只有在小一點的地方，這種教師都是年輕的和準備工夫較小的，或是做教師才不久的。

中學教師大部分都是年紀較大的，普通都是專科以上學校的畢業生。他們的家庭較小，並且社會的經濟的情況亦較優。大多數——約有三分之一是成年人。其他教育行政人員，視導人員及技術專家等，自然年紀更大，訓練更好並且繼續從有永久性的職業中受教育的薰染。

不過，這些社會學上的事實，沒有一件告訴了我們關於教師的實際的良好的性質底事情。就是那些關於家庭的、社會的、經濟的與教育的事實底意義也很小，除非我們能夠將它們與牙醫生、店員、鐵路人員及其他職業上的人所有的類似的材料相比較，然而現在這種比較卻還找不到。

教師的良好特性是什麼　被稱為良好的特性，有許多同樣的說明。有一種最早的關於教師的特性的研究可以拿來做這些說明的代表。〔註五〕研究的方法，是去徵詢一班負教育行政責任者指出十種認為是對於一個好的「教學人格」很重要的特性。其次將這些假定的特性按照其表現的次數而依次排列。然後就這十種最高的特性而評定教師及其一般的教學人格。這十種最重要的特性的次第表如下：

1. 應對　2. 個人態度　3. 樂觀

〔註五〕 F. L. Clapp, summarized in W. C. Bagley, School Discipline (MacMillan Co., 1924), ch. xi.

4. 負責　5. 熱忱　6. 公正
7. 誠實　8. 同情心　9. 有生氣
10. 學者態度

無疑的，這些都是優良的特性——是在人類的純良的道德之中的。不過，它對於鐵路賣票員，生命保險公司的店員，兵士及監獄員等是否也和對於教員一樣的重要呢？這樣一個模糊的不可測量的特性的表，是否實際上就可分別教師——甚至良好教師這一種人和其他各種職業的人呢？的確這是不能的。

另外有一種比較詳細的「教學的資格」(qualifications for teaching)的說明是：〔註六〕

1. 個人態度
2. 健康（有生氣，有控制能力）
3. 社會的智能（應對、交際、同情及領袖才能）
4. 道德（忠實，高尚）

如果將說明教師的拿來說明成功的牧童、牧師、小販或招待員等，則有許多特性是相同的。這樣一種說明並不够認明教師，雖然在引起我們注意於那些特性——任何教師因為是一個人所以應嚴厲培養

〔註六〕Bagley and Keith, An Introduction to Teaching (MacMillan Co., 1924), ch. xi.

或者遺傳給後代的特性——這一點上，也許有一點用處。

教師分等的卡片與量表　對於這種事情的注意更特殊的雖然並不更正確的，如是應用「分等卡片」(rating cards) 以自己分等或評判他人。〔註七〕就是極有準備的分等量表的應用，也常常會引起我們對於某種特性的估量的錯誤。姑不論文字所表明的「特性」就是不確定這一點，這種判斷的眞實性也隨特性、判斷力及熟悉的程度與態度而不同。

下面這個表是說明一部分這種不同的情形的。特性的名字有七種，依其對於一個人的各種判斷最相近的而排列。〔註八〕其中代表了三種情形：(a)教師批評教師；(b)學生批評學生；(c)學生批評教師。

特性	教師批評教師	學生批評學生	學生批評教師
	依照同意的程度而分的等級最同意的爲第1等		
效率	1	2	5
能力	2	4	3
領袖才能	3	3	7
獨立能力	4	1	6
合作	5	6	4
快樂	7	5	2
和靄	6	7	1

教師批評教師時，最同意於注重效率和能力，而不同意於注重快樂與和靄。然而在學生批評教師時，却最同意於注重和靄和快樂，這正是教師認爲不必看重的。那麼，批評教師應當以誰爲標準呢？在沒有量

〔註七〕H. O. Rugg, " Self-Improvement of Teachers through Self-Rating ", Elementary School Journal, Vol. 20, 1920.

〔註八〕H. L. Hollingworth, Vocational Psychology and Charater Analysis(D. Appleton & Co., 1929).

表和測量表以測量特性是，就是普通的估量也是有用，所以我們不僅缺乏一個優良特性的表，並且卽使有這樣一個表，也缺乏一種有效的和可靠的評判這些特性的方法。

品性在教師方面的重要，那是不能否認的；不過我們現在還不能下最後的判斷。一個正當的方法便是大概地考察一下那些關於各級教育的教師所應具的品質之研究。

有人提議用各種「分等卡片」給各教師去自己分等，然後由視導員加以判斷。〔註九〕這種分等卡片最早的形式包含有七組特性，每組規定多少分，總分數爲一百。茲將各種特性及其分數表列如下：

		分數
1.	生理的效能	12
2.	道德性質的效能	14
3.	管理的效能	10
4.	活動的效能	24
5.	計劃的效能	6

〔註九〕E. C. Elliott, A Tentative Scheme for the Measurement of Teaching Efficiency, 1910; also "How Shall the Merit of Teachers be Tested and Recorded", Educational Administration and Supervision, May, 1915

6. 成功的效能……………………24

7. 社會的效能……………………10

最高總分數　　100

這些特性的本身就是極不定的，各組所定的分數也近於武斷，又沒有方法來測量。不過，這種表可以使我們在詳細分析時注重那幾點比較重要而已。

其次有人提議一種分等量表，將特性分爲五項。〔註十〕教師自己將特性做成比例；因此視導員可以做成同樣的比例，並且爲了這種目的，可以用個人的實際工作的考察的方式而提出個別差異的分等量表來。所包含的五項如下：

1. 教學的技術

2. 管理教室的技術

3. 合作的性質

4. 求進步與不落伍

〔註十〕H. O. Rugg, "Self-Improvement of Teachers through Self-Rating", Elementary School Journal. Vol. 20, 1920.

5. 個人的與社會的性質

另外有一種「教師分等量表」〔註十一〕應用很多。其中有九十個關於各種特性的問題，分屬於五大要項之下。所謂五大要項卽是：

1. 個人的與社會的性質（十八個問題）
2. 合作性質（十一個問題）
3. 領袖能力（十一個問題）
4. 科學的與專業的態度（十九個問題）
5. 教學能力（二十七個問題）

量表的組成「大部分是由關於候補教師的問題或要候補教師來討論的問題。」每一種特性分為五等記分，各等相加又可決定五項的等級。下面附的量表的一部分是五個問題的第一個，並且是普通項的第一項，可以說明修正的方法及分析的形式。

他們做定的主要的用意以為這種量表是用來：

1. 選出要改進的特性

〔註十一〕 T. H. Schutte, Scale for Rating Teachers (World Book Co., 1923).

Schutte 教師分等表舉例

應用量表引言　本量表的各種特性，並不希望每個教師都有記分，不過每個教師都要在五大項（個人的與社會的性質；合作的性質；領袖能力；科學的與專業的態度，教學能力）之中每項都有記分。次要的分類是幫助分等者的分析。他可以就力之所及加以修正，不過修改的要是他有正確的判斷基礎的。

特性	中常更下 最低5% E 1	中常以下 其次25% D 2	中常 中數40% C 3	中常以上 其次25% B 4	中常更上 最高5% A 5	分數	附註
I. 個人的與社會的性質							
1. 她個人很可愛嗎?—她能引動人嗎?			✓			3	漂亮
2. 她能不為小事分心嗎?				✓		4	
3. 她待人很好嗎?		✓				2	不文雅
4. 她很當心於服裝與社會禮貌嗎?			✓			3	
5. 她應付學生與家長很機敏嗎?			✓			3	
第一項總數		1	3	1		15	第一項平均3

採自　T. H. Schutte, Scale for Rating Teachers (copyright, 1923, by World Book Co., Publishers, Yonkers-Hudson, New York).

2. 分析一個教師以便聘用或升級

3. 供給一個具體的參考基礎以助幫視導教師

4. 藉教育中的等級以指出分析的方法

5. 當作為觀察別人以改進自己的指導

6. 當作為教師會議中討論的指導與基礎使大家注意許多詳細情形及教學優點

教師分等與特性的相關　在最早的一個關於教師特性的研究中，〔註十二〕曾經將教師的教學效能與其未做教師前在師範學校中研究的成績作一比較。然而沒有尋出很重要的相關，雖然是正相關，許多人研究的結果所得的平均數只是百分之三十。這種情形，在其他與教學工作極有關係的職業的人也是如此。並且還尋出，在一年以後的經驗也不能使判斷的效能有什麼大差別。

在另外一個很早的研究中，用四十五種特性分別來判定教師，並且求得教學效能的等級。〔註十三〕這些等級彼此都是相關的，並且是正相關，相關數也很高。但是把它分析一下，各種特性分別的估量，還是依

〔註十二〕 W. L. Meriam, Normal School Education and Efficiency in Teaching, Contributions to Education, No. 1 (Teachers College, Columbia University, 1906).

〔註十三〕 A. C. Boyce, Fourteenth Yearbook, National Society for the Study of Education, Part IV, (1915).

靠於「一般的估量」所以分別估量並無意義。假如有了一個好的印像，則各種特性的估量必定很高。對於每種特性的判斷，不過是表示對於某一個人整個的判斷的一般意見，所以與一般效能的估量並無顯著的差別。

在其次一種研究中〔註十四〕許多教師用各種特性並且也用「一般的教學能力」來彼此分等。將結果用統計的方法加以分析，表明一般的估量對於特性的分等很有影響，以致「特性的判斷本身沒有實際上的效用。」

以一般的教學效能來分等，也與年齡、經驗、書法測驗、智力測驗、師範學校的學位、開始教學後的專門研究及專門知識的測量等都有相關。這些東西本來是整個的，各種意義的唯一的相關即是專門知識測量的分數及專門研究的多少。由此可以得到一個結論，對於教學事業的興趣乃是效能的主要決定條件；也就是由於這種興趣，所以才從事於專門研究，專門知識的測量分數所以才高。

一般的教學效能與一小時的智力測驗的相關情形如下表：

教學效能與智力　照上面所說的來看，教學效能與智力的相關並不高，不過一般的情形在中學校

〔註十四〕F. B. Knight, "Qualities Related to Success in Teaching", Contributions to Education, No. 120 (Teachers College, Columbia University, 1922).

城市與年級	努力與一般教學能力的相關由下列二種人判斷出來的。	
	個別教師	視導員
城市甲		
初級學校	−.10	.12
中學校	.38	.35
城市乙		
初級學校	.31	.23
中學校	.55	.48

此在初級學校中要高很多。由此可以假定說：「在初級學校的教學上，即使是做極有規律的工作，智力是有用的並且是要用的；不過忍耐、勤苦、同情及其他特性比較智力更重要一點。」在中學校的教學工作上，學生的年齡較大，教材亦較複雜，方法也不能那樣呆笨，所以智力顯然成為較重要的因素。至於相關數所以不如事實上那麼高，一部分也由教學效能的估量的不可靠。這許多研究的結果，不過只是給我們一點假定的價值而已。

在其次一種研究中，七百八十個初級學校的教師在受聘一學年後，由視導員加以估量。各種估量及其他測量都是相關的。然後用精密的統計方法計算，將幾種對於教學有幫助的因素求出。所用的方法是部分與多數相關法，並用迴歸方程式使各數價值相當。在獲得了某等的教學為「標準」，並且有一個公式可以預定這種能力時，便以下列各特性依次補入，於是公式中各種因素的價值便可表示出來如下表：〔註十五〕

1. 做一個教師的等級……………………1.403

2. 在師範學校的功課的成績……… .915

3. 文科的成績……………………………… .115

4. 體格………………………………………… .085

5. 在中學的成績…………………………… .038

6. 智力，測量出來的……………………… .004

同時在初級學校的教師，測量的智力認為是不重要，因此最高的數值便趨向於對工作有興趣的因素——做教師的成功與訓練時的專門教育課程的等級——上去。

教師的智力地位　下表是用軍隊團體智力測驗表測量八個州立師範學校的畢業生的結果：

〔註十五〕 F. L. Whitney, The prediction of Teaching Success(Public School Publishing Co., 1924).

智商	人數	智商	人數
195—204	1	115—124	109
185—194	6	105—114	72
175—184	15	195—104	60
165—174	37	85— 94	33
155—164	74	75— 84	18
145—154	96	65— 74	6
135—144	127	55— 64	1
125—134	109	55以下	1

在此表中，中數是正在A等與B等之間，代表的人數最多。此外用軍隊團體智力測驗測驗二十八個大學生所得的中數亦大致相似。〔註十六〕

用軍隊團體智力測驗以測驗某大學各學系學生所得智力分數如下：〔註十七〕

〔註十六〕這種材料可以參考 R. Pintner, Intelligence Testing (Henry Holt Co.,1931), ch. xii.

〔註十七〕同註十六第二九七頁

此處敎育學系的學生所得智力分數，較之師範學校的學生高得多，中數則與高等藝術學院的學生相等；不過有幾個學系超過敎育學系之上。

學　系	中數	人數
研究院	157	152
商學系	147	52
醫學系	142	141
法學系	142	141
工程學系	141	1392
農學系	133	859
藝術學院	133	1966
教育學系	133	382
藥學系	125	109
牙醫學系	115	152
獸醫學系	115	93

下表是用軍隊團體智力測驗測驗幾個城市的中學生的結果（中數：）

年級	中數	洛克佛得城	蘇市城	俄馬哈城
四年級生	121	124	138	135
三年級生	122	120	130	132
二年級生	109	107	122	122
一年級生	96	94	108	107

中學一年級生普通智力分數將近一百，自一年級至四年級逐漸增加，增加的原因一部分是由於生

長，一部是由於選擇優秀者作專門研究的關係，中學四年級的平均分數，多少隨年齡而有更動。這種分數與師範學校的學生及普通大學教育學系的學生全體的分數大致相同。所以我們可以說：那些學生必須經過普通的選擇始能升入中學的四年級，而教師即是從具有這種能力的人之中再選擇出來的。

教師是從大多數人民中選擇出來的情形，可用軍隊團體智力測驗的分數表示如下，其中C字是代表平均數。

測驗上的分數	等級
135—212	A
105—134	B
75—104	C+
45—74	C
25—44	C−
15—24	D
0—14	D−

教學效能的測量　另外有一個與用一般的方法來決定教師的優良特性不同的問題，即是測量教師的實際工作的實際效能。我們固然也可以假定說：教學的最大效率即是學生能完成他的學習，不過這種測量在初次應用時卻不容易得到。首先，學生的學習歷程一部分是依靠他們自己的先天能力及其開始工作的興趣與熱忱。同時也依靠於在從前的教師控制之下的準備。並且還要依靠學校中教師不能完全控制的其他影響，如課程及摘要或敘述的方法，對於教室工作是否看重的學校風氣，課程以外的活動

的限制及其他類此的特點等。

有一種已經提出了的測量方法〔註十八〕是比較學生自一學年之始至終所學習的「成功比」(accomplishment ratios)。如果應用了標準教材測驗，同時各個學生的智力年齡也知道了，則每個學生的「成功比」(簡稱 A. R.)在一年的開始就可得到。這可以用一個分數式來代表，以分子代學生的學科年齡，以分母代學生的智力年齡。這表示做教師的可以從一個具有那種能力的學生做到所希望做到的地步。在一學年之末尾，對於學科與智力年齡均再加以測量，則可得最後的成功比。學年開始時的成功比與末尾時的成功比的差異，便是代表一年來的成績的進步，並可歸之於教師的教學效能。

克拉伯(L. M. Cranbs)用這種方法研究八十七個教師，他們是在一個有人口一萬人的城市中的學校做教師的，有學生約二千人，這些學生在一年中給予有系統的測驗。教師裏面各種等級的都有，所得結論如下：

1. 教學效能不能由視導員判斷的便完全有實際上的效用。
2. 教學效能不能用測驗一個教師對於現代教育理想與實際的知識來決定。

〔註十八〕 L. M. Crabbs, Measuring Efficiency in Supervision and Teaching, Contributions to Education, No. 175 (Teachers College, Columbia University, 1925).

3.在特殊範圍上的教學效能可以用教學效能公式(最後的A. R.—最開始的A. R.)來正確計算而不致過於疏忽學生的智商及開始的成功比。

4.在爲實際目的而求得一完全正確的教師效能的測量之前，必須用這種方法測量教學的許多方面。

顯然，應用這種方法必須極爲小心。如果從前的教師已經提高了學生的成功比，則以後接着教的教師就是最好的也很不容易使這種比例有很大的改變。就是能夠保持這種很高的比例，即是說開始成功比與最後成功比完全沒有改變，他已經是一個很好的教師了。由此可以進一步確信：教師對於與學生工作所發生的一切事情單獨負有責任。

這種方法也可以測量整個學校的效能並且更好。一個地理教師可以極力增加學生對於地理的成功比，同時地理一科的進步也大部分依靠於閱讀教師或數學教師對於他們的功課的努力。地理不是在兒童心中自成一部而進行，而閱讀與數學又另成一部進行。各種科目中有一科改變了，就可影響於學生所受的整個教學的效能。不過只注意到讚美或責備那一個教學工作改變很大的教師，並不能說是對於這個教師有了一種完全正確的測量。

教師的職業測驗　在工業上，因爲採用了標準學識與工作測驗以測量並預定職業的技術，已經得到相當的進步於是有人也極力用這種方法來測量教師的材能。這種測驗是客觀的計算並且可以重覆和證實，所以常常用以補充那些很方便但大部分不可靠的方法——如應用談話、照片、介紹書及學業成績與經驗成績等。

在職業測驗中，有許多用正誤法來答的問題包含於下列各要項之下：〔註十九〕

要　　項	細目的形式	細目的數目
1. 職業的判斷	五答一	28
2. 教學的理論與實際	正一誤	85
3. 閱讀了解	問題	25
4. 社會知識	四答一	24
5. 學校與教室的佈置	正一誤	55
6. 職業的學識	正一誤	33
細目的總數		250

這個測驗是預先訂成一小冊子，測驗時足需時間九十分鐘。並且標準記分紙及說明初級學校及中學校的教師的常模。

註十九　J. E. Bathurst, F. B. Knight, G. M. Ruch and F. Telford, Aptitude Test for Elementary and High School Teachers (Bureau of Public Personnel Administration, Washington, D.C.).

常模所表示的是達到各種不同的分數的教師之百分數。測驗的預定價值，應由「測驗上的分數與曾經觀察每個教師的教學一年以上的校長及視導員的評判底相關數」來決定。

在初級學校的教師，教師測驗表上的分數與這種評判的相關數為 +.52，在中學校的教師，相關數較高，為 +.75。這種結果與前面所談到的很相符合，即是以測驗的方法來測量教學效能，在初級學校不如在中學校那麼重要。

下面是一個概要的常模表，表示任何教師都可在其中占一適當的地位。

初級學校教師混合分數表〔註二十〕

分數	達到或超過一定分數的百分數
140	10
130	20
123	30
116	40
110	50
104	60
98	70
91	80
79	90

〔註二十〕中學教師（五五一人）的分數，在此表中比初級學校教師的分數約高五分。

學生對於教師的意見　在沒有可靠的方法來正確地決定各個教師的優點時，也沒有客觀的標準來估量學生的意見的眞實性。我們可以肯定地說學生的意見也是受一般的好惡的印象的效果所決定，不論所問的特性爲何。關於學生以量的方法來估量教師或是以質的方法來分析教師的研究，現在所知道的還很少。下面這種研究可以拿來說明一種研究的方式，以便將來有所改進。〔註二十一〕

葛斯尼(E. R. Guthrie)曾經研究大學教師由其學生分等的方法。當八十七個教師個別的由五個或五個以上的學生加以分等時，可將記於能更換的卡片上的等級組成兩個判斷的體系。這兩個體系的相關數只是 +.26，相關係數又低又不可靠。「知道一個學生對於某個教師所給予的等級，從而預想其他學生對於他所給予的等級所犯的錯誤有純粹猜想所犯的百分之九十六。」換句話說學生對同一教師的估量，彼此所差甚大。

將一半學生所分的等級平均起來組成一個體系，另一半又組成另一個體系，則兩個體系的相關數爲 +.79。這就是當八個或八個以上的學生的共同意見與另外八個或八個以上的學生的共同意見相比較時，就會發生一種像是穩固的印象的東西來。相關數 +.79 的意思，是表示如同學生兒生理特性上所有的一樣的相似程度。

〔註二十一〕E. R. Guthrie, "Measuring Student Opinion of Teachers", School and Society. February 5, 1927.

在學年的開始時，將全班學生對於某教師的分等平均起來，與一個月後的平均相比較，則相關數升高到 +.89。在這種分等中常常可以看到，分等的人數愈多，平均的結果愈少惡化。在這種情形之下，以爲所估量的乃是「教學的性質」。我們從相關數所能知道的乃是全班都是不變的在做某種事情，至於所做的這種事情是否與「教學的性質」有關係，自然是不能知道的。

其次還有一個實驗是一方面由畢業了的學生去做詳細的量表及分等表都用到；一方面又由五個程度相等的大學生去估量十六個教師。在兩種情形之下，每一對所分的等級的相關數僅爲 +.30。這就是表示教師彼此的估量之差異，也如學生估量教師的差異一樣的大。如果眞是如此，那麼大學生及教師這樣老成的人都是這樣，其他教育程度較低的沒有確定的結果便不足爲奇了。

葛斯尼由研究四年級生與一年級生的分等而得到一種意見，以爲「一年級生較爲看重莊重、明晰、確定及威嚴等；而四年級生則更看重卓識、學問、及詼諧等。」

許多研究教師性質的結果都是着重於差異而不着重標準的模型。或許是因爲學生本身的興趣特性等有這麼大的差異，所以教師也必須具有各種不同的特性始能有效。關於教師的良好的特性的問題，好像是對於衣物器具衣服及藥品等的價值與好壞的問題一樣。各有很大的差異，亦各有其好處。

教師的職業的特點，普通與學生的職業管理的情形極相類似。又沒有現成的方法可以知道，實驗的結果又極不可靠。不過將那些問題回想一下並加以分析，也可以很有用地引起我們的注意；就是只知道這些問題，結果對於有關係的方面都是好的。

問題

1. 將你自己所處的地方的公立學校學生人數及其年級分配情形作一統計。如何將統計的結果和書上所引用的相比較呢？
2. 如果測驗分數已經知道了，將低年級的學生的智力年齡或智商與中學校學生的相比較。你如何解釋其結果呢？
3. 將表示美國各州的文盲的圖表找出來，並試想如何解釋其差異。
4. 將你從前的教師依其教學能力的優劣而分等，并將等級高的與等級低的表列出來，將你的結果和其他同學的結果比較一下。
5. 採用Schutte或他人的一種教師分等量表，將你自己列入某一等。如果另外還有人把你列入那一等，則加以比較。從這種實驗的結果可以得到什麼有用的假定呢？
6. 一個有用的實驗是能夠全班學生對於一個教師在此種量表上加以分等，并且研究大家所最同意的幾種特性。從這種實驗可以得到什麼假定呢？
7. 將教師的「材能測驗」分給全班學生，蒐集、比較並說明測驗的結果。
8. 預備一個你認為好教師所應具的特性的表。將表中所列各種特性依其對於(a)初級學校教師(b)中學教師(c)大學教師的孰為重要而依次列等。如果各人列的等級有顯著差異，這種差異是什麼？為什麼？

9. 回想一下在你功課上最有影響的教師，將他的特性寫出一個概要來，并設法敘出最有影響的確實原因。

10. 你對於一個「好教師」的概念，怎樣隨年齡的增加而改變？為什麼會改變？

參考書

1. 關於測量人類特性的現在的方法，錯誤的原因及其改進的方法，可以參考 Hollingworth, H. L., Vocational Psychology and Character Analysis(D. Appleton & Co., 1929).

2. 關於測量教師有四十六種參考書目提要載於 Watson and Spence, Educational Problems for Psychological Study (MacMillan Co., 190), pp. 309－311.

3. 關於特性與人格測量法的現狀及發展的說明，可以參考 Symonds, P. M., Diagnosing Personality and Conduct (Century Co., 1932).

第二十二章　教育變動的心理

教育的變動性　我們也許會想到，教育是一種這樣早就建設好的事業，它應該早就確定了一種固定的形式及不變的模型。木工學，農學，烹飪學及宗教等人類的活動都做到了這一層，它們一代一代傳下來很少變動。然而教育總是不能固定，常常在改變。如果你在二十年前學會了教「辯論學，」然而對於你現在的教學技術決沒有幫助。如果你又學物理，又學化學，又學地理，那麼你就要學許多沒有學過的事物，否則你的腦子裏便充滿一堆無意義的東西。教育是極富於改進性的，它是變動的，常常變化就是它的特性。然則，教育的變動性的原因是什麼呢?

的確，在這方面還沒有新發現，但是這種原因是極明顯或者也是極熟悉的。至少將它指出來我們便已知道，不過沒有將它搜集起來或明明白白地組織起來而已。如果只爲了要知道我們的某種實際的教育行爲的動機是什麼，而加一番考查，那是很有用的。使教育變動的影響，最主要的是屬於心理學的。人類的物質世界有改變，並不能引起教育的改變；同樣的，人類有機體的生物方面的改變，也不能引起教育的改變。教育之所以改變，主要的是由於人類的興趣、知識、信仰、觀念與態度的改變。這些都是屬於心理學上的事實。

複雜是改變的原因之一　首先我們可以料想，教育之所以變動，是由於它太複雜。教育不是一個簡單作用，而是極複雜的作用；所以整個活動愈複雜，則變動亦愈大。有一個簡單的圖我稱之爲教育金字塔的（參考第二十三章）就是爲了要大家注意這種複雜性，並指出我們可以找到改變的重要點。從前，這個金字塔看來像是團體的和結晶的；不過，這只是它的普通模型才是如此不變的。其中細微之點及各因素却是常常在變動中，所以這金字塔實際上是一種活動的組織。因此在談到教育改變的性質與原因時，有時設法將此種改變置於教育金字塔中，那或許是很有用的。

1. 缺乏科學的基礎　我們所要舉的第一個原因便是教育從來沒有建築在一個適當的基礎之上。無論是教育目標或是教材，都是跟着統治者的幻想及一般哲學家的好惡走的。教育的方法也是依賴於一般興奮的和年老的有經驗者的格言，教師個人的偶感與直觀，對於心理本質的某種現成的概念，或者完全是用嘗試與錯誤的方法在那裏進行。教育漸漸是更像縫衣而不像農事——與裝飾和炫耀比與一律的關係更密切。時髦與樣式是需要變化的，沒有改變便沒有生氣，也無樣式可言。

2. 科學研究的介紹　很奇怪的，我們所要舉的教育所以改變的第二個原因乃是由於將教育建築在科學的基礎上。將科學方法介紹到教育領域中來如實驗教育的發生，教育原理與方法需要實際客觀及明白的事實來做基礎等，這些並不是使教育不變動，乃是使它更有變動。

知識的增加可以促進更好的適應。試想智力測驗的發現及其應用的方法對於學習者的影響。它可以將學習者分類、選擇並可隨時發現其治學的態度。學習者的地位，管理及其訓練的方法，都有一定的改變以適合教育本身的科學改進的事實。

用實驗的方法尋出了形式訓練或各科學習的遷移並沒有很大的程度；並且那種訓練的方法也引起了反動；現在所注意的乃是課程與教學法，及適應教育對象的特性的重要方法。遷移是極重要的，這一個概念的放棄，其意義即是從心理力的形式訓練改變為極力選擇特別對於實際生活有關係的特殊知識與技能。

其他各教育結果的測量表的產生，客觀考試法的產生，教學法不能不改造的途徑，進步的標準，並指出從前很注重的課程中某些在學校訓練上並不重要的因素。甚至教師個人也因這種科學的研究的結果而要改變了，因為現在的教師至少要了解科學教育上的名詞，不僅是做一個快樂的人和與學校中同事密切合作以履行職務而已。為了科學的與實驗的方法被介紹於教育領域中，所以教育金字塔的每一個角落都已經有了改變。在過渡期間，這種變動是無可反對的，不過加上到第一種原因所討論的那種結果而已。

3. 德謨克拉西的變動性　在第三方面，德謨克拉西之下的教育即是平民主義的教育的意思。平民主義的政府是要以大多數人民的欲望與需要爲主的。在德謨克拉西之下，沒有什麼權力可以維持一個政府達一代之久，所以德謨克拉西之下的敎育，正如我們的政權、政綱、稅率等一樣在變動着。卽使一個德謨克拉西的組織並不是一個固定的東西，自由地爲每個人預備的，乃是要爲那些與他人的需要相一致的人而預備的；然而在敎育上也正同在其他組織上一樣，我們是要變動、因地制宜、實驗，因此便常常在改變之中。

4. 世界變動的反映　第四個原因卽是因發現、發明及工業革命等不斷地供給人類以新資料。因此，我們常常有新的東西要知道。爲了要保持適合於社會的與工業的發展及分工的趨勢，所以需要一種變動的訓練與預備的方式。這種影響也逐漸地使敎育脫離其本來面目，而沿着勞作的方向走。因此，學校要加增許多任務，如在農業上在商店中所需要的訓練學徒的方法等事情。

其結果是各種新的敎師，新的課程，敎育的目標要改變，要有各種自由的或課外的活動，要有新的學習者，——包括了成人及學前兒童以及要有適應此種需要的敎學法等。並且，敎育金字塔的各個尖端都是在改變的，於是各條線也跟着尖端而改變。

5. 時間的消失也是一種影響　第五種原因與第四種有密切關係，我們可以稱之爲時間的消失。因爲一年一年地過去，就是歷史，地理，文學，語言的事實也在改變。錯誤的逐漸修正，敎科書上要包含新的事實，地圖上也要有新的符號。文化是累積的，並且常常產生新的材料，其中有些必須加入於學校課程中而成爲每個有學問的人的一部分必備的知識。我們只要舉世界大戰的影響，就可知道；它改變了地理的事實，改變了世界地圖，改變了世界文學的特質和歷史，甚至擴大了心理學研究的範圍。

6. 幼稚期的延長　第六個原因是由於文化的逐漸複雜，因此維持活動的準備也需要更緊張、完全和長時間的努力。幼稚期從前是終止於青春期，現在却要延長到中年了。成人要完成他的工作，在他能負責任及得到社會獨立能力之前，需要更長時期的選擇，更多的累積的知識，和更廣大的經驗。

我們自己還記得小孩子要想做醫師，是要「從醫師去學」。他們要照顧醫師的馬，替他清潔辦公室，侍候他的吩咐，整理他的用具，到了念得懂的時候還要跟他念一些書，然後稍許準備一下才去看病人。所以一切看護都是「實習的看護」——主要的是秉性慈善的寡婦與獨身女子，她們願意和容易照顧一個人病時的種種不好的事情，並且在他死時預備適當的葬儀。因此，教師也不過是那些「讀完了學校」而願意在沒有得到一種較好的職業時「來教一點書」的人。然而這些事情都已經改變了。我們再不會要自己去做實習的看護，自學成功的醫師，或是做一個臨時的教師。要做這些事情必須有勤苦的訓練與確實的檢定，因此他們的幼稚期便延長了。最完全有用的人，我們可以歸之爲最有訓練的專家。不過專門訓練的意思卽是受更高的專門教育，所以學校必須改變以求適合這種需要。觀此可知教育的變動與常常改變是不足驚奇的。然而我們還沒有讀到各種變動的原因的一半哩。

7. 時代的精神　第七個原因可以引用時代的精神，這是與普通的見解完全相反的。這種精神也表現於其他的領域中——如藝術、文學、政治、法律、服裝及社會習俗等。青年人對於古代固有的形式的反抗是常常在進行的，在過去一世紀中，這種精神特別顯著。

時代是向前看的，並不是如某幾世紀是向後看的。只有在向後看的文化之中，如古代中國的文化，教育才能不變而極力趨於極端。在我們的時代中，最大的危機就是做一個時代的落伍者。這種精神也同樣地影響於教育。卽使基本原則不變，然而表面上的風尚必須有變動，以爲學校教育之特色，以便至少給予很強的變動的印象。雖然許多思想舊的人在訴說我們越改變越一樣，然而因爲時代精神的需要，改變的外貌是不能不有的。

8. 個人的注重　改變的第八個原因是現代對於個人及其權利的注重。這種個人的注重在其他領域中都很顯然。在法律上與犯罪學上，個人占有一個前所未有的地位。對於事情的責任逐漸減少，而注意於個人的組織歷史及其職業。懲罰應更着重於犯罪者，而非着重於所犯的罪。在工業與工廠上，也起了同樣的影響。一個工人比較一隊工人更看作是工作的單位。只是在軍隊中，還是把一隊人看作是單位。

在教育上，這種趨勢是使我們減少對於敎材的注意，而多注意於個人的需要，個人的興趣，個人的進步率。這些都是可以引起變化與變動的，因爲關於個人的最重要的事情即是個人的差異。個人的要求的差異大，則教育上的需要更不能固定與一律。所以選課制與個別指導流行起來。此種團體化精神的衰落，個人權利的注重，又可引起變化與改變。不過因爲入各級學校的學生人數劇增，所以這種影響近來已經略有停止了，並且基於個人的差異也更成爲一種理想而非切實可行的事情了。

然而個別差異的事實已經深深地影響到我們的教育者。我們都承認：雖然一般人的基本需要及其努力與希望是相類似的，然而他們滿足這些欲望的先天能力顯然彼此不同。證明和測量人類差異的方法的發展，常常是對於這種不同的新的適應。學校的計劃、方法與目標的分化，總只有增多而沒有減少。

智力的差異，如在中常、天才與低能之間的，早就引起了教育方法、進步的速率及教材等方面的改變。如果將特殊材能也找出來，則差異更大。因爲分析特性差異的方法發展的這樣快，所以我們可以希望教育有更大的改變。

迴轉會的格言(The Slogan of Rotary Clubs)仍可以爲「中學生的教育」不過或是要格言改變，結果以改變教育目標或是要中學校的性質改造，這也是一種相等的改變。一件事是可靠的——就是我們必須改變。

9. 動的心理學　放棄舊的關於心靈性質的被動的或靜止的概念，和聯想派所描寫的「白紙上繪的圖，」(tabula vasa) 這雖然稍微帶點哲學的意味，但也必須用來爲教育所以變動的另一種原因。所謂動的心理學的漸漸發展，給了學習性質另一種概念。以往把學習當作是將觀念印象及知識注入空虛的心靈的概念都被擯斥，而主張必須引起原是一個活動的個人的積極活動。這種意思就是在教材與方法上爲了自發活動而放棄了它的一律性。

學習是由行動中去學習，不是從聽覺去學習，這其中也包含了變異；因爲我們的活動型的差異比我們的感覺型的差異大。例如教作文時，是由實際作短文去學習而非由閱讀名作去學習，這其中就可以看到不同之點。這種「動的方法」的概念發展愈快，我們的教材，方法及成績標準的變化便愈大。

10. 文化觀念的變遷　另外使教育變動的一個原因是文化觀念的變遷。在任何一個時代中，我們可以看到在整個社會上占優勢的觀念的改變。所以在我們自己的國家與教育的發展中下列各種改變可以很清楚的看到：

最早的教育在氏族社會中大部分是爲了敬神的目的。尤其是在高一點的教育中，原來就被當作是訓練牧師的。宗教的訓練主要的是爲了道德與精神的生活。在某些組織之下，這種動機在初級學校中仍占優勢。

其次，因爲民主政治的建立，於是發生了一種理想，主張訓練公民的與政治的活動之才能。教育因此大部分是預備公民選擧的才能管理自治的智慧。但此時女子在政治上尚無地位，所以她們的教育也受限制。

進至近代，社會理想取政治理想而代之。公民的活動漸漸成了專門家所熟悉的事情，普通人民的生活是改爲社會的與經濟的活動。因此，教育成爲社會化，是爲建造生活與思想上的誠實的與同情的合作習慣。

在戰事發生時，我們看到教育又隨即傾向發展軍事的效能。我們可以預料，還有一種改變，就是因爲休閒、財產與和平的增進，教育將傾向於美育。

教育因反映文化觀念的改變而改變。或許，教育也有某種作用可以形成某種文化觀念，確實它一部分可以延續這種觀念。所以教育與文化觀念的關係非常複雜。然而，教育也不純粹是爲了反映文化觀念，有些教育的改變却是以另一種方法開始而反應文化觀念的改變。

11. 自然生活的喪失　美國現代教育所以有許多改變的另一原因，即是自然生活的喪失。在原始的自然的生活情形之下，教育即是實際生活，所以是一種自由的活動。兒童要幫助父母與生活接觸，開始的年齡比現在的兒童與父母要早許多。青年人獲得各種知識及各種技術。他們也遇到各種經濟、文藝、合作、自立、勇敢等等觀念，然而他們不是從像現在那種人工的學校情境中去獲得，而是從日常散漫的生活中去獲得。或許這種手藝的與身體的活動，在那些自立更生的人反而可以使其身體強壯。就是大家知道的遊戲娛樂與消遣等，也常常需要技巧，勇敢，敏捷及友誼。

生長於城市中的兒童便喪失了與實際生活的多方面的接觸。他們確實也有很多接觸，可是他們接觸的是與他們沒有關係的事物，是人工的事物。他們並不知道麵包與牛乳是從那裏來的，有時對於這些東西發生極奇異的觀念。

他們的活動是受拘束的，被動的，受管理的，而很少直接與自然相接觸。因為在他們發展時有這種種的剝奪，所以學校常常要設法補償。顯然有許多「革新」的與「進步」的學校都在極力設法供給各種勞作的特點。他們找尋種種具體的、手工的、社會的及有生氣的經驗，這些經驗是可以用某種方法介紹於兒童的都市生活上去的。所以設計、露營、工作單元、時間分部計劃、個別教學、職業經驗、鄉村旅行、道爾頓制、有目的的問題，體育及其他各種方法都走到這方面來了。

我們可以希望學校教育為一部分兒童設備這種種原始生活的材料。文化的意思，又可成為求得知識的舊方法，是與那些已往的古人的活動相接觸。語言的訓練，美學的教育，專門的知識，科學的知識，都可從各方面的生活中去獲得，而日常的生活在學校課程的編制上也有了地位。

12. 學校人數的變動性　第十二個也是最後一個使教育變動的值得注意的原因，即是學校人數的劇增與變動。例如在過去二十年中入初級學校的兒童的比例雖然有變動但是很小。然而入中學的人數的比例却增加到十倍，入大學的增加到五倍。顯然這種增加也是表示普通能力更低，因爲在從前，教育上有一種選擇有能力者的趨勢。

這種變動便需要一個大的重新適應。新的中學的訓練方法、新的大學工作的標準、特殊組如司儀組的知識、將舊式中學改造爲商業及職業中學、職業預備學校、初中與預科大學等。就是研究院也把標準降低了。高等教育很快的被認作是職業的而不是文化的或學術的。入大學讀書的，許多人不是因爲能夠研究或對於研究生活有興趣以備入研究院。

學校人數的變動性，無論向那方面變動，總是常常繼續下去的。因爲學校人數有了變動，教育上由教材，方法組織，目標，人員等也需要改變。學生的特性與目的改變了，卽是說，學生的能力與興趣改變了，則教育金字塔的其他任何一端都要改變的。

總結教育變動的原因　我們所注意到的使教育變動的原因，可以概述如下：

1. 缺乏適當的科學基礎
2. 教育本身對於科學方法的應用
3. 平民主義的組織的特性

4. 發現發明與知識進步
5. 時間的消失及其常常引起的改變
6. 文化的複雜性的增加與人類幼稚期的延長
7. 變化的時代精神——需要改變
8. 現代對於個人與個別差異的注重
9. 動的心理學的興起
10. 流行的文化觀念
11. 實際生活的喪失與極力用人工方法的補償
12. 學校人數的變動性

將來不變性的預測 此外還有許多原因足以使教育改變，這是毋容懷疑的。我們能清楚地了解這些原因，可以幫助我們明瞭行爲的動機，並且更適當地控制改變的方向以達於更適合與更適用。也許有人問：——「教育常是繼續的改變嗎？」要答覆這個問題，我們只須將以上所敍述的那些原因概括爲一句簡單的話，卽是教育之所以改變是因爲它是活的。它停止了改變，它就成爲死的了。

我們還有許多原因假定教育的改變將隨時間的過去而愈趨愈快。交通的迅速及社會機構的更易感觸，將更使教育與社會心理的改變相接觸。社會上與工業上的變化，從前需要一百年的，現在只須幾個月了。文化愈複雜，則時間亦快。自教育成了一部分完整的社會生活，並且不能不如此以後，它就不得不在這有生氣的社會中負一部分責任。我們對於教育變動的原因了解得更清楚，則我們可以希望將來使教育的進步更有生氣。

並且，一種活的教育不僅是反應世界的變動，它本身要做變動的積極的主動者。不能做到這一層，其結果是一種牽累一種退化，對於教育的危險如同對於有機體的危險一樣。要挽救教育不致墜入一種神經病的深淵，必須要積極地參加世界的變動。然而什麼是教育神經病（educational neurosis）呢？

教育神經病　所謂一種「習慣神經病」（habit neurosis）最容易在一種有成見的人身上發生。從前曾經用以解救一種很利害的痛苦的動作與態度，在沒有痛苦之後還是要持續下去。因此簡約化了的刺激只能產生很細微的特點，其中新情境與舊情境一樣。所以缺乏適當的機變乃是一個人成為頑固的因素。

社會各種組織也容易現出同樣的退化的特性。建築上的承霤口及假煖爐，外衣上的無用的袖扣，遺留下來的神怪的儀式，用右手的習慣以及打字機上鍵子的永久不完全等都是例子。

有許多不合現在的需要與動機的教育實際事業，在其從前曾經解救了的困難早已不存在時，仍是像贅疣般地持續着。這種古舊的特性，有時因爲加入一些新的東西，或使之在可能範圍內適合現在需要，也可以「生氣化。」然而它們的存在只是基於「在前，」它們只能做歷史適應的陳迹。這種退化的特性像是一個人的習慣神經病一樣。

動機是教育上一個很有用的概念，不過最有效的動機必定要是活的，不是死的；它必定要是現代的，不是歷史的現代教育的目的不僅是做環境變動中的迷惑的犧牲者，而且是要積極的創造它自己及其環境的變動。

動機的偏袒者常常只記得一種流行的教材與活動的方法，這種教材與方法是要藉實際可以引起的動機的找到以保持其生氣的。這種方法可以使教育的神經病更有勇氣——永久固執於早已過去了的原來的動機。

一個有用的目的卽是要以現在的動機來開始，不要以既成的實際來開始。這樣才能使實際依現在的需要而改變這種需要卽是教育的作用所要解除的。不過這種計劃包含了要常常不斷地去發現現在的需要，要使各種組織富有彈性，要洞察到課程與方法的適合性。

這種計劃的實際上的困難，有人以爲是大家不願放棄朗讀，數學上的無用問題及打字機上難看的鍵子。從事教育者可以很容易地指出任何學校情境或設計中有許多特點的持續可以用習慣神經病來形容的。如果認識了敎育上有一種繼續不斷的變動性，並且洞察某些阻礙這種變動性的原因，可以使敎育者更採取一種積極的態度以決定那些改變的性質與歷程。要這樣，敎育才不致成爲一個歷史事實的博物院，而成爲一個活生生的適應現代生活的工具。

敎育不僅是改良作用，而且也是防止作用：這種情境就更複雜了。敎育的目的不僅是解救發生了的困難，而且在可能範圍內要防止困難的發生。所以敎育常常迫得更無定向。它的目的既是要防止困難，然而它的方法是要適合於實際的動機。因此常常發生一種情形，尤其是在低級的或年幼兒童的敎學上，敎學過程中所實際發現的動機，而不是敎學要引起的最有興趣的動機。要解決這種困難，就只有更正確更完備地去分析敎育的情境，並明白一時的便宜的知識與遠大目的的基礎的知識之不同。不過，這兩者能够更相同，則敎學更宜與一個人的整個生活相符合。

問題

就你對於敎育心理學的研究看來，你在「敎育是做什麼」這一個大問題之下怎樣答覆下列各問題？

1. 敎育能改變人類的本性嗎？它是改變個人的本性抑是連前幾代遺傳的本性也改變呢？
2. 敎育能够使各種能力一律嗎？如果不能，是怎樣影響人類的差異呢？
3. 敎育能够促進生長嗎？一種器官或機能經過訓練之後，其成熟或發展限度是否比沒有經過訓練時更快更大呢？

4. 教育能選擇有能力的嗎？如果能夠，學校是怎樣爲人類社會中的選擇機關而起作用呢？它必定要這樣嗎？普通都假定它是這樣嗎？

5. 教育能促進適應力嗎？或者教育的效果是形成或養成某種形態或態度嗎？你如果不能推論出來，爲什麼不能呢？

6. 教育是增進職業的能力嗎？受教育較高者的俸給比較低者的俸給高是因爲所受的教育不同的關係嗎？這種問題有什麼複雜的關係？

7. 教育是爲發展創造力、增加發明力、加速想像及促進機變力嗎？如果不是，爲什麼不是？創造力依靠於在某一情境中已經有的相似性達到什麼限度爲止？

8. 教育是提高社會適應力，抑是增加原有彼此之間的衝突呢？你認爲要養成你的果決心應當有什麼特性？

9. 教育是增加個人的範圍，擴大個人的機敏；抑是使個人適合於一種建立好的與有威信的規律呢？

10. 教育是增進人類的幸福？抑是減低幸福的限度只增加人類的痛苦呢？

參考書

Anrrews, B. R., The School of Tomorrow(Doubleday, Page & Co., 1911).

Counts, G. S., The American Road to Culture(John Day Co., 1930).

Dewey, John, Schools of Tomorrow(E. P. Dutton & Co., 1915).

Dewey, John, The School and Sciety(University of Chicago Press, 1900)

Kilpatrick, W. H., Education for a Changing Civilization(MacMillan Co., 1926).

Martin, E. D., The Meaning of a Liberal Education(W. W. Norton & Co., 1926).

Merian, W. F., Child Life and the Curriculum(World Book Co., 1920).

Ogburn, W. H., Social Change(Viking Press, 1922).

Reisner, E. H., The Evolution of the Common School(MacMillan Co., 1930).

Roman, F. W., The New Education in Europe(E. P. Dutton & Co., 1923).

Rugg, H. O., and Shumaker, Ann, The Centered School(World Book Co., 1929).

Russell, Bertrand, Education and the Good Life (Boni & Liveright, 1926).

Snedden, David, Toward Better Education(Teachers College Columbia University, 1931).

第二十三章　心理學在教育中的他位

教育的多方面　在結束這些教育心理學的初步考察時，將教育整個的範圍作一概要的說明，可以得到許多利益。教育學所需要的基礎除心理學之外還有很多，所以最好研究一下心理學在整個教育事業中究竟占一個什麼地位。並且，教育上有許多心理學上的問題是本書所沒有讀到的，將這些問題的性質指明出來，也可以幫助教育心理學更擴大其範圍。

在導言那一章已經讀到要注意教育哲學、教育史、及教育行政等有關係的各種領域。普通這些領域與教育心理學都是構成一般問題的主要部分。關於這些領域，只要幾句話就可指明它們和教育心理學的一般的關係。我們根據許多心理學的問題，可以假定一個較為有組織的圖表。

教育的哲學　首先，任何生物的教育，無論是人抑是下等動物，都包含了某一種哲學。生物為什麼一定要學教育呢？為什麼不讓他們自己去計劃，或是至少讓他們去受那種偶然的和基於不知不覺的教育呢？我們施教育是為達到什麼目的？教育的目標是什麼？是一般的抑是特殊個人與特殊情形的呢？由此我們可以想到，有許多種的教育哲學應當注意。下面是概要地敍述一些這樣的例子，但不希望計較其優劣。

(a)一種保護的哲學(A protective philosophy)是主張教育的目標應當是使我們自己更舒適與

更安全。例如我們訓練狗，並不是訓練它去咬人咬用具而是使它遵照特殊的清潔的標準。

(b) 一種情操的哲學（A sentimental philosophy）是看重個人而不看重社團。它主張每個生物都有某種潛伏力，教育必須使這種潛伏力表現到最高形式，使其具有各種衝動。

(c) 一種職業的哲學（A vocational philosophy）所着重的目標完全不同。它主張每個生物都應當從教育中預備將來得到一種最大限度的職業，在世界上做一個有效能的和成功的人物，並按照生物養育的最大可能的供給以供給自己及其家屬。

(b) 一種宗教的哲學（A religious philosophy）在另一方面不看重職業的衝動，因為這種衝動與世俗太接近了。它主張教育是預備一個人的未來生活的方法。

(e) 一種社會的哲學（A social philosophy）主張生物在其同種的大社會中，個體應由教育以預備適應整個社會，並盡一部分社會建設的責任；不應看重他個人物質的供養，也不應當看重未來生活。

(f) 一種選擇的哲學（A philosophy of selection）認為教育只是一種發現並認出有能力的人的有效方法——是用一種測驗以度量一個人的熱心或能力。

顯然，有許多種的教育哲學，就有許多種的解釋。教育要有效果，固然應當常常跟着某一種相當明顯的目標前進，然而這種目標的選擇與組織也要根據現在的評價，希望與意見。心理學固然也對於這種選擇有貢獻，以形成並決定目標的價值，不過我們要知道教育哲學本身就是一種活動範圍很大，內容又多。

教育史 任何生物的教育，因為都是一個長時期的試驗的過程，所以沒有歷史是不可能的——這就是所謂教育史。這一代的教育而不顧前幾代的教育所遇到的應付教學問題的經驗，那顯然是很笨拙的事。

在各個時代與各個地方，教育上都是有實驗的。這裏採用試驗或放棄這種方法，那裏又採用試驗或放棄那種方法。一個發明家或探險家如果不顧前人關於發明與探險的結果的記載，他要耗費許多精力，陷於許多危險。

同樣的，現代的教育與過去各時代的教育——它的目標，方法與成敗等都有關係。所以教育史是一個很重要的部門，雖然常常與教育心理學重複，但不能用教育心理學說明。

教育行政 教育的努力逐漸推廣與建設，於是隨即需要的便是要有組織。它漸漸地包含一個複雜的機構，這種機構是需要照顧與保管的。所以必須想出種種方法來供應這種機構；如徵賦稅，訂契約，聘教師，排定代替人，保管文件，建築及保管校舍等。即使是訓練一個低等動物，如鴿、狗、白鼠等，也要包括這樣一個機構，在這個機構裏面，行政事務本身即是整個作用中的一個重要部分。

在人類的教育上，行政事務的範圍自然不僅是準備食物用具、校舍園地與書籍而已。經費的預算；人事的關係、選擇、升降、考核、檢定社會上贊助者的登記法規的促進；公意的控制等：這些都不過是行政人員一小部分的責任而已。

自然，各種教育的領域是不能完全分開的；並且除此之外，還有許多其他的領域，如教育社會學，教育統計學，教育調查等。教育行政必須根據於教育目標，教育目標又是從歷史中選擇出來的。並且，教育行政與教育哲學本身也是有一個很長的歷史的。教育心理學的實施必須常常與所說的各種領域相接觸或相關聯。

教育心理學的範圍　將包含有心理學性質的教育問題的範圍作一系統的說明，可以獲得好幾種結果。它可以表明教育心理學爲什麼普遍於教育的整個領域；它可以假定許多與教育中其他方面的關係；它也可以像前面幾章一樣分部來敍述，或許還可以將那些似乎當作是獨立的問題依次排列；它還可以假設一種有用的方法來研究新的教育問題，並從對於別的問題有用的觀點而加以分析。這種體系雖然是機械的與形式的，但可以爲教育思想的趨勢底一個很有用的圖解。

我們可以從學習者開始說起，並且可以用一個小圓圈代表他。但是這種意思並不是說它只是一個零，也不是說他完全是空的。例如，一個大學的新生，當他第一次進到大學教室裏來時，他就帶了許多東西來了。他雖然一定有進步的餘地，但是學習者總有些內容，即使只是一個低能或是一個幼稚園的兒童也是有的。如果他完全沒有內容，我們一定不能施以任何教育。因為我們知道，兒童之所以可以受教，卽是由於他早已能够動作。學習卽是將來由於某些些微的刺激可以做某種獲得了的動作，不過也只有根據精密的與複雜的前因或刺激才可以。過去的經驗乃是以後的教育或訓練的一種必需物。

在任何情境之中，教育的第一個問題卽是要確定學習者已經有了些什麼——設法找出他現在的情狀及成績。現在讓我們來指明學習者最初究竟包含些什麼及其還沒有決定的性質是什麼；以為本範圍內的一個問題。這個問題主要的是着重這種事實，就是學習者並非是「一張白紙」教育可以在上面書寫的。確實，無論是初級與高級的教育，許多都是要引起學習者所固有的內容。

在我的圖解中，將學習者置於表之下端。「下」與「上」雖然只是方便起見，但也表示一種很複雜的意義。把學習者置於下端，卽是表示教育是要將他提高。受過教育的兒童，我們早就知道是提高了他們或教育好了的。學習者卽是從教育中提到較高的地位。

所以，受過教育的兒童，我們可以把他放在高一點的地位；卽只就生長而言，他的範圍也比較大。教育的任務，卽是設法引導由成熟的結果而引起的本性的擴大。不過它能做到多少，這乃是教育上一個基本問題。要做到的較高的地步，意思卽是指教育的目標，也是學習者的目標的，是他想要展到的地步。達到了某個地步，不但他所處的地位改變了，就是他本人也與前不同。然而他從此有了什麼；教育給了什麼與他呢？我們又用一個疑問號來代表，這時便比從前大或許大一倍。

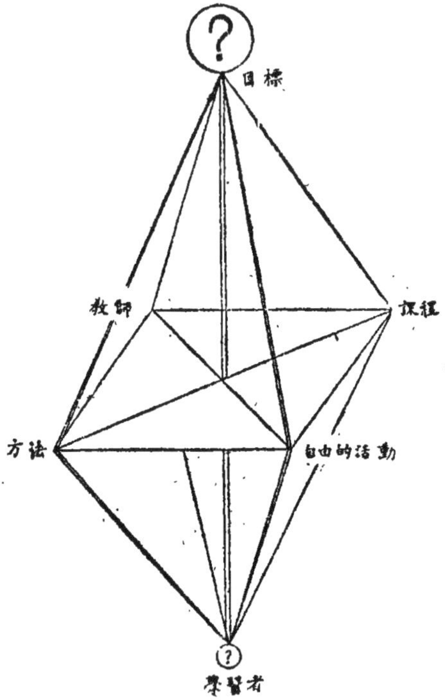

第五〇圖　教育的金字塔

關於學習者「受教育」後究竟怎樣的問題，就牽涉到教育目標了。他怎樣和從前的他不同呢？他又怎樣和只有生長而未教育的人不同呢？一個受了教育的人究竟怎樣由於被當作爲教育機關的學校所引起的這種改變有多少呢？從學習中顯然獲得多少呢？

從原來很低的地位進到較高的地位，從一個小的圓圈擴大到較大的範圍，這是兒童經過了教育的結果他們究竟怎樣了呢？的確給予了他們什麼呢？教育的力量可以極簡約地分爲四個主要特點：——即課程、教師、方法及自由活動。這是四個很重要的方面，是與學習者原始的及最後的地位所代表的兩方面並列的。我們用四個角把它代表，分佈於代表學習者所走的路的中心直軸的四邊。

然而我們不能把它當作是不相關連的，或只是學習者所必須經過的困難與阻礙。它與學習者的生長共同包含一種有組織的關係，是一種有機的體系。每一方面都與其他方面有關係。所以我們最好在圖解上把線條將各方面連接起來使他成爲立體的金字塔。那麼我們就可把它當作是就心理學的觀點所看到的教育情境的圖解。

在這圖解的每一點，都可以引起心理學上的問題。關於其他的關係，又有其他的問題發生。由此我們可以看到，教育是怎樣一個複雜和有機的東西。教是依靠於學，學是依靠於學的人，餘以此類推。

要對於這些教育特點與關係關於心理方面的事實完全知道，乃是一件很大的事情。我們的說明，必須限於討論那些從如此複雜的問題中選出來的有代表性的問題。不過除了這些問題之外，將其他許多心理學方面的問題的性質大概地指明出來，而並不希望在此時將這些問題解決，那也是很有用的。

主要的心理學上的問題　(一)學習者　前面早已提到，我們必需研究學習者怎樣進行他的工作，他原來的儲能或現在的儲能究竟怎樣，他的限度，動機，特殊材能與缺陷又怎樣。其他與學習者的問題便是遺傳的問題，在他有效用的學習律的問題，他的智力程度的問題，他的心理健康的問題，他的情緒的平衡的問題，他的興趣的發生的問題，他的成見的問題，他的家庭環境的問題；他過去在學校的成績的問題，他的特性及獲得此種特性的背景的問題；他的生理的與身體的狀況的問題等。

在看護學校中，除了要注意學習者的這些問題之外，還要注意到關於人格的其他詳細情形。如與他有關的看護婦醫生，調護人，臨床心理學家及遊戲的指導者的工作都有注意的價值。到了初級學校與中學校，在強迫教育的規定之下，對於這些問題可以不必十分注意；但在較高較專門的訓練之中，却更要努力研究個別學生，並且從智力上去選擇那些能從教育的設施中獲得更大的利益的學生。至少，理想中必須要使一切教育都以關於個人的特性的知識爲轉移。

(二)目標　沒有顯著地認清教育的目標，教育是否容易陷於盲目機械與無用呢？如果根據下列各目標之一而施教，試想大學生的教育會有何不同：

(a)文化的淘冶

(b)本性的發展

(c)特性的改造

(d)社會禮貌與交誼的獲得

(e)職業的訓練

(f)訓練心靈

(g)造成完全的大學天才與研究人員

(h)滿足智慧上的好奇心

(i)發展有效的公民知識

即使是沿襲傳統的規律，我們也需要一種適當的心理學的目標以便如何改造動機，選擇教師，採用教材與課程以及選擇學生，這不是很顯然的嗎？在所謂「重新教育」(reëducation)上，例如在殘廢者的訓練上，教育目標常是特殊的與一定的，並且教育者與學生雙方面都知道清楚。在初等的與中學教育上，我們可以推論明顯的有組織的目標的控制也是同樣地重要。

其他還有許多問題如下：教育目標爲什麼要決定呢？決定目標的方法不同則學生所獲得的是否也不同呢？學生自己應當決定目標嗎？或是由父母去決定呢？或是由學校會議去決定呢？或是由議院去決定呢？或是由牧師去決定呢？或是由實驗去決定呢？或是由傳說去決定呢？如何決定目標才適當與容易達到呢？目標是永久的嗎？如果不是，它怎樣隨時代、社會、政治、科學等而不同呢？

(三)課程　宇宙是無限的；什麼東西應當教，什麼東西不應當教，又什麼東西應當留作個人去發現或看作不重要呢？如果一切知識都能獲得，一切技能都能精通，那是最好的。不過有許多限制，這些限制是什麼呢？要用什麼原則去選擇呢？什麼知識是最有價值的呢？一種課程的各種內容如何去和目標發生關係呢？

將一種課程大致地選擇好了，還有如何把它組織的問題。如何是教拼字與書寫，是否應當一同教呢？抑是一前一後的教呢？又要在什麼年齡去教呢？如果有其他活動，又要和什麼活動去相關連呢？如果學習地理，要學什麼地理才正好呢？要怎樣依次學習才好呢？在各種情形中要達到什麼完全的程度呢？在教育上，要知道布尼茲爾(Brazil)的出產重要呢？抑是能夠知道布加利亞的疆界重要呢？抑是能夠畫一個學校全圖重要呢？這一切東西都應當包含到課程中去嗎？如果應當，又要包含到什麼課程中去呢？

試看一個高等藝術學院的必修科目。每個學生要讀三小時（每學期）的心理學、六小時的歷史、十二小時的古典文學、及二十四小時的其他主要科目。古典文學正要比歷史多一倍，是以什麼爲根據呢？爲什麼主要科目是二十四小時而非四十九小時或是全部都是主要科目呢？

每種教育事業都要採用一種課程，就是說要一種活動的方法，以便學習者參加。這種課程的決定，必須建築於適當的心理學的基礎之上，這一點或許卽是指明了這個問題的性質與重要性。

（四）教師　如果教師要具備某種特性，這種特性是什麼呢？和從事其他活動的人的特性有何不同呢？音樂教師一定要是能幹的職業家嗎？作文教師一定要是一個天才作家嗎？只有詩人才可以教詩嗎？教師要怎樣選擇？怎樣升級？怎樣報酬？怎樣比較他們的效果？教師怎樣才能引起學生的動機？他們要怎樣去準備？是否有一種「教學本能」？教學是否像彈琴一樣是一種藝術？

小孩子的教師應當只是成人嗎？男子大學校應當有女教師嗎？有了女教師對於學生對於教師對於社會會發生什麼不同的現象呢？聰明的教師更適於幼稚園嗎？或智力高了反而是從事這種工作的妨礙呢？大學教師應當根據(a)他們的學術著作，或(b)教學的成功，或(c)行政上的職務而提高其地位嗎？

結了婚的女子還允許在學校裏教書嗎？教師應當用自己批評自己的方法或是要由他人來估量他嗎？如果要估量，應當由誰來估量他呢？由他的學生，由其他的教師，由學生的家長，抑是由視導員呢？初級學校的學生、中學的學生、大學校的學生、職業學校的學生等，他們各喜歡教師具有什麼特性呢？這種特性與教學效能有什麼關係呢？

關於教師心理至少也有很多的問題。我們只說到其中一小部分，任何對於教育有興趣或經驗者，不論是教師是學生，是行政人員或學生家屬，都可以加以補充或改良。

(五)方法　在教育活動的任何一方面，都有方法的問題發生。我們應如何使教室的空氣流通呢？我們如何去引起學生的動機呢？我們怎樣評定試卷的等第呢？我們怎樣去測量教學的效果呢？我們用什麼方法去教閱讀呢？那一種書法教學的方法最有效果呢？教打字應當用指觸法嗎？音樂中彈琴的學習應當從極簡單的曲調着手嗎？什麼是沒有效果的訓練呢？設計教學法是有效果的嗎？

在教育心理學的教學中可以找到一個具體的例子。教學應該如何開始，學習應該如何進行呢？用什麼經驗去幫助學習呢？我們應用講演法或討論法嗎？測驗應當簡單或用正誤的方式嗎？應當有實習嗎？應當去觀察各種學校嗎？男女應該同校嗎？教室應當多大才最好呢？教學應當包含些什麼問題，應當依什麼次序排列呢？是否有些問題用講演法較好，有些問題用指示法較好，又有些問題用討論法較好呢？實驗室的練習應該要嗎？其他還有許多。確實，有些教育心理學的教學方法對於大學生特別有效果。所以在教育心理學上的方法的問題並不減於在數學、拼字或地理等科目上的重要。

自然，方法與特殊環境教材、人事等的關係極爲密切，所以教育的每一方面的研究都要討論到什麼方法最適合。不過最重要的是要知道，大部分的方法的問題卽是心理學的基本的問題。

（六）自由的活動　不論教育家如何從事教育，一般人完全離形式教育的活動也可以生活、觀察、遊戲、爭鬥、學習與遺忘。年幼的兒童只有一小部分時間是在教師管理之下；此外在家庭，在遊戲場上，在假期中，在會朋友時，在會親屬時以及在會見生人時，他們仍舊是過一種自由的生活。高級學校或大學校的學生更注重於課外活動、社會生活、體育、音樂會、新聞紙等的發展，以幫助他做一個普通公民的生活及教室內的時間之不足。

自由活動的影響是否沒有形式教育的那麼大，這是很好而且很重要的問題。此外還有一個更切要的問題，便是自由活動與普通教育的目的是否有關係及其限度如何；或是有無方法以自由活動來代替現行學校所定的形式的活動。

在田野的環境之下，別於「學校生活」的「實際生活」的經驗對於青年的教育有極重要的幫助。這時，經驗是在一種完全自由的狀態中去獲得，但是現在卻必須在形式計劃與特殊機構之下才能獲得。尤其是關於工作習慣的養成、特性的發展、情緒的教育等，自由活動至少可以給予很重要的影響，而形式教育的設計必定要與這些活動密切關連才可以。

各種關係　在教育金字塔這些主要方面之間所發生的各種關係有十五條主要的線，每條線上都有特殊的心理學的問題發生。有些在此地要用大概的例證談到。其餘的則僅舉其名，讀者由此可以假想與此有關的各種心理學的問題。

（七）教師與學生的關係　教師與學生間應當具有什麼社會關係呢？懷疑、讚揚及偏愛在教育上的影響怎樣？教師與學生間的年齡、性別、種族及社會背景等的不同可以產生什麼影響到教育情境中來呢？

（八）學生與目標的關係　學習者應該自己知道他的訓練的目標嗎？什麼是教育的中心，是學生抑是目標呢？能夠分開來嗎？目標應當怎樣隨學習者的興趣、希望及能力而不同呢？低能與天才應當有同樣的教育目標嗎？

（九）課程與目標　怎樣決定採用某種課程對於既定目標是最好的呢？變動的目標如何與教材相適合呢？目標的決定受教材的限制到什麼程度爲止？

（十）教師與課程　教師應當決定課程嗎？教師的選擇是否要注意到課程呢？教師在教學上應當做一個知識的積極的啓發人，抑是只做一個知識的傳授人呢？

（十一）學生與課程　選擇學生應該根據課程嗎？抑是課程要適應學生的個性呢？應當讓學生完全自由地去決定他們自己的課程嗎？（必修制或選修制呢？）教育適應學生的原始興趣應當到什麼程度呢？在發展上，知識與興趣何者在先呢？每一個學生都應當學商業抑是只要少數人去學？每一個學生都應當學代數抑是只要少數人去學呢？

（十二）教師與目標　教師怎麼知道在什麼時候或是在什麼程度達到了一種目標？教師應當怎樣去決定並實施教育目標呢？每種目標需要什麼樣的教師呢？教師應當常常牢記目標抑是只「執行課程」呢？目標不是常常依據教師的人格嗎？

（十三）學生與方法　怎樣採用方法以適合個性？是否要適合個性？成人補習教育所用的方法是和

兒童所用的一樣嗎？是否希望個個學生都能當衆演說呢？已畢業的學生與未畢業的學生應該採用同一的方法嗎？應當以學生的好惡來決定採用的方法嗎？低能、常態兒童與天才都可適用同樣的方法嗎？爲教學的便利應該將能力相等的學生合成一組嗎？這樣的能力分組，對於每個學生的態度與其進步的速率有何影響？

在這裏，下列各種關係中還可以提出許多問題來，這些關係都是在我們所繪的教育情境的圖解中用一條線代表的。

（十四）學生與自由活動的關係
（十五）教師與自由活動的關係
（十六）自由活動與目標的關係
（十七）自由活動與課程的關係
（十八）方法與目標的關係
（十九）教師與方法的關係
（二十）方法與自由活動的關係
（二十一）方法與課程的關係

除了這些簡單的關係之外，還可以指出許多更複雜的關係來。例如，某一部分學生與某一種目標是一定的，課程與自由活動也決定了，那麼關於教師的選擇與方法的採用會發生什麼問題呢？一羣盲童，他們的自由活動有限制了，目標是要熟悉某種課程能夠考入大學；則最有效果的教師的特性是什麼？設計中所用的方法又是什麼呢？

要追究這些問題而加以分析並搜集關於這些問題各種知識，不但是不可能，而且是很愚笨很討厭的事。我們所以用圖解及如此的分析以代替這種工作，也僅是為了參考上的方便。這些問題已經夠引導讀者去知道教育心理學的一般的方法及其重要的各部分內容。有了這種背景，並且又有了普通的分析而隨即假設一種研究的方法，則每一個研究問題者，在解決將來教育活動所遇到的這樣的教育問題時，都能夠有很大的進步。至少也供給了他們一個教育心理學是什麼的普通概念，使他們能夠認識教育心理學在教育科學的大範圍中的特殊地位。

問題

1. 假設並說明其他與本章所舉的相類似的教育上的「普通哲學」或「目標」。
2. 教育之有歷史最早是在何時？最早的教育問題與方法是什麼？
3. 假設一些心理學上的問題，這些問題是發生於初級學校中的教師與學生的自由活動的關係上的。發生於中學校的也假設出來。

4. 指出一些例證是自由活動與教育的主要目標有關係的。

5. 假設一些具體的例證是某個教師用某種教學法可以成功，而別個教師用起來却失敗的。

6. 你的學校有任何關於學生與自由活動的普通規則嗎？

參考書

參考第一章所開的書，以求進一步認識心理學在教育中的地位。

U

V

W

P

Q

R

中西名詞索引

A

B

C

人名索引

中華哲學叢書

教育心理學

作　　者／H. L. Hollingworth 原著、本局編輯部 譯作
主　　編／劉郁君
美術編輯／中華書局編輯部

出 版 者／中華書局
發 行 人／張敏君
行銷經理／王新君
地　　址／11494 台北市內湖區舊宗路二段181巷8號5樓
客服專線／02-8797-8396　　　傳　　真／02-8797-8909
網　　址／www.chunghwabook.com.tw
匯款帳號／兆豐國際商業銀行　東內湖分行
　　　　　067-09-036932　中華書局股份有限公司

法律顧問／安侯法律事務所
印刷公司／維中科技有限公司　海瑞印刷品有限公司
出版日期／2015年7月台七版
版本備註／據1979年11月台六版復刻重製
定　　價／NTD 680

國家圖書館出版品預行編目（CIP）資料

教育心理學 / H. L. Hollingworth著 ; 中華
　書局編輯部譯. — 台七版. — 台北市
　: 中華書局, 2015.07
　　面 ; 公分. —（中華哲學叢書）
ISBN 978-957-43-2548-1(平裝)
1.教育心理學

521　　　　　　　　　104010323

NO.B1006
ISBN 978-957-43-2548-1（平裝）